应用型系列法学教材

商 法 概 论

第二版

主　编　覃有土
副主编　张　茳　李正华　冯　玥

WUHAN UNIVERSITY PRESS
武汉大学出版社

图书在版编目(CIP)数据

商法概论/覃有土主编. —武汉：武汉大学出版社,2018.8
应用型系列法学教材
ISBN 978-7-307-20437-9

Ⅰ.商…　Ⅱ.覃…　Ⅲ.商法—中国—高等学校—教材　Ⅳ.D923.99

中国版本图书馆 CIP 数据核字(2018)第 179224 号

责任编辑:胡　荣　　　责任校对:汪欣怡　　　版式设计:汪冰滢

出版发行:**武汉大学出版社**　　(430072　武昌　珞珈山)

（电子邮件：cbs22@whu.edu.cn　网址：www.wdp.com.cn）

印刷:武汉鑫佳捷印务有限公司

开本:787×1092　1/16　　印张:25.25　　字数:591 千字　　插页:1

版次:2010 年 6 月第 1 版　　2018 年 8 月第 2 版

　　2018 年 8 月第 2 版第 1 次印刷

ISBN 978-7-307-20437-9　　　定价:58.00 元

第二版前言

本书是 2010 年初版的，当初撰写时，《中华人民共和国保险法》尚未修订，关于公司法的司法解释也只有《最高人民法院关于适用〈中华人民共和国公司法〉若干问题的规定（一）》和《最高人民法院关于适用〈中华人民共和国公司法〉若干问题的规定（二）》，关于保险法和破产法的司法解释也都没有出台。2009 年、2014 年和 2015 年，《中华人民共和国保险法》先后做了三次修订。2009—2018 年，又先后出台了《最高人民法院关于适用〈中华人民共和国保险法〉若干问题的解释（一）》、《最高人民法院关于适用〈中华人民共和国保险法〉若干问题的解释（二）》、《最高人民法院关于适用〈中华人民共和国保险法〉若干问题的解释（三）》和《最高人民法院关于适用〈中华人民共和国保险法〉若干问题的解释（四）》；2011—2017 年，又先后出台了《最高人民法院关于适用〈中华人民共和国公司法〉若干问题的规定（三）》和《最高人民法院关于适用〈中华人民共和国公司法〉若干问题的规定（四）》；2011—2013 年，又先后出台了《最高人民法院关于适用〈中华人民共和国企业破产法〉若干问题的规定（一）》和《最高人民法院关于适用〈中华人民共和国企业破产法〉若干问题的规定（二）》。显然，本书初版之后，我国商事立法得到了极大的完善。

我国商事立法的完善还体现在 2017 年 3 月颁布的《中华人民共和国民法总则》上。《民法总则》是我国民法典的开篇之作，它的颁布意味着在我国民商合一已成定论。本书的第二版正是按照上述新出台的法律、司法解释进行修订的。本着"概论"的原则，这次修订基本上不增加内容，有的地方还作了适当的删减。

本书初版时各章撰写分工为：覃有土：第一章、第二十章、第二十一章；李正华：第十六章、第十七章、第十八章、第十九章；王冠华：第二章、第八章；王平：第三章、第十五章；丁春燕：第四章；万晓运：第五章、第二十二章、第二十三章；任宏涛：第六章、第十章；冯玥：第七章、第二十四章；汪沂：第九章；张永兵：第十一章、第十二章；张茳：第十三章、第十四章。参加本次修订的有覃有土、李正华、王平、冯玥、张茳。各章修订人为：覃有土：第一章、第二章、第五章、第八章、第二十章、第二十一章、第二十二章和第二十三章；李正华：第四章、第十六章、第十七章、第十八章和第十九章；王平：第三章、第十五章；冯玥：第六章、第七章、第九章、第二十四章；张茳：第十章、第十一章、第十二章、第十三章和第十四章。全书由覃有土统稿和定稿。

覃有土

2018 年 3 月 28 日

第一版前言

商法的内容可谓十分庞杂。在法学专业的所有课程中，它的内容若算不上最多至少也应是最多之一了。大概是因这一缘故吧，这些年来，在我国出版发行的商法教材没有一本是吝啬笔墨纸张的。其实，我国商法教材再厚，也比不上国外一些商法教材的"分量"。在国外，商法是法学专业的一门大课，其开课时间不是一个学期，而是一学年甚至两学年。两学年的课程，要用的教材当然薄不到哪里去。问题是，商法课程虽然贵为我国法学专业的核心课之一，但规定只修四个学分，一个学期的课。仅此而言，国外商法学"大部头"教材在我国是不可取的。

商法不仅内容丰富，而且技术性和操作性都很强。而应用型、操作型恰恰是法学专业的学生，尤其是其中的"二本"、"三本"的学生所应注重的。从实际的学习出发，本教材的编写思路为"目标—理论—案例—练习"。教材中介绍内容的选择和编排，有利于学习者的主动学习。首先，每章的"学习目的与要求"，对学习者的学习具有一定的指导功能。其次，各章内容基本上是按商法总论、商法分论的顺序展开，有关商法的理论及知识力求深入浅出，并着重介绍商法中的公司法、票据法及保险法等一些具体操作方法，便于学习者学以致用。再次，每章所附的"难点追问"、"前沿提示"、案例及思考题，有利于学习者有效地落实学习目的，并能理论联系实际和了解我国商法研究的现状和热点，提高学习的实效性。

《商法概论》由覃有土教授任主编，李正华、万晓运、冯玥任副主编。初稿完成后，由覃有土教授统稿及定稿。各章撰写分工如下：

覃有土：第一章、第二十章、第二十一章；李正华：第十六章、第十七章、第十八章、第十九章；王冠华：第二章、第八章；王平：第三章、第十五章；丁春燕：第四章；万晓运：第五章、第二十二章、第二十三章；任宏涛：第六章、第十章；冯玥：第七章、第二十四章；汪沂：第九章；张永兵：第十一章、第十二章；张茳：第十三章、第十四章。

上述撰稿人分别来自中南财经政法大学武汉学院、武汉大学东湖分校、中山大学新华学院、中南民族大学工商学院、郑州大学升达学院、三峡大学科技学院、东莞理工学院。教材若有疏漏错误之处，敬请专家、读者指正。感谢以上院校对本教材出版的大力支持！

覃有土

2010 年 3 月

目　录

第一编　商法总论

第一章　商与商法 ································· 3
　第一节　商法的概念及其特征 ······················· 3
　　一、"商"的含义 ····························· 3
　　二、商法的概念及特征 ·························· 4
　　三、商法调整对象 ···························· 8
　第二节　商法的历史演进 ························· 9
　　一、大陆法系商法 ···························· 9
　　二、英美法系商法 ··························· 13
　第三节　我国的商事立法 ························ 18
　　一、1949 年以前的商事立法 ···················· 18
　　二、我国商事立法 ·························· 18
　　三、我国商事立法模式的选择 ·················· 19

第二章　商事法律关系 ·························· 22
　第一节　商事法律关系概述 ······················ 22
　　一、商事法律关系的概念与特征 ·················· 22
　　二、商事法律关系的确立标准 ··················· 23
　第二节　商事主体 ·························· 23
　　一、商事主体的概念及特征 ···················· 23
　　二、商事主体的分类 ························· 24
　　三、商法人 ······························ 26
　　四、商个人 ······························ 26
　　五、商合伙 ······························ 27
　第三节　商事行为 ·························· 34
　　一、商事行为的概念与特征 ···················· 34
　　二、商事行为分类 ·························· 35
　　三、商事代理行为 ·························· 37

第三章　商事登记 ··· 39

第一节　商事登记概述 ··· 39

一、商事登记的历史沿革 ·· 39

二、商事登记的概念及特征 ····································· 40

三、商事登记的原则 ··· 41

四、商事登记的意义 ··· 42

第二节　商事登记的登记对象、主管机关和类型 ··········· 42

一、商事登记的登记对象 ·· 42

二、商事登记的主管机关 ·· 43

三、商事登记的种类 ··· 43

第三节　商事登记的程序和效力 ································· 47

一、商事登记的程序 ··· 47

二、商事登记的效力 ··· 48

三、公示效力 ··· 48

第四章　商事名称与商事账簿 ···································· 52

第一节　商事名称 ··· 52

一、商事名称及其法律特征 ····································· 52

二、商事名称的登记 ··· 54

三、商事名称权及其法律保护 ·································· 55

第二节　商事账簿 ··· 58

一、商事账簿及其法律特征 ····································· 58

二、商事账簿的编制及其法律意义 ··························· 59

三、商事账簿的保存与备置 ····································· 60

第二编　公 司 法

第五章　公司法概述 ··· 65

第一节　公司的含义及公司的基本分类 ······················ 65

一、公司的含义 ··· 65

二、公司与企业的区别 ··· 67

三、公司的基本分类 ··· 67

第二节　公司法的概念与特征 ···································· 69

一、公司法的概念 ·· 69

二、公司法的特征 ·· 70

第三节　公司法的作用及其立法例 ······························ 71

一、公司法的作用 ·· 71

二、公司法的立法例 ··· 73

第六章　公司法的基本制度 ································· 75

　第一节　公司的设立制度 ······························· 75

　　一、公司设立的概念和法律特征 ··················· 76

　　二、公司设立的原则 ····························· 76

　　三、公司设立的方式 ····························· 77

　　四、公司设立的条件 ····························· 78

　　五、设立的基本程序 ····························· 79

　　六、设立的效力 ································· 79

　第二节　公司的资本制度 ····························· 80

　　一、资本与公司资本 ····························· 81

　　二、公司资本原则 ······························· 82

　　三、公司资本形成制度 ··························· 83

　　四、公司资本变动制度 ··························· 85

　第三节　公司的财务会计制度 ························· 86

　　一、公司财务会计制度概述 ······················· 87

　　二、公司财务会计报告 ··························· 87

　　三、公司利润分配制度 ··························· 88

　　四、公积金制度 ································· 89

　第四节　公司的名称、住所与负责人 ················· 89

　　一、公司的名称 ································· 89

　　二、公司的住所 ································· 91

　　三、公司负责人 ································· 92

　第五节　公司的权利能力、行为能力与责任能力 ······· 94

　　一、公司的权利能力及其范围 ····················· 94

　　二、公司的行为能力 ····························· 95

　　三、公司的责任能力 ····························· 96

　第六节　公司人格否认制度 ··························· 97

　　一、公司法人人格否认的含义 ····················· 97

　　二、公司法人人格否认适用的情形 ················· 97

　　三、公司法人人格否认的适用要件 ················· 98

　　四、我国公司法人人格否认制度的立法和司法实践 ··· 98

第七章　有限责任公司 ····························· 101

　第一节　有限责任公司的概念及特征 ················· 101

　　一、有限责任公司的概念 ························· 101

　　二、有限责任公司的特征 ························· 101

　第二节　有限责任公司的设立 ······················· 102

　　一、有限责任公司的设立条件 ····················· 102

二、有限责任公司的设立程序 ·············· 104

三、分公司的设立登记 ·············· 105

四、有限责任公司变更为股份有限公司的规定 ·············· 106

五、有限责任公司设立的效力 ·············· 106

第三节 股东与出资 ·············· 107

一、股东 ·············· 107

二、股东的权利与义务 ·············· 108

三、有限责任公司的股东出资 ·············· 110

四、有限责任公司股权的转让 ·············· 111

第四节 有限责任公司的组织机构 ·············· 112

一、有限责任公司的股东会 ·············· 112

二、有限责任公司的董事会 ·············· 114

三、有限责任公司的监事会 ·············· 115

四、经理 ·············· 116

五、董事、监事、高级管理人员的义务与民事责任 ·············· 116

第五节 国有独资公司 ·············· 117

一、国有独资公司的概念和特征 ·············· 117

二、国有独资公司的组织机构 ·············· 118

第六节 一人有限责任公司 ·············· 119

一、一人有限责任公司的概念和特征 ·············· 119

二、一人有限责任公司的设立 ·············· 120

三、一人有限责任公司的组织机构 ·············· 120

四、一人有限责任公司的法人人格否认 ·············· 120

第八章 股份有限公司 ·············· 124

第一节 股份有限公司的概念与特征 ·············· 124

一、股份有限公司的概念和特征 ·············· 124

二、股份有限公司的特征 ·············· 124

第二节 股份有限公司的设立 ·············· 125

一、股份有限公司的设立方式 ·············· 125

二、股份有限公司的设立条件 ·············· 126

三、股份有限公司的设立程序 ·············· 128

四、公司设立中发起人的责任 ·············· 130

第三节 股份有限公司的资本 ·············· 132

一、股份有限公司的出资方式 ·············· 132

二、股份有限公司的资本形成制度 ·············· 132

三、股份有限公司注册资本的变更 ·············· 132

第四节 股份有限公司的股份与股东 ·············· 134

一、股份 ··· 134

二、股东 ··· 139

第五节　股份有限公司的组织机构 ···················· 142

一、股东大会 ··· 142

二、董事会、经理 ··· 143

三、监事会 ··· 144

四、上市公司组织机构的特别规定 ···················· 145

第九章　公司变更、终止 ································· 147

第一节　公司的变更 ··· 147

一、公司的合并 ··· 148

二、公司的分立 ··· 150

三、公司组织形式转换 ····································· 151

第二节　公司的终止 ··· 152

一、公司终止概述 ··· 152

二、公司解散的概念 ··· 152

三、公司的清算 ··· 154

第十章　公司证券 ··· 158

第一节　公司证券概述 ······································ 158

一、证券 ··· 158

二、公司证券 ··· 159

三、公司债券与股票的区别 ······························ 159

四、证券发行审核制度 ····································· 160

第二节　股票 ··· 161

一、股票的概念与特征 ····································· 161

二、股票的分类 ··· 162

三、股票的发行 ··· 162

第三节　公司债券 ··· 165

一、公司债券的概念和特征 ······························ 165

二、公司债券的种类 ··· 166

三、公司债券的发行 ··· 167

四、公司债券的转让、偿还与转换 ···················· 168

第四节　证券上市 ··· 169

一、公司证券上市概述 ····································· 170

二、公司股票的上市 ··· 171

三、公司债券的上市 ··· 172

四、公司证券上市的暂停与终止 ························ 172

第三编 破 产 法

第十一章 破产法概述 ………………………………………………………… 179
　第一节 破产和破产法 ……………………………………………………… 179
　　一、破产 …………………………………………………………………… 179
　　二、破产法 ………………………………………………………………… 181
　第二节 破产法的基本原则及立法准则 ………………………………… 183
　　一、破产法的基本原则 …………………………………………………… 183
　　二、破产法的立法准则 …………………………………………………… 184
　第三节 我国的破产立法 …………………………………………………… 185
　　一、1949 年以前中国的破产立法 ……………………………………… 185
　　二、1949 年以后中国的破产立法 ……………………………………… 186
　　三、破产法的亮点 ………………………………………………………… 186

第十二章 破产实体法 ………………………………………………………… 189
　第一节 破产能力和破产原因 …………………………………………… 189
　　一、破产能力 ……………………………………………………………… 189
　　二、破产原因 ……………………………………………………………… 191
　第二节 破产财产和破产债权 …………………………………………… 193
　　一、破产财产概述 ………………………………………………………… 193
　　二、破产财产的范围 ……………………………………………………… 194
　　三、破产债权 ……………………………………………………………… 197
　第三节 破产管理人和债权人会议 ……………………………………… 199
　　一、破产管理人 …………………………………………………………… 199
　　二、债权人会议 …………………………………………………………… 202
　第四节 破产费用与共益债务 …………………………………………… 204
　　一、破产费用与共益债务概述 …………………………………………… 204
　　二、破产费用与共益债务的范围 ………………………………………… 205
　　三、破产费用与共益债务的清偿规则 …………………………………… 206

第十三章 破产清算程序法 …………………………………………………… 209
　第一节 破产清算程序的开始 …………………………………………… 209
　　一、破产申请 ……………………………………………………………… 209
　　二、破产申请的受理 ……………………………………………………… 210
　第二节 破产宣告及其法律效力 ………………………………………… 213
　　一、破产宣告 ……………………………………………………………… 213
　　二、破产宣告的效力 ……………………………………………………… 214

第三节　变价与分配 ··· 215
　　一、破产财产的变价 ··· 215
　　二、破产财产的分配 ··· 216
第四节　破产终结 ··· 217
　　一、破产程序终结的原因 ··· 217
　　二、破产程序终结的步骤 ··· 217
　　三、破产程序终结的法律后果 ·· 218

第十四章　重整与和解 ··· 220
第一节　重整法律制度的概述 ··· 220
　　一、重整的概念 ·· 220
　　二、重整的效力 ·· 220
　　三、重整与其他破产程序的关系 ·· 221
第二节　重整程序的开始 ·· 222
　　一、重整原因 ·· 222
　　二、重整程序的开始 ·· 222
第三节　重整期间的营业与管理 ·· 223
　　一、重整期间的概念和期限 ··· 223
　　二、重整管理人 ·· 224
　　三、重整期间企业的限制 ··· 225
第四节　重整计划的提出与执行 ·· 225
　　一、重整计划的制定 ·· 225
　　二、重整计划的表决与通过 ··· 226
　　三、重整计划的执行 ·· 228
第五节　重整程序的终止与终结 ·· 228
　　一、重整计划的终止 ·· 228
　　二、重整的终结 ·· 229
第六节　和解 ··· 230
　　一、和解制度概述 ··· 230
　　二、和解基本程序 ··· 230
　　三、和解协议的效力 ·· 232
　　四、和解的终结 ·· 233

第四编　票　据　法

第十五章　票据与票据法概述 ··· 237
第一节　票据概述 ··· 237
　　一、票据的沿革 ·· 237

二、票据的概念·······238

三、票据的特征·······238

四、票据的种类·······239

五、票据的功能·······240

第二节 票据法概述·······241

一、票据法概念及其发展·······241

二、票据法的特征及意义·······243

第三节 票据关系与非票据关系·······243

一、票据关系的概念和特征·······243

二、票据关系的基本当事人·······244

三、票据关系的种类·······244

四、票据法上的非票据关系·······246

第十六章 票据行为·······250

第一节 票据行为的概念与特性·······250

一、票据行为的概念·······250

二、票据行为的特征·······250

第二节 票据行为的性质与种类·······252

一、票据行为的性质·······252

二、票据行为的种类·······253

第三节 票据行为的有效条件·······256

一、票据行为的实质有效条件·······256

二、《民法总则》、《合同法》关于行为无效、撤销规则在
票据行为中的适用·······257

第十七章 票据的伪造、变造、更改、涂销与丧失·······260

第一节 票据的伪造、变造与更改·······260

一、票据的伪造·······260

二、票据的变造·······261

三、票据的更改·······262

第二节 票据的涂销与丧失·······263

一、票据的涂销·······263

二、票据的丧失·······264

第十八章 票据时效与利益偿还请求权·······269

第一节 票据时效·······269

一、票据时效的概念·······269

二、票据时效的特征·······270

三、票据时效制度的意义 ……………………………………… 271
四、我国《票据法》对票据时效的规定 ………………… 271
第二节　票据利益偿还权 ……………………………………… 272
一、票据利益偿还权及其意义 ………………………… 272
二、票据利益偿还权的行使 …………………………… 273
三、票据利益偿还权的行使与债权行使的区别 …………… 273

第十九章　票据法的基本制度 …………………………… 276
第一节　出票与背书制度 ……………………………………… 276
一、出票制度 …………………………………………… 276
二、背书制度 …………………………………………… 279
第二节　汇票承兑制度与本票见票制度 ……………………… 281
一、汇票承兑制度 ……………………………………… 281
二、本票见票制度 ……………………………………… 282
第三节　票据保证制度 ………………………………………… 283
一、票据保证的概念 …………………………………… 283
二、票据保证的记载事项 ……………………………… 284
三、票据保证的效力 …………………………………… 284
第四节　票据的粘单、复本及誊本 …………………………… 285
一、票据的粘单 ………………………………………… 285
二、票据的复本 ………………………………………… 285
三、票据的誊本 ………………………………………… 287
第五节　票据付款与参加付款 ………………………………… 288
一、票据的付款 ………………………………………… 288
二、票据的参加付款 …………………………………… 290
第六节　票据的请求权与追索权制度 ………………………… 291
一、票据的请求权制度 ………………………………… 291
二、票据的追索权制度 ………………………………… 292

第五编　保　险　法

第二十章　保险与保险法概述 …………………………… 299
第一节　保险之意义、种类及其发展趋势 …………………… 299
一、保险之意义 ………………………………………… 299
二、保险的种类 ………………………………………… 300
三、现代保险及其发展趋势 …………………………… 301
第二节　保险法的定义、特征及体例 ………………………… 304
一、保险法的定义及其主要内容 ……………………… 304

二、保险法的特征·······305
三、保险法的立法体例·······306
四、现行的我国保险立法·······307

第三节　保险法的基本原则·······308
一、保险利益原则·······308
二、最大诚信原则·······309
三、损失补偿原则·······311
四、近因原则·······312

第二十一章　保险合同总论·······313
第一节　保险合同的概念及特征·······313
一、保险合同的概念·······313
二、保险合同的法律特征·······314

第二节　保险合同的种类·······316
一、定值保险合同与不定值保险合同·······316
二、补偿性保险合同和非补偿性保险合同·······317
三、财产保险合同和人身保险合同·······318
四、特定危险保险合同和一切危险保险合同·······319

第三节　保险合同的当事人及关系人·······320
一、保险合同的当事人·······320
二、保险合同的关系人·······322

第四节　保险合同的形式与内容·······324
一、保险合同的形式·······324
二、保险合同的内容·······325

第五节　保险合同的订立、变更、解除与终止·······329
一、保险合同订立的程序·······329
二、保险合同的变更·······330
三、保险合同的解除·······331
四、保险合同的终止·······332

第六节　保险合同当事人的义务·······332
一、投保人的义务·······333
二、保险人的义务·······334

第二十二章　财产保险合同·······337
第一节　财产保险合同的概念及特征·······337
一、财产保险合同的概念·······337
二、财产保险合同的基本分类·······338
三、财产保险合同的特征·······338

第二节　财产保险合同的主要条款 ························· 339
　　一、保险标的 ····································· 339
　　二、保险价值及保险金额 ························· 340
　　三、保险责任和责任免除 ························· 341
第三节　财产保险合同的索赔与理赔 ··················· 343
　　一、索赔及理赔的含义 ··························· 343
　　二、索赔与理赔的原则 ··························· 343
　　三、索赔与理赔的程序 ··························· 344
　　四、代位与委付 ································· 345
第四节　企业财产保险合同与机动车第三者责任保险合同 ··· 348
　　一、企业财产保险合同 ··························· 348
　　二、机动车辆第三者责任保险合同 ················· 350

第二十三章　人身保险合同 ························· 355
第一节　人身保险合同的概念及分类 ··················· 355
　　一、人身保险合同的概念及特征 ··················· 355
　　二、人身保险合同的分类 ························· 356
第二节　人身保险合同中的受益人 ····················· 357
　　一、受益人的含义 ······························· 357
　　二、受益人的产生及种类 ························· 357
　　三、受益顺序和受益份额 ························· 358
　　四、受益人的变更 ······························· 359
第三节　人寿保险合同的种类及其常见条款 ············· 360
　　一、人寿保险合同种类 ··························· 360
　　二、人寿保险合同的常见条款 ····················· 361
第四节　人身保险合同的订立和履行 ··················· 363
　　一、人身保险金额的确定 ························· 363
　　二、人身保险合同的履行 ························· 364

第二十四章　保险监管法 ··························· 366
第一节　保险业及其监管概述 ························· 366
　　一、保险业概述 ································· 366
　　二、保险业监管概述 ····························· 367
第二节　对保险公司的监管 ··························· 369
　　一、保险公司的组织形式 ························· 369
　　二、对保险公司的入市监管 ······················· 370
　　三、对保险公司的退市监管 ······················· 371
　　四、对保险公司的整顿和接管 ····················· 372

第三节　保险经营规则……………………………………………… 374

一、保险公司的业务范围……………………………………… 374

二、保险条款和保险费率……………………………………… 375

三、保险资金的合理运用……………………………………… 375

四、保险公司的风险控制规则………………………………… 376

第四节　对保险公司偿付能力的监管……………………………… 376

一、最低偿付能力的维持……………………………………… 377

二、保险保证金………………………………………………… 377

三、保险责任准备金…………………………………………… 378

四、保险公积金………………………………………………… 378

五、保险保障基金……………………………………………… 378

六、对偿付能力不足的保险公司的监管措施………………… 378

第五节　对保险中介经营的监管…………………………………… 380

一、对保险代理人的监管……………………………………… 380

二、对保险经纪人的监管……………………………………… 382

三、对保险公估人的监管……………………………………… 383

第一编

商法总论

第一章　商与商法

【学习目的与要求】
　　通过本章的学习，要求熟悉商法的特征及其历史演进，重点把握商法的特征。

【知识结构简图】

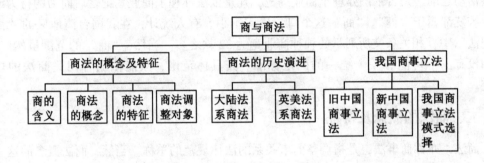

第一节　商法的概念及其特征

一、"商"的含义

　　商法是因商事而立之法律。因此，研究商法，首先得弄清楚"商"的含义。在日常生活中，一说到"商"，人们就很自然地想到买卖行为，买卖行为固然是"商"的含义之一，然而经济学上的"商"，尤其是法律学上的"商"则有更深更广的含义。经济学上所谓的"商"，系指以营利为目的，直接媒介财货交易的行为。① 详言之，经济学上的"商"，并非仅指买卖行为，而是泛指社会产品从生产者手中流转到消费者手中的渠道、桥梁和中介，以调剂供需，从中获取利润的活动。② "商"这些活动的各种行为，无论是作为生产者与生产者之间相互需求的中介或桥梁，还是担当产品完成后进入流通领域的渠道，在传统上都被称为"买卖商"，亦即学者所称的"固有商"。③ 经济学上所指的"商"

---

① 张国健. 商事法论 [M]. 台北：三民书局，1980：4.
② 苏惠祥. 中国商事法概论 [M]. 长春：吉林人民出版社，1996：3.
③ ［日］实方正雄. 商法总论 [M]. 昭和二十七年：9.

依然仅从狭义上解释其义。法律学上的"商",不仅包括"买卖商"即"固有商",还包括范围远比"固有商"更广泛的"非固有商"。所谓"非固有商",是指前已述及的"固有商"之外的其他"商"的总称。它既包括货物运送、仓储保管、居间、行纪、包装、装卸等间接以媒介货物交易为目的的行为,也包括从事与商品交易有关的资金融通,如银行及信托业务等,还包括加工承揽、制造、出版、印刷、摄影、广告传播服务、旅馆服务、饮食服务、信息服务及保险服务等。

显然,法律上的"商",其义非常广泛,而且随着社会经济的发达越衍越广。一些国家或地区的商法正是基于此种理念而界定其"商"的范围的。《德国商法典》规定凡以商业之方法与范围为营业,办理商业登记者,即视为商业;对于农业兼营副业,如对农林产品加工制造,经申请商业登记的,也视为商业。《瑞士债务法》亦规定,凡经营商业、工厂或其他依商人之立法作为营业而进行登记的,都视其为商业。从上述德国及瑞士的相关法律规定中可以看出,在德国和瑞士,人们的行为或活动是否姓"商",关键就在于从事这些活动之前,是否依法办理了商业登记,凡是依法办理了商业登记之后而为的行为或活动,统统都属于"商"。"商"这个口袋确实不小。有人统计,在我国台湾地区的"商业登记法"中,相关条文所列举的种种商业竟达32款之多。当然,"商"的范围虽然广泛,但却没有也不可能有一个统一的确定标准。其具体范围,只能依据各国民商法的规定而定。

二、商法的概念及特征

商法,亦称商事法,是指调整商事关系的法律规范的总称。当然,商法概念的这一表述,不过是多种表述的一种。因为无论是在中国还是在外国,商法的概念一直只是法学上的概念而不是法定的概念。换言之,什么是商法,是由各国法学家们下的定义,并不是立法者在法律中予以界定的。由于法学家们的法学观念和价值取向不同,各自对商事活动范围和商法调整范围认识有异,因此他们对商法的定义亦自然有异。大陆法系与英美法系的法学家们对商法定义不同自不待言,即使同属大陆法系或同属英美法系的学者们对商法定义亦有很大的不同。在大陆法系中,法、德、日的商法是公认最为发达的。法国学者认为,商法是关于商事活动的法律。显然,这是基于商行为本位所下的商法定义。在法国,这种认识也是居于主导地位的认识。德国学者认为,商法是适用于商人的特别私法。显而易见,这又是基于商人本位而给商法下的定义。在德国,这种认识也是居于主导地位的认识。日本学者给商法下的定义与法、德学者又有所不同。不仅如此,日本学者之间关于商法的概念的区别也比较大。有的从法律形式的意义上给商法下定义,认为商法被确认为一个法律部门的时候,它是指以商法典为中心的有关法律部门的总称;[①] 但有的学者却从法律实质的意义上认定商法,认为商法就是企业关系上特有的法律总称;[②] 还有的学者从方

---

① [日]尤田节.商法略说 [M].谢次昌,译.兰州:甘肃人民出版社,1983:1.
② [日]我妻荣.新法律学大辞典 [M].董番舆,等译.北京:中国政法大学出版社,1991:500.

法上去认定，认为商法这个概念也指买卖的方法。① 当然，日本学者中，也有认为商法是指有关商事的特别法规。这种认识，与法国学者主流派关于商法的认识有其相似之处。在英美法系中，英国法及美国法无疑是这一法系的代表。英美都是判例法的国家，其商法是很发达的。但什么是商法，英国历来都没有一个统一的概念，法学家们在其论著中的表述也颇不一致。例如，法学家米特霍夫认为，商法是指对商事交易具有特殊意义的法律总称；而有的学者则认为，商法是指与商业有关的法律……主要用来指合同法和财产法中与企业和商业惯例有关的内容，是一个概括性的概念。② 与英国一样，由判例法这一历史传统所致，美国法律部门亦是十分模糊的概念，学者们对商法的认识是众说纷纭。例如，美国出版的具有较高权威性的《布克莱法律词典》对商法界定为：商法是调整商事关系的全部法律制度的总称；而美国法学家马克斯·赖因施泰因在为《国际比较法百科全书》撰写的词条中则认为：在美国，商法是指那些与商人相关的法律；③ 但也有学者认为，根据美国宪法的规定，商法是"商业交易"的法律，而不是单纯的商人的法律。④

在我国内地，学者们关于商法的表述亦很多，其中较有代表性的，一是《中国大百科全书·法学》的表述，该书认为："商法传统上是指与民法并列并与之互为补充的部门法，即是调整市场经济关系中商人、商业组织和商业活动法律规范的总称"；⑤ 二是王保树教授主编的《中国商事法》的表述，该书认为"商事法即商法……是调整商事关系的法律规范的总和"⑥；三是覃有土教授主编的《商法学》的表述，该书认为，"商法，亦称商事法……商事法是调整商事关系的法律规范的总称"⑦；四是范健教授主编的《商法》的表述，该书认为，"商法是指调整商事主体在其商行为中所形成的法律关系，即商事关系的法律规范的总称"⑧。总而言之，中外学者关于商法概念的界定，其内涵是相当地不确定，因而对这一概念的表述也相当地不一致，尤其是国外。

商法可以分为形式意义上的商法和实质意义上的商法。形式意义上的商法，是指民商分立的国家所制定并冠以"商法典"之名的法律。法国、德国、日本、比利时、意大利、西班牙、葡萄牙等国家都先后制定了商法典。据统计，世界上已有40多个国家制定了独立于其民法典之外的商法典。⑨ 在这些国家当中，商法典是其商事活动的基本法，商法典之外的单行商事特别法是否都以"商事"命名，则不受限制。实质意义上的商法，则指以商事关系为其规范对象的各种法规，即包括以"商事"和不以"商事"命名的一切调整商事关系的法律规范的总称。商法从其表现形式上看，在民商分立的国家或地区中，除商法典外，构成其商法的还有公司法、票据法、海商法、破产法等一系列商事法规。在民

---

① 任先行，周林彬. 比较商法导论 [M]. 北京：北京大学出版社，2000：2.
② [英] 戴·M. 沃克. 牛津法律大辞典（中译本）[M]. 北京：光明日报出版社，1988：180.
③ 范健. 当代主要商法体系论纲 [J]. 法律科学，1992（6）.
④ 任先行，周林彬. 比较商法导论 [M]. 北京：北京大学出版社，2000：2.
⑤ 中国大百科全书·法学 [M]. 北京：中国大百科全书出版社，1984：505.
⑥ 王保树. 中国商事法 [M]. 北京：人民法院出版社，1996：1-3.
⑦ 覃有土. 商法学 [M]. 北京：中国政法大学出版社，2002：2.
⑧ 范健. 商法 [M]. 北京：高等教育出版社，北京大学出版社，2002：3.
⑨ 郭锋. 民商分离与民商合一的理论评析 [J]. 中国法学，1996（5）.

商合一的国家或地区，商法的表现形式则散见于民法、行政法和其他部门法中有关商事的规定以及专门的商事特别法，如公司法、票据法、海商法、保险法、破产法、有关的判例规则等。由此可知，形式意义上的商法只存在于民商分立的国家中，但实质意义上的商法不同，无论是民商合一的国家还是民商分立的国家，也无论是大陆法系国家还是英美法系国家，都存在着实质意义上的商法。

商法的内容极为复杂，但总的来说是由商事组织法和商事行为法两大部分组成的。商事组织法一般是关于商业交易基础条件和手段的规定，其内容包括商业登记、商业账簿、商事代理等主体规定，以及公司制度、破产制度等规定。这些规定是商法最基本的内容，是确保交易安全、迅捷与高效的法律制度。因此，尽管各国国情不同，但在这方面的规定大致是相同的。商事行为法是规定商业交易本身的法律，各国除在其商法典或民法典中对商行为作出基本规定外，一般都颁布了单行的商事法规。由于商行为具有很大的灵活性，因而各国对商行为的具体规定也就有很大的差别。①

我国没有形式意义上的商法，今后也不会走民商分立的道路，这是可以肯定的。② 但我国有实质意义上的商法，《公司法》、《票据法》、《保险法》、《海商法》、《企业破产法》以及《证券法》等，就是我国目前最为重要的商法。由于种种原因，在过去几十年里，商法这一重要部门法被人们忘却了，多数人根本不知道商法为何物，各种商事法都被纳入经济法之列，对商法理论上的探讨也很少。在确立市场经济体制的形势下，这种状况当然不能再继续下去。社会主义市场经济的完善和发展，需要中国商法学的复兴，更需要商法学的进一步繁荣。

一般认为，商法具有以下特征：

（一）商法的兼容性

商法的兼容性首先体现在作为私法的商法却兼有公法的性质。按照传统民商法理论的认识，商法与民法一样，同属于私法范畴。商法中关于商号、商业账簿、商代理、商行为等的规定，以及关于商业交易、商主体间的权利义务等的规定，无疑都属于私法性质。但是，广义商法包括商事公法和商事私法。这就是说，从本质上说属于私法的商法，其中却有公法的规定。例如，各国公司法中关于公司登记的规定，破产法、公司法及保险法中的罚则，海商法中对船长的处罚规定，以及票据法中对违反票据法的制裁规定等，都属公法性质。因此，有学者指出，现代各国的商事法"虽然以私法规定为其中心，但为保障其私法规定的实现，颇多属于公法性质的条款，几乎与行政法、刑法等有不可分离的关系，却已形成商事法之公法化"③。

其次，商法的兼容性还体现在它兼有任意法与强制法的性质。商法既然以私法规定为中心，其中必然有大量的任意性规范，主要体现在商事行为法方面。例如，《公司法》中对经理人的设置及其职权的限制，无限公司的内部关系与对外关系，《海商法》中的共同海损的计算，《保险法》中关于保险特约条款的订立等，都可依当事人的意思而自行订

---

① 徐学鹿. 商事立法刍议 [J]. 中国法学，1990 (6).
② 谢怀栻. 大陆国家民法典研究 [J]. 外国法译评，1995 (2).
③ 李宜琛. 民法总则 [M]. 台北：中正书局，2004：3-4.

立。然而，商法也有不少强制性规定。例如，企业主体的组织与财产状况因为事关交易安全并影响社会，因而常用法律强制规定，像商业登记、公司的机关、票据的种类及票据行为的方式、企业破产的清偿次序以及保险中的某些法定保险等，都不能依当事人的意思而定。德国商法学家德恩（Dahn）曾经说过：商法是一切法律中最为自由的，同时又是最为严格的。① 此论可谓至理名言。

（二）商法的技术性

从社会学角度观察，法律条款无非包括伦理性条款和技术性条款两大类。民法、刑法等法律，由于调整的社会关系及功能作用所决定，其条款绝大多数属伦理性条款。商法则不然，其最初源于"商人法"，从它产生伊始就具有专门性及职业性，而后虽然由"商人法"发展成为"商行为法"，但因"商行为"的专门性，这就决定了其内容包含了大量的技术规范，从而与民法、刑法中偏重于伦理性规范的特点迥然不同。

商法的技术性既体现在其组织法上，也体现在其行为法中。例如，《公司法》关于公司设立登记的程序、募集公司债券的手续、董事及监事的选举、公司机构的召集程序及议事方法、公司会计等规定，《票据法》关于票据的出票、背书、承兑、抗辩、追索等规定，《保险法》关于损害赔偿的规定、重复保险的分摊比例以及人寿保险的保险金的计算，《海商法》中关于船舶、拖带、船舶碰撞、共同海损、理算规则等，都是具有明显的技术性、专门性的规范。商法的技术性特征不仅体现于其规范的内容，而且表现于其不同系统规则之间的协调。离开大量技术规范的间接调整作用，商法的具体立法目的就难以实现。②

（三）商法的营利性

营利乃是"商"的本质。③ 商事主体从事商事活动，其直接和主要目的就在于营利，这是为各国商法所确认的。从这一意义上，也可以说商法就是"营利法"，或者说商法是保护正当营利的法律。

关于商法的营利性，有学者曾做过这样的阐述："商事法与民法（尤其是债篇），虽然同为规定关于国民经济生活的法律，有其共同的原理，论其性质，两者颇有不同。盖商事法所规定者，乃在于维护个人或团体之营利；民法所规定者，则偏重于保护一般社会公众之利益。"④ 正是基于此种理念，在各国商法中，无论其商业登记制度、商业账簿制度、商业财产制度、商业名称制度，还是有关交易、代理、仓储、票据、证券、海商、保险等特别法规则，无一不考虑到商事活动的营利性。此外，商法规则中有关利率、结算、税收、商公示原则，以及交易公平迅捷、安全、高效等原则，都从不同角度反映了商法强调营利目的，强调经济效益的价值趋向。⑤

（四）商法的国际性

商法本属于国内法，它所调整的对象主要是国内商事关系。但是，随着科技的进步、

---

① 张国键. 商事法论［M］. 台北：三民书局，1980：24.
② 董安生等. 中国商法总论［M］. 长春：吉林人民出版社，1991：26.
③ 王保树. 商事法论文集［M］. 北京：法律出版社，1997：2.
④ 张国键. 商事法论［M］. 台北：三民书局，1980：23.
⑤ 董安生等. 中国商法总论［M］. 长春：吉林人民出版社，1994：26.

交通运输的发达以及国际贸易的产生和发展，一些商事关系中出现了涉外因素。国内商法是不适宜调整这些具有涉外因素的商事关系的。客观情况的出现，要求商法的规定具有国际性。

同时商法在国际统一性方面有着较好的客观基础。第一，商法的许多规定都是技术规范，既不像刑法那样具有强烈的政治色彩，也不像民法（尤其是亲属篇等）那样有着浓厚的民族色彩，因而易于统一；第二，商法的内容，如关于商号、公司、票据、保险、海商等方面的规定，都源于中世纪的商人自治法，这些自治法主要是商人在商事活动中形成的商事惯例，而这些惯例影响着各国的商事立法。换言之，各国商法的主要内容具有同源性。因此，商法比任何一个部门法都易于统一。总之，商法的技术性和同源性，使其在国际统一化运动中很有建树。自19世纪以来，国际上已缔结了一系列公约，其中主要有1874年的《世界邮政协约》（1924年修订）、1883年的《营业财产保护议案》（1900年补充）、1910年的《船舶碰撞及海滩求助统一公约》、1912年的《电讯协约》和《海牙票据统一规则》、1922年的《商事公约条款及税务形式简化公约》、1922年的《共同海损规则》、1924年的《统一提单的若干法律规定的国际公约》（即《海牙规则》，1968年修订）、1930年的《统一汇票本票法》、1931年的《统一支票法》、1966年的《国际船舶载重线公约》以及1978年的《联合国海上货物运输公约》（即《汉堡规则》）、1980年的《联合国国际货物销售合同公约》和1994年的《国际商事合同通则》（2004年修订）等。

三、商法调整对象

所谓的商法调整对象，是指商法调整何种性质的社会关系。对商法调整对象的研究，是商法学研究的起点，也是确定商法在法律体系中的地位及与其他法律间相互关系的逻辑起点。其目的在于确定商法作为特殊的法律规范体系对现实生活发生作用的范围。

关于商法有无独立的调整对象的问题，中外在认识上有差别。在国外，无论属于大陆法系还是英美法系，无论奉行民商合一还是民商分立，无论是否编纂有商法典，大多采肯定说，承认商法调整对象的独立性。但是在我国，人们很长时间以来对这个问题争议较多，见解纷呈，有肯定说与否定说之分。其中，否定说要么主张用民法包容商法并取代商法，要么主张用经济法包容商法并取代商法。不过，随着我国市场经济的建立，独立的商法部门事实上已经逐渐形成。关于商法调整对象之相对独立性的观点，已逐渐达成一致共识。

但是，商法的调整对象具体是什么，不同法系国家的商法学家所持的观点不一致，其中代表性的观点有三：其一，商法调整的对象是商人或企业。持此类观点的主要有德国等奉行商人中心主义立法原则的国家。其二，商法调整的对象是商行为。持此类观点的主要有法国等奉行商行为中心主义立法原则的国家。其三，商法调整的对象是商主体和商行为。上述观点，虽各有侧重，但其实质并不存在多大差异。本书认为，商法调整的对象，是指营利性主体在从事营业性行为所发生的商事关系的总和，详言之，这些商事关系，既包括营利性主体基于商事交易所产生的内部组织关系及其管理关系，也包括营利性主体基于营业性行为所产生的各种关系，还包括国家对营利性主体及其营业行为实施监管所产生的关系。

第二节 商法的历史演进

一、大陆法系商法

商法最早出现于大陆法系国家。大陆法系商法在世界商法体系中亦是最完善、最有典型意义的。在大陆法系中最具有代表性的是法国商法、德国商法、西班牙商法及日本商法。

（一）商法的起源与形成

一般认为，商法源于中世纪地中海沿岸的一些自治城市，其最初的形式是商人习惯法，即商人法。商人法的出现不是偶然的。11 世纪后，欧洲的农本经济进入了发展时期，十字军东征的胜利使得欧洲通向东方的商路相继开通，这就为欧洲大量剩余产品涌向东方市场提供了条件。而西方贸易的发展，首先促进了地中海海上贸易的发达，同时也促进了地中海沿岸一些新兴城市，如佛罗伦萨、比萨、热那亚及威尼斯等城市的繁荣。海上贸易的发达及新兴城市的繁荣又造就了一个特殊的阶层——商人。商人以营利为本，他们需要交易自由，需要交易公平，需要交易安全，这些都需要法律保障。然而，中世纪的欧洲实际上仍处于封建法和寺院法的支配下。商人在商事活动中遇到的法律障碍很大。第一，封建势力之下的法律，不认可交付行为无因性原则，而且允许连带债务可以分别偿还，甚至准许卖主可以低于市价过半为由而撤销其买卖行为。第二，寺院法的一些规定也极不利于商人。这些规定不仅严禁放贷收息，而且不准借本经营；商业投机和各种转手营利活动都是违法行为，受到明文禁止，甚至连诸多非生产性中介商活动、正常债权让与及交易也被视为非法行为。对于这些规定，商人当然难以接受。

正是在商贸发展与封建势力尖锐冲突的背景下，自 11 世纪起，一种叫做"商人基特尔"（Merchant Guild）的团体先是在意大利的佛罗伦萨、佛兰德诸港，继而在西班牙、英格兰、荷兰等许多城市出现了。"商人基特尔"就是商人们为了摆脱封建法制的束缚，争取自由，以维护其自身利益而组成的一种行会组织。"商人基特尔"这一组织形式的最初意义在于，它凭借自己的经济实力，争取到一定范围的自治权和裁判权，并根据其商事活动习惯订立自治规约，从而通过行业自治和习惯规约协调商人之间的关系，处理商人之间的商事纠纷。随着商品经济的迅速发展，意大利的许多城市相对独立，建立了自治的商业共和国。尤其是其北部地中海沿岸城市为了适应各城市国家商贸往来的需要，各种商业惯例、商人行会制定的规章制度，如商人执政官与商人们共同制定的法律即商人法便应运而生。意大利的商人法运用了罗马法的法律术语和权利义务概念，吸收了教会法的善意、公平交易和信守合同的道德观念，形成广泛、详细和统一的法律。其主要内容包括货物买卖合同的标准条款、银行业、票据交易、海上运输与保险、船舶的注册和典当等方面的规定。商人法的这些规定仅适用于商人之间，而且多半是由具有准司法性质的法庭执行。当然，商人法只是商事习惯法的一种。事实上，当时海事习惯法极为发达，其中最发达的应首推海商惯例，如盛行于地中海各国的称为康索拉度法（Lex Consolato），盛行于大西洋沿岸各国的称为奥莱龙法（Lex Oleron），盛行于波罗的海及北海沿岸各国的则称为维斯比法（Laws of Wisby）。因此，商人习惯法实质上是不同地域、不同商人团体的各类不成文法的总称。商人法的主要根据是罗马法，但其中也有一些日日耳曼的影响，它构成了近代商法的基础。

（二）近现代大陆法系商法

1. 近代大陆法系商法

近代商法，即欧洲早期的商事成文法。中世纪末，特别是进入 16 世纪以后，随着商品经济的进一步发展，欧洲的一些国家封建割据势力逐渐衰落，中世纪占统治地位的寺院法开始被废弃，统一的民族国家形成，早期的自治城邦也已不复存在。随着国家机器的日益强化，国家开始干预商业事务，习惯法逐渐被国家的商事立法所取代。

国家制定商法最早始于法国。1673 年和 1681 年，法国国王路易十四分别颁发了法国的《商事敕令》和《海事敕令》，这是对近代乃至现代商法有很大影响的商事法律。《商事敕令》共 12 章 112 条，它所规定的内容包括商人、票据、破产、商事裁判的管辖等。《海事敕令》分为 5 编，即海上裁判所、海员及船员、海上契约、港湾警察和海上渔猎，公私法规兼而有之。与法国相类似，德国从 18 世纪起即以商人习惯法为依据，开始制定成文商事法。① 德意志帝国未统一之前，仅有普鲁士一邦于 1727 年、1751 年、1776 年和 1794 年先后制定了海商法、票据法、保险法和普通法。后者是一部集民商法规于一体的综合性法典，其内容包括商人、商事行为、汇票、经纪人、海商、海上保险和承运人等。

应该说，欧陆各国早期的商事成文法实质上仅仅是对中世纪商人法的确认，其内容明显带有浓厚的商人法或属人法特征。但此种最初的商事成文法在当时历史条件下是具有社会进步意义的，它对于现代商法的形成所起的作用是毋庸置疑的。②

2. 现代大陆法系商法

现代大陆法系商法，即以 1807 年制定的《法国商法典》和 1897 年制定的《德国商法典》为代表的商事法律制度，以及深受这两个法典影响的国家和地区仿效这种制度而建立起来的商事法律制度的总称。在现代大陆法系商法中，最有代表性、最有影响力的当然是法国、德国两国的商事法。

（1）法国商事法

1789 年的法国大革命推翻了封建专制制度，建立了资产阶级共和国。革命成功和国家统一后，在全国统一法律的任务被提上了议事日程。其中，制定统一的民法典和商法典是掌握了国家政权的资产阶级首先考虑的大问题。在拿破仑的推动下，法国自 1800 年起着手民法典的起草工作，1804 年 3 月该民法典获得通过颁行。几乎与此同时，法国在1801 年成立了商法起草委员会，历经 6 年的时间，1807 年 9 月《法国商法典》亦获通过颁行。但此时通过颁行的《法国商法典》仅仅包括通则编、海商编和商事裁判编。其破产编直到 1838 年始获通过颁行。该法典加上破产编共 4 编，各编依次为：第一编通则，第二编海商，第三编破产，第四编商事裁判，计 648 条。其中，通则编设 9 章，内容包括：商人、商业账簿、公司、商业交易所及票据经纪人、行纪、买卖、汇票、本票及失

---

① 董安生等. 中国商法总论［M］. 长春：吉林人民出版社，1994：13.

② 董安生等. 中国商法总论［M］. 长春：吉林人民出版社，1994：14.

效；海商编设 4 章，内容包括：船舶、船舶抵押、船舶所有人、船长、海员、佣船契约、载货证券、租船契约、以船舶为抵押而设定的借贷、海上保险、海损、货物投弃、时效、拒诉；破产编设 3 章，内容包括：财产转移、破产程序、复权；商事裁判编主要规定了商事法院、商事诉讼及仲裁程序等。

《法国商法典》是在路易十四时期制定的《商事敕令》和《海事敕令》的基础上，经过富有创造性的编纂整理而成的。其重要意义在于：第一，它是近现代商法典的始祖。尽管在此之前已有像路易十四颁布的《商事敕令》和《海事敕令》这样的成文商法，但作为商法典，《法国商法典》却是世界上第一部。它标志着现代商法已经形成，标志着制定法典的条件已经成熟。第二，它开创了民商分立的立法先例。民商分立的渊源可以追溯到中世纪时期。近代资本主义国家民商法的来源主要有 3 个：罗马法、教会法和中世纪商法。中世纪商法出现以后，由于它形成了专门的概念和体系，因而具有相对独立于罗马法、教会法的地位。但是，民商分立的真正标志是 19 世纪初《法国民法典》和《法国商法典》的先后颁布施行。后者的颁布施行，还标志着商法亦取得与民法同等重要的地位，受到同等的重视。此举影响下，先后制定的商法典主要有 1850 年的《比利时商法典》（1867—1870 年重新制定）、1817 年的《卢森堡商法典》、1885 年的《西班牙商法典》、1888 年的《葡萄牙商法典》、1838 年的《希腊商法典》和《荷兰商法典》、1850 年的《土耳其商法典》、1865 年的意大利民商法典（1883 年重新制定其商法典，但其 1942 年的《民法典》又采民商合一制）、1897 年的《德国商法典》（1890 年生效）和 1890 年的《日本商法典》（1894 年重新制定）。此外，乌拉圭（1865 年）、埃及（1875 年）、墨西哥（1889 年）、阿根廷（1889 年）及秘鲁（1902 年）等也都先后制定了其商法典。19 世纪以来，采用民商立法例先后制定颁行了商法典的共有 40 多个国家。第三，改商人法为商事行为法。该法的立法原则之一是，凡实施商事行为者，不论是否为商人所为，均适用商法。《法国商法典》固然是在路易十四的两个敕令，即《商事敕令》和《海事敕令》的基础上编纂而成，但它同时也作了重大修改，其中最大的修改就是改商人法为商事行为法。前已述及，中世纪后出现的商人法，其所适用者仅为商人，即唯商人之间的商事关系才归其调整。《法国商法典》改商人法为商事行为法，即以商事行为作为立法的基础，它反映了资产阶级革命革除身份等级观念的思想成果，开创了商事行为主义即客观主义立法例，并为其他大陆法系国家所效仿，从而形成了法国法系商法。属于这一商法系的国家有比利时、卢森堡、西班牙、希腊、埃及等。此外，中美洲、南美洲诸国，如阿根廷、乌拉圭、墨西哥及秘鲁等，其商法均受葡萄牙商法的影响，因此这些国家的商法实际上也属于法国商法法系。

毫无疑问，《法国商法典》是一部划时代的商法典，但由于它制定较早，难免存在缺陷。其缺陷之一是体系不甚合理。在该法典中，既有私法的规定，又有公法的规定；既包括实体法，亦包括程序法，从中仍明显地看到罗马法那种诸法合一的印痕。其缺陷之二是规定的内容单薄，甚至是简陋。公司及票据是商法中的两项基本制度，然而该法仅分别在通则编的第 3 章和第 8 章作了简单的规定。公司制度中最为重要的股份公司制在该法典中只有寥寥的 13 条。其他方面的规定也有颇多缺漏。故该法典的影响远不及在其之前制定的《法国民法典》。19 世纪下半叶后，法国根据其司法实践的要求，频繁地对原商法典加以修订并增加单行法作为补充，其中较重要的有 1867 年颁布的《股份公司法》、1919 年颁布的《企业登记法》、1909 年的《商业财产买卖设质法》、1925 年的《有限责任公司法》、1942 年的《证券交易法》、1930 年的《保险契约法》、1936 年的《海上货物运输法》等。第二次世界大战以后，法国进一步组织了商法修正委员会对其商法典、公司法和破产法再次进行系统修正。

（2）德国商事法

《德国商法典》的颁布施行，几乎晚于《法国商法典》一个世纪。前已述及，德国未统一之前，仅普鲁士一邦制定成文商法，如 1727 年的《普鲁士海商法》、1751 年的《普鲁士票据法》、1776 年的《普鲁士保险法》和 1794 年的《普鲁士普通法》等，后者是一部集民商法规范于一体的综合性法典。自 19 世纪 30 年代以后，在《法国民法典》和《法国商法典》的影响下，德国的法学研究极其活跃，法学家们不仅著书立说，而且先后推出几个商法草案，如 1839 年的怀特门伯格商法草案、1849 年的法兰克福商法草案、1855 年的奥地利商法草案及 1857 年的普鲁士商法草案等。其间，德国于 1848 年和 1861 年先后制定了《普通票据条例》及《普通商法典》。后者正是以《普鲁士普通法》为基础，在吸收了上述商法草案的内容后制定出来的，该法典除总则外，分为商人、公司、隐名合伙及商事合伙、商事行为、海商 5 编，共 911 条。1861 年的德国《普通商法典》未将票据、破产及商事诉讼列入其内，该法典被称为"德国旧商法典"。

德国新的商法典是对其旧的商法典进行多次修订之后于 1897 年制定出来的。新的《德国商法典》与《德国民法典》同于 1900 年 1 月 1 日生效。该法典共分 4 编 31 章 905 条。各编依次为：商人、商事公司与隐名合伙、商事行为、海商。其中，"商人"编规定的内容包括商人、商业登记、商号、商业账簿、经理权与代理权、商业使用人、代理商、商业居间人等；"商事公司与隐名合伙"编规定的内容包括无限公司、两合公司、股份公司、股份两合公司和隐名合伙等；"商事行为"编规定的内容包括总则、商业买卖、行纪营业、承揽运输、仓储营运、运送营业、铁路运送等；"海商"编规定的内容则包括总则、船舶所有人及船舶共有人、船长、货物运送、旅客运送、冒险借贷、共同海损、海难救助、船舶债权人、海上保险、时效等。作为商法重要组成部分的票据法、保险法及破产法等并未规定于《德国商法典》内，它们都是以单行的法律而独立于其商法典之外。德国的票据立法源于 17 世纪中叶。但由于各邦法律互有冲突和抵触，不利于各邦之间的经济交往，德意志帝国建立之后，统一了票据法，采取单行法的形式，于 1871 年 4 月 3 日实施。1871 年的德国票据法的内容包括汇票、本票两种，其后于 1908 年 6 月另行制定了支票法。由于《日内瓦公约》的通过，德国又根据其原则于 1933 年 6 月制定了新的票据法。《德国破产法》是在其统一后于 1877 年 2 月制定颁布的。后因商法典的制定，其破产法又于 1898 年重新修订颁布，经多次修订后为现行破产法。该法共 3 卷 16 章 238 条。其中，第一卷为破产实体法律，第二卷为破产程序，第三卷为罚则。罚则经修改后于 1976 年移到刑法典中，现该卷在其破产法中已不存在。德国最早的保险立法是 1701 年颁布的《汉堡海损及保险条例》。《德国商法典》中规定的保险仅为海上保险。其陆上保险法，即保险契约法颁布于 1908 年 5 月，于 1910 年施行。该法共 5 章，依次为通则、损害保险、人寿保险、伤害保险、附则。1901 年以后，德国陆续制定颁布了其保险业法。《德国商法典》中并没有有限责任公司的具体规定。这不是疏忽，而是在商法典颁布之前，即1892年已制定《有限责任公司法》。故其商法典除无限公司、两合公司、股份公司、股份两合公司及隐明合伙外，对有限责任公司不再另作规定。德国《有限责任公司法》共6节85条，所设的各节依次为公司的设立、公司和股东的法律关系、代理与业务执行、章程修改变更、公司的解散和破产、最后条款。1980年，该法作了修正。自20世纪以来，德国对其商法的修订主要限于其股份公司制度的修正和其他单行法的补充。相对《法国商法典》而言，《德国商法典》体现了较好的立法技术。因此，《德国商法典》颁布之后，对于大陆法系国家的商法制定和完善产生了极其重要的影响。在立法基础上，《德国商法典》弃商事行为主义而采用商人法主义，即以商主体作为确定商事行为和商事关系的标准，从而形成统一的有别于《法国商法典》的商事法立法例。目前，属于这一法系的国家主要包括德国、奥地利、泰国、土耳其等。瑞典、挪威、丹麦等国虽然无独立的商法典，但其商法规定亦采用商人法主义。

二、英美法系商法

英美法系是当今世界的主要法系之一，其商法则被认为是英美法中的精华。属于这一商法体系的，除英国和美国外，还包括澳大利亚、加拿大、印度以及原英属殖民地国家，如新加坡、马来西亚等国。其中，英国和美国商法无疑是这一法系最具代表性的商法。

（一）英国商法

英国是实行判例法制度的国家。在英国，只有实质商法而不存在大陆法系那种形式意义的商法。由于实行的是判例法制度，故其法律体系中法律部门的概念是模糊的。什么是商法、商法的范围包括哪些，英国历来就没有一个统一的概念，法学家们在其论著中的表述也颇不一致。例如，法学家米特霍夫认为，商法是指对商事交易具有特殊意义的法律总称，它包括商事契约、合伙、公司、代理、票据、银行、保险、运输、仓储、商事买卖、破产、专利、商标、商事惯例以及商事交易的留置、抵押等商事债权；法学家沃克则认为，商法是一个相当不确定的一般性术语，它用来指与商事有关的各种法律，如合同、代理、买卖、流通证券、产权文据以及破产等；英国的另两名商法学家斯定特和凯南在其合撰的《商法学》中，将商法的体系和范围归纳为以下几个方面：商事契约、代理、买卖、分期付款、消费信贷、合伙、商号、公司、票据、破产、保险、担保与补偿、商事仲裁。① 法学家们对商法所作的表述不同，这种情况在其他英美法系国家也一样。尽管在英国不存在类似于大陆法系一些国家那样统一的商法典，但是"商法"或"商业法"的观念却是深入人心的。不但法学家们承认商法的存在，作了专门的研究，通过一系列教科书和学术著作，来构成比较完整的商法学理论体系，而且自19世纪以来，制定了一系列的商事制定法。这些制定法是英国商法在当代发展的杰出成就，标志着其商法体系的日趋完善。

英国的商事制定法，尤为突出地体现在公司、合伙、破产、票据及保险等方面。英国的公司法是由现行有效的1948年《公司法》为主体的各种公司法律所构成，包括1948年

---

① 范健. 当代主要商法体系论纲 [J]. 法律科学，1992（6）.

《公司法》，1967 年《公司法》第一部分、第三部分，1972 年《苏格兰公司法》（浮动担保和受让人），1972 年《欧洲共同体法》第九节，1976 年《股票交易法》（买卖成交），1980 年《公司法》和 1981 年《公司法》。早期的英国没有公司法。从 17 世纪开始，由国王以颁发特许状的形式授予公司组织法人资格，确立公司法律地位。英国历史上第一部公司法律即 1844 年的《股份公司法》。该法明确划分了股份公司和合伙的界限，规定了公司股份制度，允许公司股份转让，但禁止股份公司采取有限形式。经过激烈争论，1855 年又颁布了《有限责任法》，允许股份公司依照法律采用有限责任。次年，该法被并入《股份公司法》。1862 年，《股份公司法》经重大修改，首次正式被称为 "公司法"。19 世纪末 20 世纪初，英国又多次补充和修改公司法，陆续允许公司减资和变更宗旨，采取强制审计制度以及允许成立私人公司等。1948 年《公司法》正是依据当时有效的各种公司法律制定而成并一直沿用至今。英国公司法将公司形式主要分为有限公司、保证有限公司和无限公司。其中，采取有限责任形式的公司又分为公开公司和私人公司。公开公司原仅限于可以公开募集股份的公司，1980 年修改公司法后，它与私人公司的界限逐渐模糊，无限公司主要为贷款互助会、投资公司、家庭公司等极少负债的公司采用。根据 1967 年《公司法》，有限公司和无限公司依照法定程序，可以进行相互转换注册。①

英国最早的破产法产生于 1509 年亨利八世统治时期。现行英国破产法是由 1914 年《企业破产法》、1976 年《无力偿债法》以及其他有关法规和判例规则构成的。英国破产法采取和解先置主义，破产程序开始前必须先进行和解，和解不成立才能作出破产宣告。在破产原因上采取列举主义，规定若干行为为破产行为。债务人无力还债，具有法定破产行为时，债权人即可以提出破产申请，债务人也可以主动申请破产。在余债责任上采取免责主义，即对具备一定条件的破产人，对其破产后仍未能清偿的残余债务，法院可以判定予以免除。破产机关不仅仅是法院，商业部也可以干预。破产管理人由债权人会议选任。公司破产适用特别程序，由官方选任清算人执行职务。在破产财产范围上采取破产溯及主义，破产宣告的效力溯及破产原因发生之时。破产财产包括破产原因，即破产行为发生之时属于破产人的全部财产及破产人在破产程序终结前所取得的财产。破产程序可以因债务全部清偿、法院判定免除破产责任或撤销破产宣告而终结。

英国票据制度起源于商业惯例。19 世纪末，英国相继颁布了《票据法》和《汇票法》。现在人们所称的英国票据法，泛指英国 1882 年《汇票法》、1957 年《支票法》及有关修订案和判例规则的总和。其中，1882 年《汇票法》是一部具有重要影响的成文法例。它不仅适用于英国，而且在多数英联邦国家中均有广泛的适用性。1882 年《汇票法》制定于 1882 年 8 月 18 日。该法共 6 章 100 条，概括了汇票、支票和本票的基本规则。其主要内容包括：第一章，通则；第二章，汇票；第三章，银行支票；第四章，划线支票；第五章，本票；第六章，附则。1957 年《支票法》制定于 1957 年 7 月 17 日。该法共 8 条，主要规定了对银行兑付行为的特殊保护规则、无背书支票的效力、非票据性证券的法律准用规则等。除上述成文法外，1970 年《金融法》、1971 年《银行和金融交易法》、

---

① 佟柔. 中华法学大词典·民法学卷 [M]. 北京：中国检察出版社，1995：780.

1917 年《公证期间汇票法》和有关的修正法案也是英国票据法的组成部分。①

英国是保险最早发源的国家之一，在普通法中就有许多关于保险的原则。其制定法中也有不少是基于保险方面的规定。早在 1774 年，英国就颁布了《人寿保险法》。以后，1876 年制定了《保险单法》，1923 年和 1966 年分别制定了《简易保险法》和《道路交通法》，1958 年制定了《保险公司法》。但英国最有影响的保险立法是 1906 年的《海上保险法》。该法于 1906 年 12 月 21 日颁布，共分 17 部分 93 条，主要内容包括：海上保险的定义、可保利益、可保价值、保险单、保证、航程等。1906 年《海上保险法》将几百年来海上保险的立法、惯例、案例、解释等以成文法的形式确定下来，成为资本主义世界最有影响的一部海上保险法。它的产生对世界各国海上及陆上保险立法具有重大而深远的影响。

尽管英国商法中存在大量的制定法，但是其商法的第一渊源，也是最为主要的渊源，依然是商事判例法。在英国，通常情况下，立法机关所创制的法律和条例，仅仅是对判例的一种补充。判例法在英国和整个英美法系中居于至高无上的地位。当然，也有例外情况，例如前述的英国公司制度及票据制度就是如此。与英国法律的传统渊源相异，英国公司法以成文法为主，判例仅在法院解释有关成文法时才具有重要的意义。其票据法亦主要采取成文法形式，判例法多为解释性适用规则。

（二）美国商法

美国法律与英国法律大致相同，多系习惯法和判例法所构成。其商法也是以英国的普通法为基础。与英国一样，由判例法这一历史传统所致，美国法律部门也是一个十分模糊的概念。在现代，一般人们谈起美国商法时，从狭义上是指已在美国绝大多数州适用的《美国统一商法典》；从广义上解释，对于什么是商法则众说纷纭。②

美国虽然为判例法国家，但同样重视成文法的制定，尤其是有关商法的成文法的制定。在商事立法中，前已提及的《美国统一商法典》最具有代表性。这也是一部被看做是英美法与大陆法日趋合一的最具有代表性的法典。它于 1942 年起由美国统一州法律委员会和美国法学会联合起草，于 1952 年公布。在此之前，1906 年美国曾以英国的货物买卖法为蓝本制定过一个法典——《美国统一买卖法》，且被 36 个州所采用。但是随着时间的推移，它已很难适应美国经济发展的需要，因此有《美国统一商法典》的产生。该法于 1952 年公布后，又作了多次修改。《美国统一商法典》不同于大陆法国家的商法典，它不是美国国会通过的法律，而只是由一些法律团体起草，供各州自由采用的一部样板法。美国是联邦制国家，联邦和各州都在宪法规定的范围内享有立法权。根据美国宪法的规定，有关州内贸易的立法权原则上属于各州，联邦只对涉及州际或国际贸易事项享有立法权。所以，各州对于是否采用上述统一商法典有完全的自由权。但由于该法详尽完备、适用灵活，它既考虑到过去和现在，又兼顾了未来；既保持了英美法的特点，又兼采了大陆法的长处，比较能够适应当代美国资本主义经济发展的要求，因此现在美国 50 个州中，

---

① 佟柔. 中华法学大词典·民法学卷 [M]. 北京：中国检察出版社，1995：781；董安生等编译. 英国商法. 北京：法律出版社，1991：388.

② 见前文有关论述.

除保持大陆法系传统的路易斯安娜州外，其他各州均已通过本州的立法采用了这部统一的商法典。这部法典共十篇37章。第一篇总则，计2章，即本法典的简称、解释和适用；一般定义和解释原则。第二篇买卖，计7章，即简称、解释原则和适用范围；合同的形式、订立及修改；当事方的一般义务和合同的解释；所有权、债权人和善意购买人；履约；违约、毁约和免责；救济。第三篇商业票据，计8章，即简称、形式和解释；转让和流通；执票人的权利；当事方的责任；提示、拒付通知和拒付书；解除责任；国际即期汇票的议付；其他。第四篇银行存款和收款，计5章，即总则和定义；票证收款：存款银行和收款银行；款项收款：付款银行；付款银行与客户的关系；跟单汇票的收款。第五篇信用证。第六篇大宗转让。上述两章均不分节。第七篇仓单、提单和其他所有权凭证，计6章，即总则；仓单：特殊规定；提单：特殊规定；仓单和提单：一般义务和提单；流通和转让；仓单和提单：其他规定。第八篇投资证券，计4章，即简称和一般规定；证券的发行和发行人；购买；登记。第九篇担保交易、账户和动产票据的买卖，计5章，即简称、适用范围和定义；担保协议的合法性和当事方的权利；第三人的权利：完善和不完善的担保权益、优先权的规定；登记；违约。最后一篇是生效日期和废除效力。该商法典生效后，原来颁行的统一流通证券法、统一货栈收据法、统一买卖法、统一提单法、统一股票转让法以及统一信托收据法即行废除。

《美国统一商法典》内容庞杂，既包括大陆法系民法中如买卖、合同、所有权、债权、担保等内容，也包括商法如票据、银行信贷、货栈以及提单、投资证券等内容，显然它不是大陆法意义上的那种商法典，其中并不包括公司法和保险法等。美国公司制度由判例法和各种成文法构成。前者由各级法院在司法实践中长期形成的各种有关公司的有效判例组成；后者即制定法，主要指各州议会依照本州宪法制定并在本州实施的各种公司立法（美国国会无权制定适用全国的统一公司法）。1795年，北卡罗来纳州首先制定了公司法。其后，各州相继制定公司法。美国各州通常针对不同公司形式分别立法，包括普通市政法、非营利公司法、银行法和商事公司法。其中，普通市政法主要涉及具有行政职能的各种公营法人团体；非营利公司法涉及各种宗教和教育等法人团体；银行法主要针对各种金融机构；商事公司法是美国公司法的主要组成部分。在美国，商事公司法除符合普通公司法的规定外，特殊类型的商事公司还应符合有关特殊立法，如交通法和银行法等。以营利为目的的教育团体通常也属于商事公司并受商事公司法的调整。美国公司法以契约自由和非禁止即合法为原则，在相当程度上采取"无契约情况下的替补法规"形式，即公司发起人或公司有权通过制定和修改章程规定公司的组织结构和管辖形式；只有在章程未作规定时，才推定适用公司法中有关规定。同时，各州州务卿对申请注册的公司不作实质性审查，只要发起人提供的有关文件符合法定格式，即可批准设立公司。

美国的这种特殊法律制度使得其各州公司法不尽相同。为此，美国有关社会团体起草并推荐各州采用公司法样本。公司法样本主要有1928年的《统一商事公司法》和1950年的《标准商事公司法》。它们仅作为立法样本向各州议会推荐，本身没有法律约束力。但是，《标准商事公司法》已被30多个州部分或修改后采用，它在各州公司法修订和司法实践中具有较大的影响。

美国保险制度历来是各州各行其是，没有全国统一的保险法。目前，美国各州都制定了保险法。除加利福尼亚、北达克塔、南达克塔和蒙大拿四州的保险法是以保险契约法为中心外，大多数州的保险立法都以对被保险人利益的保护和对保险业的监督管理为主要内容，在一定程度上均具有保险业法的性质。① 美国保险立法内容最完备的是纽约州制定的《保险法》。该法共计 8 章 631 条，其内容几乎涉及保险业的各个方面，成为各州立法的典范。美国各州关于管理和监督保险人的法律，一般均有以下内容：（1）关于保险公司的设立，股份保险公司必须遵守州法律关于最低资本和盈利的规定，对相互保险公司只规定最低的盈余额；（2）对保险业的财务监督，规定了保险企业可列入资产负债表的内容、计算准备金的方法、投资的方向和比例、对费用开支的限制以及公司分红方法；（3）为保护投保人的利益，对保险代理人和经纪人的代理资格及其职业道德等都作了明确的规定。

（三）英国与美国商法比较

同一法系的英国、美国商法，其相同之处众多自不待言。最突出的有：第一，商事判例法是其最主要的法律渊源。在传统英美法中，商法的渊源包括商事判例法、商事习惯法、商事协约、商事制定法等。在这些法律渊源中，最重要的当推商事判例法。尽管英国和美国近一百多年来先后制定了大量的商事制定法，但是其商法的第一渊源，亦即最主要渊源，仍然是商事判例法，即所谓由法官所创制的法律。从整体上说，立法机关所创制的法律和条例仅仅是对判例法的一种补充。第二，判例法在商法体系中居于至高无上的地位。虽然英国、美国的商事制定法扮演着不可忽视的角色，但其意义和法律效力都不可与大陆法系商事制定法相提并论。英国、美国商事制定法并没有系统地对商事法律领域中的各种问题作出广泛的规定，没有涉及编纂法典所应涉及的全部内容，而仅仅涉及其中的一部分。它的目的在于使法官执行判例法时更为简便，使法官从相互冲突的判例中更迅速地找到正确的法律原则。可以这样说，无论是英国还是美国，其商事制定法本身来自于判例法，又服务于判例法。因此，制定法仅仅可以判例法为背景来理解。法官在办案时，在如何依法这个问题上，他首先要考虑的是判例法，而不是制定法。第三，英国、美国商事制定法对其法官来说并不具有绝对的权威性。因为法官对制定法享有较大的自主解释权。只有当制定法的条款十分明确，立法者又可以阻止法官对商事制定法作出任意解释的情形下，法官对制定法的自主解释权才受到限制，否则法官可以凭以往的判例或原则来重新解释已制定的商事法规。当然，这种情况仅对国内制定法而言。对于国际商事条约和国际商事惯例，英国、美国法官所享有的权利仅仅局限于文字解释。

正如大陆法系中不同国家的商法彼此之间存在一定差异一样，英国和美国商法之间的差异亦较明显。例如，在商法的概念和范围问题上，英国和美国的看法和叙述并不一致；关于商人，英国和美国的观念亦不同，美国商法中有比较明确的商人概念，英国却没有。又如，在统一商法典的制定问题上，英国和美国做法也不同。美国创制了统一商法典，尽管这部商法典并非国家立法机关制定，其意义与法律效力也不可与大陆法系国家的商法典相提并论，但它毕竟被命名为《美国统一商法典》。事实上，这部法典在全美除个别州外，已先后被采用；而英国虽然制定了公司法、票据法、破产法、保险法等商事制定法

---

① 李玉泉.保险法［M］.北京：法律出版社，1997：40.

典，却没有一部统一的商法典。再如，在法律的适用问题上，英国和美国的做法也不同。英国商法尤其是制定法，在适用上实行的是高度统一原则，无论是公司法、票据法，还是保险法等其他法律，在全英生效适用的只有一部，而不能有第二部；美国商法却与其相反，在商法的许多领域中，不同的州可以各行其是。因此在美国，几乎每个州都有公司法，每个州都有保险法等。此外，商事判例法的地位在英国和美国亦有所不同。虽然判例法在英国和美国商法体系中都处于至高无上的地位，但其所受注重的程度还是有差异的。一般认为，英国商法更注重商事判例法的作用，而美国人在这方面的观念却相对淡薄一些。当然，英国和美国商法前述的这些差异与其共性相比较，其差异就显得微乎其微了。

第三节　我国的商事立法

一、1949 年以前的商事立法

在我国古代法乃至后来的封建法制中，均不存在独立而集中的商事法律制度。"刑民不分、诸法合体"的法制形态反映了我国封建社会长期处于商品经济极度落后的实际状况。即使是我国封建法制中某些散见于律令中的有关奴婢买卖、牲畜交易、钱庄钱票的规定，实际上也带有浓厚的行政法和刑法色彩。

我国商事立法肇始于清朝末年。清末海禁大开，中外互市，商事交易增多，商业有了发展。1908 年，清政府颁布《大清商律》，有商人通例 9 条及公司律 31 条，规定殊为简略，在体例上仿日本商法，而在内容上则多采用德国商法。该商律为我国制定商事单行法之首例。宣统二年，农工商部又拟订《大清商律草案》。此草案内容较为完备，然未及决议就因清政府覆灭而废弃了。

民国政府成立后，因"凡清代法律不与国体抵触者仍为有效"，原商律复资援用。1914 年，民国政府对清末未及决议的商律草案进行修改后呈请大总统，决定以《中华民国商律》颁布施行。同年 1 月公布了《公司条例》，3 月公布了《商人通例》，均于 9 月 1 日施行。以后，国民政府又采取民商合一制，将一般商法总则中的经理人、代办商和商事行为中的买卖、交互计算、行纪、仓库、运送、承揽运送等，编订于民法典债篇之中。商法中的其他部分，以单行法规颁行，如 1919 年颁布的《票据法》、《海商法》、《保险法》，1937 年颁行的《商业登记法》等。由此形成了 1949 年以前的民商法典合一与单行商法补充的体例。

二、我国商事立法

中华人民共和国成立后，由于历史和经济体制的原因，我国始终未能制定统一的商事基本法，实质意义上的商法之发展长期处于非系统化的状况。但是，如果从我国法律的具体内容来看，现行法中实际上存在着大量的旨在规制营利性主体从事营利营业活动的基本规则和制度。首先，我国目前数量众多的企业法规和工商登记法规实际上概括了大陆法系商法中关于商事主体、商业名称、商业登记制度的基本内容，如《全民所有制工业企业法》、《中外合资经营企业法》、《企业法人登记管理条例》、《工商企业名称登记管理条例》、《公司登记管理规定》等；其次，我国现行法中大量的经济法规和商业法规实际上概括了传统商法中关于商事行为的特别法规则，如《工业产品购销合同实施细则》、《铁路货物运输合同实施细则》等；最后，我国大量的工商法规和行政法规实际上概括了传统商法中关于商业税收、商业账簿和商业结算的规则和制度，如《企业财务通则》、《发票管理暂行办法》、《会计法》等。

市场经济体制在我国确立后，我国商事立法得到了长足的发展。我国相继颁布了一系列商事单行法，1992年颁行《海商法》，1994年颁行《公司法》，1995年又相继颁布《票据法》与《保险法》，1997年颁布《合伙企业法》，1998年颁行《证券法》，1995年颁了了《担保法》，2006年颁布了《企业破产法》。这些法律有的已经修订多次。可见商法体系在我国正逐步形成并不断完善。

三、我国商事立法模式的选择

(一) 中国商事立法形式的选择

如前所述，商事立法的形式在不同法系和同一法系的国家之间均存在差异。具体而言，英美法系国家主要以一般的商事习惯和判例等不成文形式来表现商事规范；大陆法系国家虽然均以成文法形式来表现商事规范，但因"民商分立"与"民商合一"的分流，对商法典是否独立存在持有截然相反的态度。在我国从立法上看，2017年3月颁布了《中华人民共和国民法总则》（以下简称《民法总则》），这是民法典的开篇之作。《民法总则》的制定，意味着在我国民商合一已成定论。我们认为，从总体上看，坚持和选择民商合一较为妥当。建立社会主义市场经济体制的目标也要求民商合一，因为社会主义市场经济体制的一个重要特征就在于强调市场主体的平等性，否认其身份上的差别，因此人为地把商人作为一类特殊主体对其行为进行规范，以至于制定一部与民法典相并行的商法典是不切合实际的。综观我国近年来的立法实践，很明显是朝着民商统一立法的方向发展的，一些商事法通过立法者的行为已经或者正在完成它的民法化。前者如担保交易法，后者如在合同法领域，随着统一合同法的颁布，"商事合同"与"民事合同"融为一体，同属民法调整。然而从实质意义来看，除少数涉及个人消费和赠与等单纯民事行为外，绝大多数合同行为均具有"商事"的性质。因此，一部排除了合同法在外的商法典是没有多大实际价值的。

民商合一的具体立法形式又有两种模式：一是民法典中包括商事法规，属传统模式；二是在民法典外另订商事单行法以作为民法的特别法，属现代模式。两种模式的共同点是坚决维护民法与商法在私法本质上的统一，反对以两法分立为特征的民商分立。但是，前者偏执地要求将商法内容全部纳入民法典，既固守实质合一，又坚持形式合一，造成理论的僵化与封闭，成为民商分立论者口诛笔伐的理由；而后者将民法典与作为民事特别法的商事单行法有机结合，既坚持民商法的实质合一，又能适应商法的变动性要求，具有开放性。民法典反映社会经济生活的基本方向，因而具有稳定性；商事单行法反映经济生活波动、变化大的方面，因而具有灵活性，能够频繁修改。例如，在我国台湾地区，其"公司法"在60年间修订了8次、"票据法"修订了7次、"保险法"修订了5次，而"民法典"未有大修，即为明证。可见，这一模式有利于在保持"民法典"稳定性的同时，适时修订"商事单行法"。

因此，坚持民商合一的精神实质，以民法典为基本法，以一系列单行法为特别法，是我国商事立法形式的理性选择。

（二）中国商事立法体系的选择

在大陆法系国家存在两种商事立法哲学：一曰商人主义，二曰商事行为主义。以商人为核心来构筑商法体系已成过去时。商人作为特殊的社会阶层，固然有其自身的利益，但现代法律又不能使其成为特殊主体。反对商人阶层特殊化，是现代民法基于主体平等原则对传统商法提出的有力挑战。所以，现代商法不能以商人为核心构筑其体系。随着商品经济的发展，商事行为的范围日益扩大，已达到无业不为商的状态，商人的界限已被打破，而以商人主义为核心构筑商法显然已不适宜。商事行为主义则与之相反，由于它不但适应经济发展的需要，而且符合现代经济民主的观念和潮流，所以我国商法应以商事行为为核心构筑体系。

在以商事行为为核心的前提下，商法体系应以总体商事行为和具体商事行为相结合为原则来构成和展开。商法主要规定商事行为，商事主体所从事的商事行为都具有共性，把它们抽象出来并加以归纳和总结，就形成了一般商事行为即总体商事行为，这是商法应准确加以表述和规范的。但与此同时，也不应该忽略另一种商事行为，即分散在公司、票据、海商、保险等活动中的商事行为。它们形成了分门别类的具体商事行为，商法则应具体规范。因此，商法体系应是总体商事行为与具体商事行为相互结合、互为补充。

（三）中国商事法内容的基本构成

我国商法在内容上一方面要继承国外商法中有价值的内容和通行的做法；另一方面要剔除其不合理的或不符合我国国情的因素。例如，我国商法中关于商事仲裁的内容，明显不属于商事行为，应服从我国商事仲裁法之规定，不应列于商法。我国商法在内容上的构成，应按前述总体商事行为与具体商事行为相互结合的原则，分为两大部分：一为总则，二为分则。总则应由商事主体、商事行为、商事登记、商业账簿等内容构成；其名可以冠以《商事通则》而称之。分则应包括商事交易法、公司法、票据法、海商法、保险法、破产法、商事信托及证券法等内容。

我国商事法分则已日益完善，现在缺者为其总则，因此，不少学者主张，在民商合一的大框架下制定《商事通则》或《商事总则》，其言论不无道理。

【难点追问】

本章的难点是我国的商法立法模式，究竟是采"民商分立"还是"民商合一"？若采"民商合一"，应否制定"商事通则"？

对于这两个问题，学界的主流派认为："民商分立"是一个历史的产物。"民商分立"在现代社会已无必要，中国的商事立法应采"民商合一"模式。在我国，虽然公司法、票据法、保险法及破产法等商事立法已先后出台，但一个"管总"的规定却没有。因此，有必要制定一个《商事通则》。

但也有学者认为：商法是一个古老的法律部门，当今发达的国家尤其是大陆法系国家基本上都采"民商分立"，既然我国要制定一个《商事通则》，为何不制定一部完整的《商法典》？

【思考题】

1. 何谓商事法？其调整对象与民法有何不同？
2. 简述商事立法之体例。
3. 商法的特征有哪些？
4. 商事法的基本原则有哪些？
5. 英国商事法和美国商事法有何不同？

第二章　商事法律关系

【学习目的与要求】

【学习目的与要求】

　　通过本章的学习，要求熟悉商事主体的概念与特征、商事行为的分类，准确掌握商个人、商法人、商合伙以及商事代理行为的相关制度。

【知识结构简图】

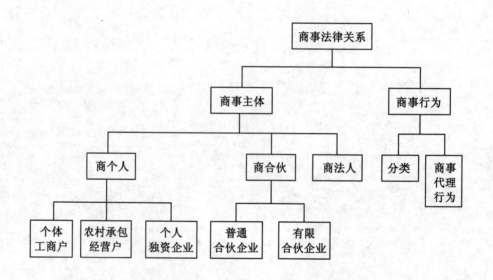

第一节　商事法律关系概述

一、商事法律关系的概念与特征

　　商事法律关系，是指商事主体基于商事行为而产生的权利义务关系，是民事法律关系的一种特殊表现形式。与一般的民事法律关系相比，商事法律关系具有以下特征：

　　（1）商事法律关系的主体必须至少有一方是商事主体，即商事法律关系必须是发生在商人之间或商人与非商人之间的法律关系。

　　（2）商事法律关系的客体仅限于商行为，其行为标的是有形的或无形的商品。非商行为的一般民事法律行为及其标的则不是商行为和行为的标的。商事中的物权，由商事契约订立，仍以债的关系对待。①

（3）商事法律关系的内容是商事权利和商事义务，均具有营利的性质，即表现为经营性商事权利和经营性商事义务。

二、商事法律关系的确立标准

既然商事关系的要素包括商人和商行为，而商人和商行为在很多情况下又不可能同时存在于一个法律关系中。因此，如何确定商事法律关系就成为立法中和学理上应当解决的一个主要问题。对于商事法律关系的确立标准和确立依据，不同国家的立法中有不同的法律规定。大体说来基本有三种标准：

（一）客观标准

即以商行为作为确定商事法律关系的基本标准。在立法中首先规定商行为的条件和范围，凡属从事商行为而产生的法律关系都属于商事法律关系。在法律规定上适用商法的有关规定、而不论为此项行为的人是否商人。法国商法典基本采取此项标准。

（二）主观标准

即以商人作为确定商事法律关系的基本标准。在立法中首先规定商人的概念和条件，然后规定凡是商人作为营业活动所从事的一切行为在性质上都属于商行为，基于该行为所产生的法律关系都属于商事法律关系。德国商法典基本采取此项标准。

（三）折中标准

即兼采用主观、客观两个标准作为确定商事法律关系的标准。具体做法是将商行为区分为两种：对于凡符合法律规定的某些特定行为（如证券行为、票据行为等）不作主体限制，即无论其实施主体是否商人，其行为在性质上都属于商行为，都会产生商事法律关系；而对另一些行为（如一般买卖行为等）则必须是由商人所为时，其行为在性质上才能算是商行为，才会产生商事法律关系。日本商法典基本采取此项标准。

【案例 2-1】

甲同学卖《刑法》书给乙同学，甲同学与乙同学之间的债权债务关系属于民事法律关系。甲书商卖《刑法》书给乙同学，甲书商与乙同学之间的债权债务关系则属于商事法律关系，其中甲书商为商主体，甲书商的售卖行为是商行为。

第二节　商事主体

一、商事主体的概念及特征

（一）商事主体的概念

商事主体在传统商法中又称为"商人"，是指依据商事法的有关规定，参加商事活

---

① 覃有土. 商法学 [M]. 北京：高等教育出版社，2008：172.

动，享有商事权利并承担商事义务的自然人和组织。商法的起源与商人的特别身份与利益密切相关，但随着商品经济的发展，行为主体的商业职能与生产职能密切结合，商人企业化，生产者也成为商人；与此同时，民法所规范的主体范围不断扩大，出现了民法与民事主体商化的趋势，商人的特别利益和特殊地位已逐步消失。① 采取民商合一的立法体例是我国民法学者的通说，正在酝酿中的民法典也将采取此种立法模式，故本书不采用"商人"概念，而把商事权利、义务的归属者统称为"商事主体"。

（二）商事主体的特征

商事主体同其他法律关系主体相比，具有以下特征：

1. 商事主体必须具有商事能力

商事能力是指商人从事营业的权利能力与行为能力。这种能力是在民事能力的基础上，由商法赋予的特别能力。前者，应依据民法有关主体的规定；后者，应依据商法的特别规定。商事能力的范围具有特定性和限定性，取决于商事规范的限定和商事主体设立的目的，不同的商事主体，具有不同的商事能力。②

2. 商事主体是商事活动的经营者

商事主体与其他法律关系主体的根本区别，就在于商事主体是从事商事活动的经营者，必须以商事经营活动为其存在宗旨。

3. 商事主体的资格经商业登记而取得

商事主体本质上属于法律的拟制，是因法律赋予其权利能力和行为能力而成为商事主体。与此同时，在程序上，这种主体资格的取得必须经过商业登记。依据各国商事法律规定，商事主体的成立必须向注册登记机构提交规定的申请文件，办理商业登记手续。

二、商事主体的分类

商事主体依据不同的标准，可以有不同的分类。

（一）商个人、商合伙和商法人

依据组织形态的不同，商事主体可分为商个人、商合伙和商法人。

1. 商个人

商个人，又称商自然人，指依商法规定从事营业活动，享有权利并承担义务的自然人。商个人可以表现为一个"自然人"、"户"，也可以表现为自然人投资设立的个人独资企业。③ 商个人从事营业所发生的债务，个人经营的，以个人财产承担责任；家庭经营的，以家庭财产承担责任。

2. 商合伙

商合伙，又称为合伙企业，是介于商个人与商法人之间的一种商事主体形态，指数个合伙人为实现营利性经营目的而共同出资、共同经营、共享利润、共担责任所形成的人身信任和财产相结合的集合体。

---

① 赵中孚. 商法总论 [M]. 北京：中国人民大学出版社，2007：144.

② 赵旭东. 商法学教程 [M]. 北京：中国政法大学出版社，2004：28.

③ 王保树. 商法总论 [M]. 北京：清华大学出版社，2007：98.

3. 商法人

商法人，是指依商法规定从事营业活动，享有权利并承担义务的法人。在外国一般称为"营利性法人"，在我国，《民法通则》称之为"企业法人"，但在2017年3月颁布的《中华人民共和国民法总则》中也改称"营利法人"了。

（二）法定商人、注册商人与任意商人

依商事主体资格的取得是否需要进行注册登记，商事主体可分为法定商人、注册商人与任意商人。这是德国商法典对商人的基本分类。

1. 法定商人

法定商人，是指从事法律规定的特定的商行为的商人。此种商人以从事特定的商行为为要件，而不以注册登记为要件。只要从事法律规定的特定的商行为，即使不进行注册登记，也自动取得商人的资格。当然，法定商人也有进行注册登记的义务。①

2. 注册商人

注册商人，是指不以法律规定的绝对商行为为营业内容，而经一般商业登记程序设立，并以核准的营业范围为其商行为内容的商主体。此种商人以登记注册为其要件，只有登记注册后才成为商人。

3. 任意商人

任意商人，是指依法由其自主决定是否办理注册登记手续的商人。此种商人有登记的权利，但无登记的义务。如果履行了登记注册手续，即应遵守有关商人商号、注销之规定。任意商人主要从事农业、林业方面的经营。②

（三）大商人和小商人

依据经营规模的不同，商事主体可分为大商人和小商人。

1. 大商人

大商人，又称为"完全商人"，是指以法律规定的商行为作为其营业范围，并根据法定商业登记的程序和条件进行商业登记而设立的商事主体。其规模多为大中型企业。大商人是符合法定标准的典型商主体。

2. 小商人

小商人，又称"不完全商人"，是指营业规模小、设备简单、资本金较少、经营范围比较狭窄的商主体。大陆法系国家中，采用这一概念的主要有德国、日本和意大利。小商人所从事的商行为主要是农牧业、修理业、服务业、手工业和零售业，其资本金往往低于法定标准额。小商人不适用有关商业登记、商号及商业账簿的规定，通常表现为商个人、小型企业和小商号等形式。

（四）固定商人和拟制商人

这是以商事主体的活动内容为标准进行的分类。

1. 固定商人

固定商人，是指以营利为目的、有计划地、反复连续地从事商法列举的特定的商行为

---

① ［英］施米托夫. 国际贸易法文选 ［M］. 北京：中国大百科全书出版社，1993：57.

② 雷兴虎：商法学教程 ［M］. 北京：中国政法大学出版社，2008：31.

的组织和个人。该种商事主体是以法律规定的特定的商事行为作为其经常性职业。固定商人类似于前述法定商人。

2. 拟制商人

拟制商人，是指虽然不以商行为作为其经常性职业，但商事法律仍将其视为商人的一类商事主体。如依据《日本商法典》第 4 条第 2 项之规定，依店铺或其他类似设施，以出卖物品为业者，或经营矿业者，虽不以实施商行为为业，也视为商人。其他国家商法中亦有类似规定。

三、商法人

商法人不同于商个人、商合伙之处主要在于商法人具有法人性。其法人性具体表现为：（1）商法人拥有独立的财产。商法人的财产来源于其成员的投资，但独立于其成员，商法人可以独立地占有、使用和处分。商法人独立的财产是其独立进行商事活动、承担独立责任的前提和保障。（2）商法人设有独立的组织机构。商法人是一个法律拟制体，必须设有健全的组织机构，以形成并实现团体意志。这是商法人进行正常经营活动的组织条件。（3）商法人能独立承担责任。商法人以其全部财产对债务承担独立、无限清偿责任，资不抵债时，实行破产，而不需由其成员承担责任。这种责任独立是绝对的，不能涉及他人。

在我国，商法人主要有国有企业法人、合作社法人、股份合作制企业法人、有限责任公司和股份有限公司。

四、商个人

在我国，商个人主要表现为个体工商户、农村承包经营户和个人独资企业。关于"两户"，《民法通则》早已有明确规定。新出台的《民法总则》重申了《民法通则》的相关规定。调整个人独资企业的法律主要集中于《个人独资企业法》中。

（一）个体工商户

《民法总则》第 54 条规定："自然人从事工商业经营，经依法登记，为个体工商户。个体工商户可以起字号。"个体工商户是我国法律制度特有的概念和形式，在各国传统商主体制度中并无此概念。

个体工商户可以是一个自然人设立，也可以是家庭出资设立。个体工商户的债务，个人经营的，以个人财产承担；家庭经营的，以家庭财产承担。个体工商户或走街串巷或临时设点摆摊或家庭经营，多为资本少、人员少、无组织形态、无固定经营场所的"行商"。

（二）农村承包经营户

《民法总则》第 55 条规定："农村集体经济组织的成员，依法取得农村土地承包经营权，从事家庭承包经营的，为农村承包经营户。"农村承包经营户的债务，个人经营的，以个人财产承担；家庭经营的，以家庭财产承担。

（三）个人独资企业

个人独资企业，是指由一个自然人投资，全部资产为投资人所有的营利性经济组织。

个人独资企业是一种很古老的企业形式，至今仍广泛运用于商业经营中，其典型特征是个人出资、个人经营、个人自负盈亏和自担风险。

个人独资企业具有以下特征：

(1) 个人独资企业仅由一个自然人投资设立。法人和非法人组织不能成为个人独资企业的投资人。

(2) 个人独资企业的全部财产为投资人个人所有。投资人是企业财产（包括企业成立时投入的初始出资财产与企业存续期间积累的财产）的唯一所有者。基于此，投资人对企业的经营与管理事务享有绝对的控制与支配权，不受任何其他人的干预。个人独资企业就财产方面的性质而言，属于私人财产所有权的客体。

(3) 个人独资企业的投资人以其个人财产对企业债务承担无限责任。所谓投资人以其个人财产对企业债务承担无限责任，包括三层意思：一是企业的债务全部由投资人承担；二是投资人承担企业债务的责任范围不限于出资，其责任财产包括独资企业中的全部财产和其他个人财产；三是投资人对企业的债权人直接负责。换言之，无论是企业经营期间还是企业因各种原因而解散时，对经营中所产生的债务如不能以企业财产清偿，则投资人须以其个人所有的其他财产清偿。

(4) 个人独资企业不具有法人资格。尽管个人独资企业有自己的名称或商号，并以企业名义从事经营行为和参加诉讼活动，但它不具有独立的法人地位。其一，个人独资企业本身不是财产所有权的主体，不享有独立的财产权利；其二，个人独资企业不承担独立责任，而是由投资人承担无限责任。

五、商合伙

(一) 概述

商合伙是一种古老的商业组织形态。在现代市场经济条件下，商合伙因其聚散灵活的经营形式和较强的应变能力，普遍受到各国法律的重视，已成为商事主体的重要组成部分之一。

我国目前调整商合伙的主要法律规范是《中华人民共和国合伙企业法》（以下简称《合伙企业法》），颁布于 1997 年 2 月，2006 年 8 月进行了修订。

合伙企业是指由两个以上的自然人、法人和其他组织设立的组织体，包括普通合伙企业和有限合伙企业两种类型。普通合伙企业由普通合伙人组成，合伙人对合伙企业的债务都承担无限连带责任。有限合伙企业则包括普通合伙人和有限合伙人，前者对合伙企业债务承担无限连带责任，后者则只以其认缴的出资额为限对合伙企业债务承担有限责任。

合伙企业具有以下特征：

1. 合伙协议是合伙企业得以成立的法律基础

合伙协议是指合伙人为设立合伙企业而签订的合同。它是处理合伙人相互之间的权利义务关系的内部法律文件，仅具有对内的效力，即只约束合伙人。根据《合伙企业法》的规定，合伙企业的合伙协议应当采用书面形式。

2. 合伙企业由全体合伙人共同出资、共同经营

出资是合伙人的基本义务，也是其取得合伙人资格的前提。普通合伙人有权参与合伙企业的经营管理。但有限合伙企业的情形有所不同，有限合伙人不参加合伙企业的经营，不执行合伙事务。

3. 合伙人共负盈亏、共担风险，普通合伙人对外承担无限连带责任

合伙人既可按出资比例分配利润、分担亏损，也可按合伙人约定的其他办法进行分配。当合伙企业的财产不足以清偿合伙企业的债务时，普通合伙人还需以其他个人财产来承担无限连带责任。有限合伙人则仅以其出资额为限承担有限责任。有限合伙人不参与经营。

（二）普通合伙企业

1. 普通合伙企业的设立条件

根据《合伙企业法》第14条的规定，设立普通合伙企业应具备以下条件：

（1）有符合要求的合伙人。合伙人数应不少于2人。合伙人为自然人的，应当具有完全民事行为能力。国有独资公司、国有企业、上市公司以及公益性的事业单位、社会团体不得成为普通合伙人。

（2）有书面合伙协议。合伙协议必须采用书面形式，并载明以下内容：①合伙企业的名称和主要经营场所的地点；②合伙目的和合伙企业的经营范围；③合伙人的姓名或者名称及其住所；④合伙人出资的方式、数额和缴付出资的期限；⑤利润分配和亏损分担办法；⑥合伙企业事务的执行；⑦入伙与退伙；⑧争议解决办法；⑨合伙企业的解散与清算；⑩违约责任。合伙协议经全体合伙人签名、盖章后生效。合伙协议的修改或补充应当经过全体合伙人一致同意，但合伙协议另有约定的除外。

（3）有合伙人认缴或者实际缴付的出资。合伙人可以用货币、实物、知识产权、土地使用权或者其他财产权利出资，也可以用劳务出资。合伙人以实物、知识产权、土地使用权或者其他财产权利出资，需要评估作价的，可以由全体合伙人协商确定，也可以由全体合伙人委托法定评估机构评估。合伙人以劳务出资的，其评估办法由全体合伙人协商确定，并在合伙协议中载明。

（4）有合伙企业的名称和生产经营场所。合伙企业的名称中应当标明"普通合伙"字样。生产经营场所是指合伙企业从事生产经营活动的所在地。

（5）法律、行政法规规定的其他条件。

2. 普通合伙企业的财产

合伙企业的财产包括两个部分：一是全体合伙人的出资，即各合伙人按照合伙协议实际缴付的出资。合伙人按照合伙协议的约定或者经全体合伙人决定，可以增加或者减少对合伙企业的出资。二是合伙企业成立后解散前，以合伙企业名义取得的收益和依法取得的其他财产。

除《合伙企业法》另有规定外，合伙人在合伙企业清算前，不得请求分割合伙企业的财产。合伙人在合伙企业清算前私自转移或者处分合伙企业财产的，合伙企业不得以此对抗善意第三人。

除合伙协议另有约定外，合伙人向合伙人以外的人转让其在合伙企业中的全部或者部分财产份额时，须经其他合伙人一致同意。合伙人之间转让在合伙企业中的全部或者部分财产份额时，应当通知其他合伙人。合伙人向合伙人以外的人转让其在合伙企业中的财产

份额的，在同等条件下，其他合伙人有优先购买权；但是，合伙协议另有约定的除外。合伙人以外的人依法受让合伙人在合伙企业中的财产份额的，经修改合伙协议即成为合伙企业的合伙人，依照《合伙企业法》和修改后的合伙协议享有权利，履行义务。

合伙人以其在合伙企业中的财产份额出质的，须经其他合伙人一致同意；未经其他合伙人一致同意，其行为无效，由此给善意第三人造成损失的，由行为人依法承担赔偿责任。

3. 普通合伙企业事务的执行

合伙企业事务的执行是指为实现合伙目的而进行的业务活动。执行合伙事务是合伙人的权利，每一个合伙人，不管出资额多少，对执行合伙事务享有同等的权利。法人或其他组织作为合伙人的，其执行合伙事务由其委派的代表执行。

合伙人享有平等权利并不意味着每一个合伙人都必须同样地执行合伙事务。事实上，合伙事务的执行可以采取灵活的方式，只要全体合伙人同意即可。具体方式包括四种：(1) 由全体合伙人共同执行。这种方式适合于合伙人数较少的合伙。(2) 由各合伙人分别执行合伙事务。执行事务合伙人可以对其他合伙人执行的事务提出异议。提出异议时，应当暂停该项事务的执行。(3) 委托一个或者数个合伙人执行合伙事务。按照合伙协议的约定或者经全体合伙人决定，可以委托一个或者数个合伙人对外代表合伙企业，执行合伙事务。委托后，其他合伙人不再执行合伙事务。不执行合伙事务的合伙人有权监督执行事务合伙人执行合伙事务的情况。执行事务合伙人应当定期向其他合伙人报告事务执行情况以及合伙企业的经营和财务状况，其执行合伙事务所产生的收益归合伙企业，所产生的费用和亏损由合伙企业承担。合伙人为了解合伙企业的经营状况和财务状况，有权查阅合伙企业会计账簿等财务资料。受委托执行合伙事务的合伙人不按照合伙协议或者全体合伙人的决定执行事务的，其他合伙人可以决定撤销该委托。(4) 聘任合伙人以外的人担任合伙企业的经营管理人员。被聘任的合伙企业的经营管理人员应当在合伙企业授权范围内履行职务。被聘任的合伙企业的经营管理人员，超越合伙企业授权范围履行职务，或者在履行职务过程中因故意或者重大过失给合伙企业造成损失的，依法承担赔偿责任。

合伙人对合伙企业有关事项作出决议，按合伙协议约定的表决方式进行。如果合伙企业对表决办法没有约定或者约定不明，则实行一人一票并经全体合伙人过半数通过的表决办法。但根据《合伙企业法》第31条的规定，除合伙协议另有约定外，合伙企业的下列事项应当经全体合伙人一致同意：(1) 改变合伙企业的名称；(2) 改变合伙企业的经营范围、主要经营场所的地点；(3) 处分合伙企业的不动产；(4) 转让或者处分合伙企业的知识产权和其他财产权利；(5) 以合伙企业名义为他人提供担保；(6) 聘任合伙人以外的人担任合伙企业的经营管理人员。

合伙人不得自营或者同他人合作经营与本合伙企业相竞争的业务。除合伙协议另有约定或者经全体合伙人一致同意外，合伙人不得同本合伙企业进行交易。合伙人不得从事损害本合伙企业利益的活动。

合伙企业的利润分配、亏损分担，按照合伙协议的约定办理；合伙协议未约定或者约定不明确的，由合伙人协商决定；协商不成的，由合伙人按照实缴出资比例分配、分担；无法确定出资比例的，由合伙人平均分配、分担。合伙协议不得约定将全部利润分配给部分合伙人或者由部分合伙人承担全部亏损。

4. 普通合伙企业与第三人的关系

《合伙企业法》第 37 条规定："合伙企业对合伙人执行合伙事务以及对外代表合伙企业权利的限制，不得对抗善意第三人。"善意第三人是指与合伙企业进行法律行为的人，其主观上不知合伙企业内部对合伙人执行合伙事务的权利限制，包括善意取得合伙财产和善意与合伙企业设定其他法律关系的人。

《合伙企业法》第 38 条、第 39 条规定，合伙企业对其债务，应先以其全部财产进行清偿；合伙企业财产不足以清偿到期债务的，各合伙人应当承担无限连带责任。即合伙人对合伙企业债务承担的责任属于补充性责任。只有当合伙财产不足以清偿合伙债务时方由合伙人承担责任，也就是说，合伙债务的债权人应当先向合伙企业求偿；只有该合伙财产不足以清偿时，才应向各合伙人求偿。各合伙人对于合伙财产不足以清偿的债务，负无限清偿责任，而不以出资额为限。此即普通合伙人的无限责任。同时普通合伙人对合伙债务承担连带责任，即每个合伙人均须对全部合伙债务负责，债权人可以依其选择，请求全体、部分或者个别合伙人清偿债务，被请求的合伙人即须清偿全部的合伙债务，不得以自己承担的份额为由拒绝；每个合伙人对合伙债务的清偿，均对其他合伙人发生清偿的效力；合伙人由于承担连带责任所清偿债务数额超过其应当承担的数额时，有权向其他合伙人追偿。

合伙人发生与合伙企业无关的债务，相关债权人不得以其债权抵销其对合伙企业的债务，也不得代位行使合伙人在合伙企业中的权利。合伙人的自有财产不足清偿其与合伙企业无关的债务的，该合伙人可以从其合伙企业中分取的收益用于清偿；债权人也可以依法请求人民法院强制执行该合伙人在合伙企业中的财产份额用于清偿。人民法院强制执行合伙人的财产份额时，应当通知全体合伙人，其他合伙人有优先购买权；其他合伙人未购买，又不同意将该财产份额转让给他人的，依照《合伙企业法》有关退伙的规定为该合伙人办理退伙结算，或者办理削减该合伙人相应财产份额的结算。

5. 普通合伙企业的入伙

入伙是指在合伙企业存续期间，合伙人以外的第三人加入合伙企业并取得合伙人资格的行为。新合伙人入伙，除合伙协议另有约定外，应当经全体合伙人一致同意，并依法订立书面入伙协议。订立入伙协议时，原合伙人应当向新合伙人如实告知原合伙企业的经营状况和财务状况。入伙的新合伙人与原合伙人享有同等权利，承担同等责任。入伙协议另有约定的，从其约定。新合伙人对入伙前合伙企业的债务承担无限连带责任。

6. 普通合伙企业的退伙

退伙是指在合伙存续期间，合伙人资格的消灭。退伙的形式包括声明退伙、当然退伙、除名退伙三种形式。

（1）声明退伙。又称自愿退伙，是指合伙人基于自愿的意思表示而退伙。具体又分为以下两种情况：如果合伙协议约定了合伙期限，有下列情形之一时，合伙人可以自愿退伙：①合伙协议约定的退伙事由出现；②经全体合伙人一致同意；③发生合伙人难以继续参加合伙的事由；④其他合伙人严重违反合伙协议约定的义务。如果合伙协议未约定合伙期限，合伙人在不给合伙企业事务执行造成不利影响的情况下，可以退伙，但应当提前

30 日通知其他合伙人。合伙人违反上述规定退伙的，应当赔偿由此给合伙企业造成的损失。

（2）当然退伙。又称法定退伙，是指在出现法律规定的客观情况时，合伙人当然丧失合伙人资格，无须合伙人的意思表示。《合伙企业法》第 48 条规定了这些客观情况：①作为合伙人的自然人死亡或者被依法宣告死亡；②个人丧失偿债能力；③作为合伙人的法人或者其他组织依法被吊销营业执照、责令关闭、撤销，或者被宣告破产；④法律规定或者合伙协议约定合伙人必须具有相关资格而丧失该资格；⑤合伙人在合伙企业中的全部财产份额被人民法院强制执行。

如果作为合伙人的自然人被依法认定为无民事行为能力或者限制民事行为能力人的，并不必然导致退伙。此种情形下，若经其他合伙人一致同意，该合伙人可以依法转为有限合伙人，普通合伙企业依法转为有限合伙企业。但是，如果未能取得其他合伙人的一致同意，则该合伙人退伙。

合伙人死亡或者被依法宣告死亡的，该合伙人当然退伙，但应对该合伙人的财产份额作出处理。《合伙企业法》第 50 条规定，对该合伙人在合伙企业中的财产份额享有合法继承权的继承人，按照合伙协议的约定或者经全体合伙人一致同意，从继承开始之日起，取得该合伙企业的合伙人资格。有下列情形之一的，合伙企业应当向合伙人的继承人退还被继承合伙人的财产份额：①继承人不愿意成为合伙人；②法律规定或者合伙协议约定合伙人必须具有相关资格，而该继承人未取得该资格；③合伙协议约定不能成为合伙人的其他情形。合伙人的继承人为无民事行为能力人或者限制民事行为能力人的，经全体合伙人一致同意，可以依法成为有限合伙人，普通合伙企业依法转为有限合伙企业。全体合伙人未能一致同意的，合伙企业应当将被继承合伙人的财产份额退还该继承人。

在当然退伙中，退伙事由实际发生之日为退伙生效日。

（3）除名退伙。也称开除退伙，是指在合伙人出现法定事由的情形下，由其他合伙人决议将该合伙人除名。《合伙企业法》第 49 条规定了开除退伙的事由：①未履行出资义务；②因故意或者重大过失给合伙企业造成损失；③执行合伙事务时有不正当行为；④合伙协议约定的其他事项。对合伙人的除名决议应当书面通知被除名人。被除名人接到除名通知之日，除名生效，被除名人退伙。被除名人对除名决议有异议的，可以自接到除名通知之日起 30 日内，向人民法院起诉。

合伙人退伙，其他合伙人应当与该退伙人按照退伙时的合伙企业财产状况进行结算，退还退伙人的财产份额。退伙时有未了结的合伙企业事务的，可以待该事务了结后再进行结算。退伙人对给合伙企业造成的损失负有赔偿责任的，可以相应扣减其应当赔偿的数额。退伙人在合伙企业中财产份额的退还办法，由合伙协议约定或者由全体合伙人决定，可以退还货币，也可以退还实物。如果退伙时合伙企业的财产少于合伙企业债务，亦即资不抵债，则退伙人应当根据合伙协议的约定或者《合伙企业法》第 33 条的规定分担亏损。退伙人退伙后，对基于其退伙前的原因发生的合伙企业债务，仍应与其他合伙人一起承担无限连带责任。

7. 特殊的普通合伙企业

特殊的普通合伙企业是普通合伙企业的一个特别类别。在特殊的普通合伙企业中，普通合伙人依据《合伙企业法》有关承担责任形式的特别规定承担责任。以专业知识和专门技能（如法律知识与技能、医学和医疗知识与技能、会计知识与技能等）为客户提供有偿服务的专业服务机构，可以设立为特殊的普通合伙企业。非企业专业服务机构依据有关法律采取合伙制的，其合伙人承担责任的形式可以适用本法关于特殊的普通合伙企业合伙人承担责任的规定。

根据《合伙企业法》的相关规定，在特殊的普通合伙企业中，一个合伙人或者数个合伙人在执业活动中因故意或者重大过失造成合伙企业债务的，应当承担无限责任或者无限连带责任，其他合伙人以其在合伙企业中的财产份额为限承担责任。合伙人在执业活动中非因故意或者重大过失造成的合伙企业债务以及合伙企业的其他债务，由全体合伙人承担无限连带责任。合伙人执业活动中因故意或者重大过失造成的合伙企业债务，以合伙企业财产对外承担责任后，该合伙人应当按照合伙协议的约定对给合伙企业造成的损失承担赔偿责任。

特殊的普通合伙企业名称中应当标明"特殊普通合伙"字样。特殊的普通合伙企业应当建立执业风险基金、办理职业保险。执业风险基金用于偿付合伙人执业活动造成的债务。执业风险基金应当单独立户管理。具体管理办法由国务院规定。

【案例 2-2】

甲拥有生产一次性卫生筷的技术，乙、丙想使用此技术办个普通合伙企业，但甲要价太高，于是提出让甲分成，但甲不参与经营管理。甲表示同意。经过半年的经营，该企业获利 3 万元，三人按约各分得 1 万元。丁有管理才能，欲加入合伙，甲、乙、丙均表示同意，但其没有资金，经协商同意其每月工资为 500 元，并按合伙企业的获利抽 20% 作为奖金，若发生亏损也以该比例承担。后来在经营过程中合伙企业发生亏损，亏损额达近 5 万元，甲拒绝，认为其只是提供技术并没有参与经营。丁也认为，自己只是合伙企业雇用的人员，并没有出资，不应承担亏损。于是发生纠纷。

点评：在这个案例中，甲是以技术作为出资的，并与其他合伙人约定参与利润分配，应属于合伙人；丁是以自己的劳务作为出资的，按照《合伙企业法》第 16 条的规定，普通合伙人可以劳务出资，因此丁也属于合伙人。

（三）有限合伙企业

1. 有限合伙企业的概念

有限合伙企业是指由一个以上的普通合伙人和一个以上的有限合伙人共同设立的合伙企业。换言之，有限合伙企业中至少有一个普通合伙人和至少有一个有限合伙人，否则就不能成为有限合伙。有限合伙企业仅剩有限合伙人的，应当解散；有限合伙企业仅剩普通合伙人的，转为普通合伙企业。

2. 有限合伙企业的设立条件

根据《合伙企业法》的相关规定，设立有限合伙企业应具备以下条件：

（1）有符合要求的合伙人。有限合伙企业由 2 个以上 50 个以下合伙人设立；但是，法律另有规定的除外。有限合伙企业至少应当有 1 个普通合伙人。有限合伙人为自然人的，在有限合伙企业存续期间丧失民事行为能力的，其他合伙人不得因此要求其退伙。

（2）有书面合伙协议。有限合伙企业的合伙协议除需要记载普通合伙企业协议应当载明的事项，还需要载明以下特殊事项：①执行事务合伙人应具备的条件和选择程序；②执行事务合伙人的权限与违约处理办法；③执行事务合伙人的除名条件和更换程序；④有限合伙人入伙、退伙的条件、程序以及相关责任；⑤有限合伙人和普通合伙人相互转变程序。

（3）有合伙人认缴或者实际缴付的出资。有限合伙人可以货币实物、知识产权、土地使用权或者其他财产权利作价出资，但不得以劳务出资。有限合伙人应当按照合伙协议的约定按期足额缴纳出资；未按期足额缴纳的，应当承担补缴义务，并对其他合伙人承担违约责任。有限合伙企业登记事项中应当载明有限合伙人的姓名或者名称及认缴的出资数额。

（4）有合伙企业的名称和生产经营场所。有限合伙企业名称中应当标明"有限合伙"字样。

（5）法律、行政法规规定的其他条件。

3. 有限合伙企业的事务执行

有限合伙企业的事务由普通合伙人执行。有限合伙人不执行合伙事务，也不得对外代表有限合伙企业。这是有限合伙企业与普通合伙企业的重大区别。但有限合伙人的下列行为不视为执行合伙事务：（1）参与决定普通合伙人入伙、退伙；（2）对企业的经营管理提出建议；（3）参与选择承办有限合伙企业审计业务的会计事务所；（4）获取经审计的有限合伙企业财务会计报告；（5）对涉及自身利益的情况，查阅有限合伙企业财务会计账簿等财务资料；（6）在有限合伙企业中的利益受损时，向有责任的合伙人主张权利或者提起诉讼；（7）执行事务合伙人怠于行使权利时，督促其行使权利或者为了本企业的利益以自己的名义提起诉讼；（8）依法为本企业提供担保。

4. 有限合伙人的特殊权利

根据《合伙企业法》的规定，有限合伙人享有以下特殊权利：

（1）有限合伙人仅以其认缴的出资额为限对合伙企业的债务承担责任，而普通合伙人需要对合伙企业债务承担无限连带责任。新入伙的有限合伙人对入伙前合伙企业的债务也是以其认缴的出资额为限承担责任。有限合伙人退伙后，对基于其退伙前的原因发生的有限合伙企业债务，以其退伙时从有限合伙企业中取回的财产承担责任。

（2）除非合伙协议另有约定，有限合伙人可以同合伙企业进行交易，而普通合伙人通常是不可以的，除非合伙协议另有约定或者经过全体合伙人同意。

（3）除非合伙协议另有约定，有限合伙人可以自营或者同他人合作经营与本合伙企业相竞争的业务，而普通合伙人是不可以的。

（4）除非合伙协议另有约定，有限合伙人可以将其在合伙企业中的财产份额出质，而普通合伙人须经其他合伙人一致同意方可以其在合伙企业中的财产份额出质。

（5）有限合伙人可以按照合伙协议的约定向合伙人以外的人转让财产份额，只需提前30天通知其他合伙人即可。而普通合伙人对外转让财产份额时须经其他合伙人一致同意，除非合伙协议另有约定。

（6）作为有限合伙人的自然人在合伙企业存续期间丧失民事行为能力的，其他合伙人不得因此要求其退伙。而普通合伙人若丧失民事行为能力，除非全体合伙人一致同意其转变为有限合伙人，否则只能作退伙处理。

（7）在作为有限合伙人的个人丧失偿债能力时，该有限合伙人并不发生当然退伙。

（8）作为有限合伙人的自然人死亡、被依法宣告死亡或者作为有限合伙人的法人及其他组织终止时，其继承人或者权利承受人可以依法取得该有限合伙人在有限合伙企业中的资格。

5. 有限合伙人的表见代理与无权代理

第三人有理由相信有限合伙人为普通合伙人并与其交易的，该有限合伙人对该笔交易承担与普通合伙人同样的责任，即承担无限连带责任。

有限合伙人未经授权以有限合伙企业名义与他人进行交易，给有限合伙企业或者其他合伙人造成损失的，该有限合伙人应当承担赔偿责任。

6. 有限合伙人与普通合伙人的转换

除合伙协议另有约定外，普通合伙人转变为有限合伙人，或者有限合伙人转变为普通合伙人，应当经全体合伙人一致同意。有限合伙人转变为普通合伙人的，对其作为有限合伙人期间合伙企业发生的债务承担无限连带责任。普通合伙人转变为有限合伙人的，对其作为普通合伙人期间合伙企业发生的债务承担无限连带责任。

第三节 商事行为

一、商事行为的概念与特征

（一）商事行为的概念

商事行为，又称商行为，是商事主体以营利为目的，旨在设立、变更或消灭商事法律关系的经营性行为。① 在大陆法系国家的商法中，商行为概念和前述的商主体概念同为支撑商法的最基本的概念，商行为制度与商主体制度构成商法的两大基本制度。商法的绝大多数规则或为规范商主体而设，或为规范商行为而设，而其他规则仅具有辅助性之意义。②

（二）商事行为的特征

商事行为具有民事行为的共性，又有其自身的特点。在民商分立的国家，民法有一般规定，商法有特殊规定，商事行为的特征就在于其与一般民事行为的差异。

1. 商事行为是以营利为目的的行为

营利性是商法的基本特性，同时也是商事行为的基本特性之一。营利性，指以获取盈余并将盈余分配给成员或股东作为根本目的。③ 即商事行为的营利性主要应从行为的目标

---

① 赵旭东. 商法学教程 [M]. 北京：中国政法大学出版社，2004：41.
② 董安生. 中国商法总论 [M]. 沈阳：吉林大学出版社，1994：124.
③ 赵中孚. 商法总论 [M]. 北京：中国人民大学出版社，2007：146.

来考察，而不在于行为的结果。行为结果是否盈利不能成为判断商事行为成立与否的依据。

在实践中，对营利性的判断一般采取推定原则。一是根据主体来推定。当行为主体为商人时，通常推定其行为具有营利性。如《日本商法典》第 503 条第 2 款规定："商人的行为推定为为其营业而实施的行为。"二是根据行为来推定，即根据其行为的客观目的和商事习惯等来加以确定。

2. 商事行为是经营性行为

经营性是商事行为区别于一般民事行为的重要特征之一。经营性是指行为人的营利行为具有反复性、不间断性和计划性的特点，表明主体至少在一段时期内连续不断地从事某种性质相同的营利活动，具有职业性。经营活动在有计划的基础上持续进行，而不是着眼于偶然的一项或几项业务。大陆法系多数国家商法均规定，除法律有特别规定外，一般民事主体偶尔从事营利活动，不属于商事行为。

3. 商事行为是商主体所为的行为

商事行为是商主体这一特定主体所从事的行为。某一主体要从事严格意义上的商事行为，就必须具有特定的商事行为能力，主体的行为能力对于行为的有效性起着决定性作用。这一特征在不同国家的商法中表现不同。在采取严格商人法原则的国家中，民事主体必须通过商业登记等合法手段获得商事行为能力；而在采取严格商事行为法原则的国家中，商法实际上认可民事主体在民事行为之外，同时具备商事行为能力，因而非经商业登记的主体从事的营业行为也应受到商法规则的支配。①

正是由于商事行为具有上述不同于一般民事行为的特征，因此大多数国家的法律将商事行为从一般民事行为中独立出来，以商法特有的规则对其加以调整规制。

二、商事行为分类

（一）单方商行为与双方商行为

这是以行为当事人是否均为商主体为标准进行的划分。

1. 单方商行为

单方商行为，并非民法中所指的那种"单方行为"，而是指行为人一方为商主体而另一方为非商主体所从事的交易行为，也就是所谓的"混合交易行为"。最常见的例子如商店与消费者之间的商品买卖行为，银行与顾客之间的存贷行为。对于单方商行为的法律适用问题，各国商法的规定不尽相同。大陆法系一些国家认为，单方商行为本质上仍属于商事行为，应当受到商法的统一调整。如《德国商法典》和《日本商法典》均规定，当事人一方实施商事行为时，本法适用于双方。而法国、英美法系国家则认为，单方商行为是商事行为与一般民事行为的结合，商法中有关商事行为的规定只适用于商主体一方，其相对人则适用民法中的规定。

2. 双方商行为

双方商行为，是指行为人双方均为商主体所从事的营利性营业行为，如批发商与零售

---

① 赵旭东. 商法学教程 [M]. 北京：中国政法大学出版社，2004：42.

商之间的商品销售行为。双方商主体是商自然人或商法人不影响该商事行为的成立。双方商行为直接适用商法，各国法律和实践中在此基本不存在争议。

对单方商行为与双方商行为作出区分的意义在于使商法对不同商事行为区别规定。如果当事人的一方不属于商人，那么商法立法和实践中应适当考虑其在交易中的弱势地位，从而给予一定的倾向性保护，实现双方当事人在实质意义上的公平。

（二）绝对商行为与相对商行为

以行为的客观性质和是否附加条件为标准进行划分，可以分为绝对商行为与相对商行为。

1. 绝对商行为

绝对商行为，又称"客观商行为"，它是指依照行为的客观性和法律的规定，当然属于商行为的行为，而不必考虑实施该行为的主体是否商人。它具有客观性和无条件性，不以行为主体是商人和行为采用营业方式为条件，凡是商法明文规定的，一律认定为商事行为。它是确立商人概念的基础。按照大多数国家商法的规定，票据行为、商业证券行为、保险行为和海商事行为等均属于绝对商行为。绝对商行为通常是由法律列举限定的，不能作推定解释。

2. 相对商行为

相对商行为，又称"主观商行为"、"营业商行为"，是指依行为人的主观性和行为自身的性质而认定的商事行为。它以行为主体是否为商人以及行为是否具有营利特性为认定要件，只有在行为主体是商人或行为具有营利性时，才能认定为商事行为。当行为主体或行为目的不符合法定条件时，其行为仅构成一般民事行为，适用民法的一般规定。

（三）基本商行为与附属商行为

以商事行为在同一营业活动内所起的作用和所处的地位的不同进行划分，可以分为基本商行为与附属商行为。

1. 基本商行为

基本商行为，是指直接从事营利性经营活动的商事行为。基本商行为包括绝对商行为和相对商行为。由于绝对商行为和相对商行为在整个商事交易行为中属于基本形式，且符合商事交易行为的基本要求，故称其为基本商行为。

2. 附属商行为

附属商行为，又称"辅助商行为"，是相对基本商行为而言，指在同一商事营业内虽不具有直接营利性的内容，但却能起到协助基本商行为实现营利目的的辅助行为，如广告行为、代理行为等。但对此概念近年来有新的解释和理解，即不把附属商行为固定化，而根据特定商事主体的经营内容确定其行为的附属性，把主营业务理解为基本商行为，把兼营业务理解为附属商行为。如对于零售商来说，销售是基本商事行为，而仓储和运送则是其附属商事行为。而对于承运商来说，运送为其基本商行为，而原材料购买则是附属商行为。

（四）固有商行为与准商行为

以法律对商事行为的不同确认方式为标准进行划分，可以分为固有商行为与准商行为。

1. 固有商行为

固有商行为，也称"传统商行为"、"完全商行为"或"纯然商行为"，是指依据法律规定或法律列举可以直接认定的商事行为，它包括绝对商行为和固有商人的营业商行为。

2. 准商行为

准商行为，又称"推定商行为"、"非固有商行为"，是指拟制商主体所实施的经营性商事行为，这种商事行为往往不能直接根据法律的规定来加以确认，而必须通过事实推定或法律推定来确认其行为性质，如非商事主体所从事的信息咨询服务等。

三、商事代理行为

（一）商事代理行为的概念

商事代理行为起源于民事代理，是民事代理行为在商事活动中的应用。但商事代理行为绝不是民事代理行为的简单再现，而是对民事代理行为的革新与发展。代理行为的基本特征是代理人以自己的行为为他人利益服务，而商事活动的客观要求则是简便、迅捷、公平、安全。商事代理是商事实践活动发展的必然结果。

商事代理行为是指商事代理人以营利为目的，接受被代理人（委托人）的委托，同第三人建立商事法律关系，其法律后果直接归属于被代理人的商行为。代理有直接代理与间接代理之分，而间接代理却只姓"商"不姓"民"。

（二）商事代理行为的特征

商事代理行为同民事代理行为相比，主要有以下五个特征：

1. 商事代理只能来源于被代理人的委托

由于民事代理有委托代理、法定代理和指定代理三种类型，因此民事代理既可以来源于被代理人的委托，也可以来源于法律的直接规定，甚至也可以来源于人民法院或有关单位的指定；而商事代理仅系委托代理，所以商事代理只能来源于被代理人的委托，否则商事代理就无从产生。

2. 商事代理行为的被代理人只能是商人

民事代理的被代理人依法是民事主体，即自然人、法人或其他组织；而商事代理的被代理人只能是商主体，包括商个人、商合伙、商法人。非商主体可以成为民事代理的被代理人，但依法却不能成为商事代理的被代理人。

3. 商事代理行为的代理人必须是依法成立的代理商

民事代理的代理人既可以是自然人，也可以是法人，只要具有民事行为能力即可；而商事代理行为是一种营业性行为，故须是经过商事登记成立的代理商。对从事银行、运输、专利、商标、证券、广告、外贸等业务的代理商，往往有较为严格的专业技术人员的资格要求。

4. 商事代理行为均属有偿代理

民事代理行为既可以是有偿的，也可以是无偿的，但商事代理行为均属有偿代理。因为商事代理行为是代理人的经营性行为，代理本身就是实施商行为，必须以营利为目的。营利始终是商事代理的动因和归宿。因此，各国商法一般规定，代理商得依合同请求报酬。

5. 商事代理行为不以"显名"为必要

民事代理行为只有以被代理人的名义进行，才能为被代理人取得权利、设定义务。如果以自己的名义进行，就不成其为民事代理行为，而是自己的行为。这即为民事代理的"显名主义"原则。而商事代理行为既可以被代理人的名义进行，也可以代理人自己的名义进行。此即商事代理的"非显名主义"原则，这是商事代理行为同民事代理行为的主要区别。

【难点追问】

1. 普通合伙人与有限合伙人有哪些区别？

提示：普通合伙人与有限合伙人有以下区别：（1）主体类型不同；（2）主体资格不同；（3）为自然人时，民事行为能力要求不同；（4）出资方式不同；（5）责任承担不同。

2. 商事代理行为与民事代理行为有哪些区别？

提示：商事代理行为与民事代理行为有以下区别：（1）产生原因不同；（2）被代理人类型不同；（3）代理人类型不同；（4）代理目的不同；（5）代理方式不同。

【思考题】

1. 商事法律关系有何特征？
2. 试述商事主体的分类。
3. 在我国，商个人有哪些法律形态？
4. 个人独资企业有哪些特征？
5. 合伙企业有哪些特征？
6. 商事行为有哪些特征？

第三章　商事登记

【学习目的与要求】
　　通过本章的学习，要正确理解商事登记的法律性质和效力，了解商事登记的主管机关、登记对象、种类，掌握商事登记的程序是学习本章的重点。

【知识结构简图】

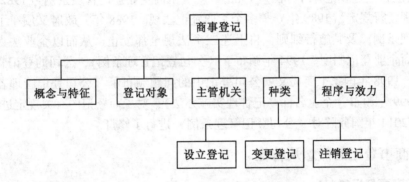

第一节　商事登记概述

一、商事登记的历史沿革

　　商事登记制度的历史源远流长，其最早的雏形可以追溯到古罗马时代。在古罗马时期，开设商店从事经营活动的人必须在其店堂内挂上一块牌子，上面写明自己的经营项目、经营范围及营业情况，以表明自己的经营状态。① 大约在 8 世纪以后，在意大利的佛罗伦萨，商人们建立了一种特殊形式的登记制度，他们自愿将自己的有关情况记载在商人名册登记簿上。② 17 世纪以后，由于国际贸易的产生、发展和发达，大量从事海上贸易的垄断性公司崛起，这些公司从事垄断经营，排斥其他公司的经营。为了确保此类公司的垄断地位，公司所在国对此类公司的设立采取核准登记制度，即要设立此种公司，必须有

---

　　①　范键. 德国商法：传统框架与新规则 [M]. 北京：法律出版社，2003：234.
　　②　Affred Jauftert. Droit Commercial (2nd edition) [M]. Dalloz, 2002：445.

合法根据，单凭股东间的协议和公司设立章程，公司不能获得商人资格。① 进入资本主义社会以后，随着商业活动的进一步发展，源自商人习惯法中的商人登记规则相继为各国商法成文法所采纳。例如法国 1673 年的《陆上商事条例》、法兰克福 1666 年的《贸易法典》等，都不同程度地吸收了中世纪商人登记规则的内容。而现代意义上的商事登记始于 1861 年的《德国商法典》。

我国最早的商事登记制度始于清末，当时"登记规则"实则是官商解禁时期的特许制度，其目的仅在于征收销售货物税，而不是为了监督和保护商事主体、维护商事交易安全；而 1904 年颁布的大清商律草案，虽有商事注册登记的规定，但内容非常简单，也不具有实质上的立法意义。② 1937 年，南京国民政府正式制定了类似于德国和日本的《商事登记法》，这是我国具有实质意义的商事登记法的开始。1950 年，中华人民共和国政务院颁布了《私营企业暂行条例》，此后中央政府相继制定法规、发出通知，对各种类型的企业进行清理整顿，重新登记发证，取缔无证经营。1979 年以后，随着我国经济体制改革和对外开放政策的实行，国家的法制建设也日益完善，在商事登记方面相继颁发了《中外合资经营企业登记管理办法》(1980 年)、《工商企业登记管理条例》(1982 年)、《公司登记管理暂行规定》(1985 年) 等多个工商登记法规。1988 年，政府又颁布了《企业法人登记管理条例》及其施行细则，将上述三个法规全部废止，从而以企业法人登记制度取代了工商企业登记制度。1994 年颁布了《公司登记管理条例》，公司的登记管理有了专门的法规。1998 年国家工商局又就公司登记中的问题颁布了《公司登记管理若干问题的规定》。1999 年颁布《企业名称登记管理实施办法》，对工商登记的有关规定进行了细化。2004 年和 2014 年国务院对《公司登记管理条例》进行了修订。

二、商事登记的概念及特征

（一）商事登记的概念

商事登记，也称商业登记，是指商事筹办人或商事主体，为了设立、变更或终止商事主体资格，依照法律法规的规定，将登记事项向登记机关提出，并经登记机关核准登记的法律行为。商业登记是申请人的申请登记行为和主管机关的审核登记注册行为相结合的一种综合性行为，是国家对商事活动实施法律调整和进行宏观控制的必要手段和必要环节。

商事登记是对商事经营中的重要事项或与之有直接关系的事项的记载。登记内容和范围在法律上受到某种程度的要求和限定。根据我国法律的规定，商事登记的必要事项主要有：商号、商事主体的住所、经营场所、法定代表人、经济性质、经营范围、经营方式、注册资金、从业人数、经营期限、分支机构等。

（二）商事登记的特征

商事登记具有以下特征：

1. 创设性

商事登记本质上是一种创设、变更或终止商事主体资格的法律行为，其目的在于在某

---

① 张民安. 商法总则制度研究 [M]. 北京：法律出版社，2007：435.
② 赵中孚. 商法总论 [M]. 北京：中国人民大学出版社，2003：194.

些方面得到法律的确认，使得商事主体取得、变更或终止商事权利能力和行为能力。

2. 要式性

商事登记是要式法律行为，其要式性主要体现在以下几个方面：一是商事登记必须依照法定的程序进行；二是由法定主管机关进行登记；三是商事登记的内容和事项由商事登记法律法规的强制性条款加以规定；四是商事登记必须采取法定的形式；五是登记行为的生效必须符合法定的条件。

3. 公法性

商事登记是商法的公法性最为集中的体现。虽然申请商事登记本身属于商法所规范的私法上的行为，但它更多地体现了国家意志，是国家公权介入商事活动的一种方式。我国有学者认为，商事登记行为属于行政法律行为，由行政相对人的申请登记行为和行政主管机关的审核登记注册行为组成。

三、商事登记的原则

从多数国家商事登记的法制来看，进行商事登记活动所遵循的原则主要有以下几项：

1. 自由设立原则

自由设立原则，又称放任设立原则，即从事商事活动的当事人可以任意选择其组织形式，政府对其成立的条件和内容也不加任何干涉。这一形式主要存在于欧洲中世纪的商人习惯法时代，该设立原则现已基本不用。

2. 特许原则

特许原则，即商主体的设立和存续需要经过国王或议会的特别许可，否则不能直接从事相应经营活动。例如，英国东印度公司就是根据英国王室的特许而设立的。特许成立的公司仍是国家权力的附庸，无法满足大规模商事活动对主体资格的要求，除某些特殊公司立法上仍采取特许主义设立原则外，现已基本不为各国所采用。

3. 核准原则

核准原则，即商主体的设立与存续，除符合法定的条件外，还必须经过行政机关许可，否则不能取得主体资格。核准原则是以国家行政机关替代了国王或议会，而直接干预商事主体的设立，克服了自由设立原则的弊端，易于政府对相应市场进行直接控制。核准设立原则不利于商主体的普遍性发展，不利于充分利用市场规律形成有效竞争，且容易导致行政机关不正当行使其核准权力。核准原则目前主要适用于银行业、邮政业等涉及国计民生的重要类型商主体的设立。

4. 准则设立原则

准则设立原则，即商主体的设立，只需满足法律规定的条件和程序，符合法定条件时即可登记为商事主体，不需经过权力机关或行政机关的许可或核准。自 1862 年英国公司法采用此原则以来，"准则设立"成为各国纷纷效法的原则。

《中华人民共和国公司法》第 6 条规定："设立公司，应当依法向公司登记机关申请设立登记。符合本法规定的设立条件的，由公司登记机关分别登记为有限责任公司或者股份有限公司。……法律、行政法规规定设立公司必须报经批准的，应当在公司登记前依法办理批准手续。"据此，在我国设立普通的有限责任公司和股份有限公司采取的是严格准则设立原则，设立特殊行业的商事主体则采取的是核准原则。

四、商事登记的意义

商事登记作为国家调整商事交易行为的一个重要手段，对于保障商事主体的合法权益、维护商事交易的安全具有重要意义。具体表现在：

1. 确认商事主体的商事活动资格，保护商事主体的合法营业活动

通过商事登记，核准商事主体的名称、住所、法定代表人、注册资本、企业类型、经营范围、营业期限等，使其取得合法的商事主体资格，并在法律规定和确认的范围内独立从事商事活动，享有商法上的权利，承担商法上的义务。

2. 公示作用

商事登记的基本作用还在于确认登记事项的效力，向社会公开经营性商事主体的信用、能力和责任，为商事活动的参加人提供交易相对人的准确信息，使其明智地选择和决定自己的交易行为，进而保护交易相对人和社会公众的利益。

3. 有利于国家的监督管理，维护良好的社会经济秩序

商事登记可以使国家取得各项必要的统计资料，有利于国家及时了解商事主体的经营状态，有利于对各种不同企业的设立和经营进行必要的监督和法律调整，维护良好的社会经济秩序。

第二节　商事登记的登记对象、主管机关和类型

一、商事登记的登记对象

在商法上，凡是法律要求在商事登记机关进行登记的人均为登记义务人。究竟哪些人是义务人，取决于各国商法的具体规定。比如在法国，公司和商事登记的目的是为了使依据法国法获得商人资格的自然人以及承担注册登记义务的公司或者其他法人能够进行设立登记，或者当情况发生变化后能够进行变更登记和注销登记，以便保护社会公众和为社会提供广泛的信息。原则上讲，所有的自然人或者法人、法国人或者外国人，只要根据法国法须获得商人资格并且在法国领域开展商事活动，均应当在法国公司和商事登记机关进行注册登记。[①]

我国《企业法人登记管理条例》第2条规定，具备法人条件的下列企业，应当依照本条例的规定办理企业法人登记：全民所有制企业，集体所有制企业，联营企业，在中华人民共和国境内设立的中外合资经营企业、中外合作经营企业和外资企业，私营企业，依法需要办理企业法人登记的其他企业；《公司登记管理条例》第2条规定，有义务申请商事登记的人包括有限责任公司和股份公司；《合伙企业登记管理办法》第2条规定，有义务申请商事登记的人包括合伙企业；《个人独资企业登记管理办法》第2条规定，有义务申请商事登记的人包括个人独资企业；《企业法人登记管理条例实施细则》第3条规定，

---

① 张民安. 商法总则制度研究［M］. 北京：法律出版社，2007：443.

实行企业化经营、国家不再拨经费的事业单位和从事经营活动的科技性社会团体，具备企业法人条件的，也应当申请商事登记；《企业法人登记管理条例实施细则》第 4 条规定，不具备企业法人条件的下列企业和经营单位，也应当申请商事登记：联营企业，企业法人所属的分支机构，从事经营活动的事业单位和科技性社会团体，事业单位和科技性社会团体设立的经营单位，外商投资企业设立的从事经营活动的分支机构，其他从事经营活动的单位，包括农村承包经营户、个体工商户、个人合伙或者私营企业等；此外，外商投资企业设立的办事机构应当申请登记；综上所述，在我国，上述这些企业、公司、事业单位、社会团体、分支机构、经营单位、办事机构等，均为登记对象，均负有义务向主管机关申请登记注册。

商事登记对象一般分为两类：一类是具备企业法人条件的企业，如全民所有制企业、集体所有制企业、私营企业、联营企业、外商投资企业、有限责任公司、股份有限公司以及其他性质的法人企业；另一类是不具备企业法人条件的企业或经营组织，它们主要有：联营企业、企业法人所属的分支机构、从事经营活动的事业单位和科技性社会团体、事业单位和科技性社会团体设立的经营组织、外商投资企业设立的从事经营活动的分支机构、外国公司的分支机构、农村承包经营户、个体工商户等。

二、商事登记的主管机关

各国关于商事登记主管机关的规定主要有以下几种模式：（1）法院作为主管机关，如德国、韩国；（2）行政机关作为主管机关，如英国、美国、西班牙；（3）由专门的商会作为主管机关，如荷兰。①

我国的商业登记主管机关是国家工商行政管理机关，包括国家工商行政管理局和省、自治区、直辖市工商行政管理局以及市、县、区工商行政管理局。工商行政管理机关对商业登记分级管理，不同级别的工商行政管理机关独立行使登记管理权限。《中华人民共和国企业法人登记管理条例》第 5 条规定，经国务院或者国务院授权部门批准的全国性公司、企业集团、经营进出口业务的公司，由国家工商行政管理局核准登记注册。外商投资企业由国家工商行政管理局或其授权的地方工商行政管理局核准登记注册。全国性公司的子（分）公司，经省、自治区、直辖市人民政府或其授权部门批准设立的企业、企业集团、经营进出口业务的公司，由省、自治区、直辖市工商行政管理局核准登记注册。其他企业，由所在市、县（区）工商行政管理局核准登记注册。

三、商事登记的种类

商事登记的种类，各国法律规定并不一致。我国关于商事登记种类的规定散见于《企业法人登记管理条例》及其施行细则等规章之中。依据这些规章的规定，可以将商事登记的种类分为设立登记、变更登记、注销登记、分支机构登记。

（一）设立登记

设立登记又称开业登记，是指商事主体的筹办人为了设立商事主体而向登记机关提出

---

① 梁建达. 外国民商法原理 [M]. 汕头：汕头大学出版社，1996：286.

申请，登记机关审查后办理登记的法律行为。根据《中华人民共和国企业法人登记管理条例》、《中华人民共和国公司登记管理条例》的规定，设立登记主要登记以下事项：

1. 企业名称

企业名称是商事主体从事商行为时使用的名称，是用于区分不同商主体的标志，任何企业都应有名称，名称的选定和使用必须符合法律、行政法规的规定。

2. 住所

住所是确定商事主体登记管辖机关和诉讼管辖法院的依据，是法律文书的送达地点和无明确约定情况下的合同履行地点。商事主体必须有其住所，商事主体的住所通常是商事主体的主要办事机构所在地。

3. 法定代表人

法定代表人是依照法律或商事主体章程的规定，代表商事主体行使职权的负责人。法定代表人对外可以代表商事主体签署合同、起诉、应诉等，不需要商事主体再行授权。根据《公司法》的规定，公司的法定代表人依照公司章程的规定，由董事长、执行董事或者经理担任。

4. 注册资本

注册资本是商事主体的投资人在登记机关登记的财产总额。商事主体不同，注册资本的要求也不同。个人独资企业、合伙企业不需要最低资本额，而设立公司则必须具备法定的最低资本额，设立有限责任公司最低注册资本为3万元，设立股份有限公司最低注册资本为500万元。

5. 主体类型

商事主体登记时必须明确其法律性质，根据不同的商事主体类型申请设立登记，并领取相应营业执照。

6. 经营范围

经营范围反映了商事主体的投资方向和经营活动的基本领域，商事主体应当在登记的经营范围内从事经营活动。商事主体可以变更经营范围，但应办理变更登记。

此外，商事登记还要求记载经营期限、从业人数、分支机构、有限责任公司股东或者股份有限公司发起人的姓名或者名称，以及认缴和实缴的出资、出资时间、出资方式。

企业法人与经营单位办理设立登记，应当在主管部门或者审批机关批准后30日内，向登记主管机关提出申请；没有主管部门和审批机关的企业申请设立登记，由登记主管机关进行审查。《企业法人登记管理条例》第15条规定，申请企业法人开业登记，应当提交下列文件、证件：（1）组建负责人签署的登记申请书；（2）主管部门或者审批机关的批准文件；（3）组织章程；（4）资金信用证明、具有法定资格的验资单位出具的验资证明或者资金担保；（5）企业主要负责人的身份证明；（6）住所和经营场所使用证明；（7）其他有关文件、证件。

如果是有限责任公司或股份有限公司，根据《公司法》及《公司登记管理条例》的规定，在设立登记时，须先进行公司名称预先核准登记，这主要是为了保障公司名称质量，加快公司登记进程。但是并非所有的公司都需要进行公司名称的预先核准。我国公司设立原则根据公司性质不同而有所不同。对于有限责任公司，我国一般采用准则设立原则，而对于股份有限公司，则采用核准设立原则。《公司登记管理条例》在要求公司名称预先核准的同时规定：法律、行政法规规定设立公司必须报经审批或者公司经营范围中有法律、行政法规规定必须报经审批的项目的，应当在报送审批前办理公司名称预先核准，并以公司登记机关核准的公司名称报送审批。因此不需要经过预先审批的公司，可以不办理公司名称预先核准。

外商事投资企业，由于其有一定的特殊性，所以在申请设立时，需要提交不同的文件，主要包括下列文件、证件：（1）由董事长、副董事长签署的外商事投资企业登记申请书；（2）合同、章程以及审批机关的批准文件和批准证书；（3）项目建议书、可行性研究报告及其批准文件；（4）投资者合法开业证明；（5）投资者的资信证明；（6）董事会名单及董事会成员、总经理和副总经理的委派文件等；（7）其他有关文件、证件。

另外，不具备法人条件的企业或经营单位申请营业登记，外商事投资企业申请设立分支机构或办事机构，都应依法提交相应的文件。

登记主管机关受理登记申请后，应对申请单位提交的文件、证件、登记申请书以及其他有关文件进行审查，此处的审查包括形式审查和实质审查，具体核实商事主体的设立条件。对不具备设立条件，依法作出不予核准登记的决定。对符合设立条件的，作出核准登记的决定，并分别核发相应的执照。

（二）变更登记

商事主体的变更登记是指已登记的商事主体因名称、住所、经营场所、法定代表人、经营范围、经营方式、注册资本、营业期限的变更等而进行的登记。商事主体变更登记事项应当向原登记主管机关申请变更登记，未经核准变更登记的，商事主体不得擅自变更登记事项，否则应当承担相应的法律责任。申请变更登记应当提交商事主体法定代表人签署的变更登记申请书、原主管部门同意的审批意见或商事主体自己作出的变更决议或决定以及法律要求提交的其他文件、证明。如果该商事主体是公司，而且变更登记的事项涉及修改公司章程的，应当提交修改后的公司章程或者公司章程修正案。

根据法律规定，商事主体变更登记时，应当具备一定的条件：

（1）商事主体变更名称的，应当自变更决议或决定作出之日起30日内申请变更登记。

（2）商事主体变更住所的，应当在迁入新住所前申请变更登记并提交新住所使用证明。如果商事主体变更住所跨登记主管机关辖区的，应当在迁入新住所前向迁入地登记主管机关申请变更登记；迁入地登记主管机关受理的，由原登记主管机关将该申请主体的登记档案移送迁入地登记主管机关。

（3）商事主体变更法定代表人的，应当自变更决议或决定作出之日起30日内申请变更登记。

（4）商事主体变更注册资本的，应当提交具有法定资格的验资机构出具的验资证明。根据法律规定，在商事主体为法人时，如果法人实有资本比原注册资本数额增加或减少超过20%时，应持资信证明或者验资证明，向原登记主管机关申请办理变更登记。

（5）商事主体变更经营范围的，应当自变更决议或决定作出之日起30日内申请变更登记，如果变更的经营范围涉及法律、行政法规规定必须报经审批的项目的，应当首先报经有关部门批准，并在有关部门批准之日起 30 日内申请变更登记。

（6）变更登记事项涉及企业法人营业执照或营业执照载明事项的，登记主管机关应当换发营业执照。

（三）注销登记

商事主体注销登记是指商事主体歇业、被撤销、宣告破产或者因其他原因终止营业时间时，向登记主管机关办理的消灭商事主体资格的登记。商事主体注销登记，必须经过清算，清算是商事主体消灭的前提条件。

商事主体一般是基于以下原因或者出现以下情形而须进行注销登记：

（1）商事主体被依法宣告破产。商事主体是法人时，因为不能清偿到期债务，经法院裁定后以其全部资产按照法律规定进行清偿，或者资不抵债时，法院依职权或者依当事人的申请可以宣告该法人进入破产程序。破产终结时，清算组负责办理商事主体的注销登记手续。

（2）商事主体的章程或协议规定的营业期限届满或者规定的其他解散事由出现。

（3）商事主体领取企业法人营业执照后，满 6 个月尚未开展任何经营活动或者停止经营活动满 1 年的，视同歇业，应申请注销登记。

（4）外商事投资企业应自经营期满之日或终止营业之日、批准证书自动失效之日、原审批机关批准终止合同之日起 3 个月内，向原登记主管机关申请注销登记。

商事主体如果是主动申请注销登记，应当提交法定代表人签署的注销登记报告。未经法定代表人签署的申请注销登记报告，不具有法律效力。如果法定代表人因某种原因不能签字或拒不签字，投资人可依法先变更法定代表人，然后由新的法定代表人签署注销登记申请书。

商事主体如果被宣告破产，则应当提交法定代表人或者清算组织负责人签署的注销登记申请书、法院破产裁定或原主管部门审查同意的文件、主管部门或清算组织出具的负责清理债权债务的文件或清算报告。

（5）企业法人营业执照或营业执照被吊销。

（6）法律、法规规定的其他原因。

登记主管机关核准注销申请和文件后，应办理注销登记或者吊销申请人营业执照，同时撤销注册号，收缴营业执照正、副本和公章，并通知其开户银行。

（四）分支机构登记

分支机构是指具备法人资格的商事主体在其住所以外设立的从事经营活动的不具备法人资格的经济组织。

分支机构的特点是自己没有独立的法律地位，它只是其法人的一个附属机构，不具备法人资格，没有自己独立的名称、章程、财产，分支机构的人事、业务都受法人的控制，它只是代表法人开展业务活动。因此，其在经营活动中所产生的债权债务关系，由其法人承担，其法人对分支机构的经营活动承担全部责任。

分支机构登记同样包括设立登记、变更登记、注销登记，其基本内容也与前面所述的登记内容基本一致。特殊的内容则包括分支机构登记的经营范围不得超过其法人单位的经营范围，如果是限制经营的项目，即使法人单位可以经营，却并不表明分支机构也可以经营。分支机构的登记必须有法人要求成立分支机构的申请。

第三节 商事登记的程序和效力

一、商事登记的程序

各国关于商事登记的程序大同小异，在我国，主要分为五个阶段：

（一）名称预先核准登记

依据《企业名称登记管理规定》，公司设立应先申请名称预先核准，此为公司设立登记的前置程序。申请名称预先核准有两项要求：一是法律、行政法规规定设立公司必须报经审批或公司经营范围中有法律、行政法规规定必须报经审批的项目的。应当在报送审批前办理公司名称预先核准，并以公司登记机关核准的名称报送审批。二是设立有限责任公司，应当由全体股东指定的代表人或者共同委托的代理人向公司登记机关申请名称预先核准；设立股份有限公司则应当由全体发起人指定的代表人或共同委托的代理人向公司登记机关申请名称预先核准。

登记机关在接到名称预先核准申请文件后 10 日内作出核准或驳回的决定。予以核准的，发给《企业名称预先核准通知书》。预先核准的企业名称保留期为 6 个月，在保留期内，不得用以从事经营活动，不得转让。保留期满，不办理公司设立登记的，其公司名称自动失效。

（二）申请与受理

申请是指由商事主体的筹办人或商事主体提出的创设、变更商事主体或变更商事主体已登记的有关事项的行为。根据商事主体的不同，我国法律规定了不同的申请条件，申请时提交的文件和证件也各不相同。只有符合法定要求，登记主管机关才予以受理。登记机关收到申请人提交的符合规定的全部文件后，应发给申请人登记受理通知书。

（三）审查

审查是指受理登记申请的机关，在接到申请者所提交的申请之后，于法定期限内，对申请者所提交的申请文件及其内容，依法进行审查的活动。从商事登记的历史发展来看，审查可分为三种：其一，形式审查，即登记机关仅对申请是否符合法律要求进行审查，而不对登记事项的真伪调查核实。其二，实质审查，即登记机关不仅对申请从形式上审查其是否合法，而且对申请事项予以调查核实，以保证登记事项的法律效力。其三，折中审查，即登记机关对登记事项有重点地进行审查，尤其对有疑问的事项予以审查，如果发现有不符合法律规定的，则不予登记。但已登记的事项不能因此而推定为完全真实，其登记事项的真伪最终取决于执法机关的裁决。我国目前商事登记的审查采取"形式审查为主，实质审查为辅"的原则。

（四）核准发照

登记机关在收到申请人的申请及相关的材料并予以审核之后，应在法定期限内将审核结果，即核准登记或不予登记的决定及时通知申请人。对具备法人条件的企业，核发企业法人营业执照；对不具备法人条件的，发营业执照；对外商事投资企业设立的分支机构，核发中华人民共和国营业执照;外商事投资企业设立的办事机构,核发外商事投资企业办事机构注册证。对于核准登记的商事主体,登记主管机关应当分别编定注册号码,在颁发的证照上加以证明,并记入登记档案。

(五) 公告

即将登记的有关事项,通过特定的公开方式让公众周知。

与商事登记有关的制度还包括年度检验制度和证照管理制度。年度检验制度是指企业法人按照登记主管机关规定的时间提交年检报告书、资产负债表等,由登记机关对企业法人登记的主要事项进行审查。证照管理制度的内容主要有营业执照及其副本不得伪造、涂改、出租、出借、转让、出卖或擅自复印;执照或副本应悬挂在企业住所或主要经营场所;除登记主管机关依照法定程序可以扣缴或吊销外,其他任何单位不得收缴、扣押或损坏等。

二、商事登记的效力

商事主体经注册登记后,产生什么样的法律效力,虽然各国立法不尽一致,但是以下几种效力却都为各国立法所认同:

(一) 创设法律地位的效力

登记注册是商事主体取得经营资格的前提条件,凡未经登记者不得以商事主体的身份从事经营活动。各国大多规定商事登记是商事主体取得经营资格的前提。如《瑞士债务法》就规定,登记注册是公司取得法人资格的必经手续,而且通过登记注册,商事主体取得对于某一特定商事号的独一无二的使用权。在法国,登记注册构成一种推断,表明某个主体成为商事主体(除非有相反的证据可以推翻),未经登记注册而从事商事活动的,不享有商事主体的权利,但仍须履行商事主体应尽的义务。[1] 在我国,严禁商事主体无照经营,因此登记注册是商事主体取得经营资格的前提条件。

(二) 免责效力

创设法律地位的效力基于创设登记。免责效力则主要基于变更登记或废止登记,即根据商事主体变更、废止登记的记载,商事主体将部分或全部免除责任。另外,以登记的时间为基准的禁止一旦解除,也能产生免责的效果。

三、公示效力

商事登记的目的,一方面在于使政府便于实施监督管理,保护商业发展,另一方面则使社会公众得以明了商事主体的具体情况。因此商事登记的一个重要作用,就是其公示效力。所谓公示效力,即凡经登记的内容,应当推定其具有相应的法律效力,善意第三人根据登记事项所为的行为,应当有效。商事登记的公示效力,表现在登记在主管机关簿册上的有关商事主体的事项,除非有虚假表示者,得与第三者对抗。我国企业登记采用强制登记主义以及实质审查主义。所以,凡是登记注册事项当然具有对抗第三人的法律效力。对于应登记而未登记的事项,注册人不得援引对抗善意第三人;如果注册人有充分证据证明

---

① 赵中孚. 商法总论 [M]. 北京:中国人民大学出版社,2003:209.

第三人知道未登记事项，则第三人具有恶意，应允许注册人援引此未登记事项对抗第三人。法律对于应登记而未为登记者，除要求商事主体承担相应的法律责任外，对于商事主体的法定代表人，还要追究其民事责任、行政责任甚至刑事责任。

【难点追问】

1. 未履行商事登记之事项在法律上对第三人具有何种效力？已履行商事登记之事项在法律上对第三人又具有何种效力？

合法有效的商事登记，必然对第三人产生效力。但是，登记与公示是密切相连的一个完整的法律行为。考察各国司法实践，登记与公示对第三人的法律效力是一个颇为复杂的问题。在这方面，大陆法系国家商事法所奉行的几个重要原则，对于我们更好地理解商事登记的效力具有一定的参考意义。①

其一，必须登记的事项在未履行登记或已履行登记但尚未公告的情况下对第三人的保护。对于这一问题，多数国家法律规定，只要必须在商事登记簿上登记的事项还未履行登记或还未予以公告，任何该必须登记事项的参与人都不可以用该事项来对抗第三人，除非第三人已经了解了该事项的真实情况。这一规则的前提条件：第一，第三人必须是真正的不知情人；第二，第三人的不知情必须是善意的、积极的；第三，第三人由于不知情而产生的对原有事实的信任是导致其法律行为的直接原因。法律规定这一原则将直接导致两个结果：第一，未经登记的事项在法律上所导致的直接后果不能有利于负有登记义务的未登记事项参与人；第二，未登记事项在法律适用上必须有利于第三人。

其二，应登记事项在得到正确登记和公告之后对行为人和第三人之保护。关于这一问题，一些国家法律规定，如果登记并已公布，该事项则对第三人生效。但是，如果在登记事项公布之后一定时间以内，第三人既不知道，也无责任必须知道该登记事项，那么该登记事项对其法律行为不生效力。对于这种不生效力的有效期限，在时间上各国法律都有严格的限定。如德国商事法典规定的有效期为 15 天。

其三，已登记事项在公布发生差错的情况下对第三人的保护。关于这个问题，一些国家法律规定，如果登记事项公布有误，第三人可以针对负有登记义务的登记人，根据已公布之事实为法律行为。除非第三人已经知道公布事实有误。在此，第三人必须是善意第三人，且是该事项的局外人，同时，第三人对公布内容之信任必须是导致其法律行为的直接原因。这一规则的目的在于保护善意第三人，它加大了登记义务人的责任。

2. 现代商事登记的立法模式和我国商事登记制度存在的问题。

世界各国和地区商事登记的立法体例有以下三类：

（1）由商事法典规定商事登记制度。如德国、日本、韩国等国家均是在其商事法典中规定商事登记制度。（2）由专门的商事登记法规定商事登记制度，如法国、我国台湾地区均有专门的商事登记法。（3）由相关的企业法规定。这种方法主要存在于包括美国和英国在内的国家，如美国是在相关的社团法中规定、英国是在相关公司法中

---

① 覃有土. 商法学 [M]. 北京：中国政法大学出版社，2002：35.

规定。①

我国目前不存在统一的商事登记专门法，现行的商事登记法包括《企业法人登记管理条例》及《企业法人登记管理条例实施细则》、《公司登记管理条例》、《合伙企业登记管理办法》、《个人独资企业登记管理办法》等法规，它们相互之间在内容和结构上存在不一致性，同时还带有浓厚的非市场经济色彩，因而存在明显的滞后性，难以适应我国市场经济发展的需要。

我国目前的商事登记制度系世界上最复杂、最严厉的商事登记制度，其问题也多。首先，我国商事登记制度的指导思想存在偏差，我国商事登记制度是管理性质的登记制度，是计划经济时代登记制度的延续，商事登记机关被认为是商事主体的管理机关，被赋予很大的权力来管理和监督商事主体的商事登记行为，防止商事主体违法经营。这样的指导思想，决定了我国商事登记的首要目的不在于公示商事主体的重大信息，而在于监督和管理商事主体的商事经营活动。其次，我国商事登记制度欠缺统一性，登记机关分不同的商事主体形式制定不同的管理规章，违反了在世界各国普遍适用的"商事统一登记"原则，造成有限法律资源的浪费，出现了大量的重叠现象，使商事主体难以适应。再次，我国商事登记制度没有对商事登记涉及的众多重要问题作出说明，使商事登记制度在某些重要方面，如商事登记的法律效力、商事登记的民事制裁、商自然人的商人推定、公司等法人的独立人格、商事登记的法律效果等方面都欠缺规定，留下了法律空白和漏洞，导致我国商法无法为司法机关妥当地裁判有关商事纠纷提供法律根据。最后，商事登记制度的问题仅由国务院或国家工商行政管理机关以行政法规或规章的形式加以规范，降低了商事登记制度的地位，同商事登记制度在商事法和商事社会所起的重要作用不相称。②

针对上述问题，许多学者认为商事登记制度应由国家立法机关制定统一的法律，在一部法律中对商事登记的各种问题作出明确的规定。③ 目前，我国可以借鉴西方一些国家的做法，制定统一的商事登记法，将各种不同的商事主体的商事登记合并起来，消除根据企业的形式和性质分别立法的状态，并填补上述法律空白、堵住法律漏洞，以完善我国商事登记制度。

2013 年 11 月，中共十八届三中全会决定对我国商事登记制度进行改革。此后，国务院、国务院办公厅、国家工商总局等部门先后出台了《注册资本登记制度改革方案》、《关于加快推进"三证合一"登记制度改革的意见》、《企业经营范围登记管理规定》、《关于"先照后证"改革后加强事中事后监管的意见》、《工商登记前置审批事项目录》、《企业信息公示暂行条例》，逐步进行商事登记制度方面的改革，取消了原有对企业注册资本、出资方式、出资额、出资时间等硬性规定，取消了经营范围的登记和审批，从以往的"重审批轻监管"转变为了"轻审批重监管"，取得了"上网申办"、"先照后证"、"注册资金分期认缴"、"五证合一"、"一址多照"、"一照多址"、"年检改年报"、"两随

① 赵旭东. 商法学教程 [M]. 北京：中国政法大学出版社，2004：61.
② 张民安. 商法总则制度研究 [M]. 北京：法律出版社，2007：441.
③ 郭富青. 论商事登记制度的若干法律问题——兼论我国商事登记的改革与完善 [J]. 甘肃政法学院学报，2002（6）.

机一公开抽查式监管"等改革成果。

【思考题】

1. 我国商事登记的主要种类有哪些？
2. 我国商事登记主要包括哪些程序？
3. 商事登记的法律效力有哪些？
4. 我国商事登记的基本原则是什么？
5. 如何理解商事登记的性质？

第四章 商事名称与商事账簿

【学习目的与要求】

通过本章的学习，要求了解商事名称与商事账簿的概念和特征，掌握商事名称的登记和保护以及商事账簿的保存和备置。

【知识结构简图】

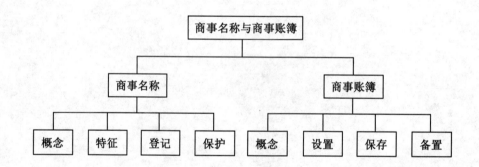

第一节 商 事 名 称

一、商事名称及其法律特征

（一）商事名称的概念

商事名称，又称为商业名称、字号，是指商事主体在营业活动中所使用的用以表现自己独特性法律地位的名称。商事名称类似于自然人的姓名。

商事名称由行政区划名称、商号、行业、组织形式构成。例如某个房地产公司在某某市工商行政管理局登记设立，为有限责任公司。股东们商议决定使用"龙腾"为商号。商事名称的全称为"某某市龙腾房地产有限责任公司"。

从严格意义上说，商事名称与商号并非同一概念，商号是商事名称的组成部分之一。

（二）有关商事名称的立法

我国有关商事名称管理的法律规范，最主要的是 1991 年国家工商行政管理局发布的《企业名称登记管理规定》。此外，在《民法总则》、《商标法》、《反不正当竞争法》、《公司登记管理条例》、《企业法人登记管理条例》等中也有关于商号的规定。

国际上涉及商号保护的公约主要是 1883 年的《保护工业产权巴黎公约》，该公约把商号列入工业产权中予以保护。我国于 1985 年加入该公约。1891 年《制裁商品来源的虚假或欺骗性标志马德里协定》和世界知识产权组织（WIPO）1966 年《发展中国家商标、商业名称和不正当竞争行为示范法》等也对保护商事名称作了规定。

（三）商事名称的特征

1. 商事主体的归属性

商事名称只能归属于商事主体。商事名称区别于党、政、军机关或者事业单位的名称，也区别于自然人的姓名。党政军机关和社会团体的名称，依据相关的法律规定进行管理。

2. 营业活动的对应性

商事主体在进行商事登记和为商事行为时，以商事名称这一特定的方式来标示主体本身和署名时使用的名称。商事主体为商事行为时应使用商事名称，否则不应该使用。商事主体的自然人在开展一般民事行为时则只能使用自己的姓名。

3. 商事主体的区别性

同自然人的姓名一样，商事名称具有区别功能。商事名称是区别此商事主体与彼商事主体的外在标志，特别是在商业活动中，商事主体需要突出自己与他人的不同特征。商事名称的这一功能为商事主体在市场竞争中提供了个性识别的符号。

（四）商事名称与商标的区别

商标是生产者、销售者在自己生产或者销售的商品上，或者在自己提供的服务上使用区别于他人的商品、服务的独特标志。商标通常可以由文字、图形以及文字和图形组合构成。商事主体为了使商标的宣传与商事名称的宣传更加密切，不少知名的商事主体往往将商事名称中的商号作为文字商标加以注册，以进一步增强整体商誉。但是，商事名称与商标仍然存在着区别。

1. 构成要素不同

商事名称的构成要素仅为文字，而且包含了行政区划名称、商号、行业、组织形式等因素，商号是其核心要素。商标通常由文字、图形（有意义的图案或者无含义的记号、线条、颜色块等）或者以文字和图形之组合表现。

在我国，除在少数民族地区可以使用少数民族文字作为商事名称外，一律使用汉字。如需要使用外文表示的，外文名称应当与中文名称相一致并报工商行政管理机关登记注册。商事名称中的核心部分是字号，例如北京的"全聚德"、天津的"狗不理"等，具有重大的商业价值。商事主体为了扩大保护其字号的范围，可以将其字号注册为商标。如青岛海尔股份有限公司将"海尔"作为商标注册，青岛啤酒股份有限公司、IBM 公司、可口可乐公司等都是将字号作为商标加以注册登记。

2. 表彰对象不同

商事名称与商事主体相对应，针对的是商事主体特定的商事行为，从总体上代表的是商事主体（商人），相对于商事主体而言商事名称是唯一的。商标不能脱离其特定对应的商品（或者服务）而存在，其表彰的是商品或者服务，对商事主体的表现是间接的。也可直观地说，商标就是商品（或者服务）的标记。一个商事主体必须要有而且只能有一个商事名称，但可以没有商标或者商标是未注册的，也可以有多个注册商标。

3. 法律依据不同

商事名称受企业法、公司法、商事登记等法律法规的调整，并应当在国家规定授权的工商行政管理部门进行登记。商事名称仅在登记的工商行政管理机构辖区内具有专有性。商标受商标法的调整，由国家工商行政管理总局商标局进行审查核准登记，在全国范围内具有专有性。

未经商标权人许可而在相同或者相似的商品（服务）领域使用他人注册的商标，构成商标侵权。未经商事主体许可，使用他人的商事名称，构成不正当竞争。

【案例 4-1】

使用他人知名商号在本地注册登记商事名称构成不正当竞争①

珠海格力电器股份有限公司成立于 1989 年 12 月 13 日，其经营范围包括研发、制造、销售中央空调、制冷、空调设备、洁净空调、采暖设备等。原告是国内知名的电器生产企业，具有 20 多年的历史及较大的经营规模，其一直使用"格力"字号进行经营活动，在全国范围内知名度高，并被相关公众所知悉。被告世纪格力公司成立于 2014 年，从事电器生产销售行业，在申请注册企业名称时仍将含有"格力"字样的"世纪格力"作为其企业名称，并将该字号使用在其生产、销售的家用电器上。法院认为，被告世纪格力公司在成立时理应知道原告企业及其企业字号的存在，负有对在先知名商标与字号予以避让的义务，其被诉侵权行为客观上容易使相关公众误认为其与原告存在某种关联，对二者提供的产品或服务产生混淆，其主观攀附原告商誉、诱导相关公众误认的故意明显，已违反诚实信用原则和公认的商业道德，侵犯了原告的竞争利益，构成不正当竞争。

二、商事名称的登记

我国《企业名称登记管理规定》明确规定："企业名称在企业申请登记时，由企业名称的登记主管机关核定。企业名称经核准登记注册后方可使用，在规定的范围内享有专用权。"必须经过登记，这是我国商事名称权取得的唯一途径。

商事名称选定后，非经登记公示不能取得专有使用权。商事名称登记公示是为了维护交易安全和交易秩序的需要。目前，大多数国家要求商事名称只有经法定程序注册登记后，才具有排他性的效力，否则，就不具有对抗第三人的法律效力。例如，《德国商法典》第 29 条规定，每一位商人都负有义务将他的商号向其商业所在地商事登记法院申报登记，只有申报登记才具有法律效力。我国《企业名称登记管理规定》第 3、29 条也作了相应的规定。

（一）商事名称的创设登记

商事主体在创立登记时，必须对商事名称进行登记，此时的登记即为商业名称的创设

---

① 参见广东省佛山市禅城区人民法院［2017］民初第 15830 号《民事判决书》。

登记。在商事主体创设之初，可以先进行商事名称的预先登记。取得商事名称之后可以办理如开设银行账号等相关的手续，以便于进行验资手续。工商行政管理机关应当自受理之日起 10 日内，对申请预先核准的企业名称作出核准或者驳回的决定。核准的，发给《企业名称预先核准通知书》；驳回的，发给《企业名称驳回通知书》。

商事名称应当使用符合国家规范的汉字，使用外文名称的，其外文名称应当与中文名称相一致，并报登记主管机关登记注册。其中的字号应当由两个或两个以上的汉字组成。除法律法规规定的企业外，商事名称不得冠以"中国"、"中华"、"全国"、"国家"、"国际"等字样。

企业名称不得与同一工商行政管理机关核准或者登记注册的同行业企业名称字号相同。工商行政管理机关应当建立企业名称核准登记档案。

（二）商事名称的变更登记

商事主体创立后，在存续期间内，如果对商事名称进行了变更，就必须进行变更登记。只有进行了变更登记，商事主体才对该新的商业名称享有专用权。否则，不得对抗善意第三人。

申请变更商事名称的，属登记机关管辖的，由登记机关直接办理变更登记。如果商事原名称是经其他工商行政管理机关核准的，登记机关应当在核准变更登记之日起 30 日内，将有关登记情况送核准原名称的工商行政管理机关备案。商事名称变更登记核准之日起 30 日内，商事主体应当申请办理其分支机构名称的变更登记。

（三）商事名称的转让登记

商事名称可以随商事主体的全部或者一部分一并转让，但应当报原登记主管机关核准。受让人只有在进行了登记之后，才能取得该商业名称的专用权。

（四）商业名称废止登记

当商事主体决定终止营业而进行注销登记时，其商事名称也随之会被注销，即该商事名称被废止。

（五）商事名称撤销登记

当发生了法定事由时，工商行政主管机关有权依法撤销商事主体的营业登记。商事主体的营业登记被撤销，其商事名称也一同被撤销登记。

三、商事名称权及其法律保护

（一）商事名称权的概念和特征

1. 商事名称权的概念

商事名称权，即商业名称专用权，是指商事主体经依法登记而取得商事名称专有使用的权利。

2. 商事名称权的特征

商事名称权兼具人格权和财产权的双重属性。一方面，商事名称必须依附于商事主体而存在，具有商事人身权的性质；另一方面，商事名称可以许可他人使用甚至转让，具有财产价值，又具有财产权的性质。

商事名称权是知识产权的一种，具有工业产权的一般特征。

（1）地域性。商事名称权的效力只及于一定的地域范围内。一般只在其登记机关的辖区范围内有效，超出该区域的范围，商事名称不具有排他性。我国的《企业名称登记管理规定》明确了企业只准使用一个名称，在登记主管机关辖区内不得与已登记注册的同行业企业名称相同或者近似。

（2）公开性。商事名称权经登记才能取得，商事名称的创设、变更、废止、转让和继承都应当进行登记，登记是公示的一种方式，也意味着商事名称的对外公开。否则，不发生对外效力。

（3）可转让性。商事名称权具有私权属性，商事主体可以转让和继承。

（4）时间上的无限性。商事名称没有时间上的限制，只有在商事名称所有人营业终止并未转让的情况下，商事名称才绝对终止，而专利权、商标权等工业产权均有一定的时间性。

（二）商事名称权的权能

1. 专有使用权

商事名称的所有人经登记后取得该商事名称的专有使用权，只有所有人有权使用，其他任何人都不得使用与该商业名称相同或者相似的商事名称。专有使用权实质上就是排他的使用权，这是商事名称权的首要权能，也是商事名称权的核心内容。

2. 许可使用权

商事名称权人有许可他人使用其商事名称的权利，即可以"出借"或"出租"其商事名称的使用权。

3. 名称变更权

各国立法都允许商事名称的变更，只要拟变更的商事名称符合法律规定的条件即可，但须进行变更登记才能发生效力。

4. 名称转让权

商事名称转让权体现了商事名称财产权的属性。商事名称权人可以转让其商事名称，但多数国家规定商事名称不得脱离商事营业而单独转让。《德国商法典》第 23 条规定，商号不得与使用此商号的营业分离而让与。《日本商法典》第 24 条第 1 款规定，商号只能和营业一起让与或在废止营业时转让。《韩国商法》第 25 条也规定，商号只有在废止营业时，或者和营业一并进行时，方可转让。

（三）商事名称权的效力

商事名称一经登记，商事主体就取得了该商业名称的专用权，从而发生相应的效力。

1. 排他效力

所谓排他效力，是指商事主体取得商事名称后，就取得了在一定地域范围内排除他人登记和使用与该商事名称相同或者相类似的商事名称的权利。《企业名称登记管理规定》规定，两个以上的企业因已登记注册的企业名称相同或者近似而发生争议时，登记主管机关依照注册在先原则处理，从而确认了商业名称登记的排他效力。

2. 救济效力

商事主体经登记而取得商业名称的专用权，如果其他商事主体侵犯其专用权，所有人可以请求其停止侵害，如造成损失，并可以要求赔偿损失。擅自使用他人已经登记注册的商事名称或者有其他侵犯他人商事名称专用权行为的，被侵权人可以向侵权人所在地登记主管机关要求处理。登记主管机关有权责令侵权人停止侵权行为，赔偿被侵权人因该侵权行为所遭受的损失，并可施以行政罚款。对侵犯他人商事名称专用权的，被侵权人也可以直接向人民法院起诉。

（四）商事名称权的保护

侵犯商事名称权的主要方式是擅自使用他人的商事名称，或者使用与该商事名称相近似的商事名称，从而使公众误认为就是该商事名称。

对于商事名称权的保护主要体现在两个方面：

1. 同一商业名称登记的排除

在商事名称的登记机关辖区内，不得再登记与已登记的同行业商事名称相同或者近似的商事名称。

2. 同一商事名称或类似商事名称使用的排除

未经商事名称权权人许可，擅自使用他人商事名称或者使用类似商事名称的，为侵权行为，商事名称权人可以请求停止侵害，并赔偿损失。同时，也可依据《反不正当竞争法》的规定，请求行为人赔偿损失。

我国《民法总则》第120条规定，法人的民事权益受到侵害的，被侵权人有权请求侵权人承担侵权责任。被侵权人可以向侵权人所在地登记主管机关要求处理。登记主管机关有权责令侵权人停止侵权行为，赔偿被侵权人所遭受的损失，没收非法所得并处罚款。对侵犯他人企业名称专用权的，被侵权人也可以直接向人民法院起诉。

【案例 4-2】

广告语不得使用他人知名的商号①

上海大润发有限公司获准注册"大润发"商标，有效期自 2009 年 12 月 28 日至 2019 年 12 月 27 日。核定服务项目包括货物展出、商业橱窗布置、广告宣传版本的出版、广告空间出租服务。2011 年 4 月 13 日，大润发控股有限公司经核准受让了该商标。2013 年 11 月 27 日，原告康成公司经核准受让了该商标。被告杭腾公司在店招、入口处、广告、购物车、购物篮、标价牌均使用了"大润发惠民"文字，其中包含与涉案注册商标基本相同的"大润发"文字。法院认为：工商部门等已认定康成公司的"大润发"注册商标为驰名商标，且"大润发"超市在杭州地区也开设多家分店，足以证明康成公司的"大润发"商标具有较高的知名度，在此情况下即便他人注册了带有"大润发"字号的企业名称，突出使用"大润发"字号也会导致相关公众对服务的来源产生混淆或误认，杭腾公司的行为仍然侵犯了康成公司的注册商标专用权。且杭腾公司作为商品零售企业，对于康成公司的商标知名度不可能不了解，在此情况下仍通过特许加盟的形式突出使用"大润发"标识，主观上存在过错，应当承担停止侵权并赔偿损失的责任。

---

① 参见浙江省杭州市西湖区人民法院 [2017] 民初第 3700 号《民事判决书》、浙江省杭州市中级人民法院 [2017] 民终第 8091 号《民事判决书》。

点评：商事主体享有自己商事名称的权利，他人未经许可不得使用。否则，将可能构成侵权。

第二节 商事账簿

一、商事账簿及其法律特征

（一）商事账簿及其种类

1. 商事账簿的概念

商事账簿，又称商业账簿，是指商事主体为表明其财产状况和经营情况所依法制作的簿册。商事账簿包括书面形式和电子形式。

商事账簿分为形式意义上的和实质意义上的。形式意义上的商业账簿又称法定账簿，仅指商事主体依法必备的账簿；实质意义上的商业账簿，则是指商事主体所制作的一切账簿，包括了法定账簿和根据商事主体依据实际需要而自行备置的账簿。形式意义上的商事账簿又有广义与狭义之分，广义的商事账簿是指依据商法、会计法和其他法律法规所制作的账簿；狭义的商事账簿仅指依据会计法规而备置的账簿。商法上的商事账簿是指形式意义上的广义商事账簿。

2. 商事账簿的种类

商事账簿包括了会计凭证、会计账簿和会计报表三类。

（1）会计凭证，简称为凭证，是指财务会计工作中用以记载商人商事经营活动发展和完成情况，明确经济责任的书面凭证，是用来登记账簿的依据。

（2）会计账簿，简称账簿，是以会计凭证为依据，由具有一定格式、相互联系的账页组成，用来序时地、系统地、全面地和分类地记录和反映商人各项商事活动和业务活动内容的簿记。

（3）会计报表，又称财务报告，是指商人对外提供的反映商人某一特定时期财务状况和某一会计期间商事经营成果、现金流量的法律文件。会计报表包括会计报表主表、会计报表附表、会计报表附注以及财务情况说明书。

（二）商事账簿的特征

1. 制作主体的特殊性

商事主体依法备置的账簿才是商事账簿，而非商事主体无须设置商事账簿，其设置账册并不纳入商事账簿的考察范畴。

2. 体现内容之营利性

商事账簿是反映商事主体的经营情况，比非商事主体的账簿更为复杂。通过商事账簿能够体现出商事主体的营利状况。

3. 设置的法定性

各国商法均要求，商事主体必须设置商事账簿，以记载其营业上的财产及其损益状态。因此，商事账簿是必设的。

（三）商事账簿的立法

世界各国尚无制定一部统一的"商事账簿法"，有关商事账簿的立法内容主要分散在商法典、民法典、商事单行法、税法、会计法以及有关行业组织制定的会计准则之中。

通常是在《会计法》中对商事主体的会计制度尤其是会计凭证、会计账簿和会计报表加以明确、具体地规范。

我国的商事账簿法规范亦分散于税法和会计法、审计法等商事单行法律法规之中，并以会计法律法规为主。《公司法》《合伙企业法》《个人独资企业法》《外资企业法》《证券法》《会计法》等，均要求商事主体必须建立和妥善保管其商事账簿。2006 年财政部修订的《企业会计准则》对企业的财务会计制度作了基本规定，建立起了与国际惯例接轨且完整的会计准则体系。

二、商事账簿的编制及其法律意义

（一）商事账簿的编制

商事账簿的编制，也称商事账簿的制作，是指商人按照法律的要求，通过规定的方式将有关商人的经营活动记录下来，形成书面的会计资料，以便第三人能够了解商人的财产状况和经营状况。

公司应当依照法律、行政法规和国务院财政主管部门的规定建立本公司的财务和会计制度；公司应当在每一会计年度终了时制作财务会计报告。会计凭证、会计账簿、财务会计报告和其他会计资料，必须符合国家统一会计制度的规定。使用电子计算进行会计核算，其软件及其生成会计凭证、会计账簿、财务会计报告和其他会计资料，也必须符合国家统一会计制度的规定。企业应当采用借贷记账法、以人民币为记账本位币（业务收支以人民币以外货币为主的单位，可以选定其中一种货币作为记账本位币，但是编报财务会计报告应当折算为人民币）和以中文为记载文字（少数民族自治地区可以同时使用少数民族文字。外商投资企业和外国企业也可以同时使用某种外国文字）。

商事账簿的编制，是商人的法定义务，应当编制商事账簿而不编制商事账簿的，必须承担相应的法律责任。

有关会计的记载方式和会计准则已经国际化和统一化，各国的商人记载其商事经营活动的方式基本上是相同的。

（二）商事账簿设置的法律意义

商事账簿是为了贯彻商事事务公开和提高对外透明度的重要工具，对于提高交易效率和维护交易安全均具有不可替代的重要作用。

1. 满足股东知情权

通过商事账簿的记载，可以让投资者和经营者及时准确地了解其自身经营状况和财务状况，依此进行盈余计算和实现利润分配，进而评判有关经营决策以及方式是否合理、是否需要进一步调整以及如何进行调整。

2. 交易相对人了解资信状况的途径

交易的相对人可以借助商事主体的商事账簿了解其经营和资信情况，进而决定是否交易以及如何具体开展交易。

3. 政府监管的依据

政府的社会经济管理部门可通过商事账簿，进行有关的数据统计，并作为政府有关决策和宏观调控的重要依据。我国的《税收征收管理法》明确规定了从事生产、经营的纳税人的财务会计制度或财务会计处理方法，应当报税务机关备案；纳税人应办理纳税申报，报送纳税申报表；税务机关有权检查企业的账簿。

4. 诉讼证据

在民事诉讼活动中，商事账簿可以作为重要的证据之一。尤其是在破产清算程序中，债权人可通过查阅商人的商事账簿，以商事账簿记载的债务来证明自己的债权，从而要求破产管理人以破产商人的破产财产来清偿自己的债权。

三、商事账簿的保存与备置

（一）商事账簿的保存

商人编制的商事账簿作为反映商人经营状态和财产状态的重要凭证，应当妥善保管，不得毁损或者灭失，保存应当达到法律所规定的年限。多数国家对商事账簿保管实行期限的严格限制，明确规定各种商事账簿应保存的最短期间。《会计档案管理办法》规定，会计档案的保管期限分为永久、定期两类。定期保管期限一般分为 10 年和 30 年。

隐匿或者故意销毁依法应当保存的会计凭证、会计账簿、财务会计报告，构成犯罪的，依法追究刑事责任。县级以上人民政府财政部门可以对以上违法行为予以通报并处相应额度的行政罚款，对其直接负责主管人员和其他直接责任人员施予行政处分。

（二）商事账簿的备置

商事主体备置商事账簿必须依照现行的《会计法》、《公司法》、《证券法》等相关法律、法规的规定结合不同的商事主体性质进行。

公司的财产最终属于公司股东。公司股东可能要求其他股东或者公司管理人员提交公司的全部商事账簿，以便了解公司的财产和财务状态。商事主体应当在其主要营业地备置商事账簿，便于股东查阅。当股东提出查阅商事账簿的时候，其他股东或者管理人员应当提交公司的商事账簿。

商事账簿查阅制度是为保障股东权利而设计的，对商事主体而言是一项义务。但是，上市公司无力向成千上万的股东送交商事账簿资料，因此，有置于固定场所公示的必要。

我国的《公司法》规定，公司应当在每一会计年度终了时编制财务会计报告，并依法经会计师事务所审计。财务会计报告应当依照法律、行政法规和国务院财政部门的规定制作。有限责任公司应当依照公司章程规定的期限将财务会计报告送交各股东。股份有限公司的财务会计报告应当在召开股东大会年会的 20 日前置备于本公司，供股东查阅；公开发行股票的股份有限公司必须公告其财务会计报告。

【难点追问】

商事名称的专有性与注册商标的专有性有什么区别？

提示：商事名称与注册商标分属不同的机构依据不同的规则进行管理，因此无论是权利设立的标准还是其专有性的地域、空间范围以及具体的管理方面都有不同。

【思考题】
1. 商事名称由哪些部分构成？
2. 商事名称的设计应当考虑哪些方面的问题？
3. 商事账簿的保存期限有什么规定？
4. 如何从商事账簿的备置看待股东的知情权？

第二编

公司法

第五章　公司法概述

【学习目的与要求】

通过本章的学习，要求熟悉了解公司的含义、公司法的概念及其特征、公司法的作用与立法模式等，着重掌握公司的含义及公司法的特征。

【知识结构简图】

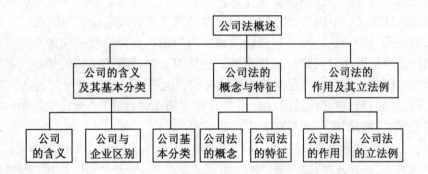

第一节　公司的含义及公司的基本分类

一、公司的含义

对于我国来说，作为法律用语的"公司"一词，无疑是移自西方的一个舶来品。有学者认为："在汉语中，'公'含有无私、共同的意思，'司'则是指主持、管理，二者合在一起就是众人无私地从事及处理其共同事务的意思。"① 从辞源上对汉语"公司"两字来这样理解并无不可。但试图通过辞源、辞意从而到古汉语中去寻找法律意义上的公司的影子，这就有点牵强附会了。事实上，"公司"一词在我国的出现是相当晚的。据史料记载，作为官方用语，较早规范使用"公司"一词的，应是光绪皇帝于 1875 年对商部奏折的"御批"中明确地使用了"公司"两字。而公司作为一个法律概念和制度，直到 1904 年《大清公司律》的颁布，才开始在我国被正式使用和推行。可见，公司法律概念及公司制度在我国的出现，那是 20 世纪初的事了。此时，距法国路易十四世于 1673 年颁布的

---

① 史际春. 公司法教程［M］. 北京：中国政法大学出版社，2007：1.

内容包括无限公司和两合公司等《商事条例》的时间，已足足过了二百三十多年。

当然，公司一词在今天对于大多数人来说已经不是一个陌生的名词了，但对其含义却未必真正了解。究竟什么是公司呢？所谓公司，简单地说就是指依法设立并以营利为目的的具有法人资格的企业组织。毫无疑问，公司是企业形态的一种。公司的含义最主要包括以下三层意思：

其一，公司必须依法设立。在现代社会，公司都是依法设立即依照法律规定的条件和程序设立的。所谓依法，首先指的是依公司法。公司法是专门规范公司设立、运作等问题的法律，只有按照公司法规定的条件、方式、程序而设立的企业组织，才能称为公司。国外几乎都是这样规定，我国也不例外。在我国，公司通常是依《中华人民共和国公司法》（以下简称《公司法》）设立的。在民商分立的国家，公司通常是依商法典或单行的公司法设立；而在民商合一的大陆法系国家或地区，公司则通常是依其民法典或单行的公司法设立。所有这些，从本质上说都是依公司法而设立的。此外，公司依法设立还有两种情况，一是依特别法或依行政命令而设。例如日本的电信电话股份公司、我国香港的地铁公司等，就是依专门的法律或条例设立并运作的，它们在组织上并不受公司法或民商法调整。在我国大陆地区，中国长江三峡工程开发公司、各级政府投资控股或资产经营公司等，所依的不是《公司法》而是国务院或地方政府的行政命令和专门规章设立的。二是设立公司除了要依据《公司法》的规定外，还要符合其他有关法律的规定，甚至应以其他法律为主。例如，在我国，设立普通保险公司，就必须同时适用《公司法》和《保险法》；设立商业银行，就必须适用《公司法》和《商业银行法》。而设立经销烟草制品批发业务的公司，就必须依《烟草专卖法》的规定。

其二，公司是以营利为目的的。商以营利为本。公司作为最主要的商事主体，其根本目的就是营利。公司的营利性，集中体现在三个方面[1]：一是公司以营利为目的而进行活动，其实施的营利行为是为了谋取超出投资的利益。没有哪一家公司专门为亏而经营。二是公司所从事的以营利为目的的经营活动具有连续性和固定性。所谓连续性，是指公司在其存续期间，连续不断地从事经营活动，而不是断断续续；所谓固定性，则指这种经营活动具有性质同一、内容固定和经营项目确切的特征。三是公司依法将所得盈余分配给股东，而且以此作为其最终的目的。

当然，在西方国家，并不是冠以"公司"名称的组织都具有营利性。为了确切表明公司的性质，他们把具有营利性特征的公司称为商事公司，而把不具有营利性或不以营利为目的的公司称为非商事公司。我国则没有这种区别。我国一般意义上即公司法意义上的公司都具有营利性。换言之，我国公司法意义上的公司都是商事公司。正是公司具有营利性这一显著特征，在我国，就使它同以行政管理为目的的国家机关、不以营利为目的的事业单位以及社会团体法人区别开来了。[2]

其三，公司必须具备法人资格。所谓法人，按照我国《民法通则》第36条的规定，是指"具有民事权利能力和民事行为能力，依法独立享有民事权利和承担民事义务的组

---

[1]　王保树. 中国商事法 [M]. 北京：人民法院出版社，1999：72.

[2]　王保树. 中国商事法 [M]. 北京：人民法院出版社，1999：72.

织"。也就是说，法人应当具备依法成立、有必要的财产或者经费、能够独立承担民事责任、有自己的名称和组织机构以及场所四个条件。公司必须具备法人资格，也是世界上大多数国家或地区有关立法所规定的。对此，我国《公司法》第3条作了明确的规定："公司是企业法人。"公司必须是法人，就意味着不允许设立不是法人的公司。

应该提及的是，关于公司是否为法人，各国学说及立法例亦并非一致。有的不以法律明文规定公司为法人，而一般学说及判例则认公司为法人，如德国、瑞士、荷兰等国就是如此。有的以法律明文规定公司为法人，如法国、日本等国家就属这种情况。我国《公司法》第3条明文规定公司为法人，显然是采纳了法国、日本等国的做法。

公司含义中的以上三层意思，实际上也体现了公司这一企业形态最主要的法律特征。

二、公司与企业的区别

公司与企业，这是既有联系又有区别的两个概念。所谓企业，其实是一个集合概念，它是泛指一切从事生产流通或者服务性活动以谋取经济利益的经济组织。按照企业财产组织方式的不同，其法律形态又可以分为三种，一是独资企业，即由单个主体出资兴办的并归个体所有和控制的企业；二是合伙企业，即由两个或两个以上的出资人共同出资兴办、经营的企业；三是公司企业，即由多数人创办并组织一个法人的企业。我国《公司法》规定公司是企业法人，在其他国家，公司多数也是经营性的法人组织，因此，公司是企业的主要组成部分。可以这样说，公司和企业的概念在外延上是交叉的。企业是公司的上位概念，公司则是企业的下位概念，企业包括公司，公司的多数是企业；而公司未必都是企业，企业也不都是公司。

其实，公司和企业的根本区别，不在于其外延上的差别，而在于两者是从不同的角度来描述某一经济组织的特性。企业的概念，着重反映的是某一主体具有经营性质，因而较为具有经济性。例如，"江南绿食供销联合企业"，人们仅从其名称上看，就可以了解到该主体肯定是属于经营性、进行经济核算的主体，但却无法了解其民事法律地位。而公司的概念，则着重反映某一经济组织的民事法律地位及其成员和资本的联合性，较为具有法律性。例如，"武汉资达贸易有限责任公司"，人们仅从某名称上看，就会知道这一家公司形态的企业具有主体和资本的联合性，更为重要的是，人们从其公司名称上就会了解到其成员承担民事责任的方式。

总之，公司是企业的一种组织形态，而且是最高级的企业组织形态。公司与企业，两者有着严格的区别，不应混为一谈。

三、公司的基本分类

（一）公司的大体分类

公司可以因不同的分类标准而作不同的分类。以公司适用法律的性质和范围为标准，可以分为由公司法及相关法规调整的公司与依特别法、专门法规或行政命令设立的公司，前者属私法上的公司即商事公司，后者属公法上的公司。以公司的信用基础为标准，可以分为资合公司、人合公司以及资合兼人合公司。以公司组织关系为标准，可以分为母公司和子公司、关联公司、总公司和分公司。以公司股东的来源和性质为标准，可以分为国有公司、合作制或集体所有制公司、私营公司、外商投资公司和混合公司。以公司国籍为标准，可以将公司分为中国公司和外国公司。以公司股东和资本是否具有联合性为标准，可以分为实质上具有联合性公司、形式上具有联合性公司、一人公司。以公司资本结构和股东对公司及其债务承担方式为标准，可以分为有限责任公司、股份有限公司、无限公司、两合公司、股份两合公司等。

（二）公司最具意义的分类

公司最具意义的分类，就是以公司资本结构和股东对公司及其债务承担的方式为标准的分类，这也是世界各国对于公司最基本、最常见的分类。因此，将着重予以阐述。

1. 无限公司

无限公司又称"合名公司"，是无限责任公司的简称，它是指由两个以上的股东组成，全体股东对公司的债务承担无限连带责任的公司。这类仅由无限责任股东组成的公司，是典型的人合公司。无限公司的所有权与经营权是合一的。因此，每个股东都有权执行公司的业务，但同时也要求每个股东必须对公司的债务负无限连带清偿责任。所谓无限连带清偿责任，意思就是股东不以其出资方式、出资数量和盈利分配比例，就公司债务向债权人承担全部偿还责任。也就是说，当公司资产不足以清偿债务时，债权人可以直接要求全体股东或任何一个股东以自己所有的全部资产予以全额偿还。① 无限公司有利有弊，利者设立公司门槛低，对于投资者十分便利；弊者信用等级低，交易的安全系数相对较低。我国《公司法》没有确认无限公司这一公司形式。

2. 有限责任公司

这是指由两个以上的股东组成的，股东只以其出资额为限对公司承担责任、公司只以其全部资产对公司债务承担责任的公司。其主要特点是所有股东都是只以其对公司的出资额为限来对公司承担责任；公司只以其全部资产来承担公司的债务；股东对超出公司全部资产的债务不承担责任。根据我国《公司法》的规定，我国的有限责任公司包括一般有限责任公司、国有独资公司、一人有限责任公司和外商投资有限责任公司四种形式。依我国《公司法》第 24 条的规定，有限责任公司由 50 个以下股东出资设立。

3. 两合公司

这是指由一个或者一个以上的无限责任股东与一个或者一个以上的有限责任股东所组成的公司。所谓"两合"，就是指经营资本与经营管理劳务的结合，或者指无限责任股东与有限责任股东的结合。其主要特点是股东之间的责任是不同的。也就是说，在公司中，有的股东只以其对公司的出资额为限来对公司承担责任，有的股东则是对公司承担无限责任。由于责任不同，他们在公司的地位也不尽相同。一般来说，无限责任股东是公司的实际经营管理者，而有限责任股东则仅出资而不参与经营管理。我国《公司法》没有确立这一公司形式。

4. 股份有限公司

股份有限公司简称股份公司。它是指由一定人数以上的股东组成，公司全部资本分为等额股份、股东以其所认购股份为限对公司承担责任、公司以其全部资产对公司债务承担

---

① 覃有土. 商法学［M］. 北京：高等教育出版社，2008：88.

责任的公司。其主要特点是公司的全部资产分成等额股份；股东只以其所认购的股份为限对公司承担责任；公司只以其全部资产来承担公司的债务。

股份有限公司是典型的资合公司。它与有限责任公司的区别，主要体现在股东人数、股份发行、组织机构、股权转让、规模大小等方面。我国的股份有限公司又有上市公司和非上市公司之分，前者是指股票在证券交易所交易的股份公司。

5. 股份两合公司

这是由一个以上的无限责任股东和一个以上的有限责任股东所组成的、公司的资本分为等额股份的公司。其主要特点是，在公司中，无限责任股东对公司债务负无限连带责任，而有限责任股东仅以其所持股份对公司债务负责。这种公司与两合公司很相似，也是由无限责任股东为主导，无限责任股东是公司的设立者和实际控制者。公司的资本须分成等额的股份。公司中的有限责任股东可以召开董事会，担任公司的监事等，在这方面它又不同于两合公司，而与股份有限公司相像。

股份两合公司源于法国。我国《公司法》没有确认这种公司形式。目前，除法国及德国仍然保留这种公司形式外，世界各国都没有再采用这种公司形式。

第二节　公司法的概念与特征

一、公司法的概念

所谓公司法，简单地说就是规定公司的法律地位及调整其内、外部组织关系的法。

公司法有两种理解，即广义的公司法和狭义的公司法。狭义的公司法，亦即形式意义上的公司法，仅指冠以"公司法"名称的公司法及其相关法规，前者如我国的《公司法》等，"其相关法规"如我国的《中外合资企业法》《商业银行法》等，在范围上相当于西方国家民商法上的公司法或商事公司法。当然，由公有制的背景所决定，我国的公司法不仅调整私人共同投资组建公司行为，而且也调整不同的国有主体、集体制或合作制主体联合经营的行为；在相当一段时间内，公司法还具有对国有企业进行股份制改造的功能。因此我国的《公司法》及相关法规，与西方国家私法上的公司法还是有性质的差别的。[①]而广义的公司法，即实质意义上的公司法，是指既包括前述的狭义公司法，还包括所有规范公司组织和行为的法律、法规和规章等，如 1994 年 6 月 24 日国务院发布、2005 年 12 月 18 日修改的《中华人民共和国公司登记管理条例》，1994 年 7 月 4 日国务院通过的《关于股份有限公司境外募集股份及上市的特别规定》，最高人民法院于 2006 年 4 月 28 日和 2008 年 5 月 12 日公布的《关于适用〈中华人民共和国公司法〉若干问题的规定（一）》和《关于适用〈中华人民共和国公司法〉若干问题的规定（二）》以及最高人民法院于 2011 年 2 月发布、2014 年修正的《关于适用〈中华人民共和国公司法〉若干问题的规定（三）》和 2017 年 8 月发布的《关于适用〈中华人民共和国公司法〉若干问题的规定（四）》等，都属于广义公司法的规范性文件。

---

① 史际春. 公司法教程 [M]. 北京：中国政法大学出版社，2007：26.

公司法调整公司的内部关系，主要是指：（1）发起人之间的关系；（2）股东之间的关系；（3）发起人与公司之间的关系；（4）股东与公司之间的关系；（5）公司与其职工之间的关系；（6）公司负责人与公司之间的关系；（7）公司的权力机构、业务执行机构和监督机构之间的关系；（8）股东与清算组织之间的关系等。至于调整的外部关系，则主要是指：（1）发起人与债权人之间的关系；（2）股东与债权人之间的关系；（3）公司与债权人之间的关系；（4）公司负责人与债权人之间的关系；（5）公司与政府或政府有关主管部门之间的关系；（6）公司与资产评估、验资、审计和法律服务等有关专业性机构之间的关系；（7）公司与债券持有人之间的关系；（8）公司与证券交易所之间的关系；（9）关联公司之间的关系；（10）清算组织与债权人之间的关系等。①

二、公司法的特征

一般认为，公司法具有以下特征：

（一）公司法是一种组织法

公司法首先是一种组织法，这是最为明显的。因为公司法调整的对象是公司，它所规定的内容，主要是有关公司的法律地位和资格，具备什么条件才能设立公司，怎样设立公司，怎样制定公司章程；公司成立后，又如何设置自己的内部组织机构、设置什么机构，这些机构如何运行；公司运行中投资者即股东有什么权利，应当承担什么义务等。

总之，这些内容都是有关如何组织公司的规定，而这些规定可以说是任何一部公司法最为主要的内容之一。

（二）公司法是一种混合法

从本质上说，公司法是一种私法，但为了适应现代公司制度的需要，包括我国在内的各国公司法实际上都是一种混合法，具体表现在以下三个方面②：

其一，公司法是私法与公法的结合。在公司法中，不仅有私法的内容，而且有不少的规定是公法的内容。公司法中有关公司设立、变更、终止的审批和登记，公司上市和发行债券的审批，固有资产投资的管理，这些规定都具有公法的性质。此外，违反公司法的责任，更是把平等性的恢复、赔偿，行政性的处罚、处分甚至刑罚制裁等手段有机地结合在一起。行政性的处罚、处分以及刑罚制裁等规定无疑属于公法的性质。正是从这个意义上，人们把公司法称为"私法公法化"。

其二，公司法是任意性规范和强制性规范的结合。前已述及，公司法从本质上属于私法范畴，而私法最明显特征之一是任意性的规范。例如，当事人是否设立公司，设立什么样的公司，公司章程的制定；在公司中，投资者所占的股份、红利的分配等，都可以由全体股东约定，有限责任公司章程可以约定股权如何转让以及自然人股东死亡后其股东资格的继承事宜，等等。这些都属任意性规范。但是除了任意性规范之外，公司法中强制性规范在其中占有一定的比重。例如，关于违反公司法应负的法律责任的规定；关于公司的组织形式、公司资本最低额的规定；关于董事、监事以及高级管理人员资格的规定；关于公

① 覃有土. 商法学 [M]. 北京：高等教育出版社，2008：92.
② 史际春. 公司法教程 [M]. 北京：中国政法大学出版社，2007：27.

司发行股份和债券的条件以及上市的条件、法定的公积金、各项财务会计制度等，这些规定无疑都属强制性的规定，不能由当事人自由选择和约定。

其三，公司法也是实体法与程序法的结合。所谓实体法，是指从实际内容上规定人们之间的权利与义务的主体及其产生、变更和消灭的法律，如宪法、刑法、民法及婚姻法等。所谓程序法，则指为保证实体法所规定的权利义务的实现而制定的诉讼程序的法律。

从公司法所规定的各项制度来看，其中多数的内容显然属于实体法。但是，公司在有关公司登记、股份公司的设立、外国公司分支机构、公司上市或发行债券、公司的分立或合并、公司清算等制度中，就有许多是属于程序法的。

（三）公司法是一种制定法

法律有制定法与判例法之分，并由此在世界范围形成了最为主要的两大法系，即以法、德为代表的大陆法系及以英、美为代表的普通法系。前者实行的是制定法，后者则实行判例法。但公司法却有点例外。从法律渊源来看，公司法具有制定法的性质。无论是以制定法为特征的大陆法系，还是以判例法为特征的普通法系，都有比较详细的制定而成的公司法。最能说明问题的是英国的公司法。英国无疑是判例法国家的代表，但作为普通法系的英国于 1856 年颁布了世界上第一部单行的公司法，即《合股公司法》，1908 年又颁发了世界上第一部统一的《公司法》。该《公司法》之所以采取制定法的形式，这是由其所涉及的内容决定的。对于公司的法律人格、组织设置、程序性规定、实体性内容，必须以系统而又全面的规范来确认，而最合适的确认方式就是制定法。当然，公司法的制定法性质，并不意味着公司法单指某一个立法文件。从广义上说，凡是有关公司组织和行为的法律渊源，都属于公司法的范畴。①

第三节　公司法的作用及其立法例

一、公司法的作用

公司法到底有何作用？有学者指出："如果说宪法是政治生活中的根本大法，是治国安邦、执政富民的总章程，公司法则是经济生活中的根本大法，是投资兴业、治企理财的总章程。"② "对于现代西方国家而言，现代公司的完善和进步是资本主义商品经济高度发展的要求和结果，同时，公司法对鼓励投资、集中资本兴办企业、维护商业组织、繁荣资本主义经济起着至关重要的作用。在我国……亦有着重要意义。"③ 具体而言，公司法的作用主要表现在以下几个方面。

（一）公司法使"超个人能力"的组织成为现实

在经济生活中，个人的能力总是有限的。再富有的个人，面对社会的重大建设，往往都是心有余而力不足。马克思早就指出："假如必须等待积累去使某些单个资本增长到能

---

① 覃有土. 商法学 [M]. 北京：高等教育出版社，2008：93.
② 刘海俊. 公司法学 [M]. 北京：北京大学出版社，2008：23.
③ 赵旭东. 公司法学 [M]. 北京：高等教育出版社，2003：39.

够修建铁路的程度，那末恐怕直到今天世界上还没有铁路。但是，集中通过股份公司转瞬之间就把这件事完成了。"① 经济生活，特别是经济建设需要"超个人能力"的组织，这个"超个人能力"的组织首先指的就是公司。正是公司法，才使得"超个人能力"的组织成为了现实。虽然不能说没有公司法就没有公司制度，但公司法对社会生活的贡献，对现代企业的健康发展是功不可没的。假定现代社会没有公司法，许多商事活动只能借助自然人之间成千上万的契约关系予以推展，市场主体也主要表现为散兵游勇式的分散个体。个体性的经营方式既无法解决资本集中的难题，也缺乏足够的竞争能力与风险抵御能力，更无法满足社会化大生产与现代化市场交易的规模经济要求。② 正是有了公司法，将多名甚至成千上万股东的资本集合体拟制为单一法律人格后，不计其数的个体交易形态被代之以团体化的公司交易形态，缔约成本大幅下降，投资者之间、投资者与交易伙伴之间契约关系的预期性与稳定性显著提高，不仅法人化的资本集合体具有独立的法律人格，可独立地开展民事活动，股东的退出、加入或死亡也不能动摇公司的独立法人地位。因此，公司作为法人化的资本联合体的地位和组织结构比起未经法人化的资本联合体更加牢固。其能耐的确远远超过了个人的能力。今天，从全世界发展趋势来看，公司经济力量越来越强，社会财富越来越向公司集中。公司可被誉为"现代社会的怪物"、"看不见的经济帝国"、"人类最大的软件"、"市场经济的主人翁"。我们的社会可被誉为"公司的社会"，我们的世界可被誉为"公司的世界"，我们的时代可被誉为"公司的时代"。所有这些，从一定意义上说，就是公司法造就出来的。

（二）公司法有效地保护了各方的合法权益

作为"经济宪法"的公司法，有效地保护了各方的合法权益。

首先，公司法保护了公司本身的合法权益。公司毕竟不是有血有肉的人，它不过是人格化了的经济组织。要使公司有生命，有地位，利益不受侵害，就得靠法律。公司法确认公司的法律地位，赋予其法人资格，这就使得它的存在合法化，如同有血有肉的自然人一样，有资格参与民事活动，依法进行各种交易行为。公司法也明确规定了公司的权利能力和行为能力，公司管理机构的组成和职责、股东对公司应承担的义务等。正是有了这些规定，才使公司的活动既有法可依，也防止了他人限制和侵犯公司权益的行为，包括公司管理人员滥用权力或股东只考虑个人眼前利益而不顾公司整体、长远利益等危害公司利益的行为，从而有效地保护了公司自身的权益。

其次，公司法能有效地保护股东及债权人的合法权益。可以这样说，公司法所规定的核心内容中，大多是出于对股东权益的严密保护之目的而设计的。以我国现行的《公司法》为例，其总则中关于立法宗旨、股东的责任、股东的权利等的规定，在其他章节中关于股东查阅权及复制权的规定，关于分红权与优先认购权的规定，关于股东会的组成、地位及其职权的规定，以及关于股东的表决权、股东会的议事方式和表决程序等的规定，无不体现出对股东权益严密保护之目的。而股东应享有的上述权益，是用法典的形式将其规定下来的，因而也就解除了股东担心政策多变的后顾之忧，增强了他们的投资兴业

---

① 马克思恩格斯全集（第23卷）［M］. 北京：人民出版社，1972：688.
② 刘海俊. 公司法学［M］. 北京：北京大学出版社，2008：24.

信心。

投资者投资当然是为了营利。但公司的盈利不是自我封闭就能实现的。公司必须与他人进行广泛的经济往来才有可能带来盈利，而大量的经济往来，一方面可能给公司带来盈利，另一方面也可能带来债务。公司要能生存要有盈利，必须有很好的信用。因此，公司法的重要作用之一就是对债权人利益提供有效的保护。这是建立公司信用必须要做到的。公司法通过规定公司的财产制度和活动，包括确定其最低资本额、加强资信审查、严格公司会计和盈余分配制度等，使依法设立的公司都具有基本的开展经营活动的能力和履行法定义务的能力以及必要时承担法律责任的能力。

公司法的这些作用，既有效地保护了债权人的合法权益，也维护了社会交易安全和经济秩序的稳定。

此外，在我国，在相当一段时间内，公司法还具有对国有企业进行股份制改造的功能。

二、公司法的立法例

公司法的立法例，亦即公司法的立法模式。由于法律文化的不同和立法者主观意志的差别，也有历史的原因，因而，形式上的公司法在各国并非一致，有的甚至差别很大。但总体而言，各国公司法的立法例大体有如下几种：

（一）制定统一的公司法

这种立法例，即将公司立法规定于统一的公司法典及其配套的单行法中。这种公司法立法模式，采用的方式是对公司的各种法律问题予以全面、系统规定的法律规范。其对象包括该国所有的公司类型，如股份公司、有限责任公司、无限公司等；其内容是对每种公司从设立到解散的全部法律问题作出详尽的规定；其方式是把该国以往有关公司的各种法律、法令、条例的内容加以综合整理，使其系统化、规范化。这种形式的公司法并非为各国所采用。其代表者，一是日本，日本于 2005 年对其公司法进行编纂，制定了《公司法》，将公司分为股份公司和份额公司两类，对其作了系统的规定。二是我国，我国现行的《公司法》是典型的公司法典。

（二）将公司法纳入民法典或商法典

将公司法纳入民法典的是一些民商合一的国家。世界上采用这种立法例的只有瑞士、意大利、荷兰及泰国等少数国家。采民商合一，将公司制度直接规定于民法典中，首开先河的是瑞士。瑞士在其 1872 年制定的《债务法》中，第三章就是关于公司制度的规定。在这一章中，依次规定了无限公司、两合公司、股份公司、股份两合公司、有限公司和合作社。进入 20 世纪之后，1907 年瑞士制定了《民法典》中，不久，瑞士《债务法》被纳入了其《民法典》中。在意大利和荷兰，公司制度是被分别规定于其民法典的第五编和第二编之中的。这两个国家事实上曾分别于 1850 年和 1838 年制定过其商法典，即采用的是民商分立。他们改而采民商合一则是 20 世纪 40 年代以后的事了。我国虽制定了公司法，但从根本上说，我国的公司法律制度所采的仍是一种民商合一的模式，因为我国没有商法典，今后也不可能在民法典之外再制定出一部商法典。公司法事实上成为了民法的特别法。

将公司法纳入商法典的自然是民商分立的国家。大陆法系中许多国家采这种立法模式，其主要代表者是德国和法国。这些国家虽然将公司制度直接规定于商法中，但其公司法的内容却不限于商法典中的规定，除商法典中规定有公司法内容外，还制定了一些单行法。例如，德国1897年《商法典》的第二编是"公司和隐名合伙"，规定了无限公司和两合公司，除此之外，德国又分别于1892年和1965年制定了《有限责任公司法》和《股份法》。在法国和日本，它们的商法典中都有公司法的规定，但于商法典之外，还分别制定了其《公司法》。

（三）制定法与判例法相结合

采用这种模式的是英美法系国家，其代表者是英国和美国。在英美法系国家，它们所采用的是判例法，其法律渊源是判例和习惯，但它们的公司制度，很多都是制定法的规定。前已述及，世界上第一部单行公司法即《合股公司法》，就是英国人于1856年制定的，而世界第一部统一的《公司法》，也是英国人于1908年颁发的。英国的《1947年公司法》虽经多次修订，但至今仍然在施行。美国许多州也有关于商事公司的制定法。不过，在英美公司法中，判例迄今依然发挥着重要作用，在制定法的适用、解释、补充和法官判案时，判例仍处于主导地位。①

【难点追问】

公司与企业是否一回事？

应该说，公司与企业是既有联系但又有区别的两个不同概念。企业是公司的上位概念，公司则是企业的下位概念。企业包括公司，公司为多数的企业；而公司未必都是企业，企业也不全是公司。

【思考题】

1. 何谓公司？其主要含义是什么？
2. 公司可以作哪些基本分类？
3. 何谓公司法？其主要特征有哪些？
4. 简述公司法的立法例。

---

① 史际春. 公司法教程 [M]. 北京：中国政法大学出版社，2007：28.

第六章　公司法的基本制度

【学习目的与要求】

通过本章的学习，要重点理解和掌握公司的设立制度和资本制度，并能联系实际解决问题；公司的权利能力、行为能力、责任能力以及公司人格否认制度是本章的难点所在，应进行深入的理解和思考；对其他内容应有一般的了解。

【知识结构简图】

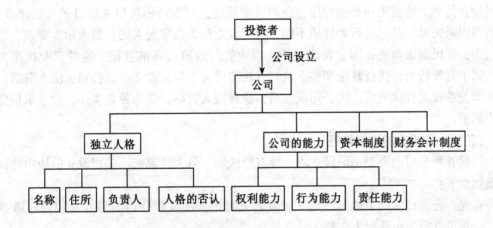

第一节　公司的设立制度

【案例 6-1】

李甲借用香港某公司执照复印件、香港商人刘某的名义并借用另一公司货款 90 万元注册成立锦丽思贸易有限公司。香港某公司和香港商人刘某并未实际出资。李甲取得锦丽思贸易有限公司营业执照后就将用于注册的 90 万元转还他人，而且李甲并未实际组建公司及开展相应的经营活动。请问：公司的设立需要什么条件？锦丽思贸易有限公司的设立是否有效？锦丽思贸易有限公司对外是否需要承担债务？（参见《公司法》第 23 条）

公司设立，寄托了投资者的商业发展动机，表现了他们根据自身条件对企业组织形式的选择。公司必须依法设立，这是公司法上的基本制度。只有通过设立公司，使公司成立才标志着公司的合法产生，才能获得社会、政府对新商事主体的承认。公司设立制度也是商主体法定原则的体现和商事登记制度的重要组成部分，并成为国家干预的重要领域之一。

一、公司设立的概念和法律特征

（一）公司设立的概念

公司设立是指发起人为组建公司，使其取得法人资格而依照公司法规定的条件和程序所进行的一系列法律行为的总称。

要正确理解公司设立的概念，必须严格区分另外一个相关概念"公司成立"。二者仅一字之差，现实中也紧密相连，但二者含义迥然有别。公司成立，是指公司经过设立程序，具备了法律规定的条件，经主管机关核准登记，发给营业执照，取得法人资格的法律事实和状态。

公司设立与公司成立的主要区别在于：其一，发生时间不同。公司设立发生在被依法核准登记，签发营业执照之前，而公司成立发生于被依法核准登记，签发营业执照之时。公司设立是成立的前提和必经程序，公司成立是设立行为所积极追求的目的和法律后果；二者为因果关系。其二，行为性质不同。公司设立行为以发起人的意思表示为要素，是法律行为，受民商法调整；而公司成立行为以主管行政机关核准登记，签发营业执照为要素，属于行政行为，受行政法调整。其三，法律效力不同。设立中的公司无法人资格，其内外部关系视为合伙关系；而公司成立后，获得法人资格，成为独立主体，独立承担公司行为后果。

（二）公司设立的法律特征

尽管各种公司因类型不同设立内容会有所区别，但大致说来，公司设立的法律特征可以概括如下：

首先，公司设立的主体是发起人。发起人是指依法认购公司股份并承担筹建事务的人。公司设立行为由发起人实施。

其次，公司设立行为只能发生于公司成立之前，并应当严格依照法定的条件和程序进行。

再次，公司设立行为的目的在于最终成立公司，使其取得法人资格。发起人超越此目的行为不属于公司设立行为。

最后，公司设立由一系列法律行为组成。从制定发起人协议、拟定章程、认购股份、出资、确定组织机构，到提出申请登记，这些连续性的法律行为通称为公司设立。

二、公司设立的原则

公司设立原则是指国家在法律上对公司设立所采取的基本指导思想，反映了国家对公司设立采取的立法态度或对公司设立的管理程度，也反映了基本商法价值的取舍与平衡。各国因其社会政治经济条件、文化、法律传统的差异在不同时期采取了不同的原则。大致有以下几种原则：

（一）自由主义

自由主义，也称放任主义，即公司设立完全由当事人自由为之，国家不干预和限制。公司设立过于自由不仅很难保障债权人利益，也很难适应规范公司行为和维护社会经济秩序的需要。这种原则产生于公司制度萌芽时期，今已被各国抛弃。

（二）特许主义

特许主义，是指公司设立需以国家元首发布命令或议会通过特别法令的形式予以许可。这种原则盛行于17—18世纪的英国、荷兰和法国，是早期资本和王权结合的产物，带有浓厚的封建特权色彩，严重限制了公司的自由发展，逐渐被各国抛弃。

（三）核准主义

核准主义，又称许可主义或审批主义，即指公司设立除具备法定条件外还需政府主管机关审核批准。由国家行政部门干预公司设立，不仅不利于公司的普遍发展，而且易导致滥用行政权力滋生腐败，现已不再为各国广泛采用。

（四）准则主义

准则主义，又称登记主义或注册主义，是指公司设立不需行政主管部门的审批，只要具备法律规定的条件，即可向注册登记机关申请登记。早期的"单纯准则主义"难防滥设公司和欺诈行为。20世纪以后，各国开始立法严格规定公司设立的条件，强化政府的监管，加重发起人的责任，实行"严格准则主义"。

国外公司设立的基本原则先由自由主义到特许主义，后转为核准主义，近代采取单纯准则主义，现代则采用严格准则主义。

我国《公司法》第6条规定："设立公司，应当依法向公司登记机关申请设立登记。符合本法规定的设立条件的，由公司登记机关分别登记为有限责任公司或者股份有限公司。"因此，目前我国对有限责任公司和股份有限公司原则上一律实行严格准则主义。仅对一些特定行业和特定经营项目的公司的设立实行核准主义，即法律、行政法规规定必须报经有关部门批准的，仍需在公司登记前依法办理审批。如外商投资公司的设立。

三、公司设立的方式

公司设立的方式分为发起设立和募集设立两种。

（一）发起设立

发起设立又称共同设立或单纯设立，是指发起人认购公司应发行的全部股份，不向其他人募集而设立公司。有限责任公司和股份有限公司都可以采取发起设立。发起设立程序简单、费用低、期限短，无须向其他人发行股份，有助于维护公司股东的稳定性。但发起人出资责任重，一般适合于资金需求量不大的中小型企业。

（二）募集设立

募集设立又称渐次设立或复杂设立，是指由发起人认购公司应发行股份的一部分，其余股份向社会公开募集或者向特定对象募集而设立公司。目前，我国只有股份有限公司可以采取募集设立。

为明确发起人责任，避免滥设公司以及欺诈，保护广大公众投资者利益，《公司法》第84条规定："以募集设立方式设立股份有限公司的，发起人认购的股份不得少于公司股份总数的 35%；但是，法律、行政法规另有规定的，从其规定。"

募集设立可以向发起人之外的其他特定对象或社会公众发行股份，能缓解出资人压力，广泛吸收资金，适合于资金需求量大的股份有限公司。但由于募集设立涉及众多投资者利益，社会影响大，故法律规定的条件更严程序更复杂。往往需要有关主管机构审批，受金融政策及发行配额的制约。

从我国《公司法》的规定还可以看出，募集设立包括向社会公开募集和向特定对象募集两种情形。前者即为"公募发行"，后者为"私募发行"。公募发行虽然筹集资金范围广、金额大，但要求的条件和程序严格，时间长、费用高；而私募操作便捷，费用少、成本低，更加灵活，更能适应中小公司融资的需要。

四、公司设立的条件

设立公司必须具备法律规定的条件。公司设立条件，是指公司取得人格所需具备的基本要素。我国《公司法》对有限责任公司和股份有限责任公司的设立条件作出了明确的规定。依据《公司法》规定，设立公司必须具备以下条件：

(一) 发起人要件

发起人也称创办人，是指订立创办公司的协议，认购公司发行的股份并出资，负责公司筹建事务，并对公司设立承担责任的人。《公司法》对发起人的资格和人数作了明确的要求。

1. 发起人资格要求

发起人可以是自然人，也可以是组织。自然人作为发起人应当具备完全行为能力，且不应是法律上受特别限制的人，如公务员、法官、警察等；组织作为发起人，应当受该组织的宗旨限制，不应违反法律的特别限制性规定。如各国法律原则上禁止非营利性组织设立公司。另外，我国《公司法》第 78 条还要求设立股份有限公司时须有半数以上的发起人在中国境内有住所。

2. 发起人人数要求

公司设立应当符合关于股东人数的法定要求，各国公司法一般都会对有限责任公司和股份有限公司的最低股东人数作出限制性规定。但是近年来，立法者对公司团体人格认识有了较大程度的拓展，立法潮流出现了对公司股东人数限制放松的趋势，各国相继承认一人公司的合法性，很多国家如德国、英国、意大利、荷兰、西班牙、葡萄牙、比利时、奥地利等国公司法中均无最高人数限制。我国也敏锐地追随了这一立法潮流，放弃了 2005 年《公司法》中规定有限责任公司至少有 2 名股东的限制，并将股份有限公司发起人人数的下限从 5 人下调为 2 人。不过，须注意的是，为避免股份有限公司发起人过多，现行公司法中对发起人仍然有上限的规定，即设立股份有限公司，应当有 2 人以上 200 人以下为发起人。

(二) 资本要件

传统观念认为，独立的财产公司获得法人资格的前提，也是公司运营的物质基础，公司设立必须具备一定数额的资本。我国 2005 年《公司法》中规定了设立公司的最低资本限额，这种规定主要是确保公司成立之后的经营规模及对外承担财产责任的能力达到一个底线。不过，现行公司法原则上取消了对于公司最低资本限额的规定，但是法律、行政法规以及国务院决定对特定行业注册资本最低限额另有规定的除外。

（三）组织要件

组织要件是指公司作为组织体所必须具备的基本条件，公司作为一种企业组织，应该明确公司的组织类型，应该有规范的名称、住所和赖以形成和实现公司团体意志的组织机构。

（四）行为要件

公司设立本身就是多种连续的法律行为。公司的设立行为必须符合法律要求。这主要包括公司章程的制定、公司名称住所的选择、组织机构的确定、股份的发行、设立申请的提交等。满足了《公司法》规定的行为要件，公司才能成立。

五、设立的基本程序

公司设立的基本程序是指发起人设立公司所必须遵循的法定步骤。公司设立的程序因公司设立的原则不同、公司类型不同和设立方式不同而有些差异。一般来讲，有限责任公司设立程序较为简单，发起设立的程序较为简单，以募集方式设立股份有限公司的程序比较复杂。公司设立的基本程序基本一致，主要包括：签订发起人协议、制定公司章程、认购股份、缴纳出资、确定公司机关和申请登记。

六、设立的效力

公司设立行为的法律后果有两种情况：一是符合法定条件，设立成功，被核准登记，公司取得法人资格；二是因不符合法定条件和违反法律强制性规定而设立失败，公司不能成立或成立无效和被撤销。

（一）设立完成

1. 设立完成的一般效力

公司设立完成意味着公司成立，并取得法人资格。公司可以依法独立开展经营活动，以公司名义实施各种行为，独立承担责任。而且公司因其成立而获得名称的专用权。

2. 发起人的责任

发起人是公司设立行为的具体实施者，发起人的行为对于认股人和成立后的公司都有着直接的影响，所以，为了防止发起人滥设公司或进行欺诈，《公司法》对发起人规定了较为严格的民事责任。

（1）资本充实的责任。发起人的资本充实责任又称差额填补责任，即发起人必须保证公司在登记时，其财产的实际价值不少于章程规定的资本额，如果不足，由交付该出资的发起人补齐，其他发起人负连带责任。其目的在于保证公司成立后资本的充足和可靠，以维护公司自身和债权人的利益。该责任是一种严格责任，即不论公司设立时发起人对资本不足是否知情、有无过错，均须承担连带的补充责任。

（2）损害赔偿责任。发起人应就自己的设立行为对公司负责。我国《公司法》第94条规定："……（三）在公司设立过程中，由于发起人的过失致使公司利益受到损害的，应当对公司承担赔偿责任。"例如，发起人滥支致公司设立费用过高，致使公司受损失，应当对公司承担损害赔偿责任。但这种责任应当是一种过错责任，即发起人只对自己的过错行为承担责任。

（二）公司设立失败

1. 公司设立失败即因公司设立行为未完成，公司未能成立

公司设立失败的原因很多，或者因发起人放弃设立，或者因设立行为不合法而未获得核准登记。在这种情况下，公司因无法律人格无法承担责任，只能由发起人承担。

2. 发起人的责任

（1）连带赔偿责任。根据《公司法》第94条的规定，公司不能成立时，股份有限公司的发起人应当对设立行为所产生的债务和费用负连带责任。

（2）对已收股款的返还责任。采取募集方式设立的公司情况下，公司不能成立时，股份有限公司的发起人对认股人已缴纳的股款，负返还股款并加算银行同期存款利息的连带责任。

（三）公司的瑕疵设立

公司设立虽然形式上已完成，已经登记成立，但实质上存在瑕疵，存在条件和程序上的缺陷。对于较轻的、可以补救的瑕疵，通常是责令补救，以保全公司的人格，减轻对社会经济的冲击；而对于较为严重的客观瑕疵，则有可能被提出设立无效或设立撤销之诉，并被认定为设立无效或被撤销。为保护交易的安全和经济秩序的稳定，公司设立无效和被撤销的判决效力虽可及于第三人，但应无溯及力，即不影响判决确定前股东、第三人之间产生的权利和义务。

第二节　公司的资本制度

【案例6-2】

A公司成立于2014年，注册资本500万元。甲、乙、丙、丁四人为A有限公司的股东。2015年，经人介绍，与美国的B公司的董事结识。双方经商谈准备在美国设立合资经营企业。由A公司出资200万元，B公司出资50万美元。A公司董事甲还调查了B公司的资信情况，得知B公司的注册资本为100万美元。于是，双方签订了发起人协议，按照美国法律订立了公司章程和细则。正当A公司准备按协议将现金汇往B公司提供的账号时，从其他渠道意外得知B公司即将破产。依照B公司所在州的公司法，没有公司最低资本额限制，实现的是授权资本制，即B公司虽然注册资本为100万美元，但并不意味着其实际有这么多的实收资本。

A公司庆幸之余，有两个问题：（1）什么是授权资本制？（2）我国的公司资本制度是如何规定的？（参见《公司法》第26、80条）

公司资本是公司成立的基本条件，是公司运营的物质基础。犹如人的存在离不开"血液"一样，没有资本，公司这个组织不能成立，更无法存续经营，如果资本出现了问题，必将影响公司的健康发展；而且，对于资合公司而言，公司的资本是公司对外承担责任的物质保障，又是股东承担财产责任的界限，所以，公司资本是公司债务的总担保，是

公司对外的信用基础。确定和维持一定的公司资本，并公之于众，有利于第三人或相对人了解和掌握公司的资本状况，决定其交易的范围和条件。正因为公司资本如此重要，各国公司法都把公司资本作为重要内容并对此作出明确的规定，形成了各种不同的公司资本制度。

一、资本与公司资本

（一）资本

"资本"在马克思的经典著作《资本论》中被界定为"能带来剩余价值的价值"。随着西方工商业的发展，"资本"的内涵不断得到丰富和发展。在密切相关的法律、经济和会计等领域，人们使用资本来表达不同的概念。在公司法中，资本作为一个基本法律概念有着特定含义。

（二）公司资本

公司资本又称股本或股份资本，专指由公司章程所确定并载明的由股东出资构成的公司财产总额。

1. 公司资本的法律特征

要准确理解公司资本的含义，必须把握公司资本的几个主要特征：

（1）公司资本是公司自有的独立财产。公司的资本来源于股东的出资，但公司成立后，这些财产即为公司独立所有，公司资本仅指这部分资本，而不包括属于他人所有的财产。

（2）公司资本由公司章程予以确定和载明。公司股东出资多少，如何出资决定了公司的资本构成和规模，而公司章程是发起人和股东的共同意思表示，公司资本必须由公司章程确定并记录于公司章程。

（3）公司资本表现为一定的财产数额。股东的出资可以有多种形式，如实物、土地使用权、知识产权等，但公司的资本却总是表现为一定的财产金额，可以用货币来计量，不受具体的财产形式影响。

（4）公司资本为股东出资构成的财产总额。公司财产来源很多，但公司法上的公司资本仅指来源于股东出资的那部分财产。

2. 公司资本与相关概念的区别

为了准确把握公司资本的内涵，需要厘清公司资本与相关概念的关系：

（1）公司资本与公司资产。公司资产是指公司存续中拥有的全部财产。公司资产的来源不限于股东出资，对借贷资金、捐赠资金及公司经营积累的运用都可以形成公司的资产。在具体形态上，公司的资产可以呈现出多种形式：流动资产、固定资产、无形资产及递延资产等。

显然在来源上，公司资产要广于公司资本，在形态上要比公司资本具体多样化，在范围上，公司资本只是资产的一部分。公司原始资产一般就是股东出资构成的公司资本。但公司成立后，公司资本相对确定，而公司的资产因经营状况发生变化，公司负债会使公司的资产增加，而公司的亏损则会减少公司可支配的资产，二者逐渐偏离。

根据《公司法》第3条的规定，公司以其全部财产对公司的债务承担责任，意味着公司对外偿债要以公司的全部资产担保；股东以出资额为限对公司承担责任，意味着公司资本是公司股东承担有限责任的界限。

（2）公司资本与公司净资产。公司净资产是指公司资产减去负债后的余额，在会计上也称为所有者权益。这是公司所有的自有资产部分，代表了公司实际支配财产的能力。在公司成立时，公司资本等于公司的资产，也等于净资产。但随着公司经营状况的变化，资产本身价值的变化，公司的净资产的价值也在变化，偏离资本。

（3）公司资本与股东权益。股东权益是指股东对公司净资产享有的权利，是全体股东财产权利的量化表示，是脱离具体财产形态而抽象存在的公司净资产的价值。包括资本、资本公积、盈余公积和可分配利润四个部分。股东权益一般要大于公司资本，特殊情况下也会发生偏离。

（4）公司资本与投资总额。公司投资总额常在外商企业法中使用，包括股东出资形成的注册资本和注册资本之外向公司投入的全部财产。如股东对公司的借贷融资。

二、公司资本原则

为确保公司的稳健经营，保护债权人的合法利益，建立公司的信用，保障交易安全，就要维护公司资本的真实和安全。为达此目的，各国公司法在长期的发展中逐渐确立和形成了一系列有关公司资本的公认法律原则，其中最有影响力，最为主要的就是"资本三原则"，即资本确定、资本维持和资本不变三项资本立法原则。这些原则源于德国公司法，逐渐为大陆法系国家公司法普遍确认，对英美法系国家的公司资本制度也有重大的影响，并为其吸收适用。我国《公司法》中关于公司资本的许多具体规定都是这三个原则的体现和反映。

（一）资本确定原则

这一原则是指公司在设立时，必须在章程中对公司的资本总额作出明确的规定，并须由全部股东认足，否则公司不能成立。

公司资本数额确定不仅能表明公司的资本实力，也确定了股东责任的界限。资本确定的目的在于保证公司设立时资本的真实可靠，防止公司设立中的欺诈、投机行为，以加强对债权人的保护，保护交易安全和交易秩序。但过分强调该原则会限制、延误公司的设立。

我国现行《公司法》虽然进行了修改，但是仍然体现了资本确定原则，如：有限公司和股份公司的发起人认缴、认购的全部资本或股本，虽然在公司设立时不必实际缴纳，但公司的注册资本应当在公司成立时一次性发行完毕；募集设立的股份公司须在公司设立时一次性发行全部股份并实际缴纳股款。对非货币形式的出资，股东必须承担出资差额的填补责任。

（二）资本维持原则

资本维持原则又称资本充实原则，是指公司在其存续过程中，应当经常保持与其资本额相当的财产。

虽然，公司在成立时公司资本与公司的实际财产基本一致，但随着公司经营活动的展开和时间的推移，公司会出现盈亏，资产价值会发生变化，作为对外承担责任的公司实际财产与公司明示的资本数额就会发生偏离，公司的实际偿债能力和明示的信用脱节，也会不一致，从而会影响到第三者或交易相对方的合理信赖，进而影响到债权人利益和交易安全。所以为防止资本的实质性减少，保持与公司资本相适应的偿债能力，确保公司本身业务活动的正常开展，各国都采纳了资本维持原则作为控制公司资本在公司存续期间状态的工具，并围绕该原则设计和制定了许多法律规范，建立了相应的法律制度。

为体现资本维持原则，我国《公司法》明确规定，禁止股东在公司成立后抽回投资；发起人用于抵作股款的财产的作价不得高估；公司股份不得折价发行，即不得低于票面价格发行；原则上禁止回购本公司股份，防止股东变相退股，导致资本虚假；不得接受以本公司股份提供的担保；公司分配当年税后利润时，应当提取利润的 10% 列入公司法定公积金；没有盈利不得分配，如有盈利必先弥补亏损。

（三）资本不变原则

资本不变原则是指公司的资本一经确定，即不得随意改变，如需增减，必须严格按法定程序进行。

事实上，公司在成立后运营过程中，因经营规模变化、经营范围变动、股东人数增减等原因，都可能导致公司资本的增加或减少。所以，资本不变并非绝对不能变，只是指公司的资本应当保持相对的稳定，非依法定程序，不得随意改变。否则，如果资本可以因实有财产变化而随意增减，资本维持原则就失去了维持的依据，就缺乏存在的实际意义。所以，资本不变原则也是资本维持原则的进一步要求，资本不变的立法目的在于从形式上防止公司资本总额减少而导致公司责任能力缩小，以保护债权人利益和交易安全。

我国《公司法》对于公司资本不变原则作出了较为严格的规定：公司要增资或减资须经股东会的决议或经特别的债权人保护程序，并依法办理变更登记。例如，公司减资时，必须编制资产负债表和财产清单；公司减少资本后的注册资本不得低于法定的最低资本限额；公司减资必须由股东会或股东大会作出决议；公司减资应当在法定期限内通知债权人并作出公告；债权人在法定期限内有权请求公司清偿债务或提供相应担保；公司减资必须向公司登记机关办理变更登记手续。

公司资本三原则是现代公司法人制度成熟和完善的表现，是公司独立财产责任和股东有限责任的要求，目的在于保护债权人的利益、交易安全和公司本身的正常稳健发展，具有重要的意义。随着公司资本制度的完善和发展，公司资本原则的具体形式也在作相应的调整以适应现实的需要。

三、公司资本形成制度

公司资本是通过发行股份，股东出资形成的。公司在成立时，是一次发行，还是数次发行，发行时，股东是一次缴足，还是在一定期限内分期缴纳，会影响到公司的筹资灵活程度、设立的难易程度以及公司承担财产责任的能力，各国公司法基于不同的立法宗旨、社会背景、法律传统和现实需要，对资本的形成方式进行不同的规定，制定了相应的法律规则，由此形成了不同的资本形成制度。公司资本形成制度主要有法定资本制、授权资本制和折中资本制三种。

（一）法定资本制

法定资本制是指公司在设立时，必须在章程中明确规定公司的资本总额，并一次性发行，由发起人或股东全部认足，否则公司不得成立的资本制度。

发起人或股东认购股份，只是作出承诺缴纳股款，承诺履行出资义务的意思表示，并不意味着要履行缴纳股款的义务。所以，在法定资本制度下，发行资本不同于实缴资本。法定资本制的特点在于资本一次性发行、一次性认足，而不要求一次性缴纳股款。认足股份后，缴纳股款有两种方式：一次性缴纳和分期缴纳。分期缴纳方式通常限定分次缴纳的比例和期限。在公司成立后，如需增资，必须经股东会决议、变更公司章程和进行变更登记。

法定资本制有利于公司资本的确定和稳定，有助于防止公司设立时的欺诈行为，制止滥设行为，使公司从成立开始就有足够的财产担保债务履行，能够提高交易的安全性。但是，法定资本制要求一次发行，一次认足，对公司设立的资本要求较高，提高了设立的难度和成本；而且，会造成资本的闲置和浪费。此外，严格的增资程序也给公司增加了不便和负担，不适合公司灵活经营的需要。

（二）授权资本制

授权资本制是指在公司设立时，公司章程中载明的公司资本总额不必一次全部发行，只要认购交付其中一部分，公司即可成立。剩余部分则授权董事会根据公司发展的需要随时发行股份募集。因为未认购部分也在公司资本总额内，所以，再行募集，无须变更公司章程，也不必履行增资程序。

在授权资本制下，公司资本的形态趋于复杂化、多样化。授权资本，又称名义资本，是指公司根据公司章程授权可发行的全部资本，不是公司的真正资本，只是公司预计的发展规模或政府允许发行的最高限额。而注册资本是指公司成立时注册登记的资本总额。发行资本指公司已经募集并由股东认购的资本总额。股东已缴纳的资本称为实收资本或实缴资本。而公司已发行，股东已认购但尚未缴纳的资本为待缴资本或催缴资本。由此可见，在法定资本制和授权资本制下，公司注册资本的含义并不相同，在实务中应注意区分。

在授权资本制下，公司不必一次发行全部股份，就减轻了公司设立的难度。而且，何时再次发行股份募集资本，可以由董事会根据公司经营活动的需要，在授权资本的范围内决定，无须变更章程，进行变更登记，不仅简化了增资程序，也符合公司经营活动的实际需要，避免大量资金的闲置，充分发挥财产的效益，故能够适应市场经济对公司决策迅速、高效的客观要求。

但是，在授权资本制下，公司的授权资本仅是名义资本，实收资本可能很少，又未限制资本最低限额和出资期限，而且资本内容复杂，形态较多，所以，更容易发生欺诈行为，危及债权人利益。

（三）折中资本制

折中资本制是在传统的法定资本制和授权资本制基础上，取长补短，结合两者的优势，演变而形成的资本形成制度。折中资本制又可分为许可资本制和折中授权资本制两种。

1. 许可资本制

许可资本制，也称认许资本制，是指公司在设立时，必须在章程中载明公司的资本总额，一次发行，一次认足；同时，公司章程可以授权董事会在公司成立后一定期限内，在授权时公司资本的一定比例范围内，发行新股，增加资本，无须股东会特别决议。

许可资本制是在法定资本制基础上，授予董事会一定的发行权，来简化公司增资程序，即在公司的设立阶段适用法定资本制，成立后的增资行为则采用授权资本制。但其核心和立足点仍是法定资本制。

2. 折中授权资本制

这是指公司设立时，在章程中载明资本总额。只需发行和认购一定比例的资本，公司即可成立。而且，章程授权董事会可以根据公司发展需要发行尚未发行的部分，但授权发行的部分不得超过公司资本的一定比例。如日本《商法典》第 166 条规定，公司设立时发行的股份总数不得低于公司股份总数的 1/4。

这种制度是在授权资本制的基础上，规定公司成立时发行股份的比例，对授权董事会发行股份的比例和期限进行限制，纳入了法定资本制的要求。其核心仍然是授权资本制。

（四）我国的资本形成制度

我国于 1993 年《公司法》制定时，公司制度处于发展初期，公司的设立经营极不规范，资本虚空，出现大量的"皮包公司、骗子公司"，所以，当时《公司法》的主要任务就是规范和整顿。与此相适应，当时的《公司法》采纳了严格的法定资本制。即要求公司在成立时要一次发行公司章程中记载的全部股份，由股东全部认足，而且必须一次缴纳。在当时，公司的注册资本即为发行资本，又等于实缴资本。

我国于 2013 年新修订的《公司法》为了更好地鼓励投资兴业，降低投资门槛，放宽市场准入，激活市场活力，实行了比原来更为宽松的法定资本制。对于有限责任公司和发起设立的股份有限公司在发行认足基础上出资缴纳完全自由，允许分期缴纳；即注册资本仍为发行资本，但未必等于实缴资本。但对于募集设立的股份有限公司和特殊行业的公司，考虑到其影响力，仍规定了严格的法定资本制。

四、公司资本变动制度

公司成立后，公司的资本应当保持相对的稳定。但是，随着经营活动的开展、业务范围和市场状况的变化、规模的扩张和收缩、股东人数的变化，公司的资本也要相应地发生变动，作相应的调整。由于资本的增减会影响到公司、股东和债权人的利益，所以公司立法对其增资和减资的条件和程序进行严格限制。我国《公司法》也对资本的变动作了限制性的规定。

（一）增加资本

公司在成立后，为对外彰显自身的信用和实力，筹集更多的经营资金，改变资产的结构和性质，增强竞争的优势，需要增加公司的资本。

公司增加资本简称为增资，是指公司根据经营需要，依照法定条件和程序增加公司资本的总额。

1. 公司增资的方式

以出资者是否都是现有股东为标准分为内部增资和外部增资；而根据是否改变原出资比例或持股比例分为同比增资与不同比增资；上市公司的增资还可以分为配股增资和送股增资，区别在于是否需要原股东再行出资，公司能否获得增量资金；股份有限公司的具体增资方式还可以分为增加股份数和增加股份金额。

2. 增资的条件和程序

公司资本的增加意味着公司信用的提高、实力的增强，有利于债权人利益和交易安全，所以，法律无须限制增资的条件，履行债权人保护的程序。但是公司增加资本，尤其是在外部增资和不同比增资情况下，会导致股东持股比例的变化或公司股权结构的调整，直接影响股东利益并可能引发严重的利益冲突，所以在法律程序上，公司增资必须经股东会特别决议，变更公司章程并办理相应的变更登记手续。

（二）减少资本

公司减资是指公司基于某种情况或需要，依照法定条件和程序减少公司的资本总额。

在公司实践中，为了减少资本的过剩，提高财产效用，或在公司亏损和公司分立情况下，为真实反映公司资本所标示的信用状况，缩小资本与资产的差距，客观上都需要减少公司的资本。

1. 减资的分类

公司减资的方式根据不同的标准和依据也可以作多种分类。以是否改变股东的出资比例或持股比例可分为同比减资和不同比减资；减资的具体方式还可以分为减少股份数（销股和并股/折股）和减少股份金额。

2. 减资的条件和程序

由于公司资本的减少会缩小股东的责任范围，导致公司资产的减少，从而缩小公司的责任财产范围，所以，减资将不可避免影响公司债权人的利益。因此，法律规定了比增资更为严格的法律条件和程序（债权人保护程序）。

根据《公司法》的相关规定，公司减资必须符合下列条件和程序：

（1）经股东（大）会特别决议并修改章程。

（2）公司必须编制资产负债表和财产清单。

（3）通知债权人并公告。公司应当自作出减少注册资本决议之日起 10 日内通知债权人，并于 30 日内在报纸上公告。

（4）债务清偿或担保。债权人自接到通知书之日起 30 日内，未接到通知书的自公告之日起 45 日内，有权要求公司清偿债务或者提供相应的担保。

（5）应当依法向公司登记机关办理变更登记。自变更登记之日起，减资生效。

第三节　公司的财务会计制度

【案例 6-3】

甲股份有限公司管理混乱，自 2012 年起，陷入亏损境地。2016 年 2 月，部分公司股东要求查阅财务账册遭拒绝。2016 年股东大会年会召开，股东们发觉公司财务会计报表仍不向他们公开，理由是公司的商业秘密股东们无须知道。经股东们强烈要求，公司才提供了一套财务报表，包括资产负债表和利润分配表。股东大会年会闭会后，不少股东了解到公司提供给他们的财务报表与送交工商部门、税务部门的不一致，公司对此的解释是送交有关部门的会计报表是为应付检查的，股东们看到的才是真正的账册。请问：什么是公司财务会计制度？公司财务会计报告应符合哪些要求？（参见《公司法》第164、202条）

公司财务会计制度不仅是公司内部管理的一种重要手段，能反映和监督公司经营状况、经营效果，而且，事关公司股东、债权人、员工、社会公众的利益，甚至会影响到政府税款的征收和宏观经济政策的制定，从而影响社会的经济秩序，所以各国公司法都规定了公司必须建立和完善财务会计制度，尤其是股份公司和上市公司。我国《公司法》第八章专门规定了公司财务会计制度。

但是，基于公司财务会计制度的重要性，国家还以其他的法律规范来从不同层次、不同领域调整公司的财务会计制度，如《会计法》《审计法》《注册会计师法》《企业财务会计报告条例》以及财政部颁布的《企业会计准则》和《企业财务通则》等。《公司法》和这些不同层次的法律法规、部门规章一起构成完整的公司财务会计制度。

一、公司财务会计制度概述

公司财务会计制度是对存在于法律、行业通行规则和公司章程之中的公司财务会计处理规则的总称。它是利用货币价值形式反映公司财务状况和经营成果，加强内部经营管理，提高经济效益的重要法律制度，同时也是为公司管理者和其他利害关系人提供财务信息的制度。公司财务会计制度既是会计法的重要内容，也是公司法的重要内容。

与其他企业会计制度相比而言，公司财务会计制度具有规范化和统一化两个特征。首先，由于公司的经营活动及其效果影响到相关各方利益，甚至影响社会经济秩序，为便于各方获得会计信息，了解公司经营状况，保护各方权益，维护国家税收，公司财务会计制度必须规范化，由国家立法规范财务会计制度或制定公认的会计准则。其次，不同类型的公司有必要实行统一的财务会计制度。一方面，为方便使用者的理解，作出客观科学的评判，应保证不同类型的公司财务会计报表具有一定的可比性和一致性；另一方面，不同的财务会计制度有可能导致不同公司利益分配的差别，影响公司间的平等竞争。

公司财务会计制度对于保障公司的自身高效运营、保护股东和债权人的合法权益、约束管理者以及实现国家的税收和经济管理都有着重要的意义。

二、公司财务会计报告

公司财务会计报告是定期反映公司财务状况和经营成果的总结性书面文件，它以账簿记录为根据，利用统一的货币计量单位，按照统一规定的格式、内容和编制方法定期编制。

公司经营活动先由会计凭证（原始凭证和记账凭证）来记载，然后对众多的、分散的经济业务进行分类、归集、计算和记载，按会计报表分项要求在会计账簿中进行系统的整理（总分类账和明细分类账），最后在会计报表中揭示能够综合反映公司经营成果和财务状况的会计信息。

公司编制财务会计报告，应当根据真实交易、事项以及完整、准确的账簿记录，做到及时、全面、客观、真实、准确。具体来讲，编制公司财务会计报告既有形式上的要求，又有内容上和时间上的要求。公司应当在每一会计年度终了时依照法律、行政法规和国务院财政部门的规定编制财务会计报告，不得有所遗漏，不得任意取舍，并依法经会计师事务所审计。而且公司除法定的会计账簿外，不得另立会计账簿。

根据《会计法》第20条的规定，企业财务会计报告由会计报表、附注和财务情况说明书构成，根据编制期限可分为年度、半年度、季度和月度财务会计报告。其中会计报表应当包括资产负债表、利润表、现金流量表和相关附表。一般季度月度会计报告仅指会计报表。

资产负债表反映公司在某一特定日期的财务状况；利润表反映公司在一定会计期间的经营成果；现金流量表反映公司一定期间与筹资活动、经营活动和投资活动有关的现金流转情况。附表是辅助性会计报表，针对某一方面提供更为详细的会计信息。如资产明细表，所有者权益变动表以及有关成本费用的报表。而报表附注对会计报表所作的补充说明和详细解释，以提高有关会计信息的可比性、易懂性，突出有关信息的重要性。财务情况说明书则是对会计报表进行分析、说明、解释、评价，对未来作出估计、判断、预测的书面文件。

公司的财务会计报告编制后由监事会审核，监事会也可聘用注册会计师审核，费用由公司负担，审核意见和会计报表一起由董事会提交股东会确认。

为保护与公司相关各方主体的利益，维护交易安全和经济秩序，公司的财务会计报告应按照法律法规提交给股东或置备于公司住所供股东查阅，并向有关主管部门和相关单位报送；公开发行股票的股份公司的财务会计报告还要向全社会披露。

为保障会计信息真实可靠，防止会计欺诈，保护股东和其他主体利益，维持公司信用，维护市场秩序，公司编制的财务会计报告，必须经会计师事务所审计。公司应当向聘用的会计师事务所提供真实、完整的会计凭证、会计账簿、财务会计报告及其他会计资料，不得拒绝、隐匿、谎报。

三、公司利润分配制度

公司利润是指公司在一定时期内生产经营的财务成果。公司的利润分配制度是指由公司的董事会根据《公司法》的有关规定，并结合本公司的财务状况和经营成果，制定出当年的税后利润分配方案，提交股东会或股东大会审议批准，并依法组织实施的公司基本法律制度。

为贯彻资本充实原则，巩固公司财务基础，保护债权人利益，维护交易安全和社会公共利益，各国公司法确立了"税后分配，无盈不分"的基本原则，并强行规定公司税后利润分配的顺序。

我国《公司法》第166条规定，公司法定公积金不足以弥补以前年度亏损的，首先用当年公司税后利润弥补亏损。其次，要提取法定公积金。公司当年盈利弥补亏损后如有剩余，应当提取利润的10%列入公司法定公积金。如公司法定公积金累计额为公司注册资本的50%以上的，可以不再提取。再次，提取法定公积金后，经股东会或者股东大会决议，还可以从税后利润中提取任意公积金。最后，公司弥补亏损和提取公积金后所余税后利润，有限责任公司按照实缴的出资比例分取红利；全体股东约定不按照出资比例分取红利的除外；股份有限公司按照股东持有的股份比例分配，但股份有限公司章程规定不按持股比例分配的除外。

股东会、股东大会或者董事会违反《公司法》规定，在公司弥补亏损和提取法定公积金之前向股东分配利润的，分配无效，股东必须将违反规定分配的利润退还公司。

四、公积金制度

公积金又称储备金或准备金，是公司为巩固自身财务基础，增强公司信用，弥补意外亏损，扩大业务规模和范围，而依照法律和公司章程的规定，从盈余中提取的累积资金。因此，公积金对于公司的存在和发展有重要意义。

而且，国家为维持公司的存在和发展，维护社会经济秩序的稳定，积极干预公司的组织活动，要求公司必须建立公积金制度。因此，建立公积金制度是法律的强行性规定，公司自身不能随意取舍。

以其来源为准，公司公积金可以分为资本公积金和盈余公积金。资本公积金是由公司资本而形成的公积金，如股东实缴出资金额超出注册资本，公司股票溢价发行，公司资产评估增值和接受赠与都是其来源。

而以提取行为是否基于法律的强制性规定，公积金又可以分为法定公积金和任意公积金。前者基于法律的强制性规定，如法定盈余公积金和资本公积金；后者则基于公司的自由决定，如根据公司章程或者股东会决议提取的任意盈余公积金。

公积金首要用途在于弥补和预防亏损，维持资本充实。但是，资本公积金不得用于弥补公司的亏损。公积金还可用于扩大公司生产经营或者转为增加公司资本，以增强自身财力、提高竞争力、把握商业机会、扩大生产经营。根据《公司法》的规定，法定公积金转为资本时，所留存的该项公积金不得少于转增前公司注册资本的25%。

第四节　公司的名称、住所与负责人

【案例6-4】

甲市有一家四星级宾馆名为天天酒店有限公司（中美合资），效益很好，知名度甚高。后美方投资人又在乙市与当地合资开设一家四星级宾馆，取名也为天天酒店，在当地很有影响。半年后，天天公司发现当地新开一家烤鸭店取名为"天天"餐厅，条件简陋，服务水平不高，但不少人以为是宾馆开设的餐厅，给宾馆造成很大压力。请问：公司名称具有什么性质？美商在乙市开设的宾馆可以叫"天天酒店"吗？"天天"餐厅是否有权使用这个名称？（参见《公司登记管理条例》第11条、《企业名称登记管理规定》）

一、公司的名称

如同自然人要有自己的姓名一样，公司作为一个独立的法律主体也应该有自己的名称。公司名称是公司在生产经营活动中用以相互区别的固定称谓,属于商业名称(商号)的一种,通常表现为符合法律规定的特定文字组合。

公司作为企业法人拥有并标明自己的名称,既是法律的强行规定,也是为了经营上的便利,也有助于保护交易中第三人的利益。公司名称不仅是公司法人人格具体化、特定化的标记,也是独立商事主体的标志,是公司设立登记,从事生产经营活动,享有民事权利和承担义务的基本条件。在公司的经营活动中,在政府的经济管理活动中,公司名称对于保护交易安全,维护市场经济秩序具有重要意义。

公司名称的职能在于表明特定的营业与特定的主体的联系,是特定的营业主体标志。公司名称不仅能区别不同的经营主体,而且可以联系特定的经营活动,并因此成为构成公司形象的主要因素,又属于商誉的主要组成部分,并作为工业产权的保护对象,成为公司的无形财产。

(一)公司名称的法律特征

公司名称主要具有以下法律特征:

1. 唯一性

我国《公司登记管理条例》第 11 条规定,一个公司只能拥有和使用一个名称。确有特殊需要的,经省级以上登记主管机关核准,具备法人资格的企业可以在规定的范围内使用一个从属名称,但公司不得以从属名称开展经营活动和招揽业务。而且公司名称应当是特定的,即与其性质和类型、营业范围一致。有限责任公司必须在公司名称中标明"有限责任公司"或者"有限公司"字样。股份有限公司,必须在公司名称中标明"股份有限公司"或者"股份公司"字样。不得在经营活动中使用未经登记机关核准登记的名称。

2. 排他性

公司名称依法登记后,在同一登记机关的辖区内,同一行业只有一个公司能使用特定的、经过注册的名称。禁止同类业务的公司使用相同和类似的名称。

3. 可转让性

公司名称作为无形财产,可以依法转让。但由于公司名称与公司实体及其营业活动结合紧密,有很强的依附性,所以,转让时一般要求名称随公司本身部分或全部转让,而不允许单独转让。

(二)公司名称的构成

根据《企业名称登记管理实施办法》的规定,公司名称应由所在地的行政区划名称、字号、所属行业或经营特点和组织形式四部分构成。

其中字号(商号)可以由当事人自主选择,作为公司人格特定化的标记,因此是公司名称最核心的内容。字号由文字组合而成。公司可以使用自然人投资人的姓名作字号。而所在地行政区划名称应与登记机关的管辖范围一致,如在国家工商行政管理总局登记的公司,名称前可冠以"中国、中华"字样;而在省工商行政管理局登记的公司,名称应冠以"××省"字样,依此类推。公司的组织形式不同,必须在公司名称中分别标明有限责任公司或股份有限公司。

根据我国《企业名称登记管理规定》,公司名称不得含有下列内容和文字:(1)有损于国家、社会公共利益的;(2)可能对公众造成欺骗或者误解的;(3)外国国家(地区）名称、国际组织名称；（4）政党名称、党政军机关名称、群众组织名称、社会团体名称及部队番号；（5）汉语拼音字母（外文名称中使用的除外）、数字；（6）其他法律、行政法规规定禁止的。

我国《企业名称登记管理实施办法》第 10 条规定，除国务院决定设立的企业外，企业名称不得冠以"中国"、"中华"、"全国"、"国家"、"国际"等字样。只有具有三个以上分支机构的公司，才可以在公司名称中使用"总"字。分支机构的名称应冠以所属公司的名称，并附以"分公司"的字样。

（三）预先核准制度

在我国，公司名称登记一般与公司开业登记同时进行。但是为了防止公司名称混淆并提高注册效率，大多数国家和地区实行公司名称预先核准制度。

我国《公司登记管理条例》第 17 条规定设立公司应当申请名称预先核准。法律、行政法规或者国务院决定规定设立公司必须报经批准，或者公司经营范围中属于法律、行政法规或者国务院决定规定在登记前须经批准的项目的，应当在报送批准前办理公司名称预先核准，并以公司登记机关核准的公司名称报送批准。显然，名称预先核准是公司登记前的一个必要步骤。

实践中，为了防止企业名称的重名，公司在申请公司名称预登记时考虑两个以上的备用名称，特别是字号应有多个方案，以减少因重名而无法获准名称预登记的风险。

设立有限责任公司，应当由全体股东指定的代表或者共同委托的代理人向公司登记机关申请名称预先核准；设立股份有限公司，应当由全体发起人指定的代表或者共同委托的代理人向公司登记机关申请名称预先核准。公司登记机关作出准予公司名称预先核准决定的，应当出具《企业名称预先核准通知书》。公司登记机关作出不予名称预先核准决定的，应当出具《企业名称驳回通知书》。预先核准的公司名称保留期为 6 个月。预先核准的公司名称在保留期内，不得用于从事经营活动，不得转让。

二、公司的住所

与自然人一样，公司也拥有自己的住所。公司的住所是指公司的主要办事机构所在地。

（一）公司住所的法律意义

公司的住所具有重要的法律意义，既是公司开展经营活动的长期固定地点，又是确定诸多与公司相关法律关系的基础和依据。

1. 公司住所是确定公司登记管辖和行政管辖的前提

根据《公司登记管理条例》关于登记管辖的规定，除依法应由国家工商行政管理局或省、自治区、直辖市工商行政管理局核准注册的公司之外，其他公司由所在地（住所地）市、县（区）工商局核准登记。公司的税务登记也是根据住所地确定。

2. 公司住所是确定诉讼管辖的重要因素（地域管辖的依据）

我国《民事诉讼法》第 21 条规定，对法人提起的民事诉讼，由被告住所地人民法院管辖。确定公司住所地，对于解决涉及公司的纠纷，保障合法权益，维护经济秩序意义重大。

3. 公司住所可以确定诉讼文书送达地

我国《民事诉讼法》规定，诉讼文书应直接送达，直接送达有困难时，可邮寄送达。而无论以何种方式送达，对公司而言，均以住所地为诉讼文书送达地。

4. 明确公司的住所地有利于公司与外界交流和联系

确定合同债务履行地的依据。我国《民法通则》第88条和《合同法》第62条规定，对履行地点不明确的债务，给付货币的，在接受方的所在地履行，其他标的在履行义务一方的所在地履行。这里的所在地，对公司而言即为住所地，即公司的债务履行地可以由住所地来确定，这对确定合同履行的效力有重要意义。

5. 公司住所是确定涉外民商事法律关系的准据法的依据

在涉外民商事法律关系中，当事人的住所是确定准据法重要的连接点之一。当按属人法原则适用当事人本国法律时，一般按公司的住所确定适用何国法律。

（二）公司住所的确定

关于公司住所的确定，我国《公司法》采管理中心地标准，即以主要办事机构所在地为住所。可以从以下几个方面确定公司住所：

1. 公司的住所是公司章程载明的地点

公司的生产经营场所可以有多个，但一个公司只能有一个住所。住所是公司章程的绝对必要记载事项，且具有公示效力。公司的住所确定并记载于公司章程才具有法律效力。

2. 公司的住所是公司主要办事机构所在地

所谓主要办事机构所在地，通常是指公司发出指令的业务中枢机构所在地，是公司独一无二的办事机构所在地，存在多个办事机构时的主要办事机构所在地。如公司的总部、总公司所在地。

3. 公司的住所是公司注册登记的必要记载事项之一

一旦确定，不允许随意变更。公司住所的变更应履行法定的变更登记手续，否则不得对抗第三人。

三、公司负责人

（一）公司负责人的概念

公司作为企业法人，无法像自然人一样通过自身来实施各种法律行为和事实行为。公司的对内管理、对外代表行为实施必须通过其内部机关，而其内部机关又是由自然人组成的。我国《公司法》第13条规定，公司法定代表人依照公司章程的规定，由董事长、执行董事或者经理担任。因此，公司机关中能在特定方面代表法人的自然人就是公司的负责人。根据我国《公司法》的相关规定，公司的负责人主要是指公司的董事、监事和高级管理人员。

（二）公司负责人的任职资格

基于董事、监事和高级管理人员在公司运行中的重要性，对公司负责人既要注重有关的能力、业绩和经验，又要注重人格、品质和道德。各国公司法普遍规定了其任职的资格，概括地讲，董事、监事及高级管理人员的任职资格可分为积极资格和消极资格。

积极资格是指成为公司董事、监事及高级管理人员应当具备的资格，如经验、品行、能力等，可由公司章程规定，也可由公司股东会决议确定。而消极资格是指成为董事、监事及高级管理人员不能出现的情形，即由法律作出的禁止性规定。

我国《公司法》第146条规定，有下列情形之一的，不得担任公司的董事、监事、高级管理人员：（1）无民事行为能力或者限制民事行为能力；（2）因贪污、贿赂、侵占财产、挪用财产或者破坏社会主义市场经济秩序，被判处刑罚，执行期满未逾5年，或者因犯罪被剥夺政治权利，执行期满未逾5年；（3）担任破产清算的公司、企业的董事或者厂长、经理，对该公司、企业的破产负有个人责任的，自该公司、企业破产清算完结之日起未逾3年；（4）担任因违法被吊销营业执照、责令关闭的公司、企业的法定代表人，并负有个人责任的，自该公司、企业被吊销营业执照之日起未逾3年；（5）个人所负数额较大的债务到期未清偿。

公司违反上述规定选举、委派董事、监事或者聘任高级管理人员的，该选举、委派或者聘任无效。董事、监事、高级管理人员在任职期间有上述情形的，公司应当解除其职务。

此外，监事不得兼任董事和高级管理人员，反之亦然。国有独资公司的董事长、副董事长、董事、高级管理人员，未经国有资产监督管理机构同意，不得在其他有限责任公司、股份有限公司或者其他经济组织兼职。

（三）公司负责人的义务和责任

与股东不同，董事、监事和高级管理人员并非公司的所有者，仅仅是接受公司股东委托的公司的"代理者"，却拥有公司经营管理所需要的各项职权，甚至包括监督权。所以，为防止其滥用权力，保护公司和所有股东特别是中小股东的利益，应以法律形式强化其自我约束和外在约束，赋予董事、经理及监事以法定义务，并在其违反法律法规和公司章程所规定的义务时，可以依法追究其法律责任。

我国《公司法》第147条规定，董事、监事、高级管理人员应当遵守法律、行政法规和公司章程，对公司负有忠实义务和勤勉义务。

具体来讲，主要包括以下几个方面：（1）董事、监事、高级管理人员不得利用职权收受贿赂或者其他非法收入，不得侵占公司的财产。（2）董事、高级管理人员不得挪用公司资金或者将公司资金以其个人名义或者以其他个人名义开立账户存储；也不得违反公司章程的规定，未经股东会、股东大会或者董事会同意，将公司资金借贷给他人或者以公司财产为他人提供担保。（3）董事、高级管理人员不得违反公司章程的规定或者未经股东会、股东大会同意，与本公司订立合同或者进行交易。（4）董事、高级管理人员未经股东会或者股东大会同意，不得利用职务便利为自己或者他人谋取属于公司的商业机会，自营或者为他人经营与所任职公司同类的业务。（5）董事、高级管理人员不得接受他人与公司交易的佣金归为己有。（6）董事、高级管理人员不得擅自披露公司秘密。这些公司负责人掌握着公司各项经营上的秘密。对于公司来讲，这些商业秘密就是公司的商业机会和无形财产。为了确保公司的利益，非依法律规定或经权力机构批准，不得向外泄露公司的秘密。

董事、监事、高级管理人员执行公司职务时违反法律、行政法规或者公司章程的规定，给公司造成损失的，应当承担赔偿责任。情节严重的，还要承担相应的行政责任，甚至刑事责任。

【案例 6-5】

某电器股份有限公司董事长路某未经董事会讨论通过，擅自以公司名义任命张某担任公司总经理。为解决资金短缺，张某持公司营业执照及授权书向工商银行贷款 1000 万元，期限 6 个月，后电器股份有限公司经营不善，未偿还到期贷款。工商银行要求电器股份有限公司清偿债务。公司以对张某的任命不符合《公司法》及公司章程为由拒绝承认张某行为对公司的效力，并拒绝承担债务，于是，工商银行诉至法院，请求判决某电器股份有限公司承担债务。请问：公司经理的任职应当具备哪些条件？由谁任免？该电器股份有限公司应否为张某的行为承担责任？（参见《公司法》第 113 条）

第五节　公司的权利能力、行为能力与责任能力

一、公司的权利能力及其范围

（一）公司权利能力的概念

公司的权利能力是指公司享有权利和承担义务的资格。作为企业法人，公司只有具备权利能力，才能独立参与法律关系，享有权利，承担义务。不过这种能力并非天赋，而是根据法律规定，由法律所赋予，并受法律的限制。公司权利能力是判断公司能否享有某种特定权利或承担某种特定义务的重要标准，也是判断公司的法律行为的效力重要标准。如果公司的法律行为超越了公司的权利能力范围，一般为无效行为。

（二）公司权利能力的开始与终止

公司的权利能力开始于公司成立或营业执照签发之日，终止于公司注销登记并公告之日。故设立中的公司没有权利能力，而清算中的公司权利能力受到限制，只能在清算范围内享有权利和承担义务。

（三）公司权利能力范围的限制

为规范公司行为，法律在赋予公司权利能力的同时，也限定了公司权利能力的范围，即公司在什么范围内可以参与法律关系，享有权利、承担义务，有效地实施法律行为。

1. 性质上的限制

公司作为一个组织体，与自然人性质不同，不享有基于自然性质、生理条件专属于自然人的权利，如生命健康权、身体权、肖像权、亲权、婚姻权等。

2. 法律上的限制

由于公司在经济生活中影响力较强，为保障公司股东、债权人及社会的利益，就要规范公司行为，施予一定的法律规制。主要包括：

（1）对公司转投资的限制。公司成立后，在经营中向其他经济组织进行投资即为转投资。一般而言，通过投资获利是公司的正常经营行为，因此，公司法原则上允许公司转投资。但是，如果对转投资不加任何限制就有可能使公司承担巨大的投资风险，导致公司可

以直接支配的资源减少，降低公司的偿债能力，进而影响公司股东和债权人的利益。因此有必要在法律上限制公司转投资。

根据我国《公司法》的规定，公司可以向其他企业投资；但是，除法律另有规定外，不得成为对所投资企业的债务承担连带责任的出资人。公司向其他企业投资，依照公司章程的规定，由董事会或者股东会、股东大会决议；公司章程对投资总额及单项投资数额有限额规定的，不得超过规定的限额。

（2）对外担保的限制。一方面，有偿担保会为公司带来收入；另一方面，公司为他人债务进行担保，就等于为公司增加了或有债务或潜性债务，一旦该被担保的债务不能得到履行，公司就要承担履行的义务。为他人债务担保必将危及公司股东以及公司债权人的利益，所以限制公司对外担保活动实有必要。

根据《公司法》第16条的规定，公司为他人提供担保，依照公司章程的规定，由董事会或者股东会、股东大会决议；公司章程者担保的总额及单项担保的数额有限额规定的，不得超过规定的限额。

但公司为公司股东或者实际控制人提供担保的，必须经股东会或者股东大会决议。被担保的股东或者受被担保的实际控制人支配的股东，不得参加上述规定事项的表决。该项表决由出席会议的其他股东所持表决权的过半数通过。

（3）对公司资金借贷的限制。《公司法》第148条规定，董事、高级管理人员不得违反公司章程的规定，未经股东会、股东大会或者董事会同意，将公司资金借贷给他人。

（4）对公司回购自身股份的限制。公司回购自身股份会造成公司与股东主体的混同，违背了公司法人独立的本质。而且，公司回购自身股份，还会造成抽逃资本，从而损害其他股东和债权人的利益。所以，公司法原则上禁止公司回购自身的股份。

但是，公司在一些特殊情形下因减少公司注册资本，或与持有本公司股份的其他公司合并，或将股份奖励给本公司职工，或收购因对股东大会作出的公司合并、分立决议持异议股东的股份，确实需要购回自身的股份的，《公司法》第142条则例外允许。但回购的股份必须在法定期间注销或转让。同理，公司也不得接受本公司股票作为质押权的标的。

3. 目的上或经营范围上的限制

传统公司法理论认为公司法人成立的目的不同，其经营范围和业务活动范围不尽一致，故其权利能力也有所不同，即每个公司都应在其目的范围内来活动，公司超越其章程规定的目的以外的行为无效。但是，严格的目的限制实际上制约了公司更经济有效地进行生产经营活动，所以面临着重新审视和修正。

我国1993年旧《公司法》强调公司应当在登记的范围内从事经营活动。该规定表明了我国公司的权利能力受到经营范围的严格限制。而新《公司法》则废除了此规定。因此，目前，除了法律、行政法规禁止经营、国家限制经营、特许经营的活动，公司可以在经营范围以外活动，且行为有效。

二、公司的行为能力

（一）公司行为能力的概念

所谓公司的行为能力是指公司基于自己的意思，以自己的行为独立地取得民事权利、履行义务的资格。公司作为法人具有行为能力，但其行为能力不同于自然人，与权利能力同时产生，同时消灭，其范围和权利能力范围完全一致。

（二）公司行为能力的实现

公司作为一个组织，其本身没有自然器官，并不能实施民事行为，进行意思表示。公司的行为能力必须通过公司机关实现。公司机关是公司的组成部分，是由代表公司作为或不作为的自然人或自然人集合组成的。股东（大）会是公司的意思形成机关；公司的董事会和法定代表人通常是代表机关，董事会在其职权范围内以决议形式对第三人为意思表示；公司法定代表人依照公司章程的规定，由董事长、执行董事或者经理担任，并依法登记。法定代表人在其职权范围内，单独对第三人为意思表示。

公司机关代表的是公司整体的利益，体现出公司整体的意志，其行为所产生的权利义务当然应该由公司来承担。因此，公司代表机关以公司名义所进行的民事法律行为就是公司本身的行为。

三、公司的责任能力

公司作为法人既有行为能力，自然应当也具有为自己行为独立承担责任的能力，即责任能力。

《民法通则》明确规定法人应独立承担民事责任。《公司法》第 12 章也专门规定了公司的法律责任，这里的责任不仅包括违约责任，也包括侵权责任；不仅包括私法上的责任，也包括公法上的责任，包括行政责任和刑事责任。

当公司因侵权行为致人损害后，应对受害人承担损害赔偿责任。但公司的行为是通过其代表机关和代理人实施的，因此公司不仅要对其法定代表人的职务行为负责，也要对其使用人或工作人员的职务行为负责，甚至要对一些其他经公司授权的人员以公司名义实施的行为负责。

公司的侵权行为虽然实质上由其代表人和工作人员所为，但对受害者的损害赔偿责任直接由公司自身承担。在侵权行为与行政违法、刑事犯罪竞合时，公司承担损害赔偿的民事责任并不影响具体行为人要对其行为承担公法上的责任。而且，根据新《公司法》第149 条的规定，董事、监事、高级管理人员执行公司职务时违反法律、行政法规或者公司章程的规定，给公司造成损失的，应当承担赔偿责任。

【案例 6-6】

甲有限责任公司经营不锈钢产品的制造、加工和买卖。总资产 1000 万元，负债 300 万元。因业务兴旺，董事会决定实施以下方案：（1）以甲公司名义投资 300 万元，与乙公司组成合伙企业；（2）以甲公司名义向丙信息有限公司投资 350 万元；（3）以甲公司的财产为个体户张某的债务提供担保。请问董事会的上述决定是否合法？（参见《公司法》第 15、16 条）

第六节　公司人格否认制度

有限责任原则和独立人格是公司法人制度的两大基石。然而，随着公司制度的发展，在观念和制度上将有限责任和独立人格绝对化或滥用，在某些特殊情形下有可能导致对债权人的不公平，成为股东牟取非法利益、规避责任的工具和手段，势必使他人利益和社会公共利益受到损害，进而会影响交易的安全。所以在特定情形下，出于公平、正义的考量，有必要对公司的法人人格进行否认。

一、公司法人人格否认的含义

公司法人人格否认是指为阻止公司股东滥用公司的独立人格，就具体法律关系中的特定事实，否认公司的独立人格，限制有限责任原则的适用，由股东直接对公司的债权人或公共利益承担责任的法律制度。该制度又被形象地概括为"揭开公司的面纱或刺破公司的面纱"。

公司法人人格否认制度最先出现于美国法院的沃尔克沃斯基诉卡尔顿一案的判决中，后依据英美的判例产生并发展起来。之后大陆法系国家基于同样的法理，发展出了"直索责任制度"，即允许在特定情况下，公司债权人可以直接向公司的股东提出赔偿请求。

但是，公司法人人格否认并不是对公司法人人格制度的简单否定，而是在承认公司独立法人人格的前提下，针对特定事件，为防止公司法人人格的异化和股东滥用有限责任，为保护债权人利益和社会公共利益，由法院对个案中的公司人格予以否定，直接追索股东的责任。所以该制度是对公司法人人格制度的必要修正和完善，是对失衡的公司利益的事后救济，也是在衡平观念下对公司制度的维护和发展。

二、公司法人人格否认适用的情形

我国《公司法》第 20 条对公司法人人格否认制度仅作了原则性的规定，并未就滥用公司独立人格和有限责任的具体情形作出规定，因此在审判中如何适用人格否认制度仍是一个有待解决的难题。根据国外公司法的理论和实践，可以归纳出适用公司法人人格否认的若干情形：

（一）公司资本显著不足

公司资本是公司独立承担财产责任的物质基础，这也是公司取得独立人格的前提之一。如果公司成立时股东实际投入公司的资本额与公司经营所隐含的风险相比明显不足，则表明公司股东缺乏经营事业的诚意，存在通过公司的独立人格和有限责任将商业风险转移给债权人和社会大众的嫌疑，所以，公司的独立人格就会受到质疑和否认。但是，在司法实践中，公司资本显著不足往往需要和其他欺诈性存在的事实结合在一起才能适用公司法人人格否认制度。

（二）利用公司回避合同义务

如果股东设立公司的目的仅仅在于利用公司人格逃避合同义务，公司的法人人格通常将被否认。如为逃避契约上的特定不作为义务如竞业禁止、商业保密等而设立新公司或利用旧公司掩盖其真实行为，从事相关活动；利用公司对债权人进行欺诈以逃避合同义务；为逃债而转移资产新设公司。

（三）利用公司规避法律义务

为了非法目的如逃税、洗钱等而成立公司，滥用公司法人人格进行经营，将有损社会公共利益，有违法人制度的根本宗旨，缺乏法人人格存在的合法性和正当性，应当适用公司法人人格否认的原理揭开公司面纱。

（四）公司法人人格的形骸化

形骸化的实质是公司与股东的完全混同，使公司成为股东的或另一公司的另一自我，或成为其代理机构和工具，以至于形成股东即公司、公司即股东的情况。当公司与股东完全混同时，公司不再拥有自主权，丧失了独立性，公司就失去了独立存在的价值，法院通常要揭开公司的面纱。

在实践中，公司人格形骸化主要表现在公司被股东不正当控制以及公司与股东之间人格、财产、业务与组织机构的混同。尤其对于一人公司与母子公司，形骸化更易产生。

三、公司法人人格否认的适用要件

适用公司法人人格否认制度必须严格把握条件，不能滥用，否则将会动摇整个公司法人制度的确定性。根据《公司法》的规定，依据公司法人人格否认的一般法理，适用公司人格否认制度应当具备以下要件：

（一）前提要件

适用公司人格否认的前提是公司已经合法设立并取得了独立法人人格。只有公司具备独立的法人人格，其人格才有被滥用的可能，才有必要适用法人人格否认制度。

（二）主体要件

适用公司法人人格否认制度通常要涉及双方当事人：公司人格滥用者和公司法人人格否认的主张者。根据《公司法》第 20 条的规定，公司人格滥用者是公司股东，主要指公司的积极股东和支配股东。而公司法人人格否认的主张者则是指因公司人格被滥用而利益受损者，包括公司的自愿债权人和非自愿债权人，也可以是代表国家利益或社会公共利益的政府部门。

（三）行为要件

公司股东必须实施了不正当控制公司、滥用公司独立人格以损害债权人利益和社会公共利益的行为，如滥用公司人格回避合同义务，或滥用公司人格造成公司形骸化等，并不要求股东主观上的过错。只要股东有滥用人格的行为，即可推定股东存在主观上的过错。

（四）结果要件

公司股东滥用公司人格的行为造成了严重损害债权人利益和社会公共利益的事实，而且滥用人格行为和损害事实之间存在因果关系。有损害才有救济，所以这是适用公司法人人格否认制度的重要要件。

四、我国公司法人人格否认制度的立法和司法实践

我国自实行公司制度以来，公司法人人格制度的积极作用显而易见，但滥用公司法人

人格制度和股东有限责任制度的现象也迅速蔓延，严重损害了公司债权人利益和社会公共利益，破坏了交易秩序，打破了股东与债权人之间权益的均衡，背离了法人制度的宗旨。在这种情况下，引入公司法人人格否认制度具有重要的现实意义。

最高人民法院先后出台了一批规定、批复等司法解释，对处理滥设公司、逃避合同义务等滥用公司人格现象提供了法律适用依据。如1987年最高人民法院作出的《关于行政单位和企业单位开办的企业倒闭后债务谁来承担问题的批复》，首次以司法解释形式确立法人人格否认制度在司法实践中的适用。

在立法层面上，国务院有关部门也曾经制定发布了诸多规范性文件，制止滥用公司法人人格的行为，整顿市场秩序。《公司法》第20条规定，公司股东不得滥用公司法人独立地位和股东有限责任损害公司债权人的利益。公司股东滥用公司法人独立地位和股东有限责任，逃避债务，严重损害公司债权人利益的，应当对公司债务承担连带责任。而且，第63条针对一人公司特别规定："一人有限责任公司的股东不能证明公司财产独立于股东自己财产的，应当对公司债务承担连带责任。"这样，我国就以成文法形式正式确立了公司法人人格否认制度或揭开公司面纱规则。这是我国公司法制度上的一次重大突破，将对民商事审判制度产生重大的影响。

但是，公司法人人格否认只能作为公司法人独立地位和股东有限责任的一种特别例外的情况来对待，在适用时应当非常谨慎。适用公司法人人格否认，必须严格把握界限，不能随意滥用，否则，不仅会导致整个公司法人制度处于不稳定状态，而且违背立法创立公司法人格否定制度的本来意义，从而严重减损公司人格独立制度的价值，影响社会经济的稳定和发展。

【案例 6-7】

振兴化工股份有限公司（以下简称振兴公司）决定进口一套先进设备，但缺乏资金，于是以其子公司振业公司名义向甲银行贷款600万元，保证5年还贷。进口设备投产后，产品十分畅销，所获利润丰厚，均由振兴公司收取。而振业公司由于债务负担过重，难以为继，资不抵债，无力清偿甲银行贷款。甲银行几经追讨未果，遂向法院起诉，请求由振兴公司清偿债务。请问：公司法人人格否认的原理能否对本案适用？甲银行的请求能否得到法院支持？（参见《公司法》第20条）

【难点追问】

1. 公司可以成为诉讼主体吗？

公司作为独立法人，具有行为能力和责任能力，也就是说，公司可以独立承担法律责任。根据我国法律，公司不仅可以承担民事责任，也可以承担行政责任和刑事责任。与之相对应，公司可以作为民事诉讼的当事人，充当原告和被告；也可以作为行政诉讼的原告和刑事诉讼的被告人。

2. 公司名称权是人格权还是财产权？

公司成立后，经公司登记机关核准登记的公司名称受法律保护，对自己的名称享有专用权。公司名称权应当属于商号权的范畴。公司名称权始终与公司人格联系在一起，具有商事人格权的性质；同时，公司名称权又可以作为财产被使用、收益和处分，具有财产权的性质。因此，公司名称权兼具财产权和人格权的属性，属于一种工业产权。国际上一般将公司名称权作为工业产权加以保护。

【思考题】

1. 公司的设立和成立有何区别？
2. 发起人对公司设立如何承担法律责任？
3. 简述资本、资产与净资产的区别及各自的法律意义。
4. 资本维持原则的要求及其在公司法制度中的体现有哪些？
5. 非货币出资履行有什么特殊的法律要求？
6. 公司的税后利润如何进行分配？
7. 什么是公司名称？其构成要素有什么？
8. 如何确定公司的住所？公司的生产经营场所和住所有何关系？
9. 简述董事、监事、经理的任职资格。
10. 公司的权利能力存在哪些方面的限制？
11. 简述公司法人人格否认的法理根据和适用要件。

第七章　有限责任公司

【学习目的与要求】

通过本章的学习，要求把握有限责任公司的概念、特征，掌握有限责任公司的设立，重点理解有限责任公司的资本制度与组织机构。此外，因国有独资公司和一人公司的特殊性，应对其单独掌握。

【知识结构简图】

第一节　有限责任公司的概念及特征

一、有限责任公司的概念

有限责任公司，又称"有限公司"，指由 50 个以下股东共同出资设立，股东以其出资额为限对公司承担责任，公司以其全部资产对公司债务承担责任的企业法人。

在所有的公司类型中，有限责任公司出现得最晚，直到 1892 年德国法才首创了有限责任公司制度。它吸收了无限公司和股份有限公司的长处，在一定程度上克服了两种公司的缺陷，表现为股东人数有限、股东责任有限、组织机构简单灵活、适应中小型企业经营发展需求等优点，因此，有限责任公司受到了投资者的青睐，得到了蓬勃发展。在现代市场经济中，有限责任公司具有极强的生命力，目前来看，世界上大部分国家的有限责任公司的数量已占据主导地位。

二、有限责任公司的特征

我国《公司法》第 3 条规定："公司以其全部财产对公司的债务承担责任。有限责任公司的股东以其认缴的出资额为限对公司承担责任。"我国《公司法》第 24 条规定："有限责任公司由 50 人以下股东出资设立。"根据我国《公司法》的规定，我国的有限责任公司与其他公司类型相比较，具有以下特征：

（一）有限责任公司兼具资合性与人合性

有限责任公司是一种资合公司，同时也具有人合公司的特点。其资合性表现在：公司注册资本为全体股东缴纳股本的总和，注册资本越高，公司的对外信用就越高。并且股东的出资以现金及财产为限，不以信誉及劳动出资，股东以自己的出资为限对公司承担有限责任。其人合性表现在：股东是基于相互间的信任而集合在一起的，股东间的关系较为紧密，股份的转让，必须征得其他股东的同意。此外，各国立法均对有限责任公司的股东人数有所限制，大多数不得超过 50 人，这样有利于股东之间的沟通交流，形成股东之间的凝聚力。

（二）有限责任公司具有封闭性

有限责任公司的股东人数，均有最高人数限制，一般不允许超过 50 人。有限责任公司的资本只能采取发起设立的方式，由全体股东认缴，而不能发行股票，不能公开募集资本。股东人数的限制和资本状况决定了有限责任公司股权结构较为简单。同时，由于有限责任公司股东人数有限且相对稳定，不涉及社会公众的利益，因此其经营状况和财务会计信息无须向社会公众披露。

（三）有限责任公司设立程序简便，组织机构简单

与股份有限公司相比，有限责任公司较为封闭，公众性较弱，因此，法律对有限责任公司的规制较少。有限责任公司在设立方式上采取准则主义原则，除法律另有规定外，只要符合条件，均给予注册；有限责任公司只有发起设立而无募集设立，设立程序上较为简化。同时，有限责任公司的机构设置具有一定的灵活性，比如可设股东会而不设董事会，或可设董事会而不设股东会，或可设监事而不设监事会，因此，其组织结构相对比较简单。

第二节　有限责任公司的设立

一、有限责任公司的设立条件

有限责任公司的设立，是指发起人为使公司成立、取得公司法人资格而进行的系列法律行为的总称。根据我国《公司法》第 23 条的规定，设立有限责任公司，应当具备下列条件：

（一）主体条件方面：股东必须符合法定资格及人数要件

无论是有限责任公司还是股份公司，其股东都必须符合法定条件，具备法定资格。

由于有限责任公司具有很强的"人合性"，因此，世界各国或地区的公司立法都对有限责任公司的股东人数作出限制，股东人数的限制能反映出公司股东之间彼此信任的特点。并且有限责任公司信用的基础除了资本以外，还有股东个人条件。公司对外进行经济活动时，主要依据的不是公司本身的资本或资产状况如何，而是股东个人的信用状况，公司的经营事项和财物账目无须对外公开，资本只能由全体股东自己认缴，不得向社会公开募集，股东的出资证明书不得自由流通转让，股东的出资转让也受到严格的限制，必须经其他股东同意，其他股东具有优先购买权等。这种情况下，要求公司股东之间应有一定的了解，因此，人数不宜过多。我国有限责任公司股东的人数要件规定于《公司法》第24条："有限责任公司由50人以下股东出资设立。"由此可见，有限责任公司股东的法定人数是50人以下，如果超过50人（不包括50人），则不能设立有限责任公司。这里值得一提的是，由于新《公司法》允许设立一人有限责任公司，因此，关于有限责任公司股东人数的下限应为1名股东，这名股东可以是1名自然人股东，也可以是1名法人股东，1名股东设立的有限责任公司为一人有限责任公司。

（二）财产条件方面：股东出资必须达到法定资本最低限额

有限责任公司作为具有独立主体资格的法人，必须具备一定的财产条件作为其开展经营和承担责任的物质基础。有限公司的财产最初即来源于发起人认缴出资的总和。我国1993年《公司法》实行的是非常严格的资本制度，该法对不同行业的有限责任公司的设立均设定了一个较高的门槛，规定上市公司的股本总额不少于人民币5000万元。随着立法理念的转变，2005年修订《公司法》时大幅降低了公司最低资本限额的规定。为进一步鼓励投资创业，放松管制，2013年新修订的《公司法》规定，除法律、行政法规以及国务院决定对公司注册资本最低限额另有规定的外，取消有限责任公司最低注册资本3万元、一人有限责任公司最低注册资本10万元、股份有限公司最低注册资本500万元的限制；不再限制公司设立时股东（发起人）的首次出资比例；不再限制股东（发起人）的货币出资比例。

（三）章程条件方面：股东共同制定公司章程

有限责任公司的章程是记载有关公司组织和行为基本规则的文件。对于公司来讲，章程是最为重要的自治规则，是对公司的存在与发展有着不可替代的重要意义的纲领性文件。根据《公司法》的要求，章程应当由有限责任公司的全体股东来共同制定，以使章程反映全体投资者的意志。而"共同制定"并不等同于共同起草，只要股东在章程上签字或者盖章，就表示同意了所签字或者盖章的文本，承认该章程表达了自己的真实意思，就应当认为该章程是"共同制定"的。此外，《公司法》还对公司章程的记载事项予以了明确规定，即有限责任公司章程应当载明下列事项：（1）公司名称和住所；（2）公司经营范围；（3）公司注册资本；（4）股东的姓名或者名称；（5）股东的出资方式、出资额和出资时间；（6）公司的机构及其产生办法、职权、议事规则；（7）公司法定代表人；（8）股东会会议认为需要规定的其他事项。以上所列举的前七个事项都属于绝对必要记载事项，也就是《公司法》规定的公司章程必须记载的事项。《公司法》对绝对必要记载事项的规定属于强制性规范，必须记载，不记载或者记载违法者，章程无效。其中关于出资时间的记载，是新《公司法》规定的分期缴纳资本制度的配套规定。至于第八项的记载规定，授权股东会自愿记载绝对必要记载事项以外的事项于公司章程，充分体现出了对于公司自主经营的尊重。

（四）组织条件方面：有公司名称，建立符合有限责任公司要求的组织机构

公司名称是本公司与其他公司、企业相区别的文字符号。设立有限责任公司必须有公司名称，并应当在其名称中标明"有限责任公司"或"有限公司"字样，然后在公司登

记机关作相应的登记。有限责任公司是通过公司的组织机构进行运作的，所以设立有限责任公司必须建立相应的符合有限责任公司要求的组织机构。依《公司法》的规定，有限责任公司的内部组织机构分为股东会、董事会和监事会等。其中，股东会由全体股东组成，是公司的权力机构；董事会对股东会负责；监事会由股东代表和适当比例的公司职工代表组成。另外，股东人数较少或规模较少的有限责任公司可以不设董事会，只设一名执行董事，也可以不设监事会，只设一至两名监事。

（五）住所条件方面：有公司住所

公司设立只要求具备有公司住所的条件即可，这实际上降低了公司设立的标准。

二、有限责任公司的设立程序

有限责任公司是一种封闭性的法人，其设立方式只能以发起设立为限，不得采用募集设立方式，所以，相对于股份公司的设立而言，有限责任公司的设立程序比较简单，一般而言要经过以下步骤：

（一）订立发起人协议

发起人应当签订发起人协议，明确各方权利义务。在公司成立前，发起人应当对设立公司所产生的费用和相关债务承担连带责任。

（二）订立公司章程

公司章程是公司设立的基本文件，只有严格按照法律要求订立公司章程，并报经主管机关批准后，章程才能生效，也才能继续进行公司设立的其他程序。

（三）申请公司名称预先核准

《公司登记管理条例》第 17 条规定："设立公司应当申请名称预先核准。法律、行政法规或者国务院决定规定设立公司必须报经批准，或者公司经营范围中属于法律、行政法规或者国务院决定规定在登记前须经批准的项目的，应当在报送批准前办理公司名称预先核准，并以公司登记机关核准的公司名称报送批准。"采用公司名称的预先核准制，可以使公司的名称在申请设立登记之前就具有合法性、确定性，从而有利于公司设立登记程序的顺利进行。设立有限责任公司，由全体股东指定的代表或者共同委托的代理人向公司登记机关申请公司名称预先核准。申请名称预先核准，应提交下列文件：（1）有限责任公司的全体股东或者股份有限公司的全体发起人签署的公司名称预先核准申请书；（2）全体股东或者发起人指定代表或者共同委托代理人的证明；（3）国家工商行政管理总局规定要求提交的其他文件。

（四）设立批准

法律、行政法规规定需经有关部门审批的要进行报批，获得批准文件。一般来说，有限责任公司的设立只要不涉及法律、法规的特别要求，直接注册登记即可成立。但我国《公司法》第 6 条第 2 款的"但书"规定，法律、行政法规规定设立公司必须报经批准的，应当在公司登记前依法办理批准手续。所以，对于法律、法规规定必须经过有关部门的批准才能设立公司的，应当向主管部门提出申请，获得批准文件。

（五）股东缴纳出资

注册资本是公司最基本的资产，确定和维持公司一定数额的资本，对于奠定公司基本的债务清偿能力，保障债权人利益和交易安全具有重要价值。股东出资是公司资本确定、维持原则的基本要求，出资是股东最基本、最重要的义务。股东应当按期足额缴纳公司章程中规定的各自所认缴的出资额。股东以货币出资的，应当将货币出资足额存入有限责任公司在银行开设的账户；以非货币财产出资的，应当依法办理其财产权的转移手续。股东不按照规定缴纳出资的，除应当向公司足额缴纳外，还应当向已按期足额缴纳出资的股东承担违约责任。

（六）申请设立登记

为了获得行政主管部门对其法律人格的认可，公司设立程序中一个必不可少的步骤，即是向公司登记机关申请设立登记。根据《公司登记管理条例》的规定，设立有限责任公司，应当由全体股东指定的代表或者共同委托的代理人向公司登记机关申请设立登记。设立国有独资公司，应当由国务院或者地方人民政府授权的本级人民政府国有资产监督管理机构作为申请人，申请设立登记。申请设立有限责任公司的，应当向公司登记机关提交下列文件：（1）公司法定代表人签署的设立登记申请书；（2）全体股东指定代表或者共同委托代理人的证明；（3）公司章程；（4）依法设立的验资机构出具的验资证明，法律、行政法规另有规定的除外；（5）股东首次出资是非货币财产的，应当在公司设立登记时提交已办理其财产权转移手续的证明文件；（6）股东的主体资格证明或者自然人身份证明；（7）载明公司董事、监事、经理的姓名、住所的文件以及有关委派、选举或者聘用的证明；（8）公司法定代表人任职文件和身份证明；（9）企业名称预先核准通知书；（10）公司住所证明；（11）国家工商行政管理总局规定要求提交的其他文件。法律、行政法规或者国务院决定规定设立有限责任公司必须报经批准的，还应当提交有关批准文件。

（七）登记发照

对于设立申请，登记机关应当依法进行审查。对于不符合《公司法》规定条件的，不予登记；对于符合《公司法》规定条件的，依法核准登记，发给营业执照。营业执照的签发日期为有限责任公司的成立日期。公司可以凭登记机关颁发的营业执照申请开立银行账户、刻制公司印章、申请纳税登记等。只有获得了公司登记机关颁发的营业执照，公司设立的程序才宣告结束。

三、分公司的设立登记

为了加强对分公司的管理，各国或地区的公司立法都规定分公司必须依法进行登记，才能以分公司的名义合法从事经营活动。依我国《公司法》第14条以及《公司登记管理条例》第七章的规定，设立分公司应当遵守下列要求：

（1）设立公司的同时设立分公司的，应当就所设分公司向分公司所在地的市、县公司登记机关申请登记，领取营业执照。

（2）设立分公司的，应当自作出决定之日起30日内向公司登记机关申请登记；法律、行政法规或者国务院决定规定必须报经有关部门批准的，应当自批准之日起30日内向公司登记机关申请登记。

（3）分公司的法定登记事项主要包括名称、营业场所、负责人、经营范围，分公司的名称应当符合国家有关规定，分公司的经营范围不得超出公司的经营范围。

（4）分公司变更登记事项的，应当向公司登记机关申请变更登记。公司登记机关核准变更登记的，换发营业执照。

（5）分公司被公司撤销、依法责令关闭、吊销营业执照的，公司应当自决定作出之日起30日内向该分公司的公司登记机关申请注销登记。申请注销登记应当提交公司法定代表人签署的注销登记申请书和分公司的营业执照。公司登记机关准予注销登记后，应当收缴分公司的营业执照。

四、有限责任公司变更为股份有限公司的规定

《公司法》除明确规定了设立股份有限公司的条件、程序外，还特别对公司形式的变更即有限责任公司变更为股份有限公司作出了明确规定。《公司法》第9条规定："有限责任公司变更为股份有限公司，应当符合本法规定的股份有限公司的条件。"第95条规定："有限责任公司变更为股份有限公司时，折合的实收股本总额不得高于公司净资产额。有限责任公司变更为股份有限公司，为增加资本公开发行股份时，应当依法办理。"

五、有限责任公司设立的效力

有限责任公司设立申请经公司登记机关核准登记注册后，即发生以下法律效力：

（一）公司取得从事经营活动的合法凭证

《公司法》第7条规定："依法设立的公司，由公司登记机关发给公司营业执照。公司营业执照签发日期为公司成立日期。"公司凭据此执照刻制印章、开立银行账户、申请纳税登记。公司在登记注册的范围内从事经营活动，受国家法律的保护。

（二）公司取得法人资格

公司的设立申请，经公司登记机关核准登记，领取企业法人营业执照后，公司即具有企业法人资格。

（三）公司取得名称专用权

申请设立登记的公司，其名称经公司登记机关核准登记后，公司可以使用该名称并以其名义从事经营活动，享有权利、承担义务。公司对登记的名称享有名称专用权并受法律保护。

（四）发起人的责任

1. 资本充实责任

为了确保资本的充足和可靠，保证有限责任公司法人人格健全，我国《公司法》第30条规定："有限责任公司成立后，发现作为设立公司出资的非货币财产的实际价额显著低于公司章程所定价额的，应当由交付该出资的股东补足其差额；公司设立时的其他股东承担连带责任。"

2. 损害赔偿责任

为防止发起人借设立公司之名侵害公司及第三人利益，我国《公司法》第94条第3项明确规定："在公司设立过程中，由于发起人的过失致使公司利益受到损害的，应当对公司承担赔偿责任。"

第三节 股东与出资

一、股东

（一）股东的含义

有限责任公司的股东是指因在公司成立时向公司投入资金或在公司存续期间依法继受取得出资而对公司享有权利和承担义务的人。《公司法》第 32 条规定："有限责任公司应当置备股东名册，记载下列事项：（一）股东的姓名或者名称及住所；（二）股东的出资额；（三）出资证明书编号。记载于股东名册的股东，可以依股东名册主张行使股东权利。"

有限责任公司应当将股东的姓名或者名称及其出资额向公司登记机关登记；登记事项发生变更的，应当办理变更登记。未经登记或者变更登记的，不得对抗第三人。

（二）股东资格的限制

从各国或地区公司立法的规定看，多对股东资格作一些限制性规定。如我国法律、法规禁止党政机关、军队等经商办企业，因此党政机关和军队就不能作为公司的股东。我国《公司法》第 142 条第 1 款规定："公司不得收购本公司股份，但是，有下列情形之一的除外：……"根据该规定，在我国只有例外情形下公司可以购买自己的股份，但这些例外情形实质上只是解决减资、合并等实践中遇到的特殊问题的手段而已，并非旨在使公司最终成为自己的股东。

此外，在有限责任公司中，为保持公司的人合性，公司章程往往对股东资格加以严格限制。在有约定的情形下，应尊重股东的约定，维护公司章程约定内容的效力，除非这种约定违反法律的强制性规定。

（三）股东的诉讼

1. 股东代表诉讼

股东派生诉讼，又称代表诉讼，是指当公司的董事、监事、高级管理人员或者他人侵犯公司合法权益，给公司造成损失，而公司怠于追究其责任时，符合法定条件的股东可以自己的名义代表公司提起诉讼。

在股东代表诉讼中，股东个人的利益并没有直接受到损害，只是由于公司的利益受到损害而间接受损，因此，股东为了公司的利益而以个人的名义直接提起诉讼。相应地，胜诉后的利益归于公司。然而，当侵害人为公司的控制股东或者公司的高级管理人员时，因为存在利益关系，公司就可能不追究或者怠于追究上述人员的责任，这样就会导致其他股东的利益受损。在这种情况下，赋予股东诉讼上的救济权利就凸显了其重要性。

《公司法》第 151 条规定，董事、高级管理人员有本法第 149 条规定的情形的，有限责任公司的股东、股份有限公司连续 180 日以上单独或者合计持有公司 1% 以上股份的股东，可以书面请求监事会或者不设监事会的有限责任公司的监事向人民法院提起诉讼；监事有本法第 149 条规定的情形的，前述股东可以书面请求董事会或者不设董事会的有限责任公司的执行董事向人民法院提起诉讼。

监事会、不设监事会的有限责任公司的监事，或者董事会、执行董事收到前款规定的股东书面请求后拒绝提起诉讼，或者自收到请求之日起 30 日内未提起诉讼，或者情况紧急、不立即提起诉讼将会使公司利益受到难以弥补的损害的，前款规定的股东有权为了公司的利益以自己的名义直接向人民法院提起诉讼。

他人侵犯公司合法权益，给公司造成损失的，本条第 1 款规定的股东可以依照前两款的规定向人民法院提起诉讼。

2. 股东直接诉讼

直接诉讼是指股东基于股权，对其权利的侵害人对其个人范围内造成的损害提起诉讼。《公司法》第 152 条规定："董事、高级管理人员违反法律、行政法规或者公司章程的规定，损害股东利益的，股东可以向人民法院提起诉讼。"

新《公司法》规定的股东直接诉讼主要体现在下列方面：

（1）股东会或者董事会的会议召集程序、表决方式违反法律、行政法规或者公司章程，或者决议内容违反公司章程的，股东可以自决议作出之日起 60 日内，请求人民法院撤销。

（2）股东要求查阅公司会计账簿，公司拒绝提供查阅的，股东可以请求人民法院要求公司提供查阅。

（3）在法律规定的条件下，对股东会的某些决议投反对票的股东可以请求公司按照合理的价格收购其股权。自股东会会议决议通过之日起 60 日内，股东与公司不能达成股权收购协议的，股东可以自股东会会议决议通过之日起 90 日内向人民法院提起诉讼。这一规定实际上是确定了有限责任公司中小股东在特定条件下的退出机制。

（4）董事、高级管理人员违反法律、行政法规或者公司章程的规定，损害股东利益的，股东可以向人民法院提起诉讼。

二、股东的权利与义务

（一）股东的权利

股东的权利通常简称为股东权或股权，是指股东基于其出资在法律上对公司所享有的权利。我国《公司法》第 4 条对股东权的主要内容作出了概括性的规定，即公司股东依法享有资产受益、参与重大决策和选择管理者等权利。其他关于股东权的规定散见于《公司法》的条文中。总的来看，《公司法》对股东权，特别是对中小股东权利作出了完善的规定，其规定的股东权利包括：

1. 出席或委托代理人出席股东（大）会行使表决权

我国《公司法》第 103 条第 1 款规定："股东出席股东大会会议，所持每一股份有一表决权。但是，公司持有的本公司股份没有表决权。"

2. 选举权和被选举权

股东有权通过股东会选举公司的董事或者监事，同时，公司的股东只要符合《公司法》规定的公司的董事和监事的任职资格，就可依法定的议事规则被选举为公司的董事或者监事。

3. 依法转让出资或股份的权利

转让出资或股份是指公司的股东将自己所持有的出资额或股份转让给他人，使他人成为公司的股东。按照公司资本维持原则，法律禁止股东在向公司出资获得股权后抽逃出资。但是，法律允许股东为了转移投资的风险或者收回本金而转让其出资或股份。

4. 知情权

即股东获取公司信息、了解公司情况的权利。我国《公司法》第 33 条规定："股东有权查阅、复制公司章程、股东会会议记录、董事会会议决议、监事会会议决议和财务会计报告。股东可以要求查阅公司会计账簿。股东要求查阅公司会计账簿的，应当向公司提出书面请求，说明目的。公司有合理根据认为股东查阅会计账簿有不正当目的，可能损害公司合法利益的，可以拒绝提供查阅，并应当自股东提出书面请求之日起 15 日内书面答复股东并说明理由。公司拒绝提供查阅的，股东可以请求人民法院要求公司提供查阅。"

5. 建议和质询权

当股东认为某种做法更有利于公司的经营时，可以直接向公司提出自己的意见，建议公司采纳；当股东对公司存疑时，可以口头或者书面向负有责任的机构提出自己的疑问，并要求他们予以解答。我国《公司法》第 150 条规定，股东会或者股东大会要求董事、监事、高级管理人员列席会议的，董事、监事、高级管理人员应当列席并接受股东的质询。

6. 股利分配请求权

股利分配请求权即股东有权按照出资或股份比例请求分取股利。股东投资的目的就是为了盈利，即通过公司盈余分配获得股利。股利分配请求权实质上是股东对自己的投资期望得到回报的一种权利。因此，股利分配请求权是股东权的核心。

7. 公司发行新股时的新股认购优先权

公司发行新股往往会影响到原有股东的利益，即将可能构成对原有股东经济利益或者表决权的稀释。赋予原有股东优先认购新股的权利，可以保护原有股东的比例利益，维持原有股东对公司的比例控制权。

8. 提议召开临时股东会的权利

但是当公司有重大情形出现时，应当及时召开临时会议。股东作为公司重要的利益相关者，应享有提议召开临时股东大会会议的权利。我国《公司法》第 39 条第 2 款规定，有限责任公司中代表 1/10 以上表决权的股东，可以提议召开临时股东会会议。

9. 股东会的召集和主持权

我国《公司法》第 40 条规定，在有限责任公司中，董事会或者执行董事不能履行或者不履行召集股东会会议职责的，由监事会或者不设监事会的公司的监事召集和主持；监事会或者监事不召集和主持的，代表 1/10 以上表决权的股东可以召集和主持股东会会议。

10. 异议股东股份收买请求权

这是我国新《公司法》新增设的股东权利。《公司法》第 74 条第 1 款规定，在有限责任公司中，有下列情形之一时，对股东会该项决议投反对票的股东可以请求公司按合理的价格收购其股权：（1）公司连续 5 年不向股东分配利润，而公司该五年连续盈利，并且符合本法规定的分配利润条件的；（2）公司合并、分立、转让主要财产的；（3）公司章程规定的营业期限届满或者章程规定的其他解散事由出现，股东会会议通过决议修改章程使公司存续的。

11. 公司终止后对公司剩余财产的分配请求权

公司剩余财产分配请求权的发生须以公司向其全体债权人清偿债务之后尚有剩余财产为实质要件。公司剩余财产分配请求权是股东向公司得以主张的最后权利。

12. 向人民法院提起诉讼的权利

股东享有诉权，即当事人向人民法院起诉和应诉，请求人民法院行使审判权以保护其权益的权利。

（二）股东的义务

权利与义务总是相对的，股东享有权利，也要承担义务。各国或地区的公司立法对股东义务的规定大同小异，基本上共同确认了股东应承担以下主要义务：

1. 遵守公司章程

公司章程对股东有约束力，股东依照公司章程的规定享有权利和承担义务。因此，遵守公司章程应是股东最基本的义务。

2. 向公司缴纳出资

股东认购出资，就负有缴纳的义务，包括按照规定的方式、条件、比例和期限缴纳。股东认购出资，不履行缴纳义务给公司造成损失的，应当负赔偿责任。

3. 对公司所负债务承担责任

有限责任公司对公司的债务则仅以其出资额为限承担有限责任，此外，不负其他财产责任。

4. 不得抽回出资

公司成立后，股东不得抽回出资。我国《公司法》第35条、第91条以及第200条对此作了明确规定："公司成立后，股东不得抽逃出资"；"发起人、认股人缴纳股款或者交付抵作股款的出资后，除未按期募足股份、发起人未按期召开创立大会或者创立大会决议不设立公司的情形外，不得抽回其股本"；"公司的发起人、股东在公司成立后，抽逃其出资的，由公司登记机关责令改正，处以所抽逃出资金额5%以上15%以下的罚款"。

5. 填补出资

我国《公司法》第30条明确规定："有限责任公司成立后，发现作为设立公司出资的非货币财产的实际价额显著低于公司章程所定价额的，应当由交付该出资的股东补足其差额；公司设立时的其他股东承担连带责任。"

三、有限责任公司的股东出资

有限责任公司的资本来源于股东的出资，股东的出资额之和即公司的资本总额。股东的出资额是有限责任公司的资本构成单位。

（一）股东出资的形式

《公司法》第27条规定："股东可以用货币出资，也可以用实物、知识产权、土地使用权等可以用货币估价并可以依法转让的非货币财产作价出资；但是，法律、行政法规规定不得作为出资的财产除外。"

对作为出资的非货币财产应当评估作价，核实财产，不得高估或者低估作价。法律、行政法规对评估作价有规定的，从其规定。

股东应当按期足额缴纳公司章程中规定的各自所认缴的出资额。股东以货币出资的，应当将货币出资足额存入有限责任公司在银行开设的账户；以非货币财产出资的，应当依法办理其财产权的转移手续。

股东不按照上述规定缴纳出资的，除应当向公司足额缴纳外，还应当向已按期足额缴纳出资的股东承担违约责任。

（二）出资证明书

出资证明书又称出资证明，有限责任公司股东出资的凭证，是有限责任公司成立后应当向股东签发的文件，是一种权利证书，传统公司法理论称之为股单。它是有限责任公司股东出资的表现形式，即表示股东出资的凭证。出资证明书是股东的法定凭证。

《公司法》第31条规定："有限责任公司成立后，应当向股东签发出资证明书。出资证明书应当载明下列事项：（一）公司名称；（二）公司成立日期；（三）公司注册资本；（四）股东的姓名或者名称、缴纳的出资额和出资日期；（五）出资证明书的编号和核发日期。出资证明书由公司盖章。"

（三）股东名册

股东名册是指有限责任公司依据《公司法》的规定必须置备的用以记载股东及其所持股份数量、种类等事宜的簿册。有限责任公司应当置备股东名册，记载下列事项：（1）股东的姓名或者名称及住所；（2）股东的出资额；（3）出资证明书编号。记载于股东名册的股东，可以依股东名册主张行使股东权利。公司应当将股东的姓名或者名称及其出资额向公司登记机关登记；登记事项发生变更的，应当办理变更登记。未经登记或者变更登记的，不得对抗第三人。

四、有限责任公司股权的转让

（一）股权转让的概念及特征

股权转让是指公司股东依法将自己的股份让渡给他人，使他人成为公司股东的民事法律行为。股权转让是股东行使股权经常而普遍的方式，我国《公司法》规定股东有权通过法定方式转让其全部出资或者部分出资。股权转让的法律特征可以概括如下：

1. 股权转让是一种股权买卖行为

对有限责任公司而言，股权是股东出资形成的对公司的一种控制权，股权转让方转让的正是这种控制权。

2. 股权转让不改变公司的法人资格

股权转让是一种物权变动行为，股权转让后，股东基于股东地位而对公司所发生的权利义务关系全部同时移转于受让人，受让人因此成为公司的股东，取得股东权。

3. 股权转让是要式行为

这主要表现为股权转让除须符合实体条件外，还应完成法律规定的股权转让的法定程序。《公司法》第73条规定："依照本法第71条、第72条转让股权后，公司应当注销原股东的出资证明书，向新股东签发出资证明书，并相应修改公司章程和股东名册中有关股东及其出资额的记载。对公司章程的该项修改不需再由股东会表决。"

（二）有限责任公司的股权转让的限制

有限责任公司是一种闭合性的公司，其资合性兼人合性的特点决定了股权转让受到较多的限制。我国《公司法》第 71、72 条对有限责任公司的股权转让的限制条件作了规定。

1. 有限责任公司内部的股权转让

有限责任公司为人合兼资合公司，公司内部的股权转让股权并不涉及第三人的利益，股东之间的信任基础也未动摇，因此，各国公司法并不限制有限责任公司股权的内部转让。我国《公司法》也明确规定，有限责任公司的股东之间可以相互转让其全部或者部分股权。

2. 有限责任公司外部的股权转让

与公司内部的股权转让相比较，股权的外部转让会吸引新的股东加入，可能影响股东之间的信任基础。因此，公司法应当对有限责任公司股权的外部转让有所限制。我国《公司法》第 71 条规定：股东向股东以外的人转让股权，应当经其他股东过半数同意。股东应就其股权转让事项书面通知其他股东征求同意，其他股东自接到书面通知之日起满30 日未答复的，视为同意转让。其他股东半数以上不同意转让的，不同意的股东应当购买该转让的股权；不购买的，视为同意转让。

经股东同意转让的股权，在同等条件下，其他股东有优先购买权。两个以上股东主张行使优先购买权的，协商确定各自的购买比例；协商不成的，按照转让时各自的出资比例行使优先购买权。

公司章程对股权转让另有规定的，从其规定。

3. 股权的强制转让

人民法院依照法律规定的强制执行程序转让股东的股权时，应当通知公司及全体股东，其他股东在同等条件下有优先购买权。其他股东自人民法院通知之日起满 20 日不行使优先购买权的，视为放弃优先购买权。

第四节　有限责任公司的组织机构

设置公司组织机构，既要能保障公司有效运营，也要能保障公司股东的利益。三权分立思想和民主代议制度，为公司的组织机构的设置提供了理论基础和现实参照。现代的有限责任公司的组织机构一般由股东会、董事会、监事会三个机构组成。

一、有限责任公司的股东会

（一）股东会的概念、地位

股东会，是指依法由全体股东组成的公司权力机构。《公司法》第 36 条明确规定："有限责任公司股东会由全体股东组成，股东会是公司的权力机构，依照本法行使职权。"

一般而言，股东会是公司依法必须设立的公司组织机构。但是，针对特殊类型的公司，公司法允许特例存在，如我国规定外商投资设立的有限责任公司只设立董事会，由董事会代行股东会的权力；国有独资公司也不设股东会，而由国家授权投资的机构和部门授权董事会行使部分股东会职权。

（二）股东会的职权

股东会为公司最高权力机构，因此，股东会行使的职权一般是针对公司的重大事项。股东会有法定职权和章程规定职权两类。

1. 法定职权

根据《公司法》第 37 条的规定，有限责任公司股东会的法定职权包括：决定公司的经营方针和投资计划；选举和更换非由职工代表担任的董事、监事，决定有关董事、监事的报酬事项；审议批准董事会的报告；审议批准监事会或者监事的报告；审议批准公司的年度财务预算方案、决算方案；审议批准公司的利润分配方案和弥补亏损方案；对公司增加或者减少注册资本作出决议；对发行公司债券作出决议；对公司合并、分立、变更公司形式、解散和清算等事项作出决议；修改公司章程。

2. 章程规定职权

公司可以章程的形式规定股东会拥有除法定职权以外的其他职权。但这些职权的规定不得与法律的强制性规定相违背，否则无效。

（三）股东会的会议方式

股东会是有限责任公司的股东表达其意愿、形成集体意志的机构，但由于股东会由人数众多的全体股东组成，所以股东会只能采取会议的方式来形成决议，使股东对公司的控制权得以实现。股东会的会议方式一般分为定期会议和临时会议两类：

1. 定期会议

定期会议，又称股东年会、股东常会、普通会议，是指依据法律和公司章程的规定在一定时间内必须召开的股东会议。定期会议主要决定股东会职权范围内的例行重大事项。我国《公司法》规定有限责任公司股东会年会于每个会计年度结束之后召开。

2. 临时会议

临时会议，也称特别会议，是指定期会议以外必要的时候，由于发生法定事由或者根据法定人员、机构的提议而召开的股东会议。根据我国《公司法》的规定，有限责任公司召开特别会议的法定事由为：代表 1/10 以上表决权的股东，1/3 以上的董事，监事会或者不设监事会的公司的监事提议召开临时会议时，应当召开临时会议。

（四）股东会的召集

我国《公司法》规定有限责任公司首次股东会会议由出资最多的股东召集和主持，依照本法规定行使职权；此外的定期会议和临时会议则由董事会（或执行董事）召集。同时，董事长如果不能履行职务或者不履行职务的，由副董事长主持；副董事长不能履行职务或者不履行职务的，由半数以上董事共同推举一名董事主持。董事会或者执行董事不能履行或者不履行召集股东会会议职责的，由监事会或者不设监事会的公司的监事召集和主持；监事会或者监事不召集和主持的，代表 1/10 以上表决权的股东可以自行召集和主持。有限责任公司股东会定期会议按章程规定时间召集；临时会议应法定人员提议而召集，但未规定具体时间。股东会会议，应当于会议召开 15 日以前通知全体股东，但是，公司章程另有规定或者全体股东另有约定的除外。

（五）股东会的议事规则

为了使股东会形成公平、有效率的决议，提高中小股东参与公司治理的积极性，同时防止大股东利用控股地位侵害中小股东的权利，股东会的决议均采用多数决原则，即决议必须由出席股东会的代表表决权多数的股东通过方为有效。股东会的议事方式和表决程序，除《公司法》有规定的外，由公司章程规定。

股东会会议合法召集，必须经出席会议的代表绝对多数表决权的股东通过方为有效的决议为特别决议。我国《公司法》第 43 条第 2 款规定："股东会会议作出修改公司章程、增加或者减少注册资本的决议，以及公司合并、分立、解散或者变更公司形式的决议，必须经代表 2/3 以上表决权的股东通过。"

股东会会议经合法召集，且经出席会议的代表 1/2 以上表决权的股东通过即为有效的决议为普通决议。除特别决议事项外，股东会决议均适用简单多数原则。

公司股东会决议内容违反法律、行政法规的无效。

二、有限责任公司的董事会

董事会是公司的法定常设机关，负责公司的经营决策。董事会由股东会选举产生，对股东会负责，执行股东会的决议。

（一）董事会的组成人员

董事为董事会的组成成员，董事是董事会职权的实际行使者。董事一般为自然人，但也有国家法律规定法人也能成为董事。

1. 董事的任职资格

我国《公司法》第 146 条规定，有下列情形之一的，不得担任公司的董事，公司违反规定选举董事的，该选举无效；董事在任职期间出现下列情形之一的，公司应当解除其职务：（1）无民事行为能力或者限制民事行为能力；（2）因贪污、贿赂、侵占财产、挪用财产或者破坏社会主义市场经济秩序，被判处刑罚，执行期满未逾五年，或者因犯罪被剥夺政治权利，执行期满未逾 5 年；（3）担任破产清算的公司、企业的董事或者厂长、经理，对该公司、企业的破产负有个人责任的，自该公司、企业破产清算完结之日起未逾 3 年；（4）担任因违法被吊销营业执照、责令关闭的公司、企业的法定代表人，并负有个人责任的，自该公司、企业被吊销营业执照之日起未逾 3 年；（5）个人所负数额较大的债务到期未清偿。

公司违反上述 5 项规定选举、委派董事、监事或者聘任高级管理人员的，该选举、委派或者聘任无效。董事、监事、高级管理人员在任职期间出现上述所列 5 项情形的，公司应当解除其职务。

2. 董事的选任

董事一般均由股东会任免。但外商投资的有限责任公司的董事则按照投资合同的约定由投资各方委派产生，国有独资公司的董事会成员由国有资产监督管理机构委派，但是，国有独资公司董事会成员中应当有职工代表。

有限责任公司设董事会，其成员为 3~13 人；《公司法》另有规定的除外。两个以上的国有企业或者两个以上的其他国有投资主体投资设立的有限责任公司，其董事会成员中应当有公司职工代表；其他有限责任公司董事会成员中可以有公司职工代表。董事会中的职工代表由公司职工通过职工代表大会、职工大会或者其他形式民主选举产生。董事会设董事长一人，可以设副董事长。董事长、副董事长的产生办法由公司章程规定。董事任期由公司章程规定，但每届任期不得超过 3 年。董事任期届满，连选可以连任。

（二）董事会的职权

我国《公司法》对董事会的职权采取了列举式的规定。根据《公司法》第46条的规定，董事会对股东会负责，行使下列职权：

（1）召集股东会，并向股东会报告工作；

（2）执行股东（大）会的决议；

（3）决定公司的经营计划和投资方案；

（4）制订公司的年度财务预算方案、决算方案；

（5）制订公司的利润分配方案和弥补亏损方案；

（6）制订公司增加或者减少注册资本以及发行公司债券的方案；

（7）制订公司合并、分立、变更公司形式、解散的方案；

（8）决定公司内部管理机构的设置；

（9）决定聘任或者解聘公司经理（总经理）及其报酬事项，并根据经理的提名，决定聘任或者解聘公司副经理、财务负责人，决定其报酬事项；

（10）制定公司的基本管理制度；

（11）公司章程规定的其他职权。

（三）董事会会议

我国《公司法》并对有限责任公司董事会的召开时间予以强制性规定，可由公司章程规定。董事会会议由董事长召集和主持；董事长不能履行职务或者不履行职务的，由副董事长召集和主持；副董事长不能履行职务或者不履行职务的，由半数以上董事共同推举一名董事召集和主持。董事会的议事方式和表决程序，除《公司法》另有规定的外，由公司章程规定。董事会应当对所议事项的决定作成会议记录，出席会议的董事应当在会议记录上签名。董事会决议的表决，实行一人一票。

（四）执行董事

股东人数较少或者规模较小的有限责任公司，可以设一名执行董事，不设董事会。执行董事可以兼任公司经理。执行董事的职权由公司章程规定。

三、有限责任公司的监事会

监事会是依法产生，对董事和经理的经营管理行为及公司财务进行监督的常设机构。它代表全体股东对公司经营管理进行监督，行使监督职能，是公司的监督机构。

（一）监事会的组成

监事会由监事组成。关于监事的组成，我国《公司法》规定监事会由股东代表和适当比例的公司职工代表组成，其中职工代表的比例不得低于 1/3，具体比例由公司章程规定。监事会中的职工代表由公司职工通过职工代表大会、职工大会或者其他形式民主选举产生。

根据我国《公司法》的规定，有限责任公司，经营规模较大的，设立监事会，其成员不得少于3人；股东人数较少和规模较小的，可以设1~2名监事。监事的任期每届为3年。监事任期届满，连选可以连任。

监事任职资格的规定与董事相同。董事、高级管理人员不得兼任监事。

（二）监事会的职权

按照我国《公司法》第53、54条的规定，监事会或者监事行使下列职权：（1）检查公司财务；（2）对董事、高级管理人员执行公司职务的行为进行监督，对违反法律、法规、公司章程或者股东会决议的董事、高级管理人员提出罢免的建议；（3）当董事和高级管理人员的行为损害公司的利益时，要求董事和高级管理人员予以纠正；（4）提议召开临时股东会会议，在董事会不履行本法规定的召集和主持股东会会议职责时召集和主持股东会会议；（5）向股东会会议提出提案；（6）依照《公司法》第151条的规定，对董事、高级管理人员提起诉讼；（7）公司章程规定的其他职权。

监事可以列席董事会会议，并对董事会决议事项提出质询或者建议。监事会、不设监事会的公司的监事发现公司经营情况异常，可以进行调查；必要时，可以聘请会计师事务所等协助其工作，费用由公司承担。

四、经理

有限责任公司的经理是指由董事会聘任的、负责主持公司日常经营管理活动的常设业务机关。经理列席董事会会议。但与股东会、董事会、监事会不同，经理并不是公司独立的组织机关。经理由董事会决定聘任或者解聘，经理对董事会负责，并行使下列职权：（1）主持公司的生产经营管理工作，组织实施董事会决议；（2）组织实施公司年度经营计划和投资方案；（3）拟订公司内部管理机构设置方案；（4）拟订公司的基本管理制度；（5）制定公司的具体规章；（6）提请聘任或者解聘公司副经理、财务负责人；（7）决定聘任或者解聘除应由董事会决定聘任或者解聘以外的负责管理人员；（8）董事会授予的其他职权。公司章程对经理职权另有规定的，从其规定。

五、董事、监事、高级管理人员的义务与民事责任

（一）董事、监事、高级管理人员的义务

董事、监事、高级管理人员应当遵守法律、行政法规和公司章程，对公司负有忠实和勤勉义务。董事、监事、高级管理人员不得利用职权收受贿赂或其他非法收入，不得侵占公司的财产。

我国《公司法》第148条规定，董事、高级管理人员不得有下列行为：（1）挪用公司资金；（2）将公司资金以其个人名义或者以其他个人名义开立账户存储；（3）违反公司章程的规定，未经股东会、股东大会或者董事会同意，将公司资金借贷给他人或者以公司财产为他人提供担保；（4）违反公司章程的规定或者未经股东会、股东大会同意，与本公司订立合同或者进行交易；（5）未经股东会或者股东大会同意，利用职务便利为自己或者他人谋取属于公司的商业机会，自营或者为他人经营与所任职公司同类的业务；（6）接受他人与公司交易的佣金归为己有；（7）擅自披露公司秘密；（8）违反对公司忠

实义务的其他行为。

董事、高级管理人员违反上述 8 项规定所得的收入应当归公司所有。

（二）董事、监事、高级管理人员的民事责任

董事、监事、高级管理人员执行公司职务时违反法律、行政法规或者公司章程的规定，给公司造成损失的，应当承担赔偿责任。

董事应当对董事会的决议承担责任。董事会的决议违反法律、行政法规或者公司章程、股东大会决议，致使公司遭受严重损失的，参与决议的董事对公司负赔偿责任。但经证明在表决时曾表明异议并记载于会议记录的，该董事可以免除责任。

第五节　国有独资公司

一、国有独资公司的概念和特征

（一）概念

国有独资公司，是指国家单独出资、由国务院或者地方人民政府授权本级人民政府国有资产监督管理机构履行出资人职责的有限责任公司。国有独资公司是有限责任公司，它符合有限责任公司的一般特征：股东以其出资额为限对公司承担责任，公司以其全部法人财产对公司的债务承担责任。但同时国有独资公司是一种特殊的有限责任公司，其特殊表现为该有限责任公司的股东只有一个——国家。国有独资公司是我国《公司法》针对中国的特殊国情，为适应我国国有企业改革，建立现代企业制度而专门创设的一种特殊公司形态。

根据《公司法》的规定，国有独资公司的设立有两种方式，一是新建设立，即国有资产监督管理机构单独出资开办国有独资的有限公司；二是改建设立，即原国有企业，符合《公司法》设立有限公司条件并为单一投资主体的，可以依照《公司法》的规定改建为国有独资公司。

（二）特征

国有独资公司与其他形态的有限责任公司相比较，具有以下特征：

1. 国有独资公司是特殊的"一人公司"

国有独资公司的股东具有单一性和特定性。国有独资公司的全部资本由国家投入，国家是唯一的股东，由国有资产监督管理机构履行出资人或股东的义务。国有独资公司的股东也具有特定性，依照《公司法》的规定，成为国有独资公司股东的前提条件是必须要有国家的授权。

2. 国有独资公司是特殊的有限公司

国有独资公司与一般有限责任公司一样，公司以其全部财产对公司债务承担责任，股东以其出资额为限对公司承担责任，公司与股东相互独立。但是，国有独资公司与一般的有限责任公司在许多方面，包括股东人数、股东的身份、公司的组织制度、股权的行使等方面都有所不同。当然，除有特别规定外，《公司法》关于有限责任公司组织和行为的一般规定也适用于国有独资公司。

二、国有独资公司的组织机构

（一）国有独资公司的权力机构

由于国有独资公司的股东的唯一性，因而不设股东会，其决策的职能只能由国有资产监督管理机构代为行使股东会职权。

根据我国《公司法》第66条的规定，国有独资公司不设股东会，由国有资产监督管理机构行使股东会职权。国有资产监督管理机构可以授权公司董事会行使股东会的部分职权，决定公司的重大事项，但公司的合并、分立、解散、增加或者减少注册资本和发行公司债券，必须由国有资产监督管理机构决定；其中，重要的国有独资公司合并、分立、解散、申请破产的，应当由国有资产监督管理机构审核后，报本级人民政府批准。

国有独资公司章程由国有资产监督管理机构制定，或者由董事会制定报国有资产监督管理机构批准。

国有独资公司的出资人就是各级政府国有资产监督管理机构，是国有独资公司的唯一股东。但它与一般有限公司的股东会不同的是，国有资产监督管理机构可依法授权公司董事会行使股东会的部分职权，决定公司的重大事项。

（二）国有独资公司的执行机构

国有独资公司的董事会成员由两部分人组成，一是由股东委派，即由国有资产监督管理机构按照董事会的任期委派或者更换；二是由公司职工民主选举产生，一般由国有独资公司职工代表大会选举产生，这是国有独资公司董事会组成的一个特点。国有独资公司董事会的职权范围，除了《公司法》规定的有关有限责任公司董事会的所有职权外，还包括经国有资产监督管理机构授予的股东会的部分职权。

国有独资公司设董事会，董事会的职权与普通有限责任公司的相同。董事会每届任期不超过3年。董事任期届满，连选可以连任。董事会成员中应当有公司职工代表。董事会成员由国有资产监督管理机构委派，但是，董事会中的职工代表由公司职工通过职工代表大会产生。董事会设董事长一人，可以设副董事长。董事长和副董事长由国有资产监督管理机构从董事会成员中指定。与一般有限责任公司不同的是，《公司法》第69条对国有独资公司的负责人规定了专任制度，即"国有独资公司的董事长、副董事长、董事、高级管理人员，未经国有资产监督管理机构同意，不得在其他有限责任公司、股份有限公司或者其他经济组织兼职"。《公司法》的这种特殊规定，目的在于保证国有独资公司管理层有充分的精力和时间对公司进行管理，以维护国有资产的安全。

国有独资公司设经理，由董事会聘任或者解聘。经理的职权与普通有限责任公司的相同。经国有资产监督管理机构同意，董事会成员可以兼任经理。

国有独资公司的董事长、副董事长、董事、高级管理人员，未经国有资产监督管理机构同意，不得在其他有限责任公司、股份有限公司或者其他经济组织兼职。

（三）国有独资公司的监督机构

国有独资公司监事会成员不得少于5人，其中职工代表的比例不得低于1/3，具体比例由公司章程规定。

监事会成员由国有资产监督管理机构委派；但是，监事会成员中的职工代表由公司职工代表大会选举产生。监事会主席由国有资产监督管理机构从监事会成员中指定。

监事会行使下列职权：检查公司财务；对董事、高级管理人员执行公司职务的行为进行监督；对违反法律、行政法规、公司章程或者股东会决议的董事、高级管理人员提出罢免建议；当董事、高级管理人员的行为损害公司的利益时，要求董事、高级管理人员予以纠正；国务院规定的其他职权。

（四）董事、经理的专任制度

《公司法》第 69 条规定了国有独资公司董事、经理的竞业限制："国有独资公司的董事长、副董事长、董事、经理，未经国有资产监督管理机构同意，不得在其他有限责任公司、股份有限公司或者其他经济组织兼职。"可见，《公司法》扩大了对国有独资公司董事、经理的竞业禁止义务的范围。一般有限责任公司董事、经理竞业禁止的范围限于与其所任职公司"同类的营业"；国有独资公司董事、经理竞业禁止的范围则扩及其他任何有限责任公司、股份有限公司或者其他经营组织。除非经国家授权投资的机构或者国家授权的部门同意。由此可见，国有投资公司规定了较为严格的专任制度。

国有独资公司设经理，负责公司的生产经营管理工作，是董事会的辅助机关。经理由董事会聘任或者解聘。经国有资产监督管理机构同意，国有独资公司的董事可以兼任经理。

国有独资公司经理的职权与一般有限责任公司的经理相同。

第六节　一人有限责任公司

一、一人有限责任公司的概念和特征

（一）概念

一人有限责任公司，是指只有一个自然人股东或者一个法人股东的有限责任公司。一人公司的出现，是市场经济不断发展的产物。各国立法普遍经历了从普遍禁止到承认一人公司的历史过程。我国新《公司法》也确认了一人有限责任公司的法律地位并对一人有限责任公司的设立、组织机构、注册资本额、出资方式、财务审计及一人公司法人人格否认等相关制度作出了具体规定。中国第一家一人有限责任公司于 2006 年 1 月 1 日在素有"中国个体私营经济发祥地"的温州成立。

（二）特征

一人有限责任公司的特征主要表现为以下几点：

1. 股东的单一性

无论是一个自然人发起设立还是股份全部转归一人持有的一人公司，在其成立或存续期间，公司股东仅为一人或者虽然形式上或名义上为二人以上，但实质上，公司的真实股东仅为一人，这里的"一人"包括自然人或法人。

2. 资本的单一性

公司的全部财产形式上或实质上归单个股东所有，可使唯一投资者最大限度利用有限责任原则规避经营风险，实现经济效率最大化。

3. 责任的有限性

一人公司的股东以其出资为限对公司债务承担有限责任，公司以其全部资产为限对公司债务独立承担责任。

4. 治理结构的特殊性

传统的公司组织基本结构为股东会—董事会—监事会三会并立的体系，然而，在一人公司中，股东、资本的单一性决定了一人公司无须设立此类公司治理结构。

二、一人有限责任公司的设立

我国《公司法》第 57 条第 1 款规定："一人有限责任公司的设立和组织机构，适用本节规定；本节没有规定的，适用本章第一节、第二节的规定。"一人有限责任公司的设立除法律另有规定外，其他方面应当与一般的有限责任公司相一致。

1. 股东的限制

一个自然人设立若干家一人公司，易导致公司资产薄弱，清偿债务的能力减弱，且易造成资产转移的弊端。因此，《公司法》规定一个自然人只能投资设立一个一人有限责任公司。该一人有限责任公司不能投资设立新的一人有限责任公司。

2. 公司登记的特别要求

为保护善意第三人的利益，使其能够清楚地知道公司的唯一股东是自然人还是法人，《公司法》规定，一人有限责任公司应当在公司登记中注明自然人独资或者法人独资，并在公司营业执照中载明。

3. 章程的制定

由于一人有限责任公司股东具有单一性，因此章程由股东制定。

三、一人有限责任公司的组织机构

《公司法》第 61 条规定："一人有限责任公司不设股东会。股东作出本法第 38 条第 1 款所列决定时，应当采用书面形式，并由股东签名后置备于公司。"这是为了防止一人有限责任公司中所有者与经营者不分，导致欺诈债权人行为的出现，从而最大限度地保护债权人的利益。此外，《公司法》并未规定一人有限责任公司的董事会、监事会问题。

四、一人有限责任公司的法人人格否认

由于一人有限责任股东具有单一性，缺乏一般有限责任公司中股东间的相互制约，为防止一人有限责任公司的股东挪用、隐匿、非法转移或者侵占公司的财产，或者以公司名义为与公司利益无关的事项借贷或提供担保，欺诈债权人、回避契约义务等情况发生，我国《公司法》第 63 条明确规定："一人有限责任公司的股东不能证明公司财产独立于股东自己的财产的，应当对公司债务承担连带责任。"

【难点追问】

1. 有限责任公司与股份有限公司的区别是什么？

	有限责任公司	股份有限公司
公司规模	股东不超过 50 人	股东无人数限制
治理结构	权力机构：股东会（或无） 执行机构：董事会或执行董事 监督机构：监事会或 1~2 名监事	权力机构：股东大会 执行机构：董事会 监督机构：监事会
资本规则	发起设立 股东认缴的资本为股权，表现为出资证明书 股份转让受到严格限制	发起设立或募集设立 股东认缴的资本为股权，表现为股票 股份转让自由

2. 有限责任公司股权与股份有限公司股份的区别是什么？

	股　权	股　份
履行的主体	有限责任公司	股份有限公司
股东承担责任	股东以其认缴的出资额为限	股东以其认购的股份为限
表现形式不同	出资证明书	股票
转让的限制	受到限制	自由

3. 一人有限责任公司是否对公司社团性的否认？

传统法人理论认为只有复数人员组成的团体才能独立地从事营业交易，享有法人资格，团体以外的个人不能享有这个权利，即法人须具有社团性。公司成员为一人时，社团法人消灭。现代法人理论则认为法人制度不过是为了赋予企业组织独立的人格，而在法律上拟制的产物，重视企业财产的构筑，公司的法人资格不应受公司成员人数左右。

我国《民法总则》规定的法人条件：依法成立；有必要的财产和经费；有自己的名称、组织机构和场所；能够独立承担民事责任。这表明我国并未把社团性作为法人应当具备的条件，这为我国承认一人公司留下了必要的空间。

4. 设立中的公司的法律性质？

对于设立中公司的法律性质，在大陆法系和英美法系各形成了不同的学说，大致有以下几种观点：（1）无权利能力社团说。该说认为，设立中公司不具有任何权利能力，不能充任任何法律关系的主体，属于无权利能力社团。（2）合伙说。该说认为，设立中公司属于合伙，设立登记手续完结后，公司成立，原来的合伙取得法人人格。（3）折中说。该说认为，设立中公司的法律性质应依不同情况而定。作为股份有限公司与有限责任公司之前身的设立中的公司，应为无权利能力之社团；而作为无限公司与两合公司之前身的设立中的公司，应为合伙。（4）非法人团体说。该说认为，虽然设立中公司未进行设立登记，不具有独立的法律人格，但它能够实施一定的行为，承担一定的责任，因而它又处于不完全权利能力状态，具有有限的法律人格。

5. 关于股权的性质。

股权性质之争是随着公司法人人格独立性程度的提高而出现的。关于股权的性质在国内外法学界历来争议颇多，至今未有定论，主要有以下几种学说：

（1）所有权说。该学说认为股权具有所有权的性质，即股权是股东对公司财产享有的所有权。股东认缴出资、持有股份并未丧失其所有权，而是为了更好地行使所有权、实现所有权。即公司是由全体股东共同出资设立的，所以股东对公司财产当然享有所有权，而股东会、股东大会是股东行使所有权的方法。

（2）债权说。该学说认为，股东对公司享有的财产权是一种债权。股东之所以认缴出资持有股份，只是为了获取利益分配，股东对公司完全丧失了控制，股东对公司的权利仅仅是收益，双方仅仅是债的关系。在这种学说看来，股权本质上是以请求利益分配为目的的债权或附条件的债权。

（3）社员权说。该学说认为，股权是股东作为公司（社团法人）的成员而享有的财产权利和非财产权利的总称，其权利主体是股东（社员），相对人是公司（社团），社员只是社团的一分子，故不是个人法上的权利，而是团体法上的权利，为民事权利之一种。股东是公司的社员，股权是股东基于这种社员资格而享有的一种社员权，这种社员权属于单一权利，并非集合体权利。

（4）综合性权利说。该学说认为股权系综合性权利，既有非财产性质的表决权，也有财产权性质的获得股息和公司解散时取回剩余财产的权利，因此，是以社员权为基础的综合性权利。

（5）独立说。该学说认为股权既不是所有权，也不是债权，股权实质上是与所有权和债权并列的一种权利，股权只能是一种自成一体的独立权利类型。

6. 我国2013年修改的《公司法》对我国的公司资本制度作了哪些重大修订？

主要体现在：一是取消了公司最低注册资本的限额；二是取消了公司注册资本实缴制，实行公司注册资本认缴制；三是取消货币出资比例限制；四是公司成立时不需要提交验资报告，公司的认缴出资额、实收资本不再作为公司登记事项。这次改革的立法目标和价值取向在于：第一，鼓励投资创业，开拓投资资源，推动公司设立与发展，并以此带动劳动就业，促进经济发展；第二，放松管制，强化自治，使资本运营更加便利迅捷，适应投资者对公司资本规模的设计和资金筹措安排的需要；第三，从资本信用转向资产信用，不再把资本作为公司的主要信用基础，而更重视资产对交易安全和债权人保护的作用；第四，从事前控制转向事中和事后的监管，将公司行政管理"严进宽出"的监管模式改为"宽进严出"的监管模式，推动政府管理方式和管理职能的转变；第五，从行政管制到司法救济，使行政权退出部分市场管理领域，将相关问题和争议交由司法救济途径解决。

【思考题】

1. 有限责任公司的设立条件和设立程序分别是什么？

2. 有限责任公司股东的权利和义务是什么？

3. 有限责任公司的股东如何转让出资?

4. 有限责任公司的治理结构是怎样的?

5. 国有独资公司与一般有限责任公司有什么不同?

6. 我国《公司法》对一人有限责任公司有什么特别规定?

7. 案例分析题:

2017 年 3 月,甲、乙、丙 3 家企业决定共同投资设立远方有限责任公司(以下简称远方公司)。发起人协议的部分内容如下:远方公司的注册资本拟定为 3000 万元人民币。其中甲以厂房设备折价 1000 万元出资;乙以现金 800 万元、非专利技术折价 400 万元出资(非高新技术);丙以注册商标折价 800 万元出资。2017 年 4 月 1 日远方公司正式登记成立,并进行了公告。同年 5 月,远方公司召开了一次股东会,并作出了如下决议:①认为公司监事会中的两名职工代表业务能力不行,决定由在职工中有影响力的李某和该市税务局的张某来代替两人的位置;②决定各股东不按出资比例分配红利,而由三个股东平均分配;③决定发行公司债券 1200 万元,所募资金用于扩大生产经营和改善职工福利。

但不久,远方公司因经营决策发生重大失误很快陷入亏损。同年 9 月股东决定解散公司。在清算过程中发现公司董事赵某在清算期间曾同本公司进行过一次经营交易活动,但赵某表示这是经公司董事会同意的。本案中有哪些不符合《公司法》的规定?

第八章　股份有限公司

【学习目的与要求】

通过本章的学习，要重点掌握股份有限公司的概念和特征、股份有限公司设立的条件和程序、股份有限公司的资本。本章学习的难点是股份有限公司的股份与股东。

【知识结构简图】

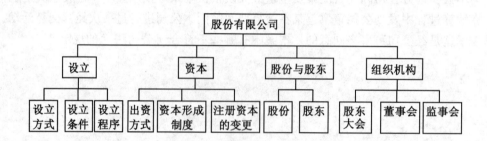

第一节　股份有限公司的概念与特征

一、股份有限公司的概念和特征

股份有限公司亦可称股份公司。由于法律文化背景及习惯的不同，各国对股份有限公司在称谓上目前还不完全统一。英国称之为"company limited by shares"；美国和欧洲一些国家称之为"public company"或"public corporation"，中文译为"公众公司"或"开放公司"；日本、韩国称之为"株式会社"。①

根据我国《公司法》对股份有限公司的界定，股份有限公司是指其全部资本分为等额股份，股东以其认购的股份为限对公司承担责任，公司以其全部资产对公司债务承担责任的公司。

二、股份有限公司的特征

与有限责任公司相比，股份有限公司具有如下法律特征：

---

① 周友苏. 新公司法论 [M]. 北京：法律出版社，2006：25.

（一）企业形式的典型性

股份有限公司是最典型的法人组织。法律上完整的公司概念和法人概念，始于股份公司。股份有限公司的股东人数必须达到最低人数以上，这是股份有限公司发挥面向社会、广泛集资重大作用的表现。而具完备的组织机构、完全独立的财产及其独立责任能力，充分体现了法人团体性、独立人格性等本质特征。在各国公司立法和公司法理论中，股份公司的法人地位早已确定无疑。

（二）信用基础的资合性

股份有限公司是一种典型的资合性公司。首先，股份有限公司对股东的身份并无特殊的要求，只要认购公司股份就可以成为公司的股东，这和强调股东之间信任和合作的有限责任公司完全不同；其次，股份有限公司的股东，可以在法律规定的范围内自由转让公司的股份，无须征求他人的意见或受到公司章程、股东大会决议的限制。股份的自由流动，使公司不具有人合因素。公司的信用完全建立在公司的资本，即股东的出资基础上。① 基于资合性的特点，股份有限公司主要适用于股东人数众多的大中型企业。

（三）资本结构的股份性

股份有限公司的全部资本分为股份，每股金额相同，由发起人或股东认购并持有。股份是股份有限公司资本的基本单位。将公司资本均分为股份，不仅适应了股份有限公司发行股票、向社会筹集资金的客观需要，而且便于实行一股一权、数股数权、股权平等、同股同利、利益共享、风险共担的原则，同时也便于计算股东的股息与红利。②

（四）资金来源的广泛性

股份有限公司可以通过对外公开发行股票，向社会募集资金。任何投资者都可以通过购买股票而成为股份有限公司的股东，所以公司的资金来源广泛。也正因为如此，各国公司法均对股份有限公司的股东人数作出了最低限制，而无最高人数限制。我国《公司法》要求股份有限公司的股东人数应不少于 2 人，其目的就是要确保公司股东具有一定的广泛性。

（五）经营状况的公开性

股份有限公司资本筹集的公开性及股份转让的自由性，使得其经营状况不仅要向股东公开，还必须向社会公开，使社会及时、全面地了解公司的经营状况，从而最大限度地保护公司股东、债权人及社会公众的利益。③ 这是股份有限公司区别于有限责任公司的封闭性的重要特征。

第二节　股份有限公司的设立

一、股份有限公司的设立方式

从世界各国的公司立法来看，股份有限公司有发起设立和募集设立两种方法。我国

---

① 冯果. 公司法要论 [M]. 武汉：武汉大学出版社，2003：178.
② 覃有土. 商法学 [M]. 北京：高等教育出版社，2008：172.
③ 范健，王建文. 公司法 [M]. 北京：法律出版社，2006：108.

《公司法》第 77 条第 1 款规定："股份有限公司的设立，可以采取发起设立或者募集设立的方式。"

（一）发起设立

我国《公司法》第 77 条第 2 款明确规定："发起设立，是指由发起人认购公司应发行的全部股份而设立公司。"由此可见，在发起设立时，发起人认购公司发行的全部股份并依法缴纳出资，公司即可登记成立。

（二）募集设立

我国《公司法》第 77 条第 3 款将募集设立定义为："由发起人认购公司应发行股份的一部分，其余股份向社会公开募集或者向特定对象募集而设立公司。"即募集设立是指由发起人认购公司应发行股份的一部分（发起人依法认购的股份不得少于公司股份的35%），其余的部分则向社会公开招募或者向特定对象募集，并须召开创立大会，公司方可登记成立。

二、股份有限公司的设立条件

根据我国《公司法》的规定，设立股份有限公司应当具备下列条件：

（一）发起人符合法定人数

发起人是集合资本、先行筹建公司并对公司设立承担法定责任的人，是股份有限公司的设立人、筹建人或创办人。对此，于 2010 年通过，2011 年施行的《最高人民法院关于适用〈中华人民共和国公司法〉若干问题的规定（三）》第 1 条进一步明确规定："为设立公司而签署公司章程，向公司认购出资或者股份并履行公司设立职责的人，应当认定为公司的发起人，包括有限责任公司设立时的股东。"《公司法》第 78 条规定："设立股份有限公司，应当有 2 人以上 200 人以下为发起人，其中须有半数以上的发起人在中国境内有住所。"根据这一规定，股份有限公司不能是一人公司，其股东至少为 2 人。但公司设立时的发起人不能超过 200 人。发起人可以是自然人，也可以是法人或其他组织。

（二）有符合公司章程规定的全体发起人认购的股本总额或者募集的实收股本总额

《公司法》第 80 条规定："股份有限公司采取发起设立方式设立的，注册资本为在公司登记机关登记的全体发起人认购的股本总额。在发起人认购的股份缴足前，不得向他人募集股份。股份有限公司采取募集方式设立的，注册资本为在公司登记机关登记的实收股本总额。法律、行政法规以及国务院决定对股份有限公司注册资本实缴、注册资本最低限额另有规定的，从其规定。"因此，一般情形下，发起设立的股份有限公司实行认缴资本制，募集设立的股份有限公司实行实收资本制。

（三）股份发行、筹办事项符合法律规定

股份发行是股份有限公司区别于其他公司型企业的重要标志，因此，这一条件是股份有限公司特有的条件。从理论上讲，该条件既是实质性条件，也是程序性条件。股份有限公司的股份发行、筹办事项必须符合法律规定，这些规定主要表现在我国《公司法》第四章的第一节和第五章的第一节，涉及的条款比较多。概括起来，在实体方面主要有股份的发行原则、发行价格等规定，在程序方面主要有招股、股票的交付等内容。

（四）发起人制定公司章程，采用募集方式设立的经创立大会通过

股份有限公司系聚集多数人之资金以形成巨额资本的公司形式，公司的股东人数众多，无法让每一股东均参与公司章程的制定，因此，各国公司立法大都明确规定公司的章程只能由发起人在协商的基础上共同制定。但由于发起人的人数有一定的局限性，不能够充分代表全体股东的利益，因而为了保护除发起人之外的股东的利益，如果是采用募集方式设立的公司，还要经创立大会通过。所谓公司章程是指经发起人全体同意并依法定程序制定的规定公司的宗旨、组织原则以及经营管理方式等事项的必备法律文件，是公司组织和行为的根本准则，是审批机关在批准设立时必须审查的重要文件，也是社会公众了解股份有限公司的主要书面文件。因此，有人称公司章程是"公司宪法"。根据我国《公司法》第81条的规定，股份有限公司章程应当载明的事项为：（1）公司名称和住所；（2）公司经营范围；（3）公司设立方式；（4）公司股份总数、每股金额和注册资本；（5）发起人的姓名或者名称、认购的股份数、出资方式和出资时间；（6）董事会的组成、职权、任期和议事规则；（7）公司法定代表人；（8）监事会的组成、职权、任期和议事规则；（9）公司利润分配办法；（10）公司的解散事由与清算办法；（11）公司的通知和公告办法；（12）股东大会会议认为需要规定的其他事项。公司章程不仅对发起人有约束力，而且对公司、股东、董事、监事和经理等均有法律约束力。如果变更、修改公司章程则必须履行法定的变更登记手续。总之，公司章程的制定是公司设立的必要条件，公司没有章程就失去了活动的依据，也无法正式成立。

（五）有公司名称且建立符合股份有限公司要求的组织机构

股份有限公司的名称是股份有限公司与其他公司、企业的区别性标志。《公司法》第8条明确规定，依法设立的股份有限公司必须在其名称中标明"股份有限公司"或"股份公司"字样。公司名称核准登记后，就有了法律上的效力和名称专用权。公司有了自己的名称，才能以自己的名义从事生产经营活动，才能独立承担各种法律责任。因此，《公司法》规定股份有限公司在设立时必须要有自己的名称。股份有限公司作为典型的法人，必须建立符合法律要求的组织机构，因为法人是不具备自然人思维和行为的实体，只有通过其组织机构才能形成、表示自己的意思，代表公司为一定的行为，为公司设定相应的权利和义务，公司才能真正地运转起来。因此，设立股份有限公司必须建立符合法律要求的组织机构。股份有限公司的组织机构包括作为权力机构的股东大会、作为经营管理机构的董事会和作为监督检查机构的监事会。

（六）有公司住所

与其他民商主体一样，公司也有住所。公司以其主要办事机构所在地为住所。设立公司必须具备住所条件，有利于确认诉讼管辖及司法文书的送达，有利于确认登记、税收及其他管理关系，有利于确认合同的履行地和确认准据法等。公司如果没有固定的生产经营场所，公司就无法存在，无法从事生产经营活动，也无法实现其经营的宗旨和目标。因此，设立股份有限公司必须有业务活动和经营活动的处所，这也是防止出现"四无公司"的根本措施。①

---

① 覃有土. 商法学 [M]. 北京：高等教育出版社，2008：176.

三、股份有限公司的设立程序

（一）发起设立股份有限公司的程序

根据我国《公司法》及有关法规的规定，发起设立股份有限公司者必须履行以下主要程序：

1. 签订发起人协议

《公司法》第 79 条规定："股份有限公司发起人承担公司筹办事务。发起人应当签订发起人协议，明确各自在公司设立过程中的权利和义务。"因此，发起人签订发起人协议是股份有限公司设立的法定程序，如果没有发起人协议，则不符合公司成立的程序要件。发起人协议确定了发起人在设立公司中的相互关系，确定了发起人的范围、发起人认购股份的数量、各发起人出资的方式及各发起人在设立中的分工。如果股份有限公司设立成功，该协议履行完毕，因设立所生的权利义务由该股份有限公司承担；如果设立不成，如因设立对外负有债务，则应当依照发起人协议由相应发起人对第三人承担责任，其他在发起人协议上签名的发起人承担连带责任。

2. 认足股份

采用发起设立方式设立股份有限公司首先必须由发起人以书面形式认足公司章程规定发行的股份。公司的股份总数、每股金额和注册资本是公司章程的绝对必要记载事项，公司发起人必须认足公司章程规定发行的股份。为了确保公司设立行为真实和公司设立基础之稳固，这种认购必须以书面形式作出承诺，而不能以口头方式作出。

3. 缴纳股款

以发起设立方式设立股份有限公司的，发起人应当以书面形式认足公司章程规定其认购的股份；一次缴纳的，应当缴纳全部出资；分期缴纳的，应缴纳首期出资。以实物、知识产权、土地使用权等可以用货币估价并可以依法转让的非货币财产出资的，应当依法办理其财产权的转移手续。

4. 选举董事会和监事会

董事会是股份有限公司的业务执行机关，而监事会则是股份有限公司的常设监督机构。为了使公司组织起来，发起人必须在交付法定出资后，依照法律和公司章程的规定选举董事会和监事会。

5. 必要时的行政审批

原则上，设立公司不需要办理行政审批手续。但也有例外，即《公司法》第 6 条第 2 款规定："法律、行政法规规定设立公司必须报经批准的，应当在公司登记前依法办理批准手续。"

6. 设立登记

发起人依法缴纳出资后，选举出的董事会应及时向公司登记机关申请设立登记，公司登记机关收到申请人提交的符合法定的全部文件后，发给《公司登记受理通知书》，公司登记机关自发出《公司登记受理通知书》后在法定的期限内，作出核准登记或不予登记的决定。公司登记机关核准登记的，应当及时通知申请人，发给企业法人营业执照。公司的企业法人营业执照签发之日，即为股份有限公司的成立之日。

（二）募集设立股份有限公司的程序

根据我国《公司法》及相关法规的规定，募集设立股份有限公司必须严格履行以下主要程序：

1. 发起人认购部分股份

发起人认购法定比例的股份，是保证公司设立顺利进行和加重发起人责任、保护众多出资人利益的需要，是各国普遍一致的做法。[①] 根据我国《公司法》第 84 条的规定，以募集设立方式设立股份有限公司的，除非法律、行政法规另有规定，发起人必须先认购不少于公司股份总数的 35% 的股份。因此，发起人只有在认购上述规定比例的股份后，方可进行其后的设立行为。

2. 发起人募集股份

发起人认购法定股份后，其余股份则要依照法定程序向社会公开募集。发起人募集股份一般应按以下步骤进行：

（1）募股的申请。发起人向社会公开募集股份，应当向国务院证券监督管理机构报送募股申请和下列文件：①公司章程；②发起人协议；③发起人姓名或者名称，发起人认购的股份数、出资种类及验资证明；④招股说明书；⑤代收股款银行的名称及地址；⑥承销机构名称及有关的协议。依照法律规定聘请保荐人的，还应当报送保荐人出具的发行保荐书。法律、行政法规规定设立公司必须报经批准的，还应当提交相应的批准文件。

（2）公告招股说明书。发起人在其募股申请被国务院证券监督管理机构批准后，即可向社会公告其招股说明书。招股说明书亦称招股章程，是募集设立的股份有限公司为了招募股份，而由发起人制定的书面法律文件。制定招股说明书的目的在于使公众了解公司的实际情况，保护认股人的利益，防止发起人或公司以不正当手段招募股份。招股说明书应当附有发起人制定的公司章程，并载明下列事项：①发起人认购的股份数；② 每股的票面金额和发行价格；③无记名股票的发行总数；④ 募集资金的用途；⑤认股人的权利、义务；⑥本次募股的起止期限及逾期未募足时认股人可以撤回所认股份的说明。招股说明书应在证券管理部门认可的有关全国性报刊上公告，也可在地方报刊上同时公告。

（3）发起人制作认股书。认股书是发起人制作的、供认股人填写之用的书面法律文件。认购书应载明招股说明书中所列事项。

（4）委托证券公司承销。发起人向社会公开募集股份，应当由依法设立的证券公司承销，签订承销协议。

3. 认股人认股

认股人决定认股时，依法应在发起人制作的认购书上，填写认购股数、金额、住所，并签名、盖章。

4. 缴纳股款

认股人依法填写了认购书后，必须按照所认购股数缴纳股款。认股人未能及时缴纳股款，发起人有权催告认股人在一定期限内缴纳。如果在规定期限内仍没有缴纳，认股人即丧失其认股权，其认购的股份可由发起人另行募集。如果因此给公司造成了损失，还应承

---

① 石少侠. 公司法 [M]. 北京：中国政法大学出版社，2006：52.

担相应的法律责任。此外，发行的股份超过招股说明书规定的截止期限尚未募足的，或者发行股份的股款缴足后，发起人在 30 日内未召开创立大会的，认股人可以按照所缴股款并加算银行同期存款利息，要求发起人返还。发起人、认股人缴纳股款或者交付抵作股款的出资后，除未按期募足股份、发起人未按期召开创立大会或者创立大会决议不设立公司的情形外，不得抽回其股本。

5. 银行代收股款

发起人向社会公开募集股份，应当同银行签订代收股款协议。代收股款的银行应当按照协议代收和保存股款，向缴纳股款的认股人出具收款单据，并负有向有关部门出具收款证明的义务。

6. 召开创立大会

发行股份的股款缴足后，必须经依法设立的验资机构验资并出具证明。发起人应当在 30 日内主持召开公司创立大会。创立大会由发起人、认股人组成。创立大会是公司成立前的决议机关，行使与股东大会类似的职权。发起人应当在创立大会召开 15 日前将会议日期通知各认股人或者予以公告。创立大会应有代表股份总数过半数的认股人出席，方可举行。创立大会行使下列职权：（1）审议发起人关于公司筹办情况的报告；（2）通过公司章程；（3）选举董事会成员；（4）选举监事会成员；（5）对公司的设立费用进行审核；（6）对发起人用于抵作股款的财产的作价进行审核；（7）发生不可抗力或者经营条件发生重大变化直接影响公司设立的，可以作出不设立公司的决议。创立大会对前款所列事项作出决议，必须经出席会议的认股人所持表决权过半数通过。

7. 设立登记

董事会应于创立大会结束后 30 日内，向公司登记机关报送下列文件，申请设立登记：（1）公司登记申请书；（2）创立大会的会议记录；（3）公司章程；（4）验资证明；（5）法定代表人、董事、监事的任职文件及其身份证明；（6）发起人的法人资格证明或者自然人身份证明；（7）公司住所证明。以募集方式设立股份有限公司公开发行股票的，还应当向公司登记机关报送国务院证券监督管理机构的核准文件。公司登记机关接到申请后应在法定的期限内作出核准登记或不予登记的决定。公司登记机关核准登记的，发给企业法人营业执照。公司的企业法人营业执照签发之日，即为股份有限公司的成立之日。

四、公司设立中发起人的责任

发起人对股份有限公司的设立具有重要意义。发起人在进行公司设立过程中，应当签订发起人协议，明确各自在公司设立过程中的权利和义务。发起人在公司设立过程中的相互关系属于合伙性质的关系，其权利、义务、责任可以适用合伙的有关规定。在设立公司的过程中，发起人应承担下列责任：

（一）缴纳担保责任

股份有限公司的发起人没有认足应认的股份，或者虽然认足了股份，但未缴纳股款或未交付其他非货币出资的，由全体发起人连带缴纳股款或交付非货币财产的价额。[1] 我国

① 赵旭东. 新公司法讲义［M］. 北京：人民法院出版社，2005：373.

《公司法》第 93 条第 1 款规定："股份有限公司成立后，发起人未按照公司章程的规定缴足出资的，应当补缴；其他发起人承担连带责任。"

（二）差额填补责任

差额填补责任，也称为非货币出资的价额填补责任。即当公司成立时，如果作为出资的非货币财产的价额显著低于章程所定价额时，发起人对不足的差额部分承担连带填补责任。我国《公司法》第 93 条第 2 款规定："股份有限公司成立后，发现作为设立公司出资的非货币财产的实际价额显著低于公司章程所定价额的，应当由交付该出资的发起人补足其差额；其他发起人承担连带责任。"

（三）对债务和费用的连带责任

根据我国《公司法》第 94 条第（1）项的规定，公司不能成立时，发起人应当对设立行为所产生的债务和费用负连带责任。这里所说的债务，包括合同之债和侵权之债；所说的费用，包括为设立公司支付的租用房屋、场地费，购买办公用品费，办理设立的手续费，支付审计、资产评估、律师费，支付发行股票承销费，支付雇员劳务报酬费。这些债务和费用，本应由成立后的公司来支付的，但由于设立失败，就只能由发起人来承担。①

（四）对返还股款加息的连带责任

根据我国《公司法》第 94 条第（2）项的规定，公司不能成立时，对认股人已缴纳的股款，发起人应当负返还股款并加算银行同期存款利息的连带责任。在公司设立过程中，认股人与设立中公司形成股份买卖合同关系，当公司不能成立时，应当由发起人连带承担该项责任。②

（五）对公司的损害赔偿责任

根据我国《公司法》第 94 条第（3）项的规定，在公司设立过程中，由于发起人的过失致使公司利益受到损害的，应当对公司承担赔偿责任。发起人是设立中公司的执行机关，又有适当的报酬，故依法应对设立公司尽"善良管理人之注意义务"。若因其疏忽致使公司遭受经济损失的，依法应承担损害赔偿责任。

【案例 8-1】

发起人应对货款承担连带责任

某房地产开发有限公司与另外 6 家企业共同筹建某开发股份有限公司。资本总额为 1200 万元，7 家企业认购 500 万元，其余 700 万元向社会公开募集。10 月，发起人认足了 500 万元的股份，由于厂房需要装修，故筹建处向某装潢公司购买一批材料，价值 70 万元，并商定某开发股份有限公司一经成立即向装潢公司付款。一周后，装潢公司按约将货物运至筹建处指定的仓库。公开募股期限届满后，仅募集 620 万元，公司无法成立。某装潢公司向 7 个发起人请求偿付货款 70 万元，它们却相互推诿，拒付货款。装潢公司遂以 7 个发起人为被告向法院提起诉讼，法院支持了原告的诉讼请求。

---

① 周友苏. 新公司法论［M］. 北京：法律出版社，2006：164.
② 周友苏. 新公司法论［M］. 北京：法律出版社，2006：164.

第三节 股份有限公司的资本

一、股份有限公司的出资方式

《公司法》第 27 条规定，股份有限公司的股东与有限责任公司的股东一样，既可以用货币出资，也可以用实物、知识产权、土地使用权等可以用货币估价并可以依法转让的非货币财产作价出资；但是，法律、行政法规规定不得作为出资的财产除外。对作为出资的非货币财产应当评估作价，核实财产，不得高估或者低估作价。法律、行政法规对评估作价有规定的，从其规定。

二、股份有限公司的资本形成制度

世界各国的公司立法实践确立的资本形成制度主要包括：法定资本制、授权资本制和认可资本制。《公司法》第 80 条规定："股份有限公司采取发起设立方式设立的，注册资本为在公司登记机关登记的全体发起人认购的股本总额。在发起人认购的股份缴足前，不得向他人募集股份。股份有限公司采取募集方式设立的，注册资本为在公司登记机关登记的实收股本总额。法律、行政法规以及国务院决定对股份有限公司注册资本实缴、注册资本最低限额另有规定的，从其规定。"这一规定表明，《公司法》的资本形成制度属于法定资本制的范畴。对于发起设立方式设立的股份有限公司来说，其注册资本是认购的股本总额，要求较为宽松。对于向社会公开募集股份的股份有限公司来说，其注册资本为在公司登记机关登记的实收股本总额，要求较为严格。

三、股份有限公司注册资本的变更

股份有限公司必须遵循资本确定、资本维持和资本不变原则，但这并不是说注册资本一成不变。事实上，随着公司生产规模、经营范围和社会需求的变化，公司的注册资本在客观上也会相应地增加或减少。因此，各国的公司立法大都对股份有限公司注册资本变更的方式、条件和程序作了明确规定。

(一) 注册资本的增加

注册资本的增加简称增资，是指公司成立后注册资本的增加。它与授权资本制中公司成立后董事会在授权范围内发行股份产生的资本增加不同：(1) 前者是指注册资本的增加，后者是指在注册资本范围内发行资本的增加，之所以需要增加，是因为发行资本的总额还未达到注册资本的数额；(2) 前者除了通过发行新股，还可以采取股票增值的方式来实现，后者则主要是采用发行新股的方式；(3) 前者需要履行法律规定的严格的增资程序，后者则在董事会权限范围内，只要不超出注册资本数额，董事会完全可自行决定。可见，后者并不具有公司法意上的增资性质，它只能算做是对公司资本的充实。①

实践中，公司增资的方式主要有：

---

① 周友苏. 新公司法论 [M]. 北京：法律出版社，2006：186.

1. 发行新股

即在原有股份总数之外发行新的股份，发行新股既可向社会公开出售股票，又可由原有股东认购，由原有股东认购又称配股；如果公司将公积金或将应分配利润转为公司股东的股份，又称送股。

2. 股票增值

即公司在不改变原股份总数情况下增加每一股份的金额。这是当今公司普遍采取的方式。股票增值的来源主要包括：（1）法定公积金。由于每年必须从公司利润中提取一定比例公积金，逐年累计后势必加大公司资本，公司将此分配到每一股份中。（2）股利。公司把应分股利的一部分留存下来扩大生产资本，计入每一股份中。（3）股东新缴股款。公司将这部分资本不作为新股计算，而是追加到原有的每一股份中。

3. 上市公司将公司发行的可转换公司债券转换为公司股份

可转换公司债券在转换之前表示公司对持有人的债务。在转换之后，公司的负债将减少，公司的股份增加，公司的资本也随之增加。

由于公司增资是对注册资本的扩充，必然涉及公司章程内容的变更，因此，增资必须严格按照法律程序进行，包括依法变更公司章程，并办理必要的变更登记手续。《公司法》第178条第2款规定："股份有限公司为增加注册资本发行新股时，股东认购新股，依照本法设立股份有限公司缴纳股款的有关规定执行。"

（二）注册资本的减少

注册资本的减少简称减资，指公司成立后对注册资本的减少。减资的原因不外乎两种：一种是由于公司宗旨、经营范围等情况发生变化，引起公司资本过剩；另一种是由于公司经营管理不善或外部条件恶化，导致净资产显著少于注册资本。无论哪种原因导致的减资，其目的都是使公司注册资本与公司实际资产保持一致。

公司减资主要包括减少股份数额和减少股份金额两种方式。如同公司增资一样，公司减资也必须依照法律规定的程序进行，具体程序如下：

1. 制订减资方案

公司在减少注册资本时，首先应由董事会制订减资方案，减资方案应包括减资的原因、数额及减资的方式。

2. 作出减资决议

董事会制定好减资方案后应提交股东大会进行表决。《公司法》第103条规定，股东大会作出减少注册资本的决议，必须经出席会议的股东所持表决权的2/3以上通过。

3. 编制资产负债表及财产清单通知和公告债权人

根据《公司法》第177条的规定，公司需要减少注册资本时，必须编制资产负债表并于10日内通知债权人，30日内在报纸上公告。债权人自接到通知书之日起30日内，未接到通知书的自公告之日起45日内，有权要求公司清偿债务或者提供相应的担保。公司减资后的注册资本不得低于法定的最低限额。

4. 实施减资，办理变更登记

公司董事会应严格依照股东大会的决议实施减资，公司减少注册资本后，应依法向公司登记机关办理变更登记。

第四节　股份有限公司的股份与股东

一、股份

（一）股份的概念与特征

股份有广义上的股份和狭义上的股份之分。所谓广义上的股份是公司资本的构成单位，是资本的组成部分，包括股份有限公司发行的股份和有限公司的出资。狭义的股份，仅指股份有限公司发行的严格意义上的股份。本节所指的股份仅指狭义上的股份。《公司法》第125条规定，股份有限公司的资本划分为股份，每一股的金额相等。因此，股份有限公司的股份是股东对股份有限公司的出资所形成的公司资本经等比例分割后所形成的均等份额。股份是公司资本的基本构成单位，也是股东权的最小计量单位。

股份具有以下几个法律特征：

1. 股份具有平等性

股份是对股份有限公司资本的等额划分，因此股份所代表的资本额一律相等。对于额面股份，表现为股份金额相等；对于无额面股份，则表现为在资本总额中所占比例相等。这样做的优点是便于计算股东权利义务。但也有国家规定公司股份不必等额。当然，股份金额相等并不意味着所有股东获得同种股份的对价在任何情况下都相等。但作为股权平等的体现，法律要求同次发行的股份，每股发行的条件和价格应当相同。

作为股东法律地位的表现形式，股份所表示的权利义务也一律平等，每一股份代表一份独立存在的股东权。拥有股份数的多少决定股东权的大小。除法律有特别规定之外，公司不得以任何理由限制或剥夺股东的固有权利。

2. 股份具有可转让性

股份有限公司是最典型的资合公司，以公司资产作为其信用基础，股东个人的信用好坏对公司而言则无关宏旨，股东间的关系也较为松散，因此股份可以自由地转让和流通。除法律有特别规定之外，公司不得以章程或其他方式对股份转让进行限制。股份的转让和流通通常通过股票交易形式进行，合法取得股票者即合法取得股份，从而也取得股权。

3. 股份具有不可分性

任何股份有限公司的资本均被划分为股份。资本分为股份，但股份不可再分。股份的不可分性并不排除某股份为数人所共有。当股份为数人所共有时，股权一般应由共有人推荐一人行使，共有人对股份利润的分享不是对股份本身的分割。如因继承法律关系而产生的若干名继承人共有某股份的现象。此时的共有人不能主张分割股份，只能推荐一人行使股权，以保持这一股份与其他股份在金额上的相等性。①

（二）股份的表现形式

《公司法》第125条规定，公司的股份采取股票的形式，股票是公司签发的证明股东所持股份的凭证。因此，股份的表现形式是股票，在股份与股票的关系上，股份是股票的

① 赵旭东. 新公司法讲义［M］. 北京：人民法院出版社，2005：403.

实质内容，股票是股份的外在表现形式。

股票具有以下法律特征：

1. 股票是股份有限公司成立后以公司名义发行的

《公司法》第 132 条规定："股份有限公司成立后，即向股东正式交付股票。公司成立前不得向股东交付股票。"这是因为公司未正式登记成立前，尚无法人资格，无权发行股票。但在公司设立过程中、公司正式登记成立前，却必须发行并认购股份，未认购股份或者认购股份不足一定金额，则该公司不得成立。这说明股份在公司正式登记成立前就已经存在，而当时却并不存在股票。认缴股份时，只能由公司筹建机构（发起人）发给收据，以作缴付凭证。

2. 股票是证权证券

根据证券作用的不同，可以分为设权证券和证权证券。设权证券是指证券所代表的权利本来不存在，而是随着证券的制作而产生，即权利的发生是以证券的制作和存在为条件的。我国票据法上的票据就是设权证券，在证券作出之前，票据权利根本不存在。而证权证券是指证券是权利的一种物化的外在形式，它是作为权利的载体，权利是已经存在的。股票是股份的表现形式，因而也是股东权的表现形式。但股东权的产生并不是因为股票的制作，而是由于股东向公司出资或继受等原因而持有公司的股份。因此股票仅仅是股东权存在的证明及股东行使权利的凭证，即为证权证券。

3. 股票是要式证券

要式证券是指证券的制作及记载事项必须严格按法律规定进行，否则将导致证券的无效。我国《公司法》第 128 条规定："股票采用纸面形式或者国务院证券监督管理机构规定的其他形式。股票应当载明下列主要事项：（一）公司名称；（二）公司成立日期；（三）股票种类、票面金额及代表的股份数；（四）股票的编号。股票由法定代表人签名，公司盖章。发起人的股票，应当标明发起人股票字样。"

4. 股票是有价证券

有价证券是指证券所代表的权利是一种具有财产价值的权利。股票所代表的股东权是可以用财产价值来衡量的权利，这是股票得以流通的原因。股份公司于设立后即应向股东交付股票，以证明股东对股份的权利和便于股份的转让。因此，股票的持有者即为股东权的享有者，股票的转让即为股东权的转让，股票可以自由转让和流通。

5. 股票是一种永久性证券

股票没有固定期限，除非公司终止，否则它将一直存在。股票的持有者可以依法转让股票，却不能要求到期还本付息，因为股票是没有到期日的。

（三）股份的种类

股份有限公司的股份依据不同的标准，可以划分为不同的种类：

1. 普通股和优先股

依据股份所表现的股东权内容的不同，股份可分为普通股和优先股。（1）普通股股东有权在公司提取完公积金、公益金以及支付优先股股利后，参与公司的盈余分配，其股利不固定。公司终止清算时，普通股股东在优先股股东之后取得公司剩余财产。普通股股东有出席或委托代理人出席股东大会并行使表决权的权利。（2）优先股股东在公司盈余或剩余财产的分配上享有比普通股股东优先的权利。如优先股的利率事先约定，优先股先于普通股分配红利。公司终止清算时，优先股先于普通股收回投资。但优先股股东没有表决权。

我国《公司法》未规定股份公司是否可以发行普通股与优先股。理论上说，《公司法》未作禁止性规定，即可认为公司可以发行普通股与优先股。当然，同次发行的同种类股票，每股的发行条件应当相同，同种类的每一股份应当具有同等权利。

2. 表决权股、限制表决权股和无表决权股

依据股东表决权的不同，股份可分为表决权股、限制表决权股和无表决权股。

（1）表决权股。持有表决权股的股东享有表决权。表决权股又可分为：普通表决权股，即一股拥有一票表决权；多数表决权股，即该股东享有超过其拥有股份数的表决权，持有多数表决权股的股东为特定股东，一般都是公司的董事或监事。但通常各国公司法对发行多数表决权股限制较为严格；特别表决权股，即只对公司的某些特定事项享有表决权。

（2）限制表决权股。持有该种股份的股东，其表决权受到公司章程的限制。通常应在公司章程中载明限制表决权股，而且不得对个别股东分别实行。

（3）无表决权股。持有该种股份的股东，不享有表决权。通常，对无表决权的股份，必须给予其利益分配的优先权，即以盈余分配方面的优先作为无表决权的补偿。

我国《公司法》同样没有规定公司是否可以发行表决权股、限制表决权股和无表决权股，理论上认为应当可以发行。

3. 记名股和无记名股

依股东名册和股票对股东的姓名或名称的记载状况，股份可分为记名股和无记名股。

（1）记名股。这是指将股东姓名记载于股票之上的股份。记名股不仅要求在股票上记载股东姓名或名称，而且要求记载于公司的股东名册上。记名股的股东权利并不完全依附于股票。记名股转让时，应作记名背书，并在移交股票后，变更公司股东名册上的记载。

（2）无记名股。这是指不将股东姓名或名称记载于股票之上的股份。这种股份的股东权利完全依附于股票，凡持票人均可主张其股东权利。无记名股在转让时，只需在合法场所交付于受让人，即可发生股权转移的效力。无记名股票通常是向自然人股东发行的股票。

《公司法》第129条规定，公司发行的股票可以为记名股票，也可以为无记名股票。所以，记名股票和无记名股票都是可以发行的。但公司向发起人、法人发行的股票，应当为记名股票，并应当记载该发起人、法人的名称或者姓名，不得另立户名或者以代表人姓名记名。

4. 额面股和无额面股

额面股，又称面值股，是指股票票面标明一定金额的股份。无额面股，又称比例股，是指股票不标明金额，只标明每股占公司资本的比例。《公司法》第128条将票面金额作为股票上应当记载的主要事项，故而可以推知，我国实际上是禁止发行无额面股的。

5. 国家股、法人股、个人股和外资股

根据股份投资主体的不同，股份可分为国家股、法人股、个人股和外资股。这是我国目前特有的股份种类之一。

（1）国家股。这是指由国家授权投资的机构或者国家授权的部门，以国有资产向公司投资形成的股份。其中包括将国有企业改组为股份有限公司时，已经投入企业的国家资产折成的股份。国家股一般应为普通股，由国家授权的投资机构或国家授权的部门持有，并委派股权代表。

（2）法人股。这是指由具有法人资格的组织以其可支配的财产向公司投资形成的股份。根据投资法人的种类不同，法人股又分为企业法人股、事业单位法人股和社会团体法人股三种。

（3）个人股。这是指以个人合法取得的财产向公司投资形成的股份。包括社会个人股和本公司内部职工个人股两种。

（4）外资股。这是指外国和中国港、澳、台地区的投资者，以购买人民币特种股票的形式，向公司投资形成的股份，又分为法人外资股和个人外资股。

（四）股份发行

股份的发行是指股份有限公司（包括设立中的公司）为筹集资本而分配或出售股份的行为。由于股份以股票为外在表现形式，所以股份的发行也就是股票的发行。

1. 股份发行的原则

《公司法》第126条规定，股份的发行，实行公平、公正的原则。具体而言，股份有限公司发行股份时应当做到：其一，当公司向社会公开募集股份时，应就有关股份发行的信息依法公开披露。其中，包括公告招股说明书，财务会计报告等。其二，同次发行的股份，每股的发行条件和价格应当相同。任何单位或者个人所认购的股份，每股应当支付相同价额。其三，发行的同种股份，股东所享有的权利和利益应当是相同的。

2. 股份发行的种类

依据发行主体和发行阶段的不同，股份发行可分为设立发行与新股发行。尚未成立的公司，为筹集成立公司所需资本而对外发行股份的行为，称为设立发行。新股发行是指已经成立的公司基于筹集资金、扩大经营规模等目的，再次发行股份的行为。

3. 股票的发行价格

《公司法》第127条规定，股票发行价格可以按票面金额，也可以超过票面金额即股票溢价发行，但不得低于票面金额发行股票。以超过票面金额发行股票所得溢价款，应列入公司资本公积金。

（五）股份的转让

1. 股份转让的一般原则

股份转让是股份有限公司的股东，依照法定的程序将自己所持有的公司股份让与他人，由受让人取得股份成为公司股东的行为。股份自由转让是各国公司法的普遍原则。《公司法》第137条规定："股东持有的股份可以依法转让。"所以在公司成立后，股东可以依照法律的规定转让股份，公司不得以章程、股东大会决议限制或禁止股份的转让。

2. 股份转让的法定限制

股份可以自由转让，但是为了保护公司、股东及债权人的利益，《公司法》对股份转让作了必要的限制，主要有以下 4 种情形：

（1）对股份转让场所的限制。依据《公司法》第 138 条的规定，股东转让其股份，应当在依法设立的证券交易场所进行或者按照国务院规定的其他方式进行。

（2）对发起人持有本公司股份转让的限制。依据《公司法》第 141 条第 1 款的规定，发起人持有的本公司股份，自公司成立之日起 1 年内不得转让；公司公开发行股份前已发行的股份，自公司股票在证券交易所上市交易之日起 1 年内不得转让。一是为了防止"发起人虚设公司，诈取利益"①，二是为了防止发起人利用信息不对称破坏证券市场秩序，损害其他投资者的利益。②

（3）对董事、监事、高级管理人员所持有本公司股份转让的限制。《公司法》第 141 条第 2 款规定："公司董事、监事、高级管理人员应当向公司申报所持有的本公司的股份及其变动情况，在任职期间每年转让的股份不得超过其所持有本公司股份总数的 25%；所持本公司股份自公司股票上市交易之日起一年内不得转让。上述人员离职后半年内，不得转让其所持有的本公司股份。公司章程可以对公司董事、监事、高级管理人员转让其所持有的本公司股份作出其他限制性规定。"为了防止董事、监事、高级管理人员利用职务之便，获取内幕信息，从事内幕交易，从而损害广大投资者的利益，置公司利益于不顾，所以《公司法》作出以上规定限制他们转让其所持有的股份。③

（4）公司股份回购与质押的限制。股份回购是指公司依法或者依照公司章程的规定从股东手中买回公司股份的行为。《公司法》第 142 条规定："公司不得收购本公司股份。"因为通常公司股份回购容易导致公司资本减少，违反公司资本维持原则，同时扰乱证券市场的交易秩序，损害投资者的利益，而且公司成为自己股份的持有人，会造成股东权利主体的混乱。④《公司法》第 142 条也规定："公司不得接受本公司的股票作为质押权的标的。"因为公司作为本公司股票的质押权人，很可能导致公司持有本公司股份，这是一种变相的股份回购。但根据《公司法》第 142 条的规定，有下列情形之一的，公司可以股份回购：（1）减少公司注册资本；（2）与持有本公司股份的其他公司合并；（3）将股份奖励给本公司职工；（4）股东因对股东大会作出的公司合并、分立决议持异议，要求公司收购其股份的。公司因上述第（1）项至第（3）项的原因收购本公司股份的，应当经股东大会决议。公司依照前款规定收购本公司股份后，属于第（1）项情形的，应当自收购之日起 10 日内注销；属于第（2）项、第（4）项情形的，应当在 6 个月内转让或者注销。公司依照第（3）项规定收购的本公司股份，不得超过本公司已发行股份总额的 5%；用于收购的资金应当从公司的税后利润中支出；所收购的股份应当在 1 年内转让给职工。

---

① 赖源河. 实用商事法精义 [M]. 台北：五南图书出版股份有限公司，2002：119；转引自王保树，崔勤之. 中国公司法原理 [M]. 北京：社会科学文献出版社，2006：231.
② 王保树，崔勤之. 中国公司法原理 [M]. 北京：社会科学文献出版社，2006：231.
③ 覃有土. 商法学 [M]. 北京：高等教育出版社，2008：197.
④ 覃有土. 商法学 [M]. 北京：高等教育出版社，2008：197.

3. 股份转让的方式

股份转让通过股票的转让实现。股份转让的方式因股票的记名与否而有所不同。记名股票，由股东以背书方式或者法律、行政法规规定的其他方式转让；转让后由公司将受让人的姓名或者名称及住所记载于股东名册。股东大会召开前 20 日内或者公司决定分配股利的基准日前 5 日内，不得进行前款规定的股东名册的变更登记。但是，法律对上市公司股东名册变更登记另有规定的，从其规定。无记名股票的转让，由股东将该股票交付给受让人后即发生转让的效力。

【案例 8-2】

中国第一只股票

1984 年 11 月 18 日，上海飞乐音响股份有限公司正式成立（人称"小飞乐"）。当日下午，《新民晚报》第一版刊登了此消息：上海飞乐音响公司 18 日开业接受个人和集体认购股票发行 1 万股，每股 50 元。当年 12 月，飞乐公司正式由上海静安证券营业部代理发行股票 1 万股，共计 50 万元。其中单位和个人的购买比例为各占 50%。由于静安营业部场地小，所以发行工作安排在飞乐公司，发行人员背着钱箱、股票箱，当场收钱、开票，售股工作基本顺利。

1986 年 11 月 14 日，美国纽约证券交易所的董事长约翰·范尔林先生访华。邓小平同志会见他时专门提到了中国也发行了股票。范尔林很高兴，随即向邓小平赠送了一枚纽约证券交易所的证章。按照国际惯例和中国礼节，中国领导人也必须回赠一件礼物。经再三考虑后，中国决定赠送范尔林先生一张股票。当时中国人民银行行长陈慕华和副行长刘鸿儒紧急从各地调来了股票样张，挑来选去，决定用 50 元面值的飞乐股票作为回赠。于是邓小平同志正式将一张飞乐股票赠给这位国际友人，由当时的中国人民银行上海市分行的领导周芝石亲自交给了范尔林。现在，这枚范尔林先生的"原始股"已永久陈列在纽约证券交易所的橱窗内。飞乐股份公司的"原始老外"股东范尔林先生，也永久地载入飞乐公司的花名册中。"小飞乐"成为第一张被外国人拥有的股票，范尔林成为中国上市公司中第一位外国股东。范尔林的这一股，通过多年的配送，一股变成了 3183 股，市值由 50 元变成最高时的 10.76 万元，回报率高达 2152 倍。

二、股东

（一）股东的概念

股东是股份有限公司的股份持有人。股东是股份有限公司存在的基础，没有股东，股份有限公司就无法存在。股东是公司的投资人，并不是公司的债权人。

股东与发起人、认股人既有联系，又有区别。发起人、认股人和股东都是公司股份的认购人，这是他们的相同之处。但发起人是在公司正式成立之前参加公司设立活动的人，认购公司股份是其发起行为的一个重要组成内容。在公司成立之前，发起人仅是公司筹备的负责人，只有到公司成立后，发起人才能转成公司股东。认股人是在公司发起人募集股份时依法认购所发行股份的人，在公司成立之前，认股人虽然已缴清了全部所认股份，仍不能成为股东，只有当公司正式成立后，认股人才真正成为公司的股东。除发起人、认股人外，任何在公司成立后基于转让、继承、赠与等受让公司股份的人都可以成为公司的股东。

（二）股东的权利

股东的权利是股东基于其股东资格对公司拥有的权利。股东权利的内容较为广泛。依照《公司法》的有关规定，股份有限公司的股东享有的权利主要有：

（1）出席或委托代理人出席股东大会会议的权利。股东有权亲自出席股东大会会议，也可以委托代理人出席股东大会会议，代理人应当向公司提交股东授权委托书。

（2）行使或委托代理人行使表决权。股东有权按照所持股份行使表决权，但公司持有的本公司股份没有表决权。股东可以委托代理人行使表决权，代理人应当在授权范围内行使。

（3）累积投票权。股东大会选举董事、监事，可以依照公司章程的规定或者股东大会的决议，实行累积投票制。所谓累积投票权，是指股东大会选举两名以上的董事或监事时，股东所持的每一股份拥有与当选董事或监事总人数相等的投票权，股东既可以用所有的投票权集中投票选举某一人，也可以分散投票选举数人，按得票多少依次决定董事人选的表决权制度。由此可见，累积投票权是股份有限公司的股东大会在投票表决一些重要事项时，例如选举董事或监事时，给予全体股东的一种与表决公司的其他一般事项所不同的特别表决权。累积投票权制度的意义在于限制大股东或控股股东对董事、监事选举过程的控制与操纵，有利于保护中小股东的利益。需要注意的是，我国《公司法》规定的累积投票权是任意性的，而非强制性的，即公司可以采用累积投票权制度，也可以不采用该制度，是否采用由公司章程作出规定或由股东大会作出决议。

（4）查阅权。股东有权查阅公司章程、股东名册、公司债券存根、股东大会会议记录、董事会会议决议、监事会会议决议、财务会计报告。

（5）建议、质询权。股东有权对公司的经营提出建议或者质询。股东大会要求董事、监事、高级管理人员列席会议的，董事、监事、高级管理人员应当列席并接受股东的质询。

（6）临时股东大会的请求召开权。单独或者合计持有公司10%以上股份的股东有请求召开临时股东大会的权利。

（7）自行召集、主持股东大会的权利。董事会不能履行或者不履行召集股东大会会议职责的，监事会应当及时召集和主持；监事会不召集和主持的，连续90日以上单独或者合计持有公司10%以上股份的股东可以自行召集和主持。

（8）股利分配权。股份有限公司公司弥补亏损和提取公积金后所余税后利润，按照股东持有的股份比例分配，但股份有限公司章程规定不按持股比例分配的除外。

（9）转让股份的权利。股东持有的股份可以依法转让。

（10）异议股东的股份回购请求权。根据我国《公司法》第143条的规定，股东因对股东大会作出的公司合并、分立决议持异议，有权要求公司收购其股份。

（11）对公司剩余财产的分配权。公司财产在分别支付清算费用、职工的工资、社会保险费用和法定补偿金，缴纳所欠税款，清偿公司债务后的剩余财产，股东有权按照持有的股份比例分配。

（12）临时提案权。单独或者合计持有公司3%以上股份的股东，可以在股东大会召开 10 日前提出临时提案并书面提交董事会；董事会应当在收到提案后 2 日内通知其他股东，并将该临时提案提交股东大会审议。临时提案的内容应当属于股东大会职权范围，并有明确议题和具体决议事项。

（13）对董事、高级管理人员提起诉讼的权利。我国《公司法》第 152 条规定："董事、高级管理人员违反法律、行政法规或者公司章程的规定，损害股东利益的，股东可以向人民法院提起诉讼。"

（14）提起代表诉讼的权利。《公司法》第 151 条规定，董事、监事、高级管理人员执行公司职务时违反法律、行政法规或者公司章程的规定，给公司造成损失的，应当承担赔偿责任。董事、高级管理人员有上述情形的，股份有限公司连续 180 日以上单独或者合计持有公司 1% 以上股份的股东，可以书面请求监事会向人民法院提起诉讼；监事有上述情形的，前述股东可以书面请求董事会向人民法院提起诉讼。监事会或者董事会收到前款规定的股东书面请求后拒绝提起诉讼，或者自收到请求之日起 30 日内未提起诉讼，或者情况紧急、不立即提起诉讼将会使公司利益受到难以弥补的损害的，前款规定的股东有权为了公司的利益以自己的名义直接向人民法院提起诉讼。他人侵犯公司合法权益，给公司造成损失的，本条第 1 款规定的股东可以依照前两款的规定向人民法院提起诉讼。

虽然《公司法》有这样的规定，但处于弱势一方的股东要状告公司却谈何容易？针对股东告状难的问题，于 2016 年通过、2017 年 9 月 1 日施行的《最高人民法院关于适用〈中华人民共和国公司法〉若干问题的规定（四）》第 1 条规定："公司股东、董事、监事等请求确认股东会或者股东大会、董事会决议无效或者不成立的，人民法院应当依法予以受理。"第 3 条规定，具有公司股东资格的原告请求确认股东会或者股东大会、董事会决议不成立、无效或者撤销决议的案件，应当列公司为被告，对决议涉及的其他利害关系人，可以依法列为第三人。

（15）请求法院解散公司的权利。《公司法》第 182 条规定，公司经营管理发生严重困难，继续存续会使股东利益受到重大损失，通过其他途径不能解决的，持有公司全部股东表决权 10% 以上的股东，可以请求人民法院解散公司。对于这一问题，于 2008 年 5 月通过的《最高人民法院关于适用〈中华人民共和国公司法〉若干问题的规定（二）》第 1 条规定："单独或者合计持有公司全部股东表决权百分之十以上的股东，以下列事由之一提起解散公司诉讼，并符合公司法第 182 条规定的，人民法院应予受理：（一）公司持续两年以上无法召开股东会或者股东大会，公司经营管理发生严重困难的；（二）股东表决时无法达到法定或者公司章程规定的比例，持续两年以上不能做出有效的股东会或者股东大会决议，公司经营管理发生严重困难的；（三）公司董事长期冲突，且无法通过股东会或者股东大会解决，公司经营管理发生严重困难的；（四）经营管理发生其他严重困难，公司继续存续会使股东利益受到严重损失的情形。"

（16）公司章程规定的其他权利。

（三）股东的义务

股东的义务是股东基于其股东资格对公司承担的义务。我国《公司法》规定，股份有限公司应履行的重要义务有：（1）遵守国家法律和行政法规的义务；（2）遵守公司章程的义务；（3）依其所认股份履行出资的义务；（4）公司成立后不得退股的义务；（5）

以其所持股份为限对公司债务承担责任；（6）公司章程规定的其他义务。

（四）股东名册

股东名册，亦称股东名簿，是指股份有限公司依据《公司法》的规定必须置备的用以记载股东及其所持股份事宜的簿册。《公司法》第130条规定："公司发行记名股票的，应当置备股东名册，记载下列事项：（1）股东的姓名或者名称及住所；（2）各股东所持股份数；（3）各股东所持股票的编号；（4）各股东取得股份的日期。发行无记名股票的，公司应当记载其股票数量、编号及发行日期。"

股东名册是股份有限公司依法必须置备的法定文件，对保障股东权益有着十分重要的意义。记名股票，由股东以背书方式或者法律、行政法规规定的其他方式转让；转让后由公司将受让人的姓名或者名称及住所记载于股东名册。如果未变更股东名册，即使持股人发生了变化，法律也推定股东名册上的股东为真正的股东。

【案例 8-3】

湖南首例股东知情权案

2012年6月，长沙市化学试剂玻璃仪器有限公司成立，柳某、郭某某等6名职工亦为股东。在经营过程中，部分股东质疑公司的财务状况。2014年9月，公司财务审计结果显示：公司存在购货发票未及时到账、报损固定资产处置情况无记载、"白条"较多等问题。于是，部分股东要求清查财务账簿及原始凭证，但遭到拒绝。这种态度引起了股东的不满。2016年3月9日，这6名股东将公司起诉至长沙市天心区法院，请求查阅公司成立以来财务会计报告、会计账簿、原始凭证和销售发票。法院判决，公司应于判决生效后5日内将其2012年成立以来至今的财务会计报告、会计账簿、原始凭证及销售发票提供给股东查阅。

第五节　股份有限公司的组织机构

一、股东大会

（一）股东大会的性质及其组成

股东大会为股份有限公司必须设立的机关，是股份有限公司的最高权力机关。但股东大会不是常设结构。股东大会由全体股东组成。

（二）股东大会的职权

股东大会的职权主要有两类：其一，审议批准事项。如审议批准董事会的报告；审议批准监事会的报告；审议批准公司的年度财务预算方案、决算方案；审议批准公司的利润分配方案和弥补亏损方案等。其二，决定、决议事项。如决定公司的经营方针和投资计划；选举和更换董事；决定有关董事的报酬事项；选举和更换由股东代表出任的监事，决定有关监事的报酬事项；对公司增加或减少注册资本作出决议；对发行公司债券作出决议；对公司合并、分立、解散和清算等事项作出决议，修改公司章程等。公司法关于有限责任公司股东会职权的规定适用于股份有限公司的股东大会。

（三）股东大会的召开

股东大会分为年会和临时股东大会两种。年会应当每年召开一次。通常在每个会计年度终了后 6 个月内召开。临时股东大会则应在有下列情况之一时 2 个月内召开：（1）董事人数不足《公司法》规定的人数或者公司章程规定的人数的 2/3 时；（2）公司未弥补的亏损达到实收股本总数的 1/3 时；（3）单独或合计持有公司股份 10% 以上的股东请求时；（4）董事会认为必要时；（5）监事会提议召开时。

股东大会会议由董事会负责召集，董事长主持会议，董事长不能履行职务或者不履行职务时，由副董事长履行职务；副董事长不能履行职务或者不履行职务时，由半数以上董事共同推举一名董事主持。

召开股东大会会议，应在会议召开的 20 日前通知各股东。通知中应写明股东大会会议将审议的事项，股东大会会议召开的日期和地点等。临时股东大会不得对通知中未列明的事项作出决议。股份有限公司发行无记名股票的，应于股东大会召开的 30 日前进行公告。无记名股票的股东要出席股东大会的，必须于会议召开 5 日以前至股东大会闭会时将股票交存于公司，否则不得出席会议。

（四）股东大会的决议

股东出席股东大会会议，所持每一股份有一表决权。但是公司持有的本公司的股份没有表决权。

股东大会的决议实行股份多数决定的原则。所谓股份多数决定原则，是指股东大会依持有多数股份的股东的意志作出决议。股东大会决议实行股份多数表决原则，必须具备两个条件：一是要有代表股份多数的股东出席，二是要有出席会议的股东所持表决权的多数通过。股东大会作出决议，必须经出席会议的股东所持表决权过半数通过，但是股东大会作出修改公司章程、增加或者减少注册资本的决议以及公司合并、分立、解散或者变更公司形式的决议，必须经出席会议的股东所持表决权的 2/3 通过。公司转让、受让重大资产或者对外提供担保等事项必须经股东大会作出决议的，董事会应当及时召集股东大会会议，由股东大会就上述事项进行表决。

股东大会对所议事项的决定应当作成会议记录，主持人、出席会议的董事应当在会议记录上签名。会议记录应当与出席股东的签名册及代理出席的委托书一并保存，供股东查阅。

股东大会必须按照法定的召集方法召集，并依照法定的决议方法通过内容不违法的决议。具备该条件的决议，才具有法律效力。如果股东大会的决议违法，股东有权通过诉讼途径请求法院宣告决议无效或撤销决议。

二、董事会、经理

（一）董事会的性质及其组成

董事会是股份有限公司必设的业务执行和经营意思决定机构，对股东大会负责。董事会是公司的常设机构。

董事会由全体董事组成。董事会成员为5~19人。董事的产生有两种情况：在公司设立时，采取发起方式设立的公司，董事由发起人选举产生；采取募集方式设立的公司，董事由创立大会选举产生。公司成立后，董事由股东大会选举产生。

董事会设董事长1人，可以设副董事长。董事长和副董事长由董事会以全体董事的过半数选举产生。董事长可以为公司的法定代表人。董事长主持股份有限公司股东大会会议和董事会会议，为会议主席。

董事的任期由公司章程规定，但每届任期不得超过3年。董事任期届满，连选可以连任。董事在任期届满前，股东大会不得无故解除其职务。

（二）董事会的职权

股份有限公司董事会的职权适用《公司法》关于有限责任公司董事会的职权的规定。包括：（1）负责召集股东大会，并向股东大会报告工作；（2）执行股东大会的决议；（3）决定公司的经营计划和投资方案；（4）制订公司的年度财务预算方案、决算方案；（5）制订公司的利润分配方案和弥补亏损方案；（6）制订公司增加或减少注册资本的方案以及发行公司债券的方案；（7）拟订公司合并、分立、解散的方案；（8）决定公司内部管理机构的设置；（9）聘任或者解聘公司高级管理人员，根据高级管理人员的提名，聘任或者解聘公司副高级管理人员、财务负责人，决定其报酬事项；（10）制定公司的基本管理制度等。

（三）董事会会议的召开

股份有限公司的董事会会议分为定期会议和临时会议两种。董事会定期会议，每年度至少召开两次会议，每次应于会议召开10日以前通知全体董事和监事；董事会召开临时会议，其会议通知方式和通知时限，可由公司章程作出规定。董事会会议由董事长负责召集。董事长不能履行职务或者不履行职务的，由副董事长履行职务；副董事长不能履行职务或者不履行职务的，由半数以上董事共同推举一名董事履行职务。

股份有限公司董事会会议应有过半数的董事出席方可举行。董事会作出决议，必须经全体董事过半数通过。董事会决议的表决，实行一人一票。董事会会议的结果表现于董事会决议之中。董事会应当对会议所议事项的决定作成会议记录，由出席会议的董事和记录员在会议记录上签名。董事应当对董事会的决议承担责任。董事会的决议违反法律、行政法规或者公司章程，致使公司遭受严重损失的，参与决议的董事对公司负赔偿责任。但经证明在表决时曾表明异议并记载于会议记录的，该董事可以免除责任。

（四）经理

经理是对股份有限公司日常经营管理负有全责的高级管理人员，由董事会聘任或解聘，对董事会负责。《公司法》第49条关于有限责任公司经理职权的规定适用于股份有限公司的经理。

三、监事会

（一）监事会的性质及其组成

监事会是股份有限公司必设的监察机构，对公司的财务及业务执行情况进行监督。监事会由监事组成，其人数不得少于3人。监事的人选由股东代表和公司职工代表构成，其中职工代表的比例不得低于 1/3。股东代表由股东大会选举产生；职工代表由公司职工民主选举产生。监事会设主席 1 人，可以设副主席。监事会主席、副主席由全体监事过半数选举产生。监事的任期每届为 3 年，监事任期届满，连选可以连任。

（二）监事会的职权

《公司法》第 54、55 条关于有限责任公司监事会职权的规定，适用于股份有限公司监事会。

四、上市公司组织机构的特别规定

（一）上市公司的含义

上市公司是指所发行的股票经国务院或者国务院授权证券管理部门批准在证券交易所上市交易的股份有限公司。上市公司的股票依照法律、行政法规及证券交易所的交易规则上市交易。

（二）上市公司的特别决议

上市公司在一年内购买、出售重大资产或者担保金额超过公司资产总额 30% 的，应当由股东大会作出决议，并经出席会议的股东所持表决权的 2/3 以上通过。

（三）独立董事的设置

上市公司的独立董事是指不在公司担任除董事外的其他职务，并与其所受聘的上市公司及其主要股东不存在可能妨碍其进行独立客观判断的关系的董事。独立董事对上市公司及全体股东负有诚信与勤勉义务。独立董事应当按照相关法律法规和公司章程的要求，认真履行职责，维护公司整体利益，尤其要关注中小股东的合法权益不受损害。独立董事独立履行职责，不受上市公司主要股东、实际控制人或者其他与上市公司存在利害关系的单位或个人的影响。

（四）董事会秘书的设置

上市公司设董事会秘书，负责公司股东大会和董事会会议的筹备、文件保管以及公司股东资料的管理，办理信息披露事务等事宜。

（五）董事对关联关系表决的回避

上市公司董事与董事会会议决议事项所涉及的企业有关联关系的，不得对该项决议行使表决权，也不得代理其他董事行使表决权。该董事会会议由过半数的无关联关系董事出席即可举行，董事会会议所作决议必须经无关联关系董事过半数通过。出席董事会的无关联关系董事人数不足 3 人的，应将该事项提交上市公司股东大会审议。

【难点追问】

1. 发起人在公司设立中应承担哪些责任？

提示：在设立公司的过程中，发起人应承担下列责任：（1）缴纳担保责任；（2）差额填补责任；（3）对债务和费用的连带责任；（4）对返还股款加息的连带责任；（5）对公司的损害赔偿责任。

2. 股份有限公司的股票与有限责任公司的出资证明书有何区别？

提示：股票与出资证明书有以下不同：（1）票面金额的表现不同；（2）是否为记名

形式;（3）可否流通。

3. 使用累积投票制对股份公司的公司治理有什么意义？

提示：使用累积投票制对股份公司的公司治理主要有以下意义：（1）它通过投票数的累积计算，扩大了股东的表决权的数量。通过这种局部集中的投票方法，能够使中小股东选出代表自己利益的董事。（2）采取累积投票制度可以缓冲大股东利用表决权优势产生的对公司的控制，增强小股东在公司治理中的话语权，有利于公司治理结构的完善。

【思考题】

1. 股份有限公司有哪些特征？

2. 股份有限公司的设立方式有哪几种？

3. 设立股份有限公司应当具备哪些条件？

4. 股份有限公司增资的方式有哪几种？

5. 对股份可以作哪些分类？

6. 股票有哪些特征？

7. 试述《公司法》对股份有限公司股份转让的限制性规定。

8. 股份有限公司的股东有哪些权利？

9. 简述股东大会、董事会、监事会的职权。

第九章　公司变更、终止

【学习目的与要求】

通过本章的学习，要求重点掌握公司合并分立的概念、形式与程序、法律效力；公司组织形式转换的概念、形式、转换条件与程序；公司解散的原因与效力；公司清算的概念、程序、清算组成员的职权与职责。

【知识结构简图】

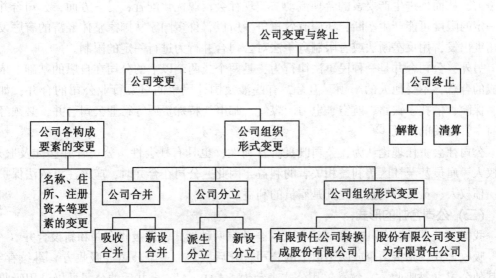

第一节　公司的变更

公司变更是指公司组织要素的变化和公司组织形式的更改。① 公司组织要素的变化是依照法律对公司各个构成要素的变化，包括公司的名称、住所、法定代表人、注册资本、公司类型、经营范围、营业期限、股东的姓名或名称等内容的变更。公司组织形式的更改有广义和狭义之分。广义的公司组织形式的更改包括公司的合并、公司的分立、组织形式的转换。狭义上的公司组织形式的变更仅指组织形式的转换。本章所指的公司变更指广义

———————————————

① 沈贵明. 公司法学 [M]. 北京：法律出版社，2003：262.

147

的公司组织形式的更改，即指公司的合并、公司的分立、组织形式的转换。

【案例 9-1】

燎原石油有限公司由甲、乙股东投资设立，远大石油有限公司由丙、丁投资设立。之后，燎原石油有限公司被远大石油有限公司合并，股东为甲、乙、丙、丁。合并前，燎原石油有限公司有 500 万元的债务尚未偿还。合并后，应由谁偿还？①

一、公司的合并

（一）公司合并概述

公司合并，是指两个或两个以上的公司依法达成合意，依照法定要求和程序，归并为一个公司或创设一个新的公司的法律行为。

公司合并是在市场经济条件下，公司经营过程中经常发生的行为。一方面，公司借助合并可以使公司迅速进入新的经营领域、调整组织结构与产品结构、扩大公司规模，增强竞争力，从而促进生产要素的合理流动、实现社会资源优化配置；另一方面，公司合并超过一定的限度可能产生垄断，妨碍有效竞争。所以，许多国家从国家整体经济的有序发展的角度出发，用反垄断法或者限制竞争法对公司合并行为进行一定的限制。

另外，公司合并是一种民事法律行为，是两个或两个以上的公司在自愿的基础上依法达成的合意，不受他人的干预。但是，有些涉及国计民生的重要行业公司的合并，如银行、保险、信托、铁路、航空、电力、煤气、邮电、特殊资源等行业公司合并，必须经过政府主管机关的审批。②

公司社会责任理论认为，公司既具有营利性，也具有社会性。公司合并会涉及股东、债权人、雇员甚至社区等利益相关者的利益，因此，公司在合并时，应该注意依法保护股东、债权人、员工的利益，尤其是雇员的利益。

（二）公司合并的形式

我国《公司法》第 172 条规定，公司合并有两种形式，即吸收合并和新设合并。

吸收合并，是指两个或两个以上的公司合并后，其中一个公司（吸收方）继续存续，而其他公司（被吸收方）解散。用公式表示为：A+B=A′。合并后的公司虽仍沿用吸收方公司的名称，但因被吸收方的公司财产及债权、债务、乃至股东都归属于吸收方公司，故其已不同于合并前的吸收方公司，应该到公司登记管理机关办理变更登记。而被吸收方公司应该办理注销登记。

新设合并，是指两个以上公司合并设立一个新的公司，合并各方解散。新设合并的公式可以表示为：A+B=C。在这种合并中，原各公司解散，应该办理注销登记，使其法人资格归于消灭。与此同时，一个具有独立法人资格的新公司得以创设，应该办理设立登记。

---

① 林嘉. 商法练习题 [M]. 北京：中国人民大学出版，2009：100.
② 雷兴虎主编. 公司法学 [M]. 北京：北京大学出版社，2006：264.

（三）公司合并的程序

我国《公司法》第 173 条规定，公司合并应依下列程序进行：

1. 合并各方草签合并协议

合并各方公司的董事会就合并事宜进行接触、沟通、协商，以达成共识，并就合并事项形成协议。由于公司合并属于股东会决议的事项，故该草签的协议在股东会形成决议之前并不具有最终的法律效力。

2. 股东会作出合并决议

合并各方股东会根据合并公司的董事会或执行董事提出合并方案以及草签的合并协议，作出是否合并的决议。根据我国《公司法》的规定，公司合并是公司的重大事项，须由股东会特别决议通过，即有限责任公司股东会对公司合并作出决议，必须经代表 2/3 以上表决权的股东通过；国有独资公司的合并应由国有资产监督管理机构决定；股份有限公司股东大会对公司合并作出决议，必须经出席会议的股东所持表决权的 2/3 以上通过。

3. 正式签订合并协议或者确认合并协议效力

若第一步草签的合并协议只是各合并方所达成的初步合并意向，在股东会作出合并决议后，合并各方应该协商确定合并的具体内容并正式签订合并协议；如果第一步草签的合并协议的内容已经很详尽，只是附生效条件的协议，待条件具备后（即股东大会决议通过或给予确认），该协议即发生效力。

4. 编制资产负债表和财产清单

合并各方应编制资产负债表和财产清单，以供债权人查询及合并中使用。

5. 通知和公告债权人及债权人保护

公司合并涉及参与合并各公司的法人资格存续及公司财产变化，为了保护债权人的利益，各国公司法都在公司合并程序中规定了对债权人的保护程序。我国《公司法》第 173 条规定，公司应当自作出合并决议之日起 10 日内通知债权人，并于 30 日内在报纸上公告。债权人自接到通知书之日起 30 日内，未接到通知书的自公告之日起 45 日内，可以要求公司清偿债务或者提供相应的担保。

6. 实施合并

完成了对债权人的催告及保护程序后，合并进入实施阶段，相关各方进行资产的合并及财产的转移。其中主要涉及相关股东权益、资产的价值评估及认定、股东权及股份的量化与确认、股份的转换标准等。

7. 办理合并登记手续

上述程序完成后，最后由参与合并的各公司据合并的具体情况进行相应的登记手续。我国《公司法》第 179 条规定，公司合并或者分立，登记事项发生变更的，应当依法向公司登记机关办理变更登记；公司解散的，应当依法办理公司注销登记；设立新公司的，应当依法办理公司设立登记。

（四）公司合并的效力

公司合并是公司资产的重新配置，其效果直接关系到公司债权人利益的实现。公司合并发生下列法律效果：

1. 公司的法人资格发生变化

根据公司合并的不同情况，公司法人资格发生了变化，可以分为以下三种情况：第一种情况，公司法人资格的消灭。在吸收合并的情形下，被吸收方归入吸收方公司，被吸收公司解散，其法人资格消灭。在新设合并情形下，原来所有公司因合并而解散，故其法人资格消灭。第二种情况，公司法人资格的变更。在吸收合并的情形下，吸收方公司法人资格虽然继续存续下来，但由于其吸收了被吸收方公司的财产和债权、债务、股东等，法人资格的实质内容已经发生变化，需要进行相应变更。第三种情况，公司法人资格的创设，在新设合并情形下，合并后设立了新公司，创设新的公司法人资格。

2. 权利和义务的概括承受

合并后，存续的公司及新设立的公司对合并中消灭的公司的权利义务必须概括承受，即不仅承受其积极财产还应该承受如债务等消极财产。我国《公司法》第174条规定，公司合并时，合并各方的债权、债务，应当由合并后存续的公司或者新设的公司承继。

3. 股东资格的承继

合并后，被吸收的公司或者被解散的公司的股东成为合并后存续公司或者新设公司的股东。

二、公司的分立

（一）概念及形式

公司的分立是指一个公司依法分为两个或两个以上的公司。

公司分立的形式也分为两种，派生分立和新设分立。

派生分立是指公司将其部分财产或业务分离而设立一个或数个新公司，原公司继续存在。基本形式为：A = A′+B。在派生分立中，原公司虽然继续存续，但是其注册资本、生产规模、业务范围、股东人数等都发生了变化，应该按照公司法的要求办理变更登记。

新设分立是指公司将其全部财产分别归入两个或两个以上的新设公司，原公司解散。基本形式为：A = B+C。新设分立是以原公司法人资格消灭为前提，因此原公司应该办理注销登记手续，新公司的设立应该符合《公司法》的设立要求和程序，并办理设立登记手续。

（二）公司分立的程序

公司分立，必须按照法定程序进行。根据我国《公司法》的规定，公司分立应当依照下列程序进行。

（1）提出分立方案。公司的分立方案由公司的董事会或者执行董事提出。

（2）订立分立协议。无论是派生分立还是新设分立，在分立之初均应当由分立各方签订分立协议。

（3）股东会作出分立决议。董事会作出公司分立决议并订立分立协议后，必须提交股东会进行表决。公司分立的决议属于特别决议，必须经由出席股东会议的股东所持表决权的2/3以上通过。股东不同意分立的，有权根据异议股东股权收购请求权，请求公司购买其持有的股份。

（4）编制资产负债表及财产清单。

（5）通知和公告债权人。公司分立，应当公司应当自作出分立决议之日起10日内通知债权人，并于30日内在报纸上公告。

（6）财产作相应的分割。

（7）办理分立登记。因分立而存续的公司，进行变更登记；因分立而消灭的公司，进行注销登记；因分立而设立的公司，进行设立登记。

（三）公司分立的效力

1. 公司的存续、解散与新设

派生分立情况下，原公司继续存续，但需要进行变更登记，分出去部分组成的新公司需要依公司法办理设立登记。新设分立情形下，原公司解散，须办理注销登记，法人资格消灭，新设立的公司须办理设立登记，获得新的法人资格。

2. 债务的承担

我国《公司法》第176条规定，公司分立前的债务由分立后的公司承担连带责任。但是，公司在分立前与债权人就债务清偿达成的书面协议另有约定的除外。

3. 股东资格的变化

派生分立情形下，一部分股东从原公司分离出来，成为新设立公司的股东；在新设分立情形下，原公司解散，股东资格随之丧失，获得相应新公司股东资格。

三、公司组织形式转换

（一）概念

公司组织形式转换是指在公司法人资格继续存续的前提下，将公司由一种公司形式变更为另一种公司形式。

不同的公司组织形式有各自的优缺点和针对性。公司在经营过程中，随着公司资本结构、规模及业务范围等发生变化，可能出现原来的公司组织形式不符合实际需要的情况，需要在不中断公司法人资格的前提下及时调整公司组织形式。各国公司法也都规定，公司无须解散原公司，在不中断公司法人资格的情况下，依照法定程序进行公司组织形式的转换。

（二）我国《公司法》关于公司组织形式转换的规定

我国《公司法》第9条规定，有限责任公司转换为股份有限公司，应当符合本法规定的股份有限公司的条件。股份有限公司转换为有限责任公司，应当符合本法规定的有限责任公司的条件。有限责任公司转换为股份有限公司，或者股份有限公司转换为有限责任公司的，公司转换前的债权、债务由转换后的公司承继。

1. 公司组织形式转换的种类

《公司法》第9条明确规定了股份有限公司与有限责任公司之间可以相互转换。

2. 公司组织形式转换的要件与程序

公司成立后要实现法律允许的不同组织形式之间的转换，必须先满足《公司法》对转换后的公司类型规定的设立条件。如有限责任公司转换为股份有限责任公司的，必须先符合我国《公司法》第76条对股份有限责任公司规定的设立条件，即对股东人数、最低注册资本额、公司章程、公司名称、组织机构、公司住所等的要求；另外，折合的股份总额应当等于公司的净资产额；若增加资本向社会公开募集股份时，应当依照《公司法》有关向社会公开募集股份的规定办理。股份有限责任公司转换为有限责任公司的则须符合我国《公司法》第23条对有限责任公司规定的设立条件。

公司组织形式变更的程序有如下几步：首先应由公司董事会拟订转换方案，交由股东会决议，进行实质转换，最后到公司登记管理机关办理变更登记手续。

3. 公司组织形式转换的效力

对实施转换的公司而言，虽然公司的名称、章程、注册资本、企业类型等登记事项会发生变化，但公司的法人资格没有中断，其营业记录应连续计算。另外，对公司债权、债务的效力，《公司法》第9条规定，公司依法变更的，原公司的债权、债务由变更后的公司承继。

第二节　公司的终止

【案例 9-2】

2017年4月，甲有限责任公司由于市场黯淡，欲解散。4月15日，该公司召开了股东会，以出席会议的股东所持表决权的半数通过决议解散公司。4月20日，股东会选任5名董事组成清算组。清算组成立后于6月5日正式启动清算工作，将公司解散及清算事项分别通知公司债权人，并于6月25日分别在报纸上进行了公告。在申报债权期间，由于债权人乙公司的法人代表丙与清算组的丁董事私交甚密，在丁董事的安排下，甲公司用其一栋厂房的产权偿还了对乙公司的200万元债务。① 请问：

1. 该公司关于解散的决议是否合法？

2. 甲公司能否由股东会委托董事组成清算组？

3. 该公司在清算中有关保护债权人的程序是否合法？

4. 如丁的行为给其他债权人造成了损失，丁应该承担怎样的责任？

一、公司终止概述

公司终止是指公司根据法定的程序彻底结束经营活动并使公司的法人资格归于消灭的事实状态，是公司退出市场并消灭主体资格的法律制度，主要体现为公司的解散和公司的清算。公司因法定事由的发生解散时，公司法人资格并未消亡，需要通过法定的清算程序，处理公司剩余财产和尚未了结的各种公司事务，完成之后，经过公司登记管理机关注销登记，公司即终止。

二、公司解散的概念

公司解散是指公司因发生法律或章程规定的解散事由而停止其积极的业务活动，并开始处理未了结事务，逐渐终止其法人资格的法律行为。公司解散与公司终止是两个不同的

---

① 林嘉. 商法练习题 [M]. 北京：中国人民大学出版社，2009：103.

概念。公司终止是公司法人资格的消灭，而公司解散时，公司法人资格并未消亡，需要通过法定的清算程序，处理公司剩余财产和尚未了结的各种公司事务，待完成之后，并至公司登记管理机关注销登记，才意味着公司的终止，即法人资格消灭。所以公司解散是公司终止的必经程序。

（一）公司解散的事由

公司解散事由就是公司解散的原因，有自愿解散和强行解散之分。我国《公司法》第180条规定了五项事由，其中前三项事由是公司自愿解散，后两项属于被司法机关或者行政机关强行解散。具体如下：

1. 公司章程规定的营业期限届满或者公司章程规定的其他解散事由

我国《公司法》并未将公司营业期限纳入公司章程的必要记载事项，但如果在公司章程中订有营业期限的，没有按照法律修订章程，延长营业期限的，公司应当解散。为了体现当事人的意思自治，在不违背法律的前提下，《公司法》允许在公司章程规定的其他解散事由，如公司设立的宗旨达成或者根本无法实现、公司的经营条件发生重大改变等。这些事由出现时，无须股东会或股东大会另行作出解散决议，即可解散公司。当公司章程规定的营业期限届满或者公司章程规定的其他解散事由出现，公司应当解散而股东不愿解散的情况下，《公司法》第181条规定，可以通过修改公司章程使公司继续存续。

2. 股东会或者股东大会决议解散

虽无法定或章程规定的解散事由出现，公司在经营过程中认为必要时，可以随时通过股东会或股东大会作出解散公司的决议。由于公司解散是公司的重大事项，因此在股东会或股东大会决议时，有限责任公司必须经过代表2/3以上表决权的股东通过；股份有限公司必须经出席股东大会的股东所持表决权的2/3通过。

3. 因公司合并或者分立需要解散

公司的合并分立会导致部分公司的解散。如吸收合并时，被吸收公司解散；新设合并时，合并各方解散；新设分立时，原公司解散。

4. 依法被吊销营业执照、责令关闭或者被撤销

国家为维护经济秩序对公司的经营活动予以监督与管理，当公司设立或者营业行为违反法律、法规时，有关行政管理机关可以给予依法责令关闭、吊销营业执照或者予以撤销公司的行政处罚。

5. 由法院依法对公司予以解散

由法院依法宣告公司解散一般是指公司的破产解散。当公司不能清偿到期债务，达到破产界限时，债权人或者债务人，可以向法院申请公司破产。法院作出破产宣告之日，公司即解散。另外，《公司法》第182条规定，公司经营管理发生严重困难，继续存续会使股东利益受到重大损失，通过其他途径不能解决的，持有公司全部股东表决权10%以上的股东，可以请求人民法院解散公司。

（二）公司解散的效力

公司解散虽并未消灭公司法人资格，但已产生一系列法律后果。首先，公司解散是为进行清算的目的而使公司的人格继续存续，故此时公司的权利能力受到限制，不能进行任何与清算无关的经营活动。其次，公司解散应立即进入清算程序。最后，公司进入清算后，公司原来的代表机关和业务执行机关不得代表公司行使职权，由清算人代表公司进行与清算有关的活动。

三、公司的清算

（一）公司清算的概念

公司清算是指公司解散后，终结公司现存法律关系，处理其剩余财产，是公司法人资格归于消灭的法律程序。

公司解散与公司清算都是公司终止、法人资格归于消灭的必经程序。公司解散使公司停止生产经营，但已存在的债权债务关系尚未了结，法人资格也未消灭。公司清算正是完结尚存的债权债务关系，处置剩余财产，最终消灭公司法人资格的法律制度。

公司合并和公司分立程序中已经存在对公司现有财产和债权债务的关系进行清理的程序，因此，由公司合并、分立引起公司解散无须经过清算程序。公司因宣告破产而解散，应按《企业破产法》的规定实行破产清算。除此之外的其他原因公司解散都应依照《公司法》规定的清算程序进行清算。

公司在清算期间法人资格继续存续，但权利能力受到了限制，不得开展与清算无关的经营活动。

（二）公司清算的种类

1. 破产清算与正常清算

根据是否存在破产的情形，清算可以分为破产清算与正常清算。破产清算是指公司不能偿还到期债务被依法宣告破产时，所适用的特定清算程序。正常清算也称非破产清算，是在公司资产足以清偿全部债务的情形下进行的清算。

两者相较，有如下不同：（1）发生的原因不同。破产清算发生的原因是公司不能偿还到期债务被依法宣告破产。正常清算适用于一切非破产原因引起的清算，既包括自愿解散也包括强制解散。（2）清算人的选任不同。破产清算的清算组成员由法院决定。正常清算的清算组成员，有限责任公司一般由股东组成，股份有限公司由董事或者股东大会确定的人员组成，逾期不成立清算组进行清理清算的，债权人可以申请法院指定有关人员组成清算组。（3）适用清算程序不同。破产清算适用破产清算程序，正常清算适用一般清算程序。破产清算为了保护债权人的利益，在资不抵债状况下，使公司有限的财产在债权人之间公平的清偿，程序较为复杂。正常清算一般是在资产足以清偿债务的状况下进行的，程序较为简单。（4）程序的性质和适用的法律不同。破产清算是由法院选任清算组组成人员，法院对整个破产清算程序实施监督，属于诉讼程序，并且适用《企业破产法》。正常清算，法院介入较少，不是诉讼程序，适用于《公司法》。

另外，正常清算可以转化为破产清算。我国《公司法》第187条规定，清算组在清理公司财产、编制资产负债表和财产清单后，发现公司财产不足以清偿债务的，应当依法向人民法院申请宣告破产。经人民法院裁定宣告破产后，清算组应当将清算事务移交给人民法院。

2. 任意清算与法定清算

依照清算是根据公司自行确定的程序还是依照法定程序进行，可以分为任意清算与法定清算。任意清算是在公司自愿解散的情况下，依照公司章程的规定或者股东的意志进行的清算，体现意思自治的原则。法定清算是必须按照法律规定的程序进行的清算，其目的主要是保护债权人的利益。

3. 普通清算与特别清算

法定清算又可以分为普通清算和特别清算。普通清算是指由公司自行依法组织清算组按照法定清算程序清算。特别清算是指当公司实行普通清算有显著困难时，由法院或者行政机关指定有关人员组成清算组进行清算。特别清算之中，法院或者行政机关进行了一定的介入。如我国《公司法》第183条规定，有限责任公司的清算组由股东组成，股份有限公司的清算组由董事或者股东大会确定的人员组成。逾期不成立清算组进行清算的，债权人可以申请人民法院指定有关人员组成清算组进行清算。人民法院应当受理该申请，并及时组织清算组进行清算。

(三) 公司清算的程序

我国《公司法》对公司清算的程序作了系统的规定。

1. 确定清算人员、设立清算组

《公司法》第183条规定，除了因合并、分立引起的公司解散无须清算外，应当在解散事由出现之日起15日内成立清算组，开始清算。有限责任公司的清算组由股东组成，股份有限公司的清算组由董事或者股东大会确定的人员组成。逾期不成立清算组进行清算的，债权人可以申请人民法院指定有关人员组成清算组进行清算。人民法院应当受理该申请，并及时组织清算组进行清算。

2. 公告通知债权人

《公司法》第185条规定，清算组应当自成立之日起10日内通知债权人，并于60日内在报纸上公告。债权人应当自接到通知书之日起30日内，未接到通知书的自公告之日起45日内，向清算组申报其债权。债权人申报债权，应当说明债权的有关事项，并提供证明材料。清算组应当对债权进行登记。

3. 清理公司财产

清算组对债权人进行登记之后，分配财产之前需要清理公司财产、编制资产负债表和财产清单，然后制订清算方案，并报股东会、股东大会或者人民法院确认。如果清算组在清理公司财产、编制资产负债表和财产清单后发现公司财产不足以清偿债务的，应当依法向人民法院申请宣告破产。由于破产清算与公司正常清算在清算人组成、适用的法律与程序都有所不同，经人民法院裁定宣告破产后，清算组应当将清算事务移交给人民法院。

4. 分配公司财产

《公司法》第186条规定，公司财产的分配有一定的顺序，首先用于清算费用、职工的工资、社会保险费用和法定补偿金，缴纳所欠税款的支付，然后再清偿公司债务。清偿公司债务后仍有剩余财产的情况下，才能按照股东的出资比例或者所持股份比例分配，未按上述顺序清偿前，不得分配给股东。

5. 制作清算报告，报股东会确认

《公司法》第188条规定，公司清算结束后，清算组应当制作清算报告，报股东会、股东大会或者人民法院确认。

6. 注销登记并公告

《公司法》第188条规定，公司的清算报告确认后，清算组应将报告报送公司登记机关，申请注销公司登记，公告公司终止。由此，公司法人资格才归于消灭。

（四）清算组的职权与职责

1. 清算组的职权

根据我国《公司法》第184条的规定，清算组在清算期间行使下列职权：

（1）清理公司财产，分别编制资产负债表和财产清单。

（2）通知、公告债权人。

（3）处理与清算有关的公司未了结的业务。

（4）清缴所欠税款以及清算过程中产生的税款。

（5）清理债权、债务。

（6）处理公司清偿债务后的剩余财产。

（7）代表公司参与民事诉讼活动。

2. 清算组成员的职责

为了约束清算组成员的行为，我国《公司法》第189条规定了清算组成员的相关职责。首先，清算组成员应当忠于职守，依法履行清算义务。其次，清算组成员不得利用职权收受贿赂或者其他非法收入。再者，清算组成员不得侵占公司财产。另外，若清算组成员因故意或者重大过失给公司或者债权人造成损失的，应当承担赔偿责任。

【难点追问】

1. 公司合并与兼并、收购的联系和区别。

兼并与收购不是法律上的概念，兼并的主体既可以是公司也可以是非公司企业，当被兼并的公司丧失主体资格时，兼并的含义与公司合并中的吸收合并意义相同。此外，兼并还可以通过收购，达到控制该企业的目的，仅更换实际控制人，被收购的企业主体资格并不消亡。收购是经济主体之间进行产权交易的一种方式，无论是兼并还是合并都可以采用收购的方式。收购有两种主要方式，要么收购股权，要么收购资产，以达到控制被收购方的目的或者使被收购方并入收购方后主体资格消灭。

2. 清算中公司的法律地位。

公司解散并不意味着公司的消灭，只有清算完结时，进行了注销登记，公司人格才正式归于消灭。因此，在清算过程中，虽然公司不能进行积极的经营业务，只能从事与清算有关的债权债务的清理和清偿活动，但在此期间，公司原法人资格是仍然存续的，清算组也只能以原公司法人名义对外享有民事权利、承担民事义务。

【思考题】

1. 简述公司变更的各种情形。

2. 试述公司合并和分立的形式及其效力。

3. 简述公司解散的原因。

4. 简述公司解散的法律后果。

5. 简述公司清算的基本程序。

6. 简述破产清算与正常清算的区别。

第十章 公司证券

【学习目的与要求】

  通过本章的学习，要重点理解并熟练掌握股票和公司债券的概念、特征、种类及其异同。本章难点在于对实务中关于发行和上市的法律规定的理解和运用，对其他问题有一般的了解即可。

【知识结构简图】

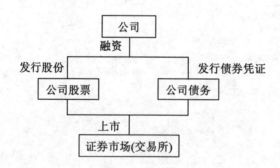

第一节　公司证券概述

一、证券

  证券是商品经济的产物，是权利证券化的结果。所谓证券，是指各类记载并代表一定权利的书面凭证。证券是一个外延很广的概念，通常包括金券（邮票）、资格证券（车船票）、证据证券（借据）和有价证券。而实践中证券一般是指有价证券。

  有价证券往往代表着一定的财产权利，是表明持券人享有一定的经济权益的书面凭证。包括资本证券、货币证券和实物证券。实物证券是证明持券人享有特定货物请求权的书面凭证，如提单、仓单等。货币证券是证明持券人享有一定金额货币请求权的书面凭证，可以替代货币进行支付和结算，如汇票、本票和支票等。而资本证券表明证券持有人对一定本金带来的收益享有请求权。如股票、债券等。资本证券是有价证券的主要形式，狭义的有价证券专指资本证券。

  资本证券是一种"虚拟资本"，即以有价证券形式存在的，能给投资者带来收益的资本。它是指资金的需求者通过直接融资方式从资金供应者处直接获得资金后，向其签发的证券。投资者持有资本证券，即可获得投资收益，如股利、利息、基金收益等。一般来说，资本证券具有三个特征：第一，资本证券是一种投资凭证。投资者权利由证券记载，并凭借证券获取投资收益。第二，资本证券是一种权益凭证，体现一定的权利。如股票体现的是股权，债券代表着债权。第三，资本证券可以自由转让，即具有流通性。

按证券发行主体不同，资本证券又可以分为政府证券、金融证券和公司证券。政府证券是政府为了筹集财政资金或建设资金，以国家或政府信誉为担保，按照一定程序发行的证券。金融证券由商业银行或非银行金融企业为筹措信贷资金而向投资者发行。公司为筹集生产经营资金而发行的证券是公司证券。

二、公司证券

公司证券是指公司为筹集资金或实施与筹资直接相关行为而发行的证券。公司通过发行公司证券可以实现融资的需要，而投资者可以通过认购公司证券实现投资收益的目的。公司证券的发行和交易活跃了证券市场，发展了证券信用，能够实现资金的融通，资源的优化配置和风险的分散和转换。

实践中，公司为了扩大生产经营，增强自身实力，调整资本结构，改善公司治理，根据自身情况和发展需要，会发行不同的证券。

公司证券主要包括股票、公司债券和认股权证。

股票是公司资本的证券化，是指股份有限公司签发的证明股东所持股份的凭证。股东凭股票行使股东权，股票具有权力性、非返还性、风险性和流通性等特点。目前，我国发行的股票按投资主体不同，可分为国家股、法人股、内部职工股和社会公众股；按照认购股票投资者身份和上市地点不同，可以分为境内上市内资股（A股）、境内上市外资股（B股）和境外上市外资股（包括H股、N股和S股）。

公司债券是由公司按照法定条件和程序向社会公众公开发行的，约定按期向持有人还本付息的有价证券。公司债券是一种债权凭证，具有风险小和流通性强的特点。

认股权证是股份有限公司发行的授予持有人在一定期限内，以确定的价格购买一定数量的该公司增资发行的普通股份的选择权凭证。认股权证本身并不是股份证明书，凭证持有人不具有股东资格，不享有股东权利。它只是购买股票的权利凭证，是一种长期选择期权，凭证持有人可以自行决定是否认购股票。但这种凭证可以依法转让，给持有人带来很大收益。

三、公司债券与股票的区别

公司债券和股票是两种最常见、最重要的公司证券形式。二者都是有价证券，都是公司筹资的工具、投资者的投资工具，都有一定的流通性，都要受到公司法和证券法等法律规范的调整。但它们也存在重要区别，主要表现在以下几个方面：

第一，二者所表彰的法律关系性质不同。基于公司债券所产生的是债权法律关系，而基于股票所产生的是股权法律关系。

第二，证券的权利人地位不同。股票投资者是公司的股东，享有各种股东权；而公司债券投资者是公司的债权人，仅能在公司债券到期后请求公司还本付息，而无权参与公司的利润分配和经营管理。

第三，投资者承担的风险不同。公司债券利率、期限一定，持有人根据约定可以要求还本付息，收益固定，不受公司经营业绩影响，投资风险较小。股票投资不能要求公司返还本金，没有期限，投资回报取决于公司经营状况，投资风险大。而且，当公司解散或破产时，公司债券持有人有权得到公平清偿，而股东只能参与公司清偿后剩余财产的分配。

第四，发行主体不同。股票只能由股份有限公司发行，而公司债券可以由符合条件的股份有限公司和有限责任公司发行。

第五，发行条件不同。股票不能折价发行，而公司债券可以溢价、平价和折价发行。

【案例 10-1】

股票与债券

甲电器股份有限公司欲上马一个新项目，缺乏足额资金。公司董事会就融资问题开会讨论。有的董事建议向银行贷款，但其他董事认为银行贷款期限短，贷款金额不能满足要求。有的董事建议公司发行债券，有的董事建议公司发行股票，董事会很难达成一致。请问：股票与公司债券有何区别？公司发行股票和债券会对公司经营产生哪些影响？（参见《公司法》第 125 条、第 153 条）

四、证券发行审核制度

（一）证券发行审核制度概述

证券的发行是证券交易的基础和前提，证券发行审核制度事关广大投资者权益，对维护资本市场秩序和促进经济发展都具有非常重大的意义。目前，世界上的证券发行审核制度主要有两种：核准制和注册制。①

核准制，又称准则主义，是指发行人在发行股票时，不仅要充分公开企业的真实状况，而且还必须符合有关法律和证券管理机关规定的必备条件，主管机关对发行人是否符合发行条件进行实质性审查。

注册制，又称申报制或登记制，是指发行人申请发行股票时，必须依法将公开的各种资料完全准确地向证券监管机构申报。证券监管机构的职责是对申报文件的全面性、准确性、真实性和及时性作形式审查，不对发行人的资质进行实质性审核和价值判断。

（二）我国证券发行审核制度

我国股票发行审核经历过两个阶段：

第一阶段：审批制。

我国资本市场成立之初，政府对于市场管理比较严格，证监会协同相关部门进行过多次商议后，决定实行规模控制和额度管理制度。证券主管部门根据国家经济发展总体布局

---

① 崔明霞. 证券发行制度研究 [J]. 河北法学，2000 (6).

和产业政策确定每年总的发行规模（如1994年是55亿元，1996年是150亿元，1997年为300亿元）并将此总额度分配给各省市及各部委，再由其将额度分配给其所属的企业。获得发行额度的企业依照《公司法》和《证券法》的规定，向发行主管机关报送申请文件，经核准后方可发行。由于这种分配额度的办法，使得各省市、部委为平衡利益，照顾更多的企业发行证券，导致企业发行规模太小，不利于实力强、规模大的国有支柱产业的发展，于是在1998年改"额度分配"为"发行家数"，即由证监会确定各部门、各省市发行企业的数额，再由各部门、各省市上报确定的预选企业，由证监会进行预选审核。①这一时期的证券发行审核制度具有强烈的计划经济色彩，体现出较多的行政干预性。

第二阶段：核准制。

1999年7月1日正式实施的《证券法》确立了证券发行的核准制。《证券法》第10条规定："公开发行证券，必须符合法律、行政法规规定的条件，并依法报经国务院证券监督管理机构或者国务院授权的部门核准；未经依法核准，任何单位和个人不得公开发行证券。"

核准制是介于审批制和注册制之间的中间形式，既取消了审批制的指标和额度管理，又加强了对证券发行的实质性审查，这一制度的确立是我国资本市场法制化进程的重要标志。

第二节 股 票

一、股票的概念与特征

（一）股票的概念

股票是股份有限公司签发的证明股东所持股份的凭证，是股份的表现形式。股票与股份形同表里。股份或股东权是内容，股票是形式。股东通过购买股份有限公司发行的股份向公司投资，表现为持有一定数量的股票。股东依其持有的股票行使股东权，所以，股票也是股东在公司中法律地位的证明。

（二）股票的法律特征

股票的法律特征可以概括如下：

1. 股票由股份有限公司发行

设立中的股份有限公司必须发行认购股份达到一定数额，公司才能成立。但股份有限公司成立前不得向股东交付股票，只能发给收据作为认缴凭证；公司成立后，才可向股东正式交付股票。

2. 股票是一种有价证券

所谓有价证券，是指证券所代表的权利是一种财产权，而且行使权利须以持有证券为前提。股票作为股份的表现形式也是如此。股东可以凭借持有的股票行使股权，也可以通过转让股票获得股份的价值。

---

① 崔明霞. 证券发行制度研究［J］. 河北法学，2000（6）.

3. 股票是一种证权证券

股份有限公司成立后根据股东投资份额向股东正式交付相应股票，因此，股票是一种权利证书，证明股东权的存在、大小和股份的数量。股票也是股东行使股东权利的凭证，股东分红和参与公司事务的表决均以持有的股票为依据。

4. 股票是一种要式证券

股票的形式和记载事项必须严格符合法律规定，而且股票的制作还必须经国家证券管理部门批准，否则不发生法律效力。《公司法》规定，股票采用纸面形式或者国务院证券监督管理机构规定的其他形式。股票应当载明下列主要事项：公司名称、公司成立日期、股票种类、票面金额及代表的股份数以及股票的编号。股票由法定代表人签名，公司盖章。发起人的股票，应当标明发起人股票字样。

5. 股票是一种永久性证券

股票不同于债券，没有固定期限。除非公司终止，否则将一直存在。

6. 股票是一种流通证券

股票可以公开发行并依法自由转让，即可以在社会上流通。

二、股票的分类

（一）以股票蕴含的权利内容为准，股票可分为普通股股票和特别股股票

普通股股票是指记载着普通股东权的股票。而特别股股票则是记载特别股东权的股票，如优先股股票、后配股股票、混合股股票、无表决权股股票等。普通股股票是股份有限公司最基本、最重要、发行量最大的股票。

（二）以其外在表现形式为准，股票可以分为记名股票和无记名股票

记名股票是指在股票票面上记载股东姓名或名称的股票；而无记名股票则在股票票面上不记载股东姓名或名称。公司发行的股票，可以为记名股票，也可以为无记名股票。公司向发起人、法人发行的股票，应当为记名股票，并应当记载该发起人、法人的名称或者姓名，不得另立户名或者以代表人姓名记名。记名股票，由股东以背书方式或者法律、行政法规规定的其他方式转让；转让后由公司将受让人的姓名或者名称及住所记载于股东名册。无记名股票的转让，由股东将该股票交付给受让人后即发生转让的效力。

（三）以其票面是否记载一定金额为标准，股票可分为面额股票和无面额股票

面额股票是指票面记载一定金额的股票，而无面额股票的票面不记载一定金额，仅显示股东持股比例。

三、股票的发行

【案例 10-2】

股票发行

凯达信息科技开发股份有限公司（以下简称凯达公司）为解决公司资金短缺问题决定向社会发行股票，拟发行 1000 万元股份。于是自行制定了股票发行办法，未报审批就

在报纸上刊登发行新股的公告。先后向某机电公司、某电子元件厂等单位和个人发行新股筹资200万元。一个月后，认股人得知凯达公司发行新股未得到有关政府部门批准，可能属于非法集资，纷纷要求退回股份。但凯达公司认为自己正在办理审批手续，很快就会被批准。可以先发行股票，将来再上市。请问：公司发行股票需要具备哪些条件？如何履行程序？（《公司法》第126条、《证券法》第13条）

（一）股票发行的概念

股票发行是指股份有限公司为筹集公司资本，分配或出售公司股票的行为。股票发行的实质和内容是股份发行。

（二）股票发行的种类

依据不同的分类方法，股票发行可以作多种分类。

1. 设立发行与新股发行

按发行主体及发行阶段不同来划分，股份有限公司设立时为筹集资金首次向公众发行股票的为设立发行。而成立后的公司基于增资目的再次发行股票为新股发行。

2. 公开发行与不公开发行

以发行对象或认购者身份是否特定可以把股票发行分为公开发行和不公开发行。

公开发行面向社会不特定公众发行股票，又称为公募发行。根据《证券法》的规定，公开发行包括向不特定对象发行、向特定对象发行股票累计超过200人的和法律、行政法规规定的其他发行行为。由于涉及公众和社会的利益，公开发行必须符合法律、行政法规规定的条件，并依法报经国务院证券监督管理机构或者国务院授权的部门核准；未经依法核准，任何单位和个人不得公开发行证券。

不公开发行，又称私募发行，是指向特定投资者，以特定的方式发行股票。非公开发行，不得采用广告、公开劝诱和变相公开方式。不公开发行的发行范围有限，股票流通性差。

3. 平价发行、折价发行与溢价发行

这是以股票发行价格与股票面额的关系所作的区分。以股票面额为发行价格发行股票的为平价发行或面额发行；以低于股票票面金额的价格发行股票的为折价发行；而股票发行价格高于股票面额的为溢价发行。《公司法》第127条规定："股票发行价格可以按票面金额，也可以超过票面金额，但不得低于票面金额。"这表明我国禁止折价发行股票。

（三）股票发行的原则

《公司法》第126条规定，股票的发行，实行公平、公正的原则。

公平原则是指发行公司和证券承销商、投资者之间的权利与义务应当大致对等，不能失衡。而且股票发行要对所有投资者平等对待。同次发行的同种类股票，每股的发行条件和价格应当相同；任何单位或者个人所认购的股份，每股应当支付相同价额。

公正原则是对股票发行的监管和发行中争议或纠纷的处理应正确适用法律，公正对待当事人。

（四）股票发行的条件

（1）设立股份有限公司公开发行股票，应当符合《中华人民共和国公司法》规定的条件和经国务院批准的国务院证券监督管理机构规定的其他条件。而且，根据《股票发行与交易管理暂行条例》第 8 条规定，申请设立股份有限公司公开发行股票，还应当符合下列条件：①股份公司的生产经营符合国家产业政策；②发行的普通股限于一种，同股同权；③发起人认购的股份不得少于公司拟发行的股本总额的 35%；④ 在公司拟发行的股本总额中，发起人认购的部分不少于人民币 3000 万元，但是国家另有规定的除外；⑤向社会公开发行的股份不少于公司拟发行股本总额的 25%；其中公司职工认购的股本数额不得超过拟向社会公众发行的股本总额的 10%；公司拟发行股本总额超过人民币 4 亿元的，证监会按照规定可以酌情降低向社会公众发行的比例，但最低不少于公司拟发行股本总额的 10%；⑥发起人在最近 3 年内无重大违法行为；⑦证券监督管理机构规定的其他条件。

（2）股份有限公司公开发行新股，应当符合下列条件：具备健全且运行良好的组织机构；具有持续盈利能力，财务状况良好；最近 3 年财务会计文件无虚假记载，无其他重大违法行为；经国务院批准的国务院证券监督管理机构规定的其他条件。上市公司非公开发行新股，应当符合经国务院批准的国务院证券监督管理机构规定的条件，并报国务院证券监督管理机构核准。

（3）股份有限公司首次公开发行股票并上市（IPO）应当符合下列条件：①最近 3 个会计年度净利润均为正数且累计超过人民币 3000 万元，净利润以扣除非经常性损益前后较低者为计算依据；②最近 3 个会计年度经营活动产生的现金流量净额累计超过人民币 5000 万元；或者最近 3 个会计年度营业收入累计超过人民币 3 亿元；③发行前股本总额不少于人民币 3000 万元；④最近一期末无形资产（扣除土地使用权、水面养殖权和采矿权等后）占净资产的比例不高于 20%；⑤最近一期末不存在未弥补亏损①。

（五）股票发行的程序

设立股份有限公司公开发行股票的程序：（1）股票发行前的准备工作。制订股票发行计划、资金使用计划等有关文件，编制招股说明书，聘请资产评估机构、承销机构、会计师事务所、律师事务所等中介机构参与，聘请保荐人。（2）发起人认购不少于公司股本总额 35% 的股票。（3）向国务院证券监督管理机构提交有关申报材料。(4) 按国务院证券监督管理机构规定预先披露有关申请文件。（5）发行审核。国务院证券监督管理机构设发行审核委员会，依法审核股票发行申请。（6）公告招股说明书制作认股书。（7）正式发行股票。(8) 缴纳股款。（9）召开创立大会并申请设立登记。（10）交付股票。

股份有限公司公开发行新股在股东大会作出发行新股的决议之后，发行新股的程序和上述发行股票的程序基本相同。区别在于公司发行新股募足股款后，必须向公司登记机关办理变更登记，并公告。

---

① 2016 年 1 月 1 日起施行的《关于修改〈首次公开发行股票并上市管理办法〉的决定》。

第三节 公司债券

【案例 10-3】

公司债券的发行与转让

米香酒业有限责任公司（以下简称米香公司）由于市场疲软，濒临倒闭。但因为米香公司一直是其所在县的利税大户，县政府采取积极扶持的政策。为了转产筹集资金，米香公司总经理向县政府申请发行债券，县政府予以批准，并协助米香公司向社会宣传。于是米香公司发行价值 150 万元的债券并很快顺利发行完毕。债券的票面记载为：票面金额 100 元，年利率 15%，米香公司以及发行日期和编号。问：米香公司债券的发行有哪些问题？（《公司法》第 153 条、《证券法》第 16 条）

公司通过发行公司债券获得经营资金，投资者通过购买公司债券成为公司的债权人，享受公司债券带来的收益，并可以依法进行转让和质押使其流转，获得资金的流动性。所以，公司债券既是公司债权融资的形式，又是社会公众重要的投资工具。同时，由于公司债券的发行对象是不特定的社会公众，不仅涉及众多投资者的利益，而且，在一定程度上影响国家金融秩序的稳定。因此，公司债券是一种重要的有价证券。

一、公司债券的概念和特征

（一）公司债券的概念

根据《公司法》第 153 条的规定，公司债券是指公司依照法定程序发行，约定在一定期限内还本付息的有价证券。

发行公司债券是公司在经营过程中向社会公众筹集经营资金的重要方式，公司债券体现的是公司与社会公众间因发行证券而形成的以还本付息为内容的金钱债务关系。

（二）公司债券的法律特征

1. 公司债券是公司债务证券化的主要方式

公司债券是公司为获得经营资金，向公司债权人交付的重要债务凭证。即投资者向公司交付金钱，作为对价获得公司债券，并以此作为要求公司还本付息的凭据。所以公司债券是公司金钱债务的有价证券形式，其本质是公司对社会不特定公众负担的金钱债务。而普通公司债务的对象往往是特定的。

2. 公司债券是一种标准契约

公司债券采证券化的形式，把对不同债务人所负的金钱债务进行标准化，债券金额一定，内容一律，仅数量不同。而普通的公司债务因标的不同，当事人不同，而导致债的内容也不同。

3. 公司债券是有一定期限的、以金钱为标的、以还本付息为内容的有价证券

而公司的股票不能要求退股，而且在公司存续期间无偿还期限，股票也不以金钱为

标的。

4. 公司债券的发行对象是不特定的社会公众投资者

为了更好地筹资，公司一般公开发行公司债券，不限定投资者的资格和条件，只要愿意投资，即可持有公司债券成为公司的债权人，而且公司债券持有人之间地位平等，享有同样的请求权，无受偿次序之分。

5. 公司债券可以依法转让和质押，进行流转，流动性强

公司债券以金钱为标的，采有价证券的形式，并有相应的发行市场和转让市场，其持有人可以依法转让或质押进行流转，获得资金的流动。

6. 公司债券的发行和交易受到法律严格的限制

由于公司债券是公司向社会公众大规模筹集资金的重要形式，是公司向社会公众承担债务的形式，其发行、交易和兑付涉及社会公众的利益，关系到国家金融秩序，所以不仅受《公司法》的调整，也要受《证券法》的调整。而普通的公司债务由于债务主体的相对性，双方协商确定即可，一般由《合同法》调整，无须严格的审批程序和政府监管。

二、公司债券的种类

根据发行公司的意愿和需要，公司债券可以约定不同条件、不同发行方式、有多种表现形式。依据不同标准，公司债券可以分为不同种类。通常情况下，为了规范公司债券的形式，往往由《公司法》或相关法律法规来规定公司债券的种类和相关的条件、特征。发行公司也只能在法律规定允许的种类之内，确定发行何种公司债券。

（一）记名公司债券与无记名公司债券

以是否记载持有人姓名或名称为标准，公司债券可以分为记名公司债券与无记名公司债券。凡在债券票面上载有持有人姓名或名称的为记名公司债券，反之，则为无记名公司债券。

按照《公司法》第 157 条的规定，发行记名公司债券的，应当在公司债券存根簿上载明下列事项：债券持有人的姓名或者名称及住所、债券持有人取得债券的日期及债券的编号、债券总额、债券的票面金额、利率、还本付息的期限和方式、债券的发行日期。发行无记名公司债券的，只需要在公司债券存根簿上载明债券总额、利率、偿还期限和方式、发行日期及债券的编号。

二者的区别在于权利人行使权利方式和保护措施不同。记名公司债券由债券持有人以背书方式或者法律、行政法规规定的其他方式转让；转让后由公司将受让人的姓名或者名称及住所记载于公司债券存根簿。而无记名公司债券的转让，由债券持有人将该债券交付给受让人后即发生转让的效力。而且，记名公司债券的登记结算机构还必须建立债券登记、存管、付息、兑付等相关制度。无记名债券则无此要求。

（二）无担保公司债券与担保公司债券

以是否提供偿还本息的担保为标准，公司债券可分为担保公司债券和无担保公司债券。凡以特定财产设定偿还本息的物上担保或以第三人保证偿还本息的为担保公司债券，反之，仅凭公司信用偿还本息而没有提供其他担保的为无担保公司债券。

（三）可转换公司债券与不可转换公司债券

以公司债券是否可以转换为发行公司的股票为标准，公司债券可分为可转换公司债券与不可转换公司债券。

可转换公司债券是指发行人依照法定程序发行，并在一定期间内依据约定条件可以转换成发行公司股份的公司债券。反之，不能转换为公司股票的就是不可转换公司债券。

上市公司经股东大会决议可以发行可转换为股票的公司债券，并在公司债券募集办法中规定具体的转换办法。但上市公司发行可转换为股票的公司债券，应当报国务院证券监督管理机构核准。

发行可转换为股票的公司债券，应当在债券上标明可转换公司债券字样，并在公司债券存根簿上载明可转换公司债券的数额。发行可转换为股票的公司债券的，公司应当按照其转换办法向债券持有人换发股票，但债券持有人对转换股票或者不转换股票有选择权。

此外，还可以进行其他分类。例如，以发行地及定值货币为标准可分为国内公司债券和境外公司债券；以能否在证券市场公开交易，可分为上市公司债券和非上市公司债券。

三、公司债券的发行

（一）公司债券的发行主体

各国法律一般允许股份有限公司发行公司债券，但有限责任公司能否发行公司债券则规定并不一致。根据《公司法》第 153 条的规定，无论股份公司还是有限公司，只要符合《证券法》规定的发行条件的公司都可以发行公司债券。

（二）公司债券的发行条件

公司债券的发行条件直接关系到投资者的利益保护和证券市场的有序运行。因此《证券法》对公司债券发行条件作了比较严格的规定。

根据《证券法》第 16 条的规定，首次公开发行公司债券，应当符合下列条件：股份有限公司的净资产不低于人民币 3000 万元，有限责任公司的净资产不低于人民币 6000 万元；累计债券余额不超过公司净资产的 40%；最近 3 年平均可分配利润足以支付公司债券一年的利息；筹集的资金投向符合国家产业政策；债券的利率不超过国务院限定的利率水平；国务院规定的其他条件。

上市公司发行可转换为股票的公司债券，除应当符合公开发行公司债券的条件外，还应当符合关于公开发行股票的条件，并报国务院证券监督管理机构核准。而且，公开发行公司债券筹集的资金，必须用于核准的用途，不得用于弥补亏损和非生产性支出。

而再次公开发行公司债券除满足首次公开发行公司债券的条件外，还应当遵守《证券法》关于再次发行公司债券的禁止性条件。《证券法》第 18 条规定："有下列情形之一的，不得再次公开发行公司债券：（一）前一次公开发行的公司债券尚未募足；（二）对已公开发行的公司债券或者其他债务有违约或者延迟支付本息的事实，仍处于继续状态；（三）违反本法规定，改变公开发行公司债券所募资金的用途。"

（三）公司债券的发行程序

1. 发行决议

《公司法》规定，应当由公司董事会负责制定具体的公司债券发行方案，提请股东会或股东大会通过。如果国有独资公司发行公司债券，必须由国有资产监督管理机构决定。

2. 报请批准

公开发行公司债券必须依法报经国务院证券监督管理机构或国务院授权的部门批准；未经依法核准，不得发行。公司作为发行人申请核准时，应当向国务院授权的部门或者国务院证券监督管理机构报送下列文件：公司营业执照、公司章程、公司债券募集办法、资产评估报告和验资报告和国务院授权的部门或者国务院证券监督管理机构规定的其他文件。法律规定聘请保荐人的，还应当报送保荐人出具的发行保荐书。

国务院证券监督管理机构或者国务院授权的部门应当自受理证券发行申请文件之日起3个月内，依照法定条件和法定程序作出予以核准或者不予核准的决定，发行人根据要求补充、修改发行申请文件的时间不计算在内；不予核准的，应当说明理由。对已作出的核准证券发行的决定，发现不符合法定条件或者法定程序，尚未发行证券的，应当予以撤销，停止发行。已经发行尚未上市的，撤销发行核准决定，发行人应当按照发行价并加算银行同期存款利息返还证券持有人；保荐人应当与发行人承担连带责任，但是能够证明自己没有过错的除外；发行人的控股股东、实际控制人有过错的，应当与发行人承担连带责任。

3. 公告公司债券募集办法

为了取信于公众，防止欺诈，顺利完成发行，发行公司债券的申请经国务院授权的部门核准后，应当公告公司债券募集办法。公司债券募集办法中应当载明下列主要事项：公司名称、债券募集资金的用途、债券总额和债券的票面金额、债券利率的确定方式、还本付息的期限和方式、债券担保情况、债券的发行价格、发行的起止日期、公司净资产额、已发行的尚未到期的公司债券总额和公司债券的承销机构。

发行人还应当依照法律、行政法规的规定，在证券公开发行前，公告公开发行募集文件，并将该文件置备于指定场所供公众查阅。发行证券的信息依法公开前，任何知情人不得公开或者泄露该信息。发行人不得在公告公开发行募集文件前发行证券。

4. 公开发行

发行人向不特定对象公开发行的债券，法律、行政法规规定应当由证券公司承销的，发行人应当同有承销资格的证券公司签订承销协议，以代销或包销的方式公开发行公司债券。向不特定对象发行的公司债券票面总值超过人民币5000万元的，应当由承销团承销。承销团应当由主承销和参与承销的证券公司组成。

四、公司债券的转让、偿还与转换

（一）公司债券的转让

公司债券作为一种有价证券，可以自由转让，转让价格不受发行价格、票面金额、利率等其他方面特别限制，由转让人和受让人自行约定。公司债券的转让，有利于投资者获得资金的流动性，及时转移投资风险。公司债券的可转让性可以增加投资者的选择机会，有利于吸引投资者，保证成功发行。而且，公司债券在证券市场上公开交易，可以丰富证券市场交易的种类。

公司债券的转让可以从不同角度作不同的分类。以是否取得对价为标准，公司债券的转让分为有偿转让和无偿转让。前者主要指证券的交易和买卖，而后者则因赠与、继承而发生；以转让价格形成机制不同，则分为协议转让和竞价转让；以转让的具体交易场所不同，可以分为场内交易和场外交易。一般情况下场内交易为竞价交易，而场外交易多为协议交易。但是，依法公开发行的公司债券，应当在依法设立的证券交易所上市交易或者在国务院批准的其他证券交易场所转让。

伴随着公司债券的转让，公司债券所表彰的财产权利也随之转让。公司债券转让之后，出让人基于持有公司债券而对发行公司享有的请求到期还本付息的权利也随之转让，不再是公司的债权人，而受让人成为公司的债权人。公司债券转让一般无须通知作为债务人的发行公司即可生效。

公司债券在证券交易所上市交易的应当严格遵循法律规定，并按照证券交易所的交易规则转让。债券的转让方式因债券形式不同而异。

（二）公司债券的偿还

公司债券的偿还是指发行公司按照事先约定的时间、利率、方式等条件，将公司债券的本息交付给公司债券持有人的行为。发行公司偿还债券，公司债券持有人就可以实现投资收益。而从法律意义上讲，公司债券的偿还意味着由发行公司债券而引起的法律关系消灭。

正常情况下，公司债券应到期偿还。但特殊情况下，也应当允许有条件地提前偿还。公司债券偿还方式包括一次全部偿还和分批分期偿还。

（三）公司债券的转换

公司债券的转换仅针对可转换公司债券。转换是以可转换公司债券持有人的自由判断为基础，在发行时已经确定的转换请求期内，通过对可转换公司债券行使转换请求权而得到实现。转换产生的法律后果是可转换公司债券的发行公司和债券持有人之间的债权债务关系消灭。随着转换权的行使，可转换公司债券持有人的身份发生了变化，由原发行公司的债权人转换为发行公司的股东。而对发行公司而言，因可转换公司债券所代表的债权转换为发行公司的股份，公司还本付息的义务得到免除，负债减少，而股份数目以及实收资本相应地增加。

公司债券的转换权是一种形成权。转换的请求在送达约定的交付场所时即生效。发行可转换公司债券的公司应当按照其转换办法向债券持有人换发股票，否则，即构成违约。

第四节 证券上市

【案例 10-4】

欺诈上市终被终止上市[1]

2011 年 11 月，欣泰电气向中国证监会提交首次公开发行股票并在创业板上市（以下

---

[1] 深交所依法作出欣泰电气股票终止上市的决定 [EB/OL].［2017-06-23］.和讯网，http：//stock. hexun. com/2017-06-23/189764464. html.

简称 IPO）申请，2012 年 7 月 3 日通过创业板发行审核委员会审核。2014 年 1 月 3 日，欣泰电气取得中国证监会《关于核准丹东欣泰电气股份有限公司首次公开发行股票并在创业板上市的批复》。2015 年 5 月，证监会在对欣泰电气进行现场检查时发现存在异常情况，被证监会立案调查。2016 年 7 月 5 日，证监会下发《行政处罚决定书》（〔2016〕84 号）认定欣泰电气存在欺诈发行与虚假陈述的违法事实。

根据《深圳证券交易所创业板股票上市规则（2014 年修订）》第 13.4.1 条第 12 项、第 13.4.11 条的规定，经深交所上市委员会第 77 次工作会议审议通过，深交所于 2017 年 6 月 23 日决定公司股票终止上市。

一、公司证券上市概述

公司证券上市是指已公开发行的公司股票、公司债券经过证券交易所的审核，获准在证券交易所挂牌交易。证券一旦在证券交易所上市交易，即成为上市证券，而发行该证券的公司为上市公司。证券上市从广义上讲还包括在场外交易场所上市，但我国使用狭义证券上市的概念，仅指在证券交易所的挂牌上市。

公司证券上市以证券公开发行为前提，而要在证券交易所挂牌交易，必须经过证券上市环节。因此，证券上市是连接证券发行市场和证券交易市场的桥梁。

公司证券上市主要包括股票上市和公司债券上市。就上市地域不同，可分为境内上市和境外上市。境内上市我国由有关证券的法律、行政法规和证券交易所交易规则调整，境外上市则由国务院特别规定和国外证券法调整。

公司证券上市具有重要意义，表现在以下方面：

第一，可以提高上市公司的信誉。公司证券上市要接受主管机构从公司资本额、盈利能力、偿债能力、合法经营情况等多方面的审查，所以，证券上市就表明公司资本雄厚、经营规范、信誉优良，可以获得巨大的广告效应，从而，投资者或公众对上市公司更加信任，提高了公司知名度。

第二，可以增强公司证券的流通性，有利于公司筹措资金，增强实力。公司证券上市后，可以在证券市场公开交易，自由流通。投资者持有的证券更容易转让，变现能力更强。从而，投资者对上市公司的认可和上市公司良好的声誉将会使得上市公司获得更多、条件更优惠的融资机会。

第三，可以促进公司改善经营管理，提高经济效益。公司证券上市后，更多投资者成为公司的股东，和公司利益相关，公司的经营状况和财务状况也更加透明，股东的监督、证券交易所的监管、来自会计师事务所、律师事务所的监督和制约，都将有力地促进公司优化管理水平，提高效率。

第四，可以规范公司的治理，有利于保护投资者。上市公司要满足证监会和证券交易所对公司治理和信息披露的严格要求，必须规范公司的治理，公开公司的财务和经营状况，杜绝违法、违规行为。而且，在证券交易所的严密监管下公司证券交易更加有序，降低了投资风险，投资者利益可以获得更充分的保护。

二、公司股票的上市

(一) 公司股票上市的条件

我国《证券法》第 50 条规定,股份有限公司申请股票上市,应当符合下列条件:

(1) 股票经国务院证券监督管理机构核准已公开发行;

(2) 公司股本总额不少于人民币 3000 万元;

(3) 公开发行的股份达到公司股份总数的 25% 以上;公司股本总额超过人民币 4 亿元的,公开发行股份的比例为 10% 以上;

(4) 公司最近 3 年无重大违法行为,财务会计报告无虚假记载。证券交易所也规定了高于上述规定的上市条件,并报国务院证券监督管理机构批准。国家鼓励符合产业政策并符合上市条件的公司股票上市交易。

(二) 公司股票上市的程序

股份有限公司公开发行股票后,申请到证券交易所挂牌交易,应经过以下程序:

1. 上市保荐人保荐

申请股票、可转换为股票的公司债券或者法律、行政法规规定实行保荐制度的其他证券上市交易,应当聘请具有保荐资格的机构担任保荐人。

2. 向证券交易所提出股票上市申请

根据《证券法》第 52 条的规定,申请股票上市交易,应当向证券交易所报送下列文件:上市报告书;申请股票上市的股东大会决议;公司章程;公司营业执照;依法经会计师事务所审计的公司最近 3 年的财务会计报告;法律意见书和上市保荐书;最近一次的招股说明书和证券交易所上市规则规定的其他文件。

3. 证券交易所审核

我国上海证券交易所和深圳证券交易所都设有上市委员会,负责对证券上市审核。证券交易所则根据上市委员会的审核意见作出审核决定。审核依据主要是两市根据《证券法》制定的"股票上市规则"等。

4. 签订上市协议

证券交易所审核同意后,证券发行人和证券交易所签订上市协议,明确双方权利、义务和有关事项。《证券交易所管理办法》第 52 条规定,上市协议应当包括下列内容:上市费用的项目和数额;证券交易所的技术服务;要求公司指定专人负责证券事务;上市公司定期公告、临时报告的程序及回复交易所质询的具体规定;股票停牌事宜;违反协议的处理;仲裁条款;证券交易所认为需要明确的其他内容。

5. 上市公告

证券发行人按照规定,在证券上市前,就其公司及证券上市的有关事宜,通过指定的报刊等媒体向社会公众作信息披露。

6. 挂牌交易

履行完上述所有上市手续,被核准的公司股票就可以按照证券交易所的安排,在指定时间挂牌交易。

三、公司债券的上市

（一）公司债券上市的条件

《证券法》第57条规定，公司申请公司债券上市交易，应当符合下列条件：公司债券的期限为1年以上；公司债券实际发行额不少于人民币5000万元；公司申请债券上市时仍符合法定的公司债券发行条件。

（二）公司债券上市的程序

与公司股票上市的程序基本相同，只是提交文件有所不同。《证券法》第58条规定：申请公司债券上市交易，应当向证券交易所报送下列文件：上市报告书；申请公司债券上市的董事会决议；公司章程；公司营业执照；公司债券募集办法；公司债券的实际发行数额以及证券交易所上市规则规定的其他文件。申请可转换为股票的公司债券上市交易，还应当报送保荐人出具的上市保荐书。

四、公司证券上市的暂停与终止

（一）公司证券上市的暂停

公司证券上市的暂停，又叫停牌，是指因一定事由的发生，证券交易所决定暂时停止上市交易的行为。证券上市的暂停是暂时取消上市公司的证券上市交易资格的行为。待一定的事由消除，上市公司仍可恢复证券上市交易。

1. 公司股票上市暂停的事由

我国《证券法》第55条规定，上市公司有下列情形之一的，由证券交易所决定暂停其股票上市交易：（1）公司股本总额、股权分布等发生变化不再具备上市条件；（2）公司不按照规定公开其财务状况，或者对财务会计报告作虚假记载，可能误导投资者；（3）公司有重大违法行为；（4）公司最近3年连续亏损；（5）证券交易所上市规则规定的其他情形。

2. 公司债券上市暂停的事由

《证券法》第60条规定，公司债券上市交易后，公司有下列情形之一的，由证券交易所决定暂停其公司债券上市交易：（1）公司有重大违法行为；（2）公司情况发生重大变化不符合公司债券上市条件；（3）发行公司债券所募集的资金不按照核准的用途使用；（4）未按照公司债券募集办法履行义务；（5）公司最近两年连续亏损。

（二）公司证券上市的终止

证券上市的终止是指因发生法定事由，证券交易所决定取消上市公司证券上市交易的行为，即所谓的"退市"。证券上市的终止与证券上市的暂停区别在于：证券上市的暂停在具备法定条件时仍可恢复证券上市交易；而证券上市的终止则不能再恢复上市交易。证券上市的终止实际上是一种退出机制，有利于实现证券市场的优胜劣汰功能，保持证券市场的健康发展。

1. 股票上市终止的事由

《证券法》第56条规定，上市公司有下列情形之一的，由证券交易所决定终止其股票上市交易：（1）公司股本总额、股权分布等发生变化不再具备上市条件，在证券交所规定的期限内仍不能达到上市条件；（2）公司不按照规定公开其财务状况，或者对财务会计报告作虚假记载，且拒绝纠正；（3）公司最近三年连续亏损，在其后一个年度内未能恢复盈利；（4）公司解散或者被宣告破产；（5）证券交易所上市规则规定的其他情形。

2. 公司债券上市终止的事由

《证券法》第61条规定，公司有重大违法行为或未按照公司债券募集办法履行义务两种情形之一的经查实后果严重的，或者有公司情况发生重大变化不符合公司债券上市条件、发行公司债券所募集的资金不按照核准的用途使用、公司最近两年连续亏损三种情形之一，在限期内未能消除的，由证券交易所决定终止其公司债券上市交易。公司解散或者被宣告破产的，由证券交易所终止其公司债券上市交易。

【案例 10-5】

创业板造假第一股"万福生科"险被退市①

万福生科（300268）是湖南常德一家从事稻米精深加工研发、生产和销售的企业，于2011年9月27日正式登陆创业板，但上市不到一年即被发现其业绩虚构，被称为"创业板造假第一股"。

2012年9月14日湖南省证监局立案稽查，9月19日万福生科停牌接受中国证监会立案调查，10月26日万福生科承认2012半年报存在财务造假（虚增营业收入1.88亿元，虚增营业成本1.46亿元，虚增净利润4023万），10月29日万福生科复牌，股价直接封死跌停，11月23日万福生科被深交所公开谴责，2013年3月2日，万福生科发布自查公告，承认财务造假（2008—2011年累计虚增收入7.4亿元左右，虚增营业利润1.8亿元左右，虚增净利润1.6亿元左右；造假最为严重的年份是2011年，在上市的这一年，万福生科虚增收入2.8亿元，虚增营业利润6541万元，虚增净利润5913万元），2013年3月15日再次受到深交所谴责。这是公司继2012年11月因2012年上半年年报存在虚假记载和重大遗漏，被深交所公开谴责后的第二次公开谴责。如果在36个月内，公司再次被交易所公开谴责，根据《创业板股票上市规则》的相关规定，公司股票将直接终止上市。

【难点追问】

1. 公司证券发行和上市为什么要实行保荐制度？

在证券保荐制度施行之前，我国的证券发行多由地方政府推荐，行政色彩很浓，无法确保信息的真实并杜绝其他欺骗市场行为。而将保荐作为证券公司的一项业务，要求保荐机构和保荐代表人符合严格的资质条件，承担持续性的监督和担保责任，实质上将公开发行上市推荐的职责交给专业人士，他们的评判标准更严格、更符合市场化规律。中国证监会对保荐机构和保荐代表人的执业监管也可以进一步规范证券的发行和上市，确保发行证

---

① 万福生科因"财务造假"被深交所再次公开谴责. [EB/OL]. [2013-03-15]. 网易网，http://news.163.com/13/0316/00/8Q247T5A00014JB6.html#from=relevant.

券的信用。

2. 股票发行注册制改革进程。

我国阶段现行的股票发行制度是核准制。这一定程度上保障了上市公司的品质，但同时也带来了核准成本高、效率偏低等问题。

2013 年 11 月 12 日，十八届三中全会审议通过的《中共中央关于全面深化改革若干重大问题的决定》中明确提出，健全多层次资本市场体系，推进股票发行注册制改革。

2015 年 3 月，"实施股票发行注册制改革"写入了当年的《政府工作报告》。

2015 年 4 月，《证券法》修订草案提请一审时，还明确取消股票发行审核委员会制度，规定公开发行股票并拟在证券交易所上市交易的，由证券交易所负责对注册文件的齐备性、一致性、可理解性进行审查。

2015 年 12 月 27 日，第十二届全国人民代表大会常务委员会第十八次会议决定：授权国务院对拟在上海证券交易所、深圳证券交易所上市交易的股票的公开发行，调整适用《中华人民共和国证券法》关于股票公开发行核准制度的有关规定，实行注册制度，具体实施方案由国务院作出规定，报全国人民代表大会常务委员会备案。该决定自 2016 年 3 月 1 日起施行，实施期限为 2 年。

2018 年 2 月，受国务院委托，证监会主席刘士余向全国人民代表大会常务委员会汇报股票发行注册制改革进程时指出，目前在资本市场发展中，还存在不少与施行股票发行注册制改革不相适应的方面，需要进一步探索和完善，建议延长该授权决定实施期限。

2018 年 2 月 24 日，第十二届全国人民代表大会常务委员会第三十三次会议决定：2015 年 12 月 27 日第十二届全国人民代表大会常务委员会第十八次会议授权国务院在实施股票发行注册制改革中调整适用《中华人民共和国证券法》有关规定的决定施行期限届满后，期限延长 2 年至 2020 年 2 月 29 日。

3. 聚焦《证券法》的第二次修订。

从《证券法》1998 年 12 月 29 日被第九届全国人民代表大会常务委员会第六次会议通过后，已经历了 3 次修正和 1 次修订，分别是：2004 年 8 月 28 日第十届全国人民代表大会常务委员会第十一次会议第一次修正；2005 年 10 月 27 日第十届全国人民代表大会常务委员会第十八次会议修订；2013 年 6 月 29 日第十二届全国人民代表大会常务委员会第三次会议第二次修正；2014 年 8 月 31 日第十二届全国人民代表大会常务委员会第十次会议第三次修正。

2018 年两会期间，全国人民代表大会代表、全国人民代表大会常务委员会法制工作委员会副主任许安标在接受媒体采访表示："据我了解，证券法修订列入了今年的立修法工作计划。"

其实早在 2014 年，《证券法》的修订就已被列入修法工作计划。全国人民代表大会财经委于 2013 年启动了《证券法》修订草案起草工作；2015 年 4 月，《证券法》修订草案在全国人民代表大会常务委员会进行了一审，《证券法》修订草案有四大要点：第一，拟取消股票发行审核委员会制度，取消发行人财务状况及持续盈利能力等盈利性要求，规定公开发行股票，由证券交易所负责审核注册文件；第二，拟增设现金分红制度，要求上市公司在章程中需明确现金分红的具体安排和决策程序；第三，设专门一章加强投资者保护；第四，规定证券从业人员可以买卖股票，应事先申报本人及配偶证券账户，并在买卖证券完成后 3 日内申报买卖情况。

但由于诸多因素，包括 2016 年初股市剧烈动荡，此后上述修订草案未再次提交全国人民代表大会常务委员会审议。

直至 2017 年 4 月，《证券法》修订草案被提请全国人民代表大会常务委员会二审。在充分考虑我国证券市场实际情况、认真总结之前股市异常波动经验教训的基础上，《证券法》修订草案涉及多层次资本市场体系建设、证券市场监管、投资者权益保护等方方面面的重要内容。全国人民代表大会财经委副主任委员乌日图表示下一步我们将密切关注股票发行注册制改革法律授权实施的情况，及时总结经验，适时推动全国人民代表大会常务委员会审议通过《证券法》修订草案。

【思考题】

1. 什么是公司证券？什么是股票？股票的种类有哪些？什么是债券？债券的种类有哪些？
2. 比较公司债券与股票之间的区别。
3. 比较《公司法》有关公司债券发行条件与股票发行的条件。
4. 简述股票上市的条件与程序。
5. 简述公司债券上市的条件与程序。
6. 简述股票上市暂停与终止的情形。
7. 简述公司债券上市暂停与终止的情形。

第三编

破产法

第十一章　破产法概述

【学习目的与要求】

通过本章的学习，要重点掌握破产、破产法、破产法的立法准则的概念与特征。

【知识结构简图】

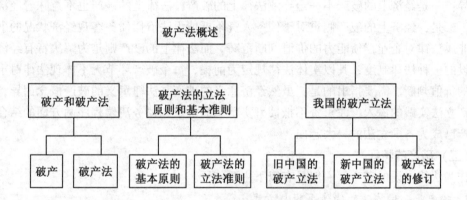

第一节　破产和破产法

一、破产

（一）破产的概念

作为一种商品经济发端后信用关系成熟和发展的产物，现代意义上的破产有经济意义上的破产与法律意义上的破产之分。经济意义上的破产是指债务人无力支付债务而其所有偿还债务的一种特殊经济状态。法律意义的破产，有广义、狭义之分。广义理解，破产指由破产清算程序与破产和解、破产整顿等预防性程序共同构成的一个统一的破产法律制度体系。① 作为一种特殊的法律制度和法律程序，其概指通过这种特殊的司法调节程序，在债务人产生特定危机时，清理和执行围绕债务人所产生的系列信用关系。狭义上的破产仅指清算型破产，是当债务人不能清偿到期债务并且资不抵债时，为满足债权人正当合理的

---

① 齐树洁等．破产法［M］．厦门：厦门大学出版社，2007：1-2．

清偿要求，在法院的指挥和监督之下，就债务人的总财产实行的以分配为目的的清算程序。①

《中华人民共和国企业破产法》统一了企业法人破产制度，明确破产是"企业法人不能清偿到期债务，并且资产不足以清偿全部债务或者明显缺乏清偿能力的，依照本法规定清理债务"的一种程序。

但无论如何界定法律意义上的破产，其与经济意义上的破产存在明显区别，这是各国立法及理论方面的共识：一方面，经济意义上的破产评价指标主要是经营状况方面的盈利抑或亏损，若企业长期严重亏损且无法扭亏为盈，欠缺生存能力，即可归为经济上破产。虽然企业亏损往往与负债过多相关，但经济意义上的破产主要是企业内部经营状况以及财务指标估量的问题，与企业外部债务情况不存在绝对和必然的联系。另一方面，法律意义上的破产的评价标准为是否符合法定的破产原因，经营上盈亏与否并不作为判断因素。可见，虽然法律上的破产通常伴随着经济上的破产，或由经济上的破产诱发，但两者认定标准迥异：一是经济上的破产不一定导致法律上的破产，法律上的破产也不意味着经济上的破产；二是，经济上的破产侧重对于债务人资不抵债无法清偿债务客观经济状况的事实描述，非属法律对企业偿债能力的价值判断范畴。而法律上的破产则是为解决特有经济现象而创设的一种法律制度，其以实体法律规定为前提，每个破产环节无不体现法律对于相关现象的价值判断。需要指出的是，虽然经济意义的破产与法律意义的破产概念迥异，但随着破产立法实践的深入，注重资不抵债事实状态的认定和债务清偿程序两方面的结合来界定破产已成为各国立法的一大趋向。

（二）破产的特征

作为法律术语的破产，一般具有以下主要特征：

1. **破产是一种特殊的偿债手段与方式**

谁行为谁负责的基本法律理念，决定任何人都应对自己所负的义务负责到底。民事活动中，主体享有权利的同时，对于由此所产生的债务也应实际、全面履行。作为营业者，以全部财产清偿主体活动中所产生的一切债务，更被认为是行使主体人格的体现。破产虽然因债所生，属于债的清偿方式，但不同于诸如抵销、混同、免除、清偿等债的一般消灭方式，破产是以债务人的全部财产为偿债对象，以一次性清偿完结债务的特殊形式，进而消灭债务人主体资格的特殊偿债手段。

2. **破产的启动具有特殊性**

对债权人而言，通过破产程序，债权人的债权请求可以得到公平清偿，避免了在缺乏公平秩序的环境中，因债务人无序处分财产行为而受损的可能。但破产一旦终结，未能清偿的债务当然免除，对于债权人影响甚巨；另外，对于破产人来说，虽其债务因破产得以清结，但其参与民事活动的主体资格却因破产而终结。故而，法律对于破产的启动，均设有严格的诸如破产能力、破产原因等条件限制。若无法满足破产启动的先决条件，不得适用破产程序。

---

① 王欣新等. 破产法［M］. 北京：中国人民大学出版社，2008：4.

3. 破产目的的特殊性

按照债的平等性原则，债务清偿方面，无担保的各债权人之间本应平等受偿，但是否得以清偿，却因债权人及债务人意志，存在较大的随意性，即便处于执行程序，债权人申请执行程序的早晚也会直接影响其债权受偿。与一般情况下债权的偿付与否存在较大的不确定性不同，破产清算程序中的债务清偿在注重程序效率价值的同时，更注重公平原则在债务偿付中的作用。由于破产本因债务人欠缺偿付能力而生，如何公平分配破产财产，如何公平处理有担保债权、其他优先债权及一般债权之间的关系及同类型债权之间的关系，贯彻破产清算的始终。破产程序启动后，债权人对于债权能否实际受偿的预见性也较强。不难看出，破产程序以透明、公正的程序保证实体公正的理论及实践意义。

4. 破产手段的司法性

由于破产关系债务人"生死存亡"和债权的消灭与否。为保证破产清算程序的有序、公正进行，各国破产制度一般要求破产清算程序须在法院指导与监督下进行。法院的监督与指导贯彻于破产清算程序的各个环节和每个方面，且不以债权人、债务人主观意志为转移。破产宣告只能由法院作出，财产分配方案需经法院认可后方能实施，破产程序的终结也须经法院宣告。

5. 破产法律效果方面的多样性

破产是一种概括性执行程序，是对债务人全部法律关系的彻底清算，可能产生债务人民事主体资格消灭的法律后果。由于企业法人的人格和营业的展开在一定程度以责任财产的存在为基础，而破产对债务人全部财产的清算，使得债务人赖以存续的财产基础丧失殆尽，从而终止经营资格，并在完成全部法律关系的清算后基于登记退出民事主体行列。即便是债务人因破产重整、和解最终并未被宣告破产，其人身、财产权利在采取措施期间内也受到一定限制。

二、破产法

（一）破产法的概念

理论界通说一般认为，破产法有广义与狭义、形式意义与实质意义之分。狭义的破产法仅指调整破产清算关系的法律规范；而广义上的破产法是指以破产清算为核心的所有破产和解、破产重整、破产清算的法律规范。形式意义的破产法指以破产法命名、以制定法形式出现的单行法律或法典，在我国，特指 2006 年颁布的《中华人民共和国企业破产法》（以下简称《企业破产法》）。而广义上的破产法则不仅仅指破产法典，还包括有关企业破产法律关系的产生、变更以及消灭的所有法律法规以及司法解释，其形式渊源不仅包括制定法而且包括习惯法规则。

（二）破产法的效力

破产法的效力，又称破产法的适用范围。包括破产法的时间效力、地域效力、对人效力三个方面。

1. 破产法的时间效力

破产法的时间效力，主要是指破产法的生效、失效时间以及溯及力问题。《企业破产法》第 136 条规定："本法自 2007 年 6 月 1 日起施行，《中华人民共和国企业破产法（试行）》同时废止。"对于生效之前的企业破产，《企业破产法》是否仍有适用余地，除《企业破产法》第132、133条对部分特殊债权的法律溯及力问题作以说明外，法律并未明文规定。不过，在《关于〈中华人民共和国企业破产法〉施行时尚未审结的企业破产案件适用法律若干问题的规定》以及最高人民法院执行《关于〈中华人民共和国企业破产法〉施行时尚未审结的企业破产案件适用法律若干问题的规定》中，最高人民法院肯定了《企业破产法》并不具有溯及既往的效力。

2. 破产法的空间效力

法律空间效力，也即法律适用的空间范围。一般而言，国内法在一国的全部主权领域均有适用余地。就破产法而言，其空间效力主要指破产宣告的效力所及财产的地域范围。对此，我国《企业破产法》第5条有限制地采用普及主义的立法模式，规定："依照本法开始的破产程序，对债务人在中华人民共和国领域外的财产发生效力。对外国法院作出的发生法律效力的破产案件的判决、裁定，涉及债务人在中华人民共和国领域内的财产，申请或者请求人民法院承认和执行的，人民法院依照中华人民共和国缔结或者参加的国际条约，或者按照互惠原则进行审查，认为不违反中华人民共和国法律的基本原则，不损害国家主权、安全和社会公共利益，不损害中华人民共和国领域内债权人的合法权益的，裁定承认和执行。"

3. 破产法对人的效力

破产法对人的效力，是指破产法适用于哪些主体或者谁可以被宣告破产。对此，各国破产立法的规定不尽相同。有的仅适用于商主体者，有的仅适用于法人者，亦有既适用于法人也适用于自然人者。我国《企业破产法（试行）》曾规定，只有全民所有制企业方可依据该法申请破产。修订前的《民事诉讼法》扩大了破产清算的企业范畴，将破产程序的适用扩大为企业法人，《企业破产法》统一了《民事诉讼法》与《企业破产法（试行）》的规定，在肯定企业法人均可破产的同时，进一步规定，若其他法律规定企业法人以外的组织的清算属于破产清算的，可以参照适用《企业破产法》规定的程序。合伙企业等非企业法人，亦可依据《合伙企业法》第92条及相关法律的规定，进行破产清算，所不同的是，该类主体在法律适用方面的主要依据仍是规定该类企业的基本法，如合伙企业依法被宣告破产的，并不适用企业法人中投资人有限责任原则和法人财产独立原则，而应由普通合伙人对合伙企业债务承担无限连带责任。

【案例 11-1】

甲乙丙三人成立了一个有限合伙企业，丙为有限合伙人，经营数月后，由于经营管理不善，企业资不抵债，无法偿还债权人丁、戊的债权，于是丁、戊欲请求对该企业申请破产，现企业累计资产即10万元，对外债务方面，丁享有普通债权计7万元，戊对该合伙企业享有债权8万元，请问：

1. 法院是否受理该破产申请，法律依据是什么？

2. 破产清算，对于无法完全从该企业现有资产中受偿的其余债务，是否因破产程序的终结而免责？若不免责者，该如何清偿？

第二节　破产法的基本原则及立法准则

一、破产法的基本原则

破产法的基本原则是其效力贯穿于整个破产法律制度和规范之中的根本规则，是指导破产立法、司法和破产活动的具有普遍指导意义的基本行为准则。

（一）破产与重整相结合的原则

破产制度既具有积极的作用，又不可避免地具有一定的消极意义。奉行优胜劣汰的破产制度，有利于调动企业的积极性，但清算导致债务人主体资格消灭乃至债权免责的事实，不免又增加了社会失业人口，恶化了债权人财产状况，甚至会影响到某个行业的正常发展。因此，企业破产又被视为社会的病理现象。为弥补破产清算的内在缺陷，英国率先建立了公司整理制度，后此制度传入美国，形成了公司重整制度。如今，世界各国在实行破产制度的同时，都规定了挽救企业的整顿、重整或和解等破产预防制度。

《企业破产法》在借鉴国外破产重整制度的基础上改造了整顿制度，确认了我国破产法的重整制度。《企业破产法》第 2 条规定了宽于破产清算的重整条件，即债务人不能清偿到期债务，并且资产不足以清偿全部债务或者明显缺乏清偿能力的，或者有明显丧失清偿能力可能的，债务人或者债权人可以直接向人民法院申请对债务人进行重整。

（二）破产与和解相结合的原则

除重整制度外，和解制度也是破产预防制度的重要组成部分，在破产过程中发挥着重要的作用，而其更是具有破产清算所不具备的诸多优点：首先，破产清算程序不仅费用高昂，而且出售破产人的财产系以静态而非动态的方式，无形中降低财产价值。清算中，债权人实际受偿的几率也很低，而和解制度通过债权人与债务人谅解中达成的一种平衡，可以基于经济主体的考虑平和进行，体现了主体自治，也最能反映主体活动的经济性。其次，破产清算机械瓜分债务人赖以经营的物质基础，对债务人继续经营毫无益处，而和解的目的则是避免清算，寻求既不消灭债务人，又能让债务人继续经营、清偿债务的最佳途径。一旦和解协议生效，破产程序即予以中止。只要债务人履行和解协议约定的义务，就可避免破产清算，起死回生。最后，由于破产清算会产生债务人主体资格丧失的后果，伴随而来的往往是工人失业、生产力浪费等无序化状态，以及由此所产生的连锁社会反应。而促成企业再生的和解制度一般鲜会发生这种结果。

（三）优先保护破产企业职工权益原则

依法优先保护劳动者权益，是破产法律制度的重要价值取向。企业破产关系到全体职工的切身利益，我国社会主义性质决定必须把妥善解决职工的生活，做好破产企业职工的善后救济当做工作的重中之重。《企业破产法》第 6 条原则性规定："人民法院审理破产案件，应当依法保障企业职工的合法权益，依法追究破产企业经营管理人员的法律责任。"

（1）破产申请时，对于债务人申请破产的，在破产申请书中，还应当向人民法院提交财产状况说明、债务清册、债权清册、有关财务会计报告、职工安置预案以及职工工资的支付和社会保险费用的缴纳情况。对于债权人提出破产申请的，债务人应当自裁定送达之日起 15 日内，向人民法院提交财产状况说明、债务清册、债权清册、有关财务会计报告以及职工工资的支付和社会保险费用的缴纳情况。债务人若违反规定，拒不向人民法院提交或者提交不真实的财产状况说明、债务清册、债权清册、有关财务会计报告以及职工工资的支付情况和社会保险费用的缴纳情况的，人民法院可以对直接责任人员依法处以罚款。

（2）债权申报中，对于债务人所欠职工的工资和医疗、伤残补助、抚恤费用，所欠的应当划入职工个人账户的基本养老保险、基本医疗保险费用，以及法律、行政法规规定应当支付给职工的补偿金，不必申报，由管理人调查后列出清单并予以公示。

（3）破产财产清偿中，破产人所欠职工的工资和医疗、伤残补助、抚恤费用，所欠的应当划入职工个人账户的基本养老保险、基本医疗保险费用，以及法律、行政法规规定应当支付给职工的补偿金具有优先于普通破产债权受偿的效力。《企业破产法》施行后，破产人在本法公布之日前所欠职工的工资和医疗、伤残补助、抚恤费用，所欠的应当划入职工个人账户的基本养老保险、基本医疗保险费用，以及法律、行政法规规定应当支付给职工的补偿金，依法定清偿后不足以清偿的部分，对设有担保物权的特定财产优先于担保权人受偿。

二、破产法的立法准则

由于各法域破产立法在适用范围、破产财产的构成、破产宣告效力等方面采取了不同的立法准则，因而采取不同立法模式，大致归纳如下①：

1. 商人破产主义、一般破产主义、折中主义

这是以破产法的适用范围所作的划分。商人破产主义是指破产程序只适用于具有商人身份的主体，非商人并不适用。采此模式者，多不以破产法为独立之法典，而将破产制度规定于商法典之中。主要有意大利、比利时等国家。一般破产主义是指破产法无论对商人抑或对非商人均得适用。采此模式者，多以破产法为独立之法典。所谓折中主义是指商人与非商人均得适用破产法，但商人之破产法程序有别于非商人的破产程序。

2. 职权主义、申请主义与折中主义

这是依破产程序启动方式的不同所作出的分类。职权主义是指破产程序的开始得由法院依职权进行，无须当事人提出申请；申请主义系指破产程序的开始须由当事人提出申请，法院始得作出破产宣告；折中主义是指原则上破产需依当事人之申请开始，但在特殊情况下（比如个别诉讼中的债务人存在破产原因时）法院得依职权作出破产宣告。早期破产立法视破产为犯罪，故多采职权主义，晚近立法观念视破产为私权关系，国家并无干预之必要，遂逐渐改而采用申请主义和折中主义。

3. 固定主义与膨胀主义

这是对破产财产范围所作划分时依据的立法准则。前者是指破产财产的构成以破产宣告时债务人的所有财产为限，破产宣告后债务人新取得的财产不属于破产财产而划归自由

---

① 杨建华．强制执行法 破产法论文选辑［M］．台北：五南图书出版公司，1984：407.

财产，其有帮助破产自然人再生的目的；后者认为，破产财产的构成不以破产宣告时破产人的财产为限，凡于破产程序终结前归属于破产人的所有财产均属于破产财产。其目的在于加强对债权人的保护。现代破产法在将企业破产与自然人破产统一立法时，一般采用膨胀主义。至于自然人破产方面，有免责主义和财产豁免制度予以保护。

4. 免责主义与不免责主义

这是就破产人于破产终结后对剩余债务的清偿责任所作的分类。前者是指破产程序终结时留有剩余债务的，如符合于一定要件，即免除债务人的清偿责任；后者是指破产程序终结后所残留之债务不因破产程序之终结而消灭，债务人对剩余债务仍负有清偿责任。

随着破产制度的发展及演进，破产立法价值上逐渐摒弃了对债务人贬斥的立法色彩，引入、丰富了破产预防等挽救债务人的措施和强化社会公益保护等基本内容。而不同法域，破产立法模式也出现了趋同化、统一化趋向，这主要包括：（1）由单纯保护债权人利益转向兼顾社会公共利益，债权人、债务人及其他利害关系人利益；（2）由倚重破产清算程序转向重视破产和解、重整等破产预防制度与破产清算的并重；（3）由商人破产主义趋向于一般破产主义；（4）由视破产为犯罪转向无罪破产。乃至于 20 世纪末 21 世纪初，国际上掀起构建一个承认与协助外国破产程序的跨境破产国际合作的法律框架，建立一个跨境破产统一立法的热潮。欧盟理事会并在 2000 年 5 月 29 日，通过了第一个以《阿姆斯特丹条约》规定为基础的统一国际私法的规则——2000 年《第 1346 号关于破产程序的规则》，确立了欧盟新的统一国际破产法制度。

第三节　我国的破产立法

一、1949 年以前中国的破产立法

由于我国曾长期处于农业社会阶段，工商业不发达，加上"重农抑商"的封建统治政策和"父债子还"的传统观念根深蒂固的影响，债务人若不能清偿债务，采取的主要措施也是"以刑代偿"或者"人役代偿"。在传统律例中，不仅没有"破产"这一名词，也无类似破产的规定，直至清末法律改革时才开始涉足破产领域的立法。①

前清刑律曾规定，对于不能偿债者，可由官厅拘捕监禁，分别查封寓所资财，及原籍家产，勒令家属限两个月将"侵蚀各款"清偿完毕。随着清末国内外商务交往的日渐繁多，清朝末年，商部成立后不久，便着手起草破产律，脱稿后送修订法律馆共同商定，于 1905 年 5 月奏准颁行《破产律》以续补《钦定大清商律》的内容，这也是中国历史上第一部以"破产"命名的立法。全文分呈报破产、选举董事、债主会议、清算账目、处分财产、有心倒骗、清偿展期、呈报销案、附则等 9 节，计 69 条。依照该律例，破产程序的进行均由地方官主持办理，商会辅之。非商人有因债务牵累自愿破产者，也可呈明地方官请照本律办理。

---

① 何勤华，李秀清. 外国法与中国法——20 世纪中国移植外国法反思 [M]. 北京：中国政法大学出版社，2003：272.

在立法体例方面，《破产律》借鉴日本 1890 年的破产法，虽比较完善，但实施成效并不大。颁行后不久，因官民对于该律第 40 条（"帑项公款经受商家倒闭，除归偿成数仍同各债主一律办理外，地方官厅应查明情节，如果事属有心，应照倒骗律严加治罪"）的理解发生重大分歧，经北京、上海钱业之大亨所请，商部遂奏请暂缓实施该条。1907 年 11 月，农工商部又奏请将该律交修订法律馆统筹编纂，但由于措辞含糊，未明确提出该律停止使用，因而在有的地区仍在执行。不过，由于该律第 40 条有"归债成数，各债主一律办理"的规定，与多数债权人的平等受偿的目标相吻合，却有悖于当时债务清偿上"先洋款、后官款、后华商分摊"之惯例，最终该律于 1908 年 11 月被明令废止。

二、1949 年以后中国的破产立法

我国在计划经济时代，除全面接受和改造私营企业外，基本不存在企业破产情况，作为社会物质生活条件的破产法也就难以取得生存土壤。因此，20 世纪 50 年代初期至 80 年代这段时间内，我国的破产法律基本上处于停滞状态。直至计划经济体制向市场经济体制的过渡，以及随之而来的企业法人制度的逐步确立和完善，破产法方逐渐兴起。

改革开放以后，随着工商业的普遍复苏，地方政府在破产立法实践中担当了排头兵，地方性法规、规章成了各地方试点破产制度的主要法律依据。1986 年 12 月 2 日，在全面总结试点地区工作经验的基础上，第六届全国人民代表大会常务委员会第 18 次会议通过了《企业破产法（试行）》。该法第 43 条规定："本法自全民所有制工业企业法实施满三个月之日起试行。"然而由于《企业破产法（试行）》通过之时，《全民所有制企业法》尚未出台，直至 1988 年 11 月 1 日，《企业破产法（试行）》才实际施行。

由于该法只适用于全民所有制企业，非全民所有制企业法人如何破产尚无法可循，于是 1991 年 4 月 9 日，七届全国人民代表大会第四次会议通过施行的《中华人民共和国民事诉讼法》设第 19 章"企业法人破产还债程序"，就非全民所有制法人企业破产作了原则性规定。1994 年 3 月，全国人民代表大会财政经济委员会根据八届全国人民代表大会常务委员会立法规划的要求，着手起草新的破产法。1995 年 9 月，草案提交全国人民代表大会常务委员会后，但因种种原因，破产法草案并未付诸审议。之后，破产法作为"列入八届人民代表大会立法规划的尚未完成的"立法项目，被列入了九届人民代表大会的立法规划。① 2003 年，第十届全国人民代表大会财政经济委员会又成立了新的破产法起草组，着手起草破产法，经多次讨论、修改、审议草案后，最终于 2006 年 8 月 27 日由第十届全国人民代表大会常务委员会第二十三次会议通过，2007 年 6 月 1 日正式施行。

三、破产法的亮点

《企业破产法》全文分总则、申请和受理、管理人、债务人财产、破产费用和共益债务、债权申报、债权人会议、重整、和解、破产清算、法律责任、附则共 12 章计 136 条。与《企业破产法（试行）》相比，《企业破产法》设立了重整制度、管理人制度，完善了破产程序中相关实体权利的规定。同时对金融机构破产、破产企业职工权益的保护等许

---

① 王卫国. 破产法 [M]. 北京：人民法院出版社，1999：43.

多方面作了新的规定，在立法思想、立法宗旨方面均有重大的变化。

1. 赋予非法人企业破产清算能力

《企业破产法》在沿用商人破产主义的同时，扩大了企业破产的适用范围，赋予合伙企业等非企业法人破产能力。

2. 创设破产重整制度，完善破产和解制度

重整程序与破产清算程序、和解程序并称为现代破产制度的三大基本程序。《企业破产法》的一项重要内容就是引入重整程序，并对重整程序的有关内容作了具体规定。符合破产原因的，债务人既可以提起破产清算申请，也可以依法直接提出破产重整或者破产和解的申请。

3. 破产原因更加灵活

《企业破产法》删除"因经营管理不善造成严重亏损"的条件限制，规定了相对比较灵活和宽松的破产启动条件，并明确了债务人提交财产报告等义务，使得破产程序的进行更具操作性。

4. 创设了破产管理人制度，确立了管理人在破产程序中的法律地位

明确规定管理人可以由依法设立或人民法院指定设立的清算组担任，同时规定，破产清算事务所、律师事务所、会计师事务所等社会中介机构，以及具备相关专业知识并取得专门执业资格的人员可以担任管理人；规定了管理人的职责及监督；对直接提出重整的债务人，允许其申请自行管理财产和经营事务；对管理人违反忠于职守和勤勉尽责义务或有其他违法行为的，明确了应承担的法律责任。

5. 职工权益保护方面，明确了劳动债权的优先受偿效力

在《企业破产法》颁布前已经发生的职工债权，有优先于担保物权受偿的权利，此后发生的职工债权并无优先权，只能就无担保财产在第一顺序受偿，并对申报免除、表决一一作了规定。

【难点追问】

关于我国的和解制度。

由于和解以债务人具备破产原因为前提，和解协议一般也不具备强制执行效力。因此，在各国破产立法中，和解与破产清算一直是形影不离。1883 年，英国首先将和解制度引入破产程序，规定当事人在申请破产程序前，必须先进行和解，后世学者称之为"和解前置主义"。1886 年，比利时颁布以预防破产为目的的《预防破产之和解制度》，开创和解分离主义的立法例。1935 年德国通过《和解法》，形成破产程序与和解程序并存的双轨制，直至 1994 年颁布的《企业破产法》才统一将破产与和解制度规定其中。在我国，《企业破产法（试行）》也不例外，《企业破产法（试行）》第 18 条规定："整顿申请提出后，企业应当向债权人会议提出和解协议草案。"第 19 条规定："企业和债权人会议达成和解协议，经人民法院认可后，由人民法院发布公告，中止破产程序。和解协议至公告成立之日起有法律效力。"不过，债务人进行破产和解，首先需其上级主管部门提出整顿申请，整顿申请提出后，企业提出和解申请，并拟订和解协议草案，经债权人会议讨论通过，并经法院审查认可后，破产程序遂中止，整顿程序随即开始。可见，《企业破产

法（试行）》下的和解制度究其实质并不具有独立性，而是附属于整顿程序，以和解为手段，整顿才是目的所在。修订前的《民事诉讼法》第202条对于非国有企业，规定了比较宽松的和解条件。但司法实践中，和解的执行却不容乐观，和解比例也非常少。因此，在《企业破产法》立法过程中，很多学者甚至主张删除和解程序，认为和解程序没有实用性，并且浪费有限的司法资源。不过，考虑到和解制度本身存在的优点，《企业破产法》在汲取经验与教训的基础上，继承并发展了原有的和解制度，赋予债务人直接向人民法院申请和解的权利，并专设第九章"和解"与破产清算、重整相并列。最高人民法院也一再指出，破产重整和和解制度，为尚有挽救希望的危困企业提供了避免破产清算死亡、获得再生的机会，有利于债务人及其债权人、出资人、职工、关联企业等各方主体实现共赢，有利于社会资源的充分利用。努力推动企业重整和和解成功，促进就业、优化资源配置、减少企业破产给社会带来的不利影响，是人民法院审理企业破产案件的重要目标之一，也是人民法院商事审判工作服务于保增长、保民生、保稳定大局的必然要求。因此，对于已经出现破产原因或者有明显丧失清偿能力可能，但符合国家产业结构调整政策、仍具发展前景的企业，人民法院要充分发挥破产重整和破产和解程序的作用，对其进行积极有效的挽救。

【思考题】

1. 我国新旧企业破产法在立法准则方面有何异同？
2. 破产预防法律制度与破产法律制度之间的关系是什么？
3. 案例分析题：

由甲市工商行政管理局登记的国有企业甲市毛纺厂，由于经营管理不善，不能清偿到期债务，经厂长办公会决定，向本企业所在区的人民法院申请宣告破产。法院在征得其上级主管部门同意并受理后，召集并主持了债权人会议，该企业的最大债权人是乙，法院指定有财产担保未放弃优先受偿权的债权人丙担任债权人会议主席。此后经一段时间的审理，法院作出裁定宣告该企业破产，破产企业由其上级主管部门接管并进行清算活动。

请问：在该国有企业破产过程中，有哪些违法之处？

第十二章 破产实体法

【学习目的与要求】

【学习目的与要求】

通过本章的学习，要重点掌握破产财产及破产债权的范围与例外、破产原因的概念与基本内容。

【知识结构简图】

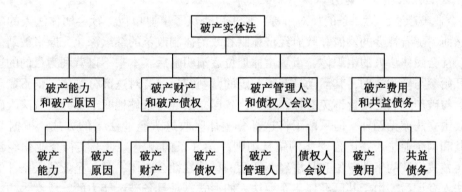

第一节 破产能力和破产原因

一、破产能力

（一）破产能力概述

破产能力，又称为破产的主体范围问题，指债务人得以被宣告破产的资格，其主要解决适用破产程序的对象问题。作为破产程序启动的必要条件之一，没有破产能力的债务人，法院不得宣告破产，取得破产能力的债务人，不仅可自行向法院申请破产，债权人也可申请宣告其破产。作为破产法中的身份性规范，破产能力在很大程度上决定了破产法的调整范围。

我国《企业破产法》沿袭《企业破产法》和《民事诉讼法》企业法人破产主义一般原则，同时赋予非法人企业可以参照适用破产法清算的权利，形成了具有中国特色的破产能力体系。

（二）法人的破产能力

我国《企业破产法》第2条规定"企业法人不能清偿到期债务，并且资产不足以清偿全部债务或者明显缺乏清偿能力的，依照本法规定清理债务。企业法人有前款规定情形，或者有明显丧失清偿能力可能的，可以依照本法规定进行重整。"

从理论上讲，法人无疑应具有破产能力。许多国家的法律也都规定，依法被宣告破产是法人解散的原因之一。但因法人可分为公法人和私法人。① 公法人由于其目的与公益密切相关，随意破产与社会利益影响甚巨，许多国家的破产法对诸如公法人等特定主体的破产能力都专门例外地加以限制或排除。至于私法人，因其有权利能力，故不分营利性法人或公益法人，均有破产能力。②

1. 企业法人的破产能力

关于企业法人的破产能力，《企业破产法》改造了传统商人破产主义，适用范围主要为商人中的企业法人，即《企业法人登记管理条例》第2条规定的领取"企业法人营业执照"的民事主体。

2. 公益法人的破产能力

《企业破产法》第2条的反对解释，似乎也否认了事业单位、社会团体法人的破产能力。然而，随着社会的发展和政府经济体制和政治体制改革的继续深化，原来被划入事业单位、社会团体法人的组织体，市场主体地位逐渐明晰后，本来不以营利为目的的这些主体也开始参与营利活动，其活动具有了一定的营利特征。若对这部分主体，仍不赋予破产能力，与破产立法之宗旨不免有悖。因此，各国立法均有条件地赋予部分公益法人破产能力，我国立法亦无例外，但采取了将这部分主体吸收进入企业法人的方式。根据《中华人民共和国企业法人登记管理条例施行细则》第3条的规定，对于实行企业化经营、国家不再核拨经费的事业单位和从事经营活动的科技性社会团体，具备企业法人条件的，经企业法人登记后，由于其已经属于企业法人的形式，是具备破产能力的。

3. 公法人的破产能力

包括我国在内的多数破产立法基本都否认公法人的破产能力。理由如下：其一，公法人担负着社会管理与政治统治职能，允许破产，不仅影响公权力机关公信力，且可能造成权利真空，扰乱社会管理秩序；其二，公法人的债务清偿能力以国家财政为后盾，若无法清偿债务往往可通过财政拨款解决，实践中并无必要启动破产程序，赋予其破产能力，似有蛇足之嫌；其三，公法人资金使用、业务开展行为，均属行政权行使的特殊状态，与民事主体的经营活动截然有别，由此形成的债务与债权关系也不相同，与《企业破产法》规范目的显然有别，立法技术更不应适用破产法，故而没必要赋予公法人破产能力。

（三）非法人团体的破产能力

非法人型企业和社会组织的破产能力，《企业破产法》第135条只是规定，"其他法律规定企业法人以外的组织的清算，属于破产清算的，参照适用本法规定的程序"。换言之，清算程序方面，非法人组织参照《企业破产法》进行，但破产能力的认定，则需依

---

① 彭万林. 民法学 [M]. 北京：中国政法大学出版社，1999：90.
② 陈荣宗. 破产法 [M]. 台北：三民书局，1986：90.

照调整该类组织的基本法律。《合伙企业法》第 92 条规定："合伙企业不能清偿到期债务的，债权人可以依法向人民法院提出破产清算申请，也可以要求普通合伙人清偿。合伙企业依法被宣告破产的，普通合伙人对合伙企业债务仍应承担无限连带责任。"合伙企业、农民专业合作社等非法人组织具备破产能力，但非法人团体类别、数量甚广，具备破产能力与否，仍有待其他法律规范明文规定。

（四）金融机构的破产能力

《企业破产法》第 134 条对于金融机构的破产能力做了相应规定："商业银行、证券公司、保险公司等金融机构有本法第 2 条规定情形的，国务院金融监督管理机构可以向人民法院提出对该金融机构进行重整或者破产清算的申请。国务院金融监督管理机构依法对出现重大经营风险的金融机构采取接管、托管等措施的，可以向人民法院申请中止以该金融机构为被告或者被执行人的民事诉讼程序或者执行程序。""金融机构实施破产的，国务院可以依据本法和其他有关法律的规定制定实施办法。"

商业银行、保险公司等金融机构作为企业法人，适用《企业破产法》破产清算本毋庸置疑，但考虑到金融机构的地位和特点以及保护存款方和保险合同利益人的利益，《企业破产法》对金融机构的破产清算作出较为特殊的规定：一方面，国务院金融监督管理机构可以向人民法院提出对该金融机构进行重整或者破产清算的申请；另一方面，赋予国务院金融监督管理机构依法对出现重大经营风险的金融机构采取接管、托管等措施时，向人民法院申请中止以该金融机构为被告或者被执行人的民事诉讼程序或者执行程序的权利。与《企业破产法》相比，《商业银行法》对于破产清算的规定处于特别规定的范畴，根据特别法优先于一般法的法律适用原则，金融机构破产时，《保险法》和《商业银行法》有优先适用的效力。

【案例 12-1】

甲银行分行系某商业银行下设一级分行，因金融危机，形成大量坏账，依法核销后，其自有资产严重不足，已无法清偿对于债权人乙、丙、丁所负的债务。

请问：该分行是否具备破产能力，可否申请破产清算？

点评：企业法人分支机构是否具备破产能力，对于其债务承担方面，最高人民法院《关于贯彻执行〈中华人民共和国民法通则〉若干问题的意见（试行）》第 107 条规定，"不具备法人资格的企业法人的分支机构……因此产生的财产责任，分支机构如有偿付能力，先由其承担责任；如无偿付能力，应由企业法人承担。"司法实践中，企业法人分支机构并不具备破产能力。

二、破产原因

（一）破产原因的界定

破产原因，指存在于债务人自身，能否对其宣告破产的原因。通常而言，破产原因的存在与否是判断破产申请能否成立、法院能否受理申请以及作出破产宣告的重要依据，理论上又称破产界限。广义的破产原因包括重整原因、和解原因、破产清算原因；狭义的破产原因一般仅指破产清算原因。本书仅就狭义的破产原因进行阐述。

狭义的破产原因是指破产立法对于债务人应受破产宣告的事实与行为进行高度的论理概括,对此不一一列举具体行为。大陆法系国家多采概括主义立法,对于破产原因的具体界定,各国家又有所区别,主要存在以下三种界定方式:

1. 支付不能

支付不能,又称不能清偿,是指债务人由于缺乏清偿能力,对于已届清偿期而受请求的债务,全部继续无法为清偿的客观经济状态。① 日本、奥地利、瑞士等德国法系国家广泛以支付不能作为破产原因。

2. 停止支付

停止支付是指债务人以其行为向债权人作出不能支付一般金钱债务的主观意思表示。不同于不能支付,停止支付系一种债务人的主观状态。停止支付并不当然意味着债务人清偿能力的丧失,但债务人缺乏清偿能力时,往往率先表现为债务的暂停支付。这在一定程度上反映了债务人财务的客观状况存在缺陷,故而包括意大利、西班牙在内的国家都规定其为破产原因。

3. 资不抵债

资不抵债又称债务超过,是指"消极财产(债务)的估价总额超过了积极财产(资产)的估价总额的客观状况"②。不同于不能清偿,资不抵债并不一定不能清偿,而不能清偿债务,也不一定资不抵债。但财产作为法人成立和存续的基础,一旦资不抵债,便丧失了营业赖以开展的前提,若仅靠信用支撑,势必恶化债务状况,危及债权人的利益,增加了市场流通秩序的不安全因素,故而包括德国破产法在内的诸多国家将资不抵债单独作为破产原因之一。

概括主义立法模式的破产立法能抽象概括破产原因,灵活性较大,但法律适用方面,却不如列举主义清晰明了。因此,包括葡萄牙、西班牙破产法在内的诸国破产立法结合二者,采取了折中主义的立法模式,既概括规定了破产原因,又具体规定了若干种破产行为。

(二)我国立法关于破产原因的规定

我国 1986 年和 2006 年的破产法,均采用概括主义立法模式。《企业破产法》第 2 条第 1 款规定:"企业法人不能清偿到期债务,并且资产不足以清偿全部债务或者明显缺乏清偿能力的,依照本法规定清理债务。"

企业破产的最直接表现即为不能清偿到期债务,根据《最高人民法院关于适用〈中华人民共和国企业破产法〉若干问题的规定(一)》的规定,认定债务人不能清偿到期债务必须同时满足下列情形:债权债务关系依法成立;债务履行期限已经届满;债务人未完全清偿债务。

---

① 陈荣宗. 破产法 [M]. 台北:三民书局,1986:34.

② [日]石川明. 日本破产法 [M]. 何勤华,周桂秋,译. 北京:中国法制出版社,2000:27-28.

1. 不能清偿与资不抵债的组合

司法实践中，将资不抵债作为认定不能清偿债务的重要指标之一。只要债务人的资产负债表，或者审计报告、资产评估报告等显示其全部资产不足以偿付全部负债的，人民法院应当认定债务人资产不足以清偿全部债务，但有相反证据足以证明债务人资产能够偿付全部负债的除外①。《企业破产法》第 2 条进一步要求，破产宣告须不能清偿与资不抵债同时具备。人民法院受理破产申请后至破产宣告前，经审查发现债务人不符合破产原因规定情形的，可以裁定驳回申请。

2. 不能清偿与明显缺乏清偿能力的并列

《企业破产法》规定的另一个破产原因是，除不能清偿要件的具备外，还须明显缺乏清偿能力，如因资金严重不足或者财产不能变现等原因，无法清偿债务；法定代表人下落不明且无其他人员负责管理财产，无法清偿债务；经人民法院强制执行，无法清偿债务；长期亏损且经营扭亏困难，无法清偿债务；导致债务人丧失清偿能力的其他情形。② 明显缺乏清偿能力不能单独作为破产原因，它是与资产不足以清偿全部债务并列出选择条件，应结合债务人不能清偿到期债务的情由，作为申请债务人破产的依据。③

【案例 12-2】

甲酒店 2014 年 10 月开业，注册资金人民币 100 万元。2015 年 1 月，甲与乙公司签订承包经营合同。约定由乙承包经营至 2017 年 1 月 20 日。在经营期间，由于乙经营不善，管理混乱，财务收支严重失衡。2016 年 10 月，甲停业，12 月向法院申请破产还债。甲 2016 年中报财务报表显示，甲应付账款人民币 100 万元，应收账款 50 万元，应收款明细表与资产负债表数据不一致，且无资产清单。

请问：甲是否符合破产原因，法院应否受理破产申请。

点评：根据甲目前状况及提供的材料，资产、负债数额不详，债权行使期限不明，不符合《企业破产法》第 2 条破产原因的规定，依法应裁定驳回破产申请。

第二节　破产财产和破产债权

一、破产财产概述

破产财产，大陆法系国家多称破产财团。在我国，《民事诉讼法》采用"破产财产"用语，《企业破产法》以破产宣告为区分节点，使用"债务人的财产"和"破产财产"两种概念界定进行分配的债务人财产。破产宣告后，"债务人的财产"就转变为"破产财

① 《最高人民法院关于适用〈中华人民共和国企业破产法〉若干问题的规定（一）》第 4 条。
② 《最高人民法院关于适用〈中华人民共和国企业破产法〉若干问题的规定（一）》第 4 条。
③ 《企业破产法》起草组．中华人民共和国企业破产法释义［M］．北京：人民出版社，2006：15-16.

产"。

与一般财产相比，破产财产具有以下法律特征：

1. 破产财产属于财产或财产权利

破产财产必须是债务人享有财产权利的财产，破产人不享有所有权而占有的属于他人的财产，他人有权取回，不能作为破产财产。这些财产既包括有形财产，也包括所有债权、股权、知识产权等无形财产权利；这部分财产既包括未设定担保权的财产，也包括设定担保权的财产；既包括债务人位于境内的财产，也包括债务人位于境外的财产。

2. 破产财产属于债务人支配并可依法分配的特定财产

破产财产的目的在于通过破产程序公平分配给破产债权人，不能分配给破产债权人的财产，就不属于破产财产，不享有处分权利的财产也不能作为破产财产。构成破产财产的财产，须以破产宣告时属于破产人为限。

3. 破产财产是归属于债务人的集合性财产

破产财产并非以单个财产的面目出现，也非破产人单项财产的简单相加，而是债务人、管理人管理并用以公平清偿破产债权的集合财产。基于此，奉行同一说的大陆法系国家遂有"破产财团"这一概念。《企业破产法》第 30 条进一步将破产财产也区分为破产申请受理时和破产申请受理后至破产程序终结前取得的财产两部分。但无论形成于哪个时间区间，破产财产都应是债务人享有支配权的财产集合体。

二、破产财产的范围

（一）《企业破产法》破产财产范围的一般界定

1. 空间方面的普及主义

以一国的破产宣告是否具有域外效力为标准，破产财产范围立法准则有普及主义及属地主义之分。破产的普及主义，是指破产宣告的效力及于域外，即一国法院所为的破产宣告，不仅及于破产人在宣告国的财产，而且及于其在国外的财产。所谓破产的属地主义，是指一国法院所为的破产宣告仅仅及于破产人宣告国的财产。[①]《企业破产法》第 5 条第 1 款肯定了破产财产的域外效力，即依照本法开始的破产程序，对债务人在中华人民共和国领域外的财产发生效力，确认了我国破产法在破产财产范围界定方面的有限制的破产普及主义：一方面，中国破产程序的域外效力采用普及主义，即依照《企业破产法》所作的破产宣告，效力及于破产人在中国域外的所有财产；另一方面，外国破产程序在中国的效力采适度的破产普及主义，有条件地承认执行外国法院的裁决在中国域内的效力。

【案例 12-3】

某企业甲系 2009 年依照中国法律在中国设立的上市公司，企业除在境内获准上市外，经证监会批准，股票并在纳斯达克同时上市交易，该企业除在国内广泛涉足房地产、物流业外，在国外置有大量产业。2017 年 10 月，因资金链断裂，无法清偿包括银行债权在内的大量债务，遂申请破产宣告。

---

① 李永军. 破产法律制度 [M]. 北京：中国法制出版社，2000：18.

请问：若该公司依法被宣告破产，其在境外的财产是否属于破产财产？

点评：我国《企业破产法》采取有限制地承认破产财产的域外效力，即破产对于破产人在国外的财产也具有效力。

2. 时间方面的膨胀主义

《企业破产法》第30条在破产财产时间界定上，采取膨胀主义立法模式。"我国企业破产法采取的是膨胀主义立法例，所以如此，与其说是理性选择，价值取舍的结果，毋宁说它是由其适用对象客观地规定着的。"① 破产申请受理时属于债务人的全部财产，以及破产申请受理后至破产程序终结前债务人取得的财产，为债务人的财产。只不过以破产宣告为区分点，在此之前的企业财产称为"债权人财产"，宣告后称为"破产财产"。

（二）我国破产财产的范围

综合《企业破产法》和《最高人民法院关于适用〈中华人民共和国企业破产法〉若干问题的规定（二）》等现行破产法律规定，我国的破产财产范围主要由以下两部分组成：

1. 破产申请受理时属于债务人的全部财产

也就是说，除债务人所有的货币、实物外，债务人依法享有的可以用货币估价并可以依法转让的债权、股权、知识产权、用益物权等财产和财产权益，均应认定为债务人财产。

2. 破产申请受理后至破产程序终结前债务人取得的财产

这部分财产的范围较广，如债务人已依法设定担保物权的特定财产，人民法院应当认定为债务人财产。对债务人的特定财产在担保物权消灭或者实现担保物权后的剩余部分，在破产程序中可用以清偿破产费用、共益债务和其他破产债权；债务人对按份享有所有权的共有财产的相关份额，或者共同享有所有权的共有财产的相应财产权利，以及依法分割共有财产所得部分，均属于债务人财产；破产申请受理后，有关债务人财产的执行程序未依照《企业破产法》第19条的规定中止的，采取执行措施的相关单位应当依法予以纠正。依法执行回转的财产，人民法院应当认定为债务人财产。此外，与债务人的财产相关存在着一些实体权利，如撤销权、抵销权、取回权等。

（1）撤销权。撤销权是指债权人对债务人在破产案件受理前的法定期间内进行的欺诈、逃债或损害公平清偿的行为，可以申请人民法院撤销的权利。经法院依法撤销的危及债权的行为，自始无效。

管理人行使撤销权有两种手段，一是行使一般撤销权，在人民法院受理破产申请前1年内，如果债务人具有无偿转让财产、以明显不合理的价格进行交易、对没有财产担保的债务提供财产担保、对未到期的债务提前清偿、放弃债权等行为，管理人有权请求人民法院予以撤销；二是行使个别清偿撤销权，即人民法院受理破产申请前6个月内，只要债务人不能清偿到期债务，并且资产不足以清偿全部债务或者明显缺乏清偿能力，仍对个别债权人进行清偿的，管理人有权请求人民法院予以撤销，但是个别清偿使债务人财产受益的

---

① 汤维健. 优胜劣汰的法律机制——破产法要义 [M]. 贵阳：贵州人民出版社，1995：89.

除外。

（2）无效行为。无效行为是指行为人的行为不具备法律规定的有效条件而没有法律效力。破产法规定，涉及债务人财产的下列行为无效：①为逃避债务而隐匿、转移财产的；②虚构债务或者承认不真实债务的。

无效行为自始无效，即行为从实施时起就没有法律约束力。因无效行为而取得的债务人财产，应当通过返还财产、赔偿损失等方式恢复到行为之前的状态，管理人也有权予以追索。

（3）债务人财产的收回。收回是指管理人追回被他人非正常占有和侵占的，属于债务人的财产。也就是说，他人占有和侵占的债务人财产，必须依法退还给债务人。属于应当收回的债务人财产有三项：一是人民法院受理破产申请后，债务人的出资人尚未完全履行出资义务的，管理人有权要求该出资人缴纳所认缴的出资，而不受出资期限的限制；二是债务人的董事、监事和高级管理人员利用职权从企业获取的非正常收入和侵占的企业财产，管理人有权追回；三是人民法院受理破产申请后，管理人可以通过清偿债务或者提供为债权人接受的担保，收回质物、留置物。

（4）取回权。取回权是指财产权利人向管理人要求取回属于自己的，而由债务人占有的财产的权利。这些财产是债务人占有的他人的财产，不能用于清偿债权人。取回权分为一般取回权和特别取回权。

一般取回权的行使限于取回原物。当人民法院受理破产申请后，债务人占有的不属于债务人的财产，该财产的权利人可以通过管理人取回。如果原物已被债务人卖出或灭失，权利人只能以直接损失额作为破产债权要求清偿。

特别取回权的行使限于在途标的物。当人民法院受理破产申请时，出卖人已将买卖标的物向作为买受人的债务人发运，债务人尚未收到且未付清全部价款的，出卖人可以取回在运途中的标的物。但是，管理人可以支付全部价款，请求出卖人交付标的物。

（5）抵销权。抵销权是指债权人在破产申请受理前对债务人负有债务的，无论是否已到清偿期限、标的是否相同，均可在破产财产最终分配确定前向管理人主张相互抵销的权利。因此，抵销权是破产债权只能破产受偿的例外，其结果使该债权在抵消范围内可以从破产财产中得到全额、优先清偿。

为防止抵销权被当事人滥用，破产法对抵销权的行使进行了限制。除法律另有规定外，凡具有下列情形之一的不得抵销：①债务人的债务人在破产申请受理后取得他人对债务人的债权的；②债权人已知债务人有不能清偿到期债务或者破产申请的事实，对债务人负担债务的；③债务人的债务人已知债务人有不能清偿到期债务或者破产申请的事实，对债务人取得债权的。

（三）破产财产的除外规定

但并非破产企业占有、管理财产都属于破产财产。一般而言，以下几种类型的财产不属于破产财产的范畴：

（1）债务人基于仓储、保管、承揽、代销、借用、寄存、租赁等合同或者其他法律关系占有、使用的他人财产；

（2）债务人在所有权保留买卖中尚未取得所有权的财产；

（3）所有权专属于国家且不得转让的财产；

（4）其他依照法律、行政法规不属于债务人的财产。①。

三、破产债权

（一）破产债权的概念及特征

破产债权指破产宣告前成立的，依法申报并获得确认的，只有通过破产程序方能获得分配的债权。考虑到破产法是程序法与实体法的统一。从实体的角度讲，破产债权是在破产宣告前成立的对债务人享有的金钱债权或可以以金钱评价的债权，学理上称为实质意义上的破产债权；从程序的角度讲，破产债权是依破产程序申报并依破产程序受偿的财产请求权，学理上称为形式意义上的破产债权。②

除具备普通债权共有的特征外，破产债权还具备以下法律特征：

1. 破产债权一般基于破产宣告前的原因而成立

破产宣告为破产债权形成的时点，此时才存在普通债权转化为破产债权的问题。但转化的前提是，转化前普通债权就是客观存在的。因而，破产宣告后，破产财产移交管理主体保管，其他人以破产企业名义进行民事活动，所发生的债务都不属于破产债权。

2. 破产债权为可以强制执行的债权

由于破产程序是一种概括的强制执行程序，参加破产程序的债权必须是受法律保护且能够予以强制执行的债权。不过，由于破产程序与一般民事执行程序不同，因此，此处的可以强制执行，一方面，是指债的标的可通过破产程序强制执行，无法强制执行的财产请求权，如时效已完成的债权等，不得成为破产债权；另一方面，是指债权受法律保护，依法可以强制执行。基于非法原因形成的债权，因不受法律保护，也不属于破产债权范畴。

3. 破产债权是依照破产程序申报、确认并有权在破产程序中受偿的债权

债权人主动、及时地行使权利，才能确保获得清偿。对权利的行使，法律一般均规定有一定的程序与时效期间，破产债权亦是如此。债权人必须在破产案件受理后，或破产宣告后，依照法定期限向法院申报登记债权。若债权人逾期申报或以债务人或法院已知道其债权为由而不申报的，则不能在破产程序中参与分配财产。对于债权人如期申报的债权，也须经债权人会议审查，确认其债权的存在与数额，即便有的债权客观上存在，但因缺乏证据而得不到确认的，同样也不属于破产债权的范围。

（二）破产债权的范围

企业破产法全面规定了破产债权的范围，将以下债权界定为破产债权：

（1）未到期的债权，在破产申请受理时视为到期。附利息的债权自破产申请受理时起停止计息；

（2）附条件、附期限的债权和诉讼、仲裁未决的债权；

（3）管理人或者债务人依照破产法规定解除合同的，对方当事人以因合同解除所产生的损害赔偿请求权；

---

① 《最高人民法院关于适用〈中华人民共和国企业破产法〉若干问题的规定（一）》第4条。

② 李永军. 破产法律制度［M］. 北京：中国法制出版社，2000：172.

（4）债务人是委托合同的委托人，其破产案件被人民法院受理，受托人不知该事实，继续处理委托事务的，受托人以由此产生的请求权；

（5）债务人是票据的出票人，其破产案件被人民法院受理，该票据的付款人继续付款或者承兑的，付款人以由此产生的请求权。

（6）连带债权人。破产法规定可以采取下列方式：①债务人的保证人或者其他连带债务人已经代替债务人清偿债务的，以其对债务人的求偿权。②尚未代替债务人清偿债务的，以其对债务人的将来求偿权，但债权人已向管理人申报全部债权的除外。③连带债权人可以由其中一人代表全体连带债权人申报债权，也可以共同申报债权。④连带债务人数人的破产案件均被受理的，其债权人有权就全部债权分别在各破产案件中申报债权。

（7）劳动债权。《企业破产法》明确规定，债务人所欠职工的工资和医疗、伤残补助、抚恤费用，所欠的应当划入职工个人账户的基本养老保险、基本医疗保险费用，以及法律、行政法规规定应当支付给职工的补偿金，不必申报，由管理人调查后列出清单并予以公示。职工对清单记载有异议的，可以要求管理人更正；管理人不予更正的，职工可以向人民法院提起诉讼。

（8）债务人的董事、监事和高级管理人员获得的非正常收入。债务人的董事、监事和高级管理人员利用职权获取的以下收入，人民法院应当认定为《企业破产法》第36条规定的非正常收入：①绩效奖金；②普遍拖欠职工工资情况下获取的工资性收入；③其他非正常收入。

债务人的董事、监事和高级管理人员拒不向管理人返还上述债务人财产，管理人主张上述人员予以返还的，人民法院应予支持。

债务人的董事、监事和高级管理人员因返还第1款第（1）项、第（3）项非正常收入形成的债权，可以作为普通破产债权清偿。因返还第1款第（2）项非正常收入形成的债权，依据《企业破产法》第113条第3款的规定，按照该企业职工平均工资计算的部分作为拖欠职工工资清偿；高出该企业职工平均工资计算的部分，可以作为普通破产债权清偿。

【案例 12-4】

张三洗浴有限公司资不抵债，显著缺乏清偿能力，于2017年3月1日申请宣告破产，破产程序中债权人纷纷向管理人申报债权，提出如下给付请求：

1. 陈法官于2016年1月消费期间被保安人员殴打致伤，医疗费、交通费等人身损害赔偿请求计1万元。

2. 该公司从事色情服务，区公安分局于2017年2月1日对其罚款5000元。

3. 洗浴有限公司经营中所欠水务公司水费10万元。

4. 2017年2月，张三公司与个体工商户李四签订"洗脚鱼"采购合同，约定李四向张三公司独家供应3万余元成鱼，至张三申请破产时，协议仍未履行，破产管理人决定解除该合同，由此导致成鱼增长，无法继续使用，李四因此损失3万余元。

请问：你认为哪些请求权属于破产债权？

点评：结合破产债权的范围与除外范围综合予以判断。

第三节　破产管理人和债权人会议

一、破产管理人

（一）破产管理人概述

破产管理人，是指负责破产财产的管理、清算、估价、变卖和分配的机构或个人。大陆法系国家一般称之为"破产财产管理人"、"破产管财人"，英美法系国家多称之为"破产受托人"、"破产接管人"。在我国，早在《企业破产法（试行）》中，就规定由清算组具体负责破产财产的保管、清理、估价、处理和分配，对人民法院负责并报告工作。清算组在一定程度上担当管理人的职能，但关于清算组制度的规定过于原则、简单，在实践中备受质疑。有鉴于此，《企业破产法》借鉴国外通行做法，将清算组制度改造完善为管理人制度，设专章予以规定。在管理人破产清算中，它以自己的名义执行清算事务，并随破产清算程序的终结而解散。

（二）破产管理人的任职资格及选任

1. 破产管理人的任职资格

依照《企业破产法》的规定，破产管理人可以是机构，也可以是个人，且破产管理人的任职资格存在积极资格与消极资格之分。

（1）积极资格。即成为破产管理人应具备的资格。《企业破产法》规定，三类主体具备担任破产管理人的资格：第一，在涉及国有企业政策性破产的案件中、有关法律规定企业破产时成立清算组、破产申请受理前，根据有关规定已经成立清算组，法院可以指定清算组担任破产管理人；第二，由依法设立的律师事务所、会计师事务所、破产清算事务所等社会中介机构担任破产管理人；第三，由社会中介机构中具备相关专业知识并取得执业资格的人员担任。不过，个人担任破产管理人的，应参加执业责任保险。

（2）消极资格。为保证破产管理人的中立性，法律同时规定了不得取得管理人资格的情形：第一，因故意犯罪受过刑事处罚的主体；第二，曾被吊销相关专业执业证书的主体也不得担任管理人；第三，与本案有利害关系的也不能担任管理人；第四，其他人民法院认为不宜担任管理人的情形的，也不能担任破产管理人。

此外，若社会中介机构或者个人有重大债务纠纷或者因涉嫌违法行为正被相关部门调查的，人民法院也不应指定该社会中介机构或者个人为破产管理人。

2. 管理人的选任方式及时间

《企业破产法》规定，破产管理人由人民法院指定。指定应当形成决定书，决定书应与受理破产申请的民事裁定书一并公告，并向被指定人、破产申请人、债务人、债务人的企业登记机关送达。指定方式方面，人民法院应按照管理人名册所列名单采取轮候、抽签、摇号等随机方式公开指定。对于商业银行、证券公司、保险公司等金融机构或者在全国范围有重大影响、法律关系复杂、债务人财产分散的企业破产案件，人民法院可以采取公告的方式，邀请编入各地人民法院管理人名册中的社会中介机构参与竞争，从参与竞争的社会中介机构中指定管理人。其中，参与竞争的社会中介机构不得少于三家。采取竞争方式指定管理人的，人民法院应当组织专门的评审委员会在综合考量社会中介机构的专业水准、经验、机构规模、初步报价等因素的基础上，以多数决的形式，从参与竞争的社会中介机构中择优指定管理人。采取竞争方式指定管理人的，人民法院应当确定一至两个备选社会中介机构，作为需要更换管理人时的接替人选。法院的主导地位贯彻于管理人名册的制定、具体管理人的指定、管理人更换、选任异议的裁决等全过程。

指定管理人的时间方面，依照《企业破产法》第 13 条的规定，人民法院裁定受理破产申请的同时，即应指定管理人。

【案例 12-5】

2005 年 2 月 21 日，丹耀公司向北京市第二中级人民法院提出破产申请。2005 年 3 月 10 日，北京市第二中级人民法院正式立案受理破产申请，并于 2005 年 7 月 19 日，委托中逸会计师事务所有限公司出具关于丹耀公司 2005 年 6 月 30 日《财务状况专项审计报告》。根据审计报告，截至 2005 年 6 月 30 日，丹耀公司企业资产总额为 27 226 695 699 元，负债总额为 27 728 280 484 元，账面净资产为 −5 015 847.85 元，资产负债率为 101.84%。此后，经过一系列法律程序，2007 年 6 月 14 日，北京市第二中级人民法院宣告丹耀公司破产。随后，法院通过公开摇号的方式，确定北京市企业清算事务所和北京市炜衡律师事务所为破产管理人，接管破产企业的印章、文书档案、财务资料及资产。

点评：本案系《企业破产法》实施后的北京市首例破产案件，在管理人指定上较为规范，通过摇号方式确定，形式公正、透明，具有示范意义。

（三）破产管理人的职责

依照《企业破产法》和《关于审理企业破产案件若干问题的规定》的规定，管理人的职责主要体现在以下方面：

1. 接管破产企业

接管债务人移交的一切财产、印章、账簿、文书档案和证照等资料，是管理人就任后的首要工作，也是破产程序顺利、迅速开展的基本保障。破产企业的账册、文书、资料、印章等必须移交管理人，任何人不得处置。

2. 调查债务人财产状况，制作财产状况报告

主要包括：决定留守人员和数额，组织留守人员和工作人员对破产企业财产进行清理，登记造册，组织财产的评估、变现，查明财产总额；清理破产企业债权、债务，对债权人申报的债权负责登记、审查；对破产企业财务进行审计，编制财产明细表和资产负债表，编制债权债务清册。

3. 决定债务人内部管理事务

主要包括：决定解除或者继续履行破产企业未履行的合同；在第一次债权人会议召开之前，决定继续或者停止债务人的营业；对于未进行房改的破产企业职工住房，符合房改政策的，可由管理人向有关部门申请办理房改事项；管理人经人民法院许可，可以聘用必要的工作人员，可以聘用律师或者其他中介机构的人员追收债权；管理人有权决定是否履

行合同和在清算范围内进行经营活动；决定债务人的日常开支和其他必要开支等。

4. 管理和处分债务人的财产

具体包括：负责保管、清理、变价、处理和分配破产财产；负责接收破产企业的债务人或财产持有人清偿的债务或交付的财产；回收破产企业财产，向破产企业的债务人、财产持有人依法行使财产权利；收回破产企业在境外的财产；追收破产企业的投资权益；追收破产企业出资人未出资的款项；依法对破产财产的评估结论、评估费用提出异议；依法提出并负责执行法院认可的财产处理和分配方案；确认别除权、取回权、抵销权等。

5. 代表债务人参加诉讼、仲裁或者其他法律程序

法院受理破产宣告后，除非因重整、和解等，仍由债务人管理企业外，对于企业的管理权限移交破产管理人行使，自然也包括代表破产企业进行诉讼、仲裁的权利。

6. 提议召开债权人会议

一般情况，管理人应当列席债权人会议，接受债权人会议的询问，并向债权人会议汇报工作，当有重大问题需要向债权人会议报告以便债权人会议作出决定时，管理人也可提议召开债权人会议。

7. 人民法院认为管理人应当履行的其他职责

《企业破产法》对管理人的主要职责作了规定，但鉴于破产程序的复杂性，法律未必事无巨细一一规定。因此本条授权人民法院可以根据实际情况指定管理人的其他职责。

此外，重整过程中，管理人并有权主持债务人营业或者对债务人自行营业进行监督（第73条、第74条）；有责任制作、提交重整计划草案（第79条、第80条）；与未通过重整计划的表决组协商的权利（第87条）；监督重整计划执行的权利（第90条）；拟订破产变价方案权（第111条）；请求人民法院终结破产程序的权利（第129条）；破产程序终结时，依法办理破产人注销登记的权利（第121条）。

（四）破产管理人的义务

1. 勤勉义务

勤勉尽责就要求管理人恪尽职责，以一个善良管理人的注意执行职务。[①] 勤勉应当以管理人的职责要求为尺度，如果管理人在保管、清理、变价、分配破产财产时，以及破产程序终结后，作出的决定或采取的措施不足以满足履行职责的基本要求，可认为其未尽勤勉义务；反之，若管理人已经以一善良管理人应有的注意尽职尽责，即使仍不免发生意外损失，也不应归责于管理人。

2. 忠实义务

其要求管理人不得处于一种自身职责与个体利益相冲突的地位。在破产程序中，管理人应当按照管理职责的要求最大限度保护债权人、债务人的合法权益，不弄虚作假，不欺诈，禁止自我交易、避免利益冲突，不为债权人或者债务人一方谋私利，也不为自身谋取私利，尽可能地实现破产财产价值的最大化。管理人未切实履行法律规定之义务，给债权人造成损失的，应当依法承担赔偿责任。

---

① 安建. 破产法释义 [M]. 北京：法律出版社，2007：45-46.

3. 接受监督的义务

《企业破产法》第61条和第69条赋予债权人会议和债权人委员会监督管理人的权力。第23条第1款进一步规定管理人也有义务接受债权人会议和债权人委员会的监督。管理人应如实回答债权人的询问，并依法向债权人会议提交方案或报告，由债权人会议讨论决定。不过由于债权人会议并非常设机构，法律赋予债权人委员会代表债权人会议对破产管理人进行经常性监督的权力。

4. 报告义务

管理人由法院指定，故管理人应当主动或经法院要求向法院及时、如实报告有关企业破产的重大事项。发现管理人有损债权人利益的行为或其他违法行为的，法院应当责令纠正，并可以更换管理人。

5. 无正当理由不得拒绝指定或辞去委托的义务

为保证破产程序的连续性、稳定性，管理人辞职须经人民法院审查，确有正当理由，方可许可辞任。同时，对于管理人擅自离任的，《关于审理企业破产案件指定管理人的规定》第39条明确规定，管理人申请辞职未获人民法院许可，但仍坚持辞职并不再履行管理人职责的，人民法院可以对其处以罚款、停止1~3年被指定为管理人，或者将其在管理人名册中除名。

6. 保密义务

管理人在管理债务人财产和事务过程中，一方面，为了保护债权人利益，要求充分披露债务人信息；另一方面，若不加限制地披露，重要商业秘密和技术秘密不免为恶意者利用，故而也应要求相关主体负有保密义务。

二、债权人会议

(一) 债权人会议概述

债权人会议，是指由债权人组成的代表全体债权人利益的意思表示机关。这一概念包括以下两层含义：一是债权人会议代表的是债权人的团体利益，而不是个别或部分债权人的利益；二是债权人会议是全体债权人的意思表示机关，即债权人会议是债权人参加破产程序行使权利的基本形式。

虽然债权人会议并非民法上的权利主体或者非法人团体，也不具有诉讼法上的诉讼能力。但在破产程序中，它具有高度的自治性，能独立表达意愿，故而是实现破产程序的有序化、规范化的重要保证。

(二) 债权人会议的组成与召集

1. 债权人会议的组成

成立债权人会议是债权人参加破产程序的一项重要权利，故全体债权人，不论其债权的性质如何、额度多少，凡能依破产程序行使权利的，均为债权人会议成员，均可出席或委托代理人出席债权人会议并发表意见。但债权人会议成员应限于依法申报债权者。不过，债权人会议成员分有表决权和无表决权两种。前者如无财产担保的债权人，后者如未放弃优先受偿权利的有财产担保的债权人，其对于通过和解协议和通过破产财产的分配方案事项不享有表决权。债权尚未确定的债权人，除人民法院能够为其行使表决权而临时确定债权额外，也不得行使表决权。

同时，为了维护职工的利益，《企业破产法》第 59 条第 1 款还要求，债权人会议应当有债务人的职工和工会的代表参加，对有关事项发表意见。

除债权人会议的成员可以出席会议外，非债权人会议的成员，如破产取回权人、债务人有关人员、债务人的出资人、管理人以及债务人上级主管部门也可列席会议。并且，若有义务列席债权人会议的债务人的有关人员，经人民法院传唤，无正当理由拒不列席债权人会议的，人民法院可以拘传，并依法处以罚款。

2. 债权人会议的召集

第一次债权人会议，各国立法一般规定由法院召集。我国《企业破产法》第 62 条规定，第一次债权人会议由人民法院召集，自债权申报期限届满之日起 15 日内召开。人民法院召集第一次债权人会议时，应当宣布债权人资格审查结果，指定并宣布债权人会议主席，宣布债权人会议的职权及其他有关事项，并通报债务人的生产、经营、财产、债务的基本情况。如果有重大事由不能在法定期间或者已确定的期日召开第一次债权人会议，人民法院可以推迟会议召开的日期，但应当及时通知债务人，并发布公告。

以后的债权人会议，在人民法院认为必要时，或者管理人、债权人委员会、占债权总额 1/4 以上的债权人向债权人会议主席提议时召开。召开债权人会议，管理人应当提前 15 日将会议召开的时间、地点、内容、目的等事项通知已知的债权人。

(三) 债权人会议的职权

我国《企业破产法》第 61 条规定债权人会议具有以下职权：核查债权；申请人民法院更换管理人，审查管理人的费用和报酬；监督管理人；选任和更换债权人委员会成员；决定继续或者停止债务人的营业；通过重整计划；通过和解协议；通过债务人财产的管理方案；通过破产财产的变价方案；通过破产财产的分配方案；人民法院认为应当由债权人会议行使的其他职权。

(四) 债权人会议的决议及其效力

1. 决议规则

债权人会议通过和解协议的决议，由出席会议的有表决权的债权人过半数同意，并且其所代表的债权额占无财产担保债权总额的 2/3 以上。

2. 决议的效力

债权人会议的决议，对全体债权人均具有法律约束力。无论债权人是否出席会议，是否享有表决权，也不论对会议决议是持肯定态度还是否定态度，只要决议一经合法通过，全体债权人均应受其约束。

3. 对决议的异议

根据我国《企业破产法》第 64 条第 2 款的规定，债权人认为债权人会议的决议违反法律规定，损害其利益的，可以自债权人会议作出决议之日起 15 日内，请求人民法院裁定撤销该决议，责令债权人会议依法重新作出决议。最高人民法院《关于〈中华人民共和国企业破产法〉施行时尚未审结的企业破产案件适用法律若干问题的规定》第 12 条进一步规定，债权人认为债权人会议的决议违反法律规定，损害其利益，向人民法院请求撤销该决议，裁定尚未作出的，人民法院应当依据《企业破产法》第 64 条的规定作出裁定。

第四节　破产费用与共益债务

一、破产费用与共益债务概述

（一）破产费用与共益债务的概念

破产费用指破产程序开始时以及办理过程中，为破产程序的进行或全体债权人共同利益而在破产申请的受理，破产财产的管理、变价和分配中产生的，以及为破产财产进行诉讼和办理其他相关的事务所开支的各项费用。共益债务，具体指在破产程序中为全体债权人的共同利益而发生的各种债务。①

（二）破产费用与共益债务的法律特征

（1）二者是在破产程序终结前因破产程序的开始和进行而支付的费用或产生的债务。其发生于破产终结之前，破产受理之后，其与发生于破产程序开始前的破产债权以及别除权、取回权等财产权有所区别。

（2）二者以破产财产为支付和清偿对象，以破产管理人或自行管理的债务人为权利行使的相对人。由于破产费用和共益债务或为破产程序必需，或为共同债权人利益发生。本质上利于破产债权人，本应由债权人承担，但考虑到随时要求债权人分摊既不现实，且最终仍转嫁债务人求偿，徒增烦恼。而破产财产最终均由债权人分配，因此，法律规定应以破产财产为受偿财产，以管理人或自行管理企业的债务人为权利行使的相对方。

（3）二者均为债权人共同利益而发生。因债权人的共同利益而发生，这是破产费用与共益债务的核心与实质特征，也是法律特别规定该制度的基本出发点。若费用与债务虽发生在破产程序进行中，但并非为债权人的共同利益的，如债权人参加破产程序的费用、取回权人行使取回权的费用或仅为个别债权人的利益发生的债务等，不能列为破产费用与共益债务。

并且，清偿方面，二者也奉行优先受偿和随时受偿规则，费用与债务经法院认可后，不需申报，即可随时受偿。

（三）破产费用与共益债务的区别

1. 二者产生原因不同

破产费用是在破产程序进行和破产财产管理过程中产生的常规性、程序性费用，属于成本性支出，一般多因维持行为所生；共益债务产生于破产程序中债权人共同受益事项，多产生于管理人或债务人的积极行为。

2. 二者受偿顺序不同

破产费用属于成本性支出，是进行破产程序的必要支出费用，若不能及时清偿，破产程序则有难能继续之嫌，因此，法律对于二者共存且无法全部受偿时，顺位上规定，债务人财产不足以清偿所有破产费用和共益债务的，应先行清偿破产费用。

---

① 徐永前．企业破产法讲话［M］．北京：法律出版社，2006：215-219.

此外，二者在范围方面也存在较大差异。

二、破产费用与共益债务的范围

（一）破产费用的范围

《企业破产法》第41条规定了破产费用的范围，主要包括：

1. 破产案件的诉讼费用

这一费用主要有破产案件受理费、职权调查费、公告费、送达费、法院登记申报债权的费用、法院召集债权人会议的费用、证据保全费用、财产保全费用、鉴定费用、勘验费用，以及法院认为应由债务人财产支付的其他诉讼费用，具体费用标准参照民事诉讼法的有关规定。

2. 管理、变价和分配债务人财产的费用

主要有：第一，管理费用，即管理人占有、清理和保管债务人财产或者继续债务人的营业所支出的费用，如债务人财产的保管费用、仓储费用、运输费用、清理费用、维修保养费用、保险费用、营业税费、公告费用、通知费用、律师费、审计费用、水电费、通信费、办公费、文书制作费用等均在其内。第二，变价费用，即管理人为变现债务人非货币财产所支出的费用。其中包括：财产的估价费用、鉴定费用、公证费用、公告费用、通知费用、拍卖费用、执行费用、登记费用以及变价债务人财产的税费等。第三，分配费用，即管理人将破产财产分配给债权人所发生的费用。主要有资料制作费用、公告费用、通知费用、提存分配费用等。

3. 管理人执行职务的费用、报酬和聘用工作人员的费用

主要包括破产管理人履行《企业破产法》第23条规定的职责所产生的费用、执行职务所需费用、破产管理人的报酬以及聘用工作人员所需费用三个部分。

（二）共益债务的范围

《企业破产法》第42条规定，人民法院受理破产申请后发生的下列债务，为共益债务：

1. 因管理人或者债务人请求对方当事人履行双方均未履行完毕的合同所产生的债务

此处的合同既包括已开始履行而尚未完全履行完毕的合同，也包括根本未开始履行的合同。对于此类合同，管理人得决定解除或者继续履行，决定继续履行的，得请求对方当事人履行，由此所产生的债务，作为共益债务优先清偿。

2. 债务人财产受无因管理所产生的债务

破产程序开始后，第三人无法定或约定义务，对破产财产无因管理，客观上利于破产财产价值的维护和破产债权人的共同利益。因此，无因管理人管理费用的支出及所负负担，应作为共益债务，由债务人财产予以随时清偿。当然作为共益债务的无因管理之债，须为破产案件受理之后管理破产财产所生，因破产案件受理前对债务人财产无因管理所发生的债务，作为普通破产债权，而不能归为共益债务。

3. 因债务人不当得利所产生的债务

破产程序开始后，破产人取得不当得利，使破产企业财产增加，但由于该财产本非破

产财产，所有债权人若仍然依据破产程序分配该财产，不仅使发生损失的受害人雪上加霜，且有意外利益之嫌。因此，法律规定，由此产生的债务可从企业财产中随时支付。

4. 为债务人继续营业而应支付的劳动报酬和社会保险费用以及由此产生的其他债务

依照法律规定，债务人经管理人决定或债权人会议决议，可以继续营业，但营业若欠缺人的因素，根本无法开展。因此，为债务人的继续营业而支付的劳动报酬和社会保险费用，以及管理人为债务人的继续营业而订立的合同所产生的债务，由于本质上有利于全体债权人，也应列为共益债务。

5. 管理人或者相关人员执行职务致人损害所产生的债务

债务人不能清偿或者资不抵债进入破产程序后，管理人或者相关人员职务侵权，从而使侵权之债不能获得充分救济时，诉诸侵权法一般理论，受害人受偿的可能甚小。而管理人或者相关人员执行职务之目的却在于债权人共同利益，以债务人的财产优先清偿执行职务致人损害，符合公平正义的法律理念，也是保护侵权之债的受害人的需要。

6. 债务人财产致人损害所产生的债务

破产程序中一项重要工作就是管理债务人财产，因管理财产所发生侵权之债，系出于为全体债权人利益所生，也应归入共益债务范围。

三、破产费用与共益债务的清偿规则

《企业破产法》第 43 条确认了我国破产法律制度中破产费用与共益债务清偿的一般规定：破产费用和共益债务由债务人财产随时清偿。债务人财产不足以清偿所有破产费用和共益债务的，先行清偿破产费用。债务人财产不足以清偿所有破产费用或者共益债务的，按照比例清偿。债务人财产不足以清偿破产费用的，管理人应当提请人民法院终结破产程序。人民法院应当自收到请求之日起 15 日内裁定终结破产程序，并予以公告。

1. 随时清偿

随时清偿，是指破产费用、共益债务发生后，可从破产财产中及时予以清偿，无须参与破产债权申报。

2. 优先偿付

这有两层含义，一层含义是指，与普通债权或一般优先权相比，破产费用和共益债务优先于一般破产优先权和普通破产债权受偿，从《企业破产法》第 113 条规定，不难看出，破产财产只有在优先清偿破产费用和共益债务后，才能清偿其他财产权利；另一层含义是指，破产费用与共益债务之间也有先后顺序。若破产费用与共益债务并存，而债务人的财产又不足以清偿所有破产费用和共益债务时，破产费用应优先于共益债务受偿。而且，债务人财产若不足以清偿破产费用的，管理人应立即提请人民法院终结破产程序。

3. 比例偿付

指多项破产费用或共益债务并存时，若债务人财产不足以清偿所有破产费用或共益债务时，破产费用或共益债务内部，相同性质的破产费用项或共益债务之间，应按照比例清偿。这是相同性质权利地位相同原则的应有之义。

【难点追问】

1. 破产管理人报酬基金制度①

根据《最高人民法院关于审理企业破产案件确定管理人报酬的规定》（以下简称《报酬规定》），在破产程序中，管理人的报酬根据债务人最终向债权人清偿的财产价值总额的一定比例确定。管理人实际取得报酬的前提是债务人有足够的财产支付。在司法实践中，由于债务人财产对债权人完全没有清偿甚至不足清偿破产费用，导致部分破产案件中管理人的报酬因不存在计酬基数而难以计算，或无法获得合理报酬，甚至连垫付的成本都无法收回。

在司法实践中这类案例有两种情况。第1种情况是债务人的财产不足支付破产费用，无钱支付管理人报酬。管理人报酬作为破产费用的一部分，是从债务人财产中支付的。然而在债务人财产不足支付破产费用的情况下，管理人报酬的收取便存在严重问题。《报酬规定》第12条第1款规定，债务人财产不足以支付管理人报酬的，管理人应当提请人民法院终结破产程序。不过即使在提前终结破产程序的情况下，依然有一些破产管理事务须由管理人完成，如接管债务人企业、接受债权申报登记、查明债务人财产、办理债务人企业注销登记等必要手续，仍需要付出一定的人力、物力、财力。但由于债务人的财产不足支付破产费用，管理人的工作成本与费用支出都无法获得补偿，更不要说获得报酬了。《报酬规定》第12条第2款虽规定了管理人报酬的垫付制度，但该项"垫付"并非利害关系人必须履行之义务，期待不确定的"垫付"解决现实确定的管理人报酬难题并不可行。

第2种情况是债务人财产仅够支付除管理人报酬以外的其他破产费用，对债权人则没有进行任何清偿，或者债务人清偿债权人的数额过低，致使对管理人报酬金额无法合理计算。按照《报酬规定》第2条的规定，我国现行的管理人计酬模式是以债务人最终清偿债权人的财产价值总额（原则上不包括担保权人优先受偿的担保物价值）为基数，在比例限制的范围内分段计提。但是，这一模式存在的缺陷是，它使得管理人报酬的计算完全取决于债务人清偿财产的数额。

针对上述缺陷，理论界与实务界提出了多种解决方案，第一，是"高低搭配"（交叉补贴），即管理人搭配参与有大额财产的企业破产案件和无财产或仅有少量财产的企业破产案件，以使管理人报酬的总量平衡；第二，设定公共破产管理人，专司入不敷出的企业破产案件的管理工作；第三，设置破产费用基金或管理人报酬基金，基金或来源于政府专项拨款，或通过企业在工商登记设立之初预先缴纳，或通过特殊的税收设置取得，或通过法院收取破产案件受理费补贴，以补偿管理人报酬的不足；第四，由各方利害关系人垫款，包括国家作为利害关系人时的垫款。然而，上述第2、3、4项方案，均涉及国家财政、税收等问题，依现时政策，尚不具备可操作性或可操作性较差；而第1项方案，由于改变了以随机指定管理人为主的既定指定方式，又与《最高人民法院关于审理企业破产案件指定管理人的规定》的有关规定有差异。综上所述，笔者认为建立管理人内部的报酬互助基金，对由于非管理人自身原因导致的管理人报酬不足实施援助补偿，有助于解决

---

① 张磊，陆晓燕. 论破产管理人报酬基金制度之构建 [J]. 法律适用，2013 (5).

上述实践难题。

2. 自然人的破产能力。

对于自然人能否适用破产，学界所持意见不一。破产法制定过程中，不乏有学者认为我国应采用一般破产主义，即扩大破产法的适用范围为一般人，不分商人与非商人，企业与个人都要受破产法的调整。持这种观点的理由主要在于：(1) 破产程序的价值取向已由单纯保护债权人的利益转向对债权人和债务人利益的双重保护，将破产程序机制适用于自然人，宜于债务清理，一方面可以充分有效地保障所有的债权人能够从债务人的财产中得到公平受偿，另一方面可以使债务人摆脱债务讼累或者减轻债务负担，给诚实而不幸的债务人一个重新开始事业并参与市场竞争的机会。如果破产法不适用于不能清偿债务的自然人，那么自然人无法享受适用破产程序的优势，更难以摆脱不能清偿债务的困境。(2) 我国市场经济的发展，要求将自然人纳入破产法的适用范围。现实生活中，存在许多不是法人的市场主体，如私营企业、个人合伙、个体工商户等营业实体，随着市场经济的发展，这些主体不能清偿债务的现象将会越来越多，需要法律对其债务清偿程序加以规范，以利于其在平等的条件下与企业法人展开竞争。① 事实上，纵观整个破产法的发展历史，自然人破产制度是破产法的发端，也贯穿了整个破产法的发展过程，只是在法人制度出现以后，破产法的内容才延及组织团体这种形式，自然人作为破产法的重要调整对象始终在破产法中占有重要地位。新破产法奉行商人立法主义，扩大了破产法的适用范围：法人型、非法人型 (合伙企业、独资企业)。但新法没有突破商人的范畴，"中华人民共和国企业法破产法"的名称，更是强调新法的适用范围仅指向"企业"，自然人及个体工商户仍被排除出破产法的适用范围，而没有被认可具有破产能力。

【思考题】

1. 在《企业破产法》中，破产管理人的中立性体现在哪些方面？

2. 《企业破产法》规定破产费用优先于共益债务的原因何在？

3. 案例分析题：

甲公司系成立于 2000 年 7 月 1 日的集体所有制企业，注册资本为 100 万元。由于市场的急剧变化和经营管理不善，无法支付到期债务。于 2012 年 5 月 8 日向人民法院申请破产还债。经审计，截至 2011 年 12 月 31 日，资产总额为 25 万元，负债总额为 80 万元，净资产总额近−60 万元。法院受理，裁定宣告甲进入破产还债程序，指定管理人清理财产发现，甲已基本没有任何资产处置。但本案案件受理费、律师服务费、审计费、公告费已有 8 万元未能支付。

请问：此时，破产程序是否仍应继续，为什么？

---

① 邹海林. 关于新破产法的适用范围的思考 [M]. 政法论坛，2002 (3).

第十三章　破产清算程序法

【学习目的与要求】

通过本章的学习，要重点掌握破产案件的申请与受理、破产案件的管辖、破产宣告的程序及法律效力、破产财产变价和分配的原则、顺序以及破产程序终结的法律后果。

【知识结构简图】

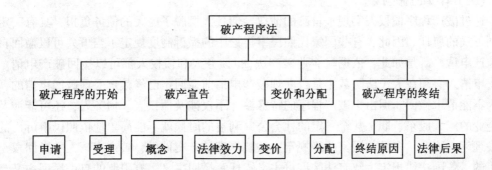

第一节　破产清算程序的开始

一、破产申请

（一）破产申请的概念

破产程序从何时开始，各国立法规定不同。以英国为代表的一些英美法系国家的破产法规定，以破产案件的受理为破产程序的开始。以法国、德国为代表的一些大陆法系国家的破产法则规定，以破产宣告为破产程序的开始。在这些国家，破产申请的提出与法院的职权调查，仅是破产程序的预备阶段，法院如决定受理破产申请，便立即作出破产宣告的裁定，破产程序自破产宣告时正式开始。

我国《企业破产法》规定，破产程序的开始，以破产案件的受理而不是破产宣告为标志。法院受理破产申请，仍要进行一系列活动后才决定是否宣告债务人破产。因此，在我国破产申请是启动破产程序的起因，也是法院启动破产程序的绝对要件。

破产申请是指破产申请权人依法向人民法院请求裁定债务人适用破产程序的法律行为。享有提出破产申请权利的人称为破产申请权人。从各国破产立法看，通常包括债权人、债务人和具有特定职权的人，如英国 1967 年公司法规定，贸易部、官方接管人享有申请权；意大利 1942 年破产法规定，检察官享有申请权等。依据我国《企业破产法》第 7 条明确规定，债权人和债务人享有提出破产申请的权利。企业法人已解散但未清算或者未清算完毕，资产不足以清偿债务的，依法负有清算责任的人应当向人民法院申请破产清算。另外，商业银行、证券公司、保险公司等金融机构发生破产情形的，国务院金融监督管理机构可以向人民法院提出对该金融机构进行重整或者破产清算的申请。

（二）破产申请的提出

破产申请人应当采用书面形式向有管辖权人民法院提出破产申请，并且提交破产申请书和有关证据。

破产申请书应当载明下列事项：（1）申请人、被申请人的基本情况；（2）申请目的；（3）申请的事实和理由；（4）人民法院认为应当载明的其他事项。

债务人提出申请的，还应当向人民法院提交财产状况说明、债务清册、债权清册、有关财务会计报告、职工安置预案以及职工工资的支付和社会保险费用的缴纳情况。

（三）申请的撤回

通过破产程序债权人实现了自己的债权，债务人摆脱了庞大的债务负担，具有一定私权利形式的属性。因此，有些国家比照民事诉讼中的撤诉制度规定了当事人可以撤回自己的破产申请。既是如此，依据《企业破产法》，债务人和债权人都可以撤回破产申请。但是，申请人必须在人民法院裁定是否受理破产申请前撤回，已经裁定受理破产申请的，申请人不能请求撤回。但由于破产程序的特殊性，不仅涉及债权人、债务人，还可能涉及破产企业的广大股东、职工甚至一定的社会公共利益的时候就不能简单地依照民事诉讼的理论去理解。因此，多数的国家明确规定，法院受理破产案件后，破产申请人的撤回权是被禁止的，各国法律规定大致有法院许可主义、任意撤回主义、有限制的自由撤回主义与区别主义。如俄罗斯破产法规定，债务人申请破产的，不得撤回，债权人申请破产的，在法院受理前可以撤回；德国破产法规定，在破产程序开始前或者申请被驳回前，申请人均可以撤回申请。

二、破产申请的受理

（一）破产案件的管辖

破产申请应当向对案件有管辖权的法院提出。各国立法确定对破产案件管辖法院的方式有以下几种：（1）由专门设置的破产法院管辖，如美国，共设有 93 个地区破产法院，并在 11 个联邦巡回审判区设置破产上诉法院；（2）普通法院管辖模式，主要存在于大陆法系国家如日本、德国等；（3）在实行商人破产主义的国家，往往根据破产人身份的不同确定管辖法院，商人的破产案件由商事法院管辖，非商人的破产案件由民事法院管辖，如法国、俄罗斯等。我国《企业破产法》规定，破产案件均由人民法院审理。我国未设置专门的破产法院，破产案件由普通法院管辖，仅在有的地方法院内曾经设有专门的破产法庭。

通常，各国立法规定，以债务人所在地作为破产案件确定法院地域管辖的原则。债务人为企业者，以其主要营业场所所在地的法院为管辖法院。债务人为自然人的，以其户籍所在地或住所地的法院为管辖法院。无法依上述规定确定管辖法院时，以破产财产所在地的法院为管辖法院。我国《企业破产法》第3条规定："破产案件由债务人所在地人民法院管辖。"债务人所在地，是指企业主要办事机构所在地，债务人主要办事机构不明确的，由其注册地人民法院管辖。

我国对破产案件还设定了级别管辖，最高人民法院2002年7月30日颁布的《关于审理企业破产案件若干问题的规定》第2条的规定："基层人民法院一般管辖县、县级市或者区的工商行政管理机关核准登记企业的破产案件；中级人民法院一般管辖地区、地级市（含本级）以上的工商行政管理机关核准登记企业的破产案件；纳入国家计划调整的企业破产案件，由中级人民法院管辖。"

可以看出，我国破产案件的级别管辖主要是以企业核准登记的工商行政管理部分的等级高低来划分的。各省、市、自治区的高级人民法院、最高人民法院不直接办理破产案件。

人民法院受理破产申请后，当事人提起的有关债务人的民事诉讼案件，应当依据《企业破产法》第21条的规定，由受理破产申请的人民法院管辖。

受理破产申请的人民法院管辖的有关债务人的第一审民事案件，可以依据《民事诉讼法》第38条的规定，由上级人民法院提审，或者报请上级人民法院批准后交下级人民法院审理。

受理破产申请的人民法院，如对有关债务人的海事纠纷、专利纠纷、证券市场因虚假陈述引发的民事赔偿纠纷等案件不能行使管辖权的，可以依据《民事诉讼法》第37条的规定，由上级人民法院指定管辖。

此次《企业破产法》还规定了域外管辖的问题。如该法第5条规定："依照本法开始的破产程序，对债务人在中华人民共和国领域外的财产发生效力。对外国法院作出的发生法律效力的破产案件的判决、裁定，涉及债务人在中华人民共和国领域内的财产，申请或者请求人民法院承认和执行的，人民法院依照中华人民共和国缔结或者参加的国际条约，或者按照互惠原则进行审查，认为不违反中华人民共和国法律的基本原则，不损害国家主权、安全和社会公共利益，不损害中华人民共和国领域内债权人的合法权益的，裁定承认和执行。"

涉外破产案件的管辖主要涉及以下几个方面的内容：

（1）外国企业在中国有分支机构的，有权对该分支机构主张管辖权。

（2）中国企业有境外债权人的，应当允许其提出破产申请、参加破产程序。

（3）中国企业在境内被宣告破产，该企业在境外的财产应作为破产财产，但通常应当先取得该财产所在国司法机构的承认。

（4）中国企业在境内被宣告破产，而享有境外的债权的，对于该境外的债权享有管辖权。

（二）法院受理案件的程序

债权人提出破产申请的，人民法院自收到申请之日起5日内通知债务人。债务人对申请有异议的，自收到人民法院通知之日起7日内提出，人民法院应当自异议期满之日起10日内裁定是否受理。除上述情形外，人民法院应当自收到破产申请之日起15日内裁定是否受理。有特殊情况需要延长受理期限的，经上一级人民法院批准，可以延长 15 日。

人民法院受理破产申请的，应当自裁定作出之日起 5 日内送达申请人。债权人提出申请的，人民法院应当自裁定作出之日起 5 日内送达债务人。债务人应当自裁定送达之日起 15 日内，向人民法院提交财产状况说明、债务清册、债权清册、有关财务会计报告以及职工工资的支付和社会保险费用的缴纳情况。

人民法院裁定受理破产申请的，自裁定受理之日起 25 日内通知已知债权人，并予以公告。通知和公告应当载明下列事项：

（1）申请人、被申请人的名称或者姓名；

（2）人民法院受理破产申请的时间；

（3）申报债权的期限、地点和注意事项；

（4）管理人的名称或者姓名及其处理事务的地址；

（5）债务人的债务人或者财产持有人应当向管理人提出清偿债务或者交付财产的要求；

（6）第一次债权人会议召开的时间和地点；

（7）人民法院认为应当通知和公告的其他事项。

人民法院裁定不受理破产申请的，自裁定作出之日起 5 日内送达申请人并说明理由；申请人对裁定不服的，可以自裁定送达之日起 10 日内向上一级人民法院提起上诉。

人民法院受理破产申请后至破产宣告前，经审查发现债务人不符合《企业破产法》第 2 条规定情形的，可以裁定驳回申请。驳回破产申请的事由可能包括：没有预交诉讼费用、申请人或者被申请人不符合破产程序启动的主体要件、破产原因等程序启动要件的欠缺、破产申请存在恶意等。[①]

（三）法院受理破产申请的法律后果

破产案件一经受理，与破产案件有利害关系的当事人均会产生巨大影响。

1. 破产受理对债务人的效力

（1）法院受理破产申请后，应当同时指定管理人，由管理人全面接管债务人的企业。

自动冻结制度。自动冻结（automatic stop/stay），是指在当事人向法院提出破产申请后，所有有关债务人财产的执行行为及其他对债务人的财产构成消极影响的行为均应中止的一项制度。这项规定来自英美法系国家。我国也采取了类似的规定，人民法院受理破产申请后，对破产财产的其他民事执行程序应当中止。有关债务人财产的保全措施应当解除，债务人的全部财产应当统一纳入破产管理人的管理之下。债务人不得对个别债权人的债务实施清偿，债务人的债务人或者财产持有人应当向管理人清偿债务或者交付财产。债务人的债务人或者财产持有人故意违反该规定向债务人清偿债务或者交付财产，使债权人受到损失的，不免除其清偿债务或者交付财产的义务。

（2）人民法院受理破产申请后，管理人对破产申请受理前成立而债务人和对方当事人均未履行完毕的合同有权决定解除或者继续履行，并通知对方当事人。管理人自破产申请受理之日起 2 个月内未通知对方当事人，或者自收到对方当事人催告之日起 30 日内未答复的，视为解除合同。管理人决定继续履行合同的，对方当事人应当履行；但是，对方

---

① 韩长印. 破产法学［M］. 北京：中国政法大学出版社，2007：43.

当事人有权要求管理人提供担保。管理人不提供担保的，视为解除合同。

（3）被申请破产的企业因无力清偿债务，所涉及诉讼很多。人民法院受理破产案件后，对被申请破产企业所涉及诉讼如何处理，将影响到当事人的实体权益以及而后破产程序的进行。

人民法院受理破产申请后，以债务人为原告的其他民事纠纷案件尚在一审程序的，受诉法院应当将案件移送受理破产案件的人民法院；案件已经进行到二审程序的，受诉法院应当继续审理。

人民法院受理破产申请后，以债务人为被告的已经开始而尚未终结的民事诉讼或者仲裁应当中止；在管理人接管债务人的财产后，该诉讼或者仲裁继续进行。

（4）自人民法院受理破产申请的裁定送达债务人之日起至破产程序终结之日，债务人的法定代表人和经人民法院批准后包括企业的财务管理人员和其他经营管理人员承担下列义务：① 妥善保管其占有和管理的财产、印章和账簿、文书等资料；② 根据人民法院、管理人的要求进行工作，并如实回答询问；③ 列席债权人会议并如实回答债权人的询问；④ 未经人民法院许可，不得离开住所地；⑤ 不得新任其他企业的董事、监事、高级管理人员。

2. 对债权人的影响

法院受理破产申请后，无论债权人手中持有的债权是否到期均有权向债务人申报债权。未到期的债权，在破产申请受理时视为到期。附利息的债权自破产申请受理时起停止计息。

法院受理破产案件后，有关债务人的民事诉讼，只能向受理破产申请的人民法院提起。

对债务人财产享有抵押权、质权、留置权等担保物权的债权人，在处理担保物变卖的财产时享有比普通债权人优先受偿的权利。

3. 对第三人的影响

这里的第三人是指债务人的开户银行和债务人的债务人及财产持有人。债务人的开户银行应停止办理债务人清偿债务的一切结算业务，支付债务人维持正常业务所必需的费用必须经法院许可。

债务人企业和财产的持有人在法院受理破产案件后，必须按照法院通知要求的时间和数量偿还债务或交付财产，如对法院通知的内容有异议，可以申请法院裁定。逾期既未清偿或交付，又未提出异议的，由清算组申请人民法院裁定后强制执行。①

第二节　破产宣告及其法律效力

一、破产宣告

（一）破产宣告的概念

破产宣告是指人民法院依据当事人的申请和法定职权，裁定宣布债务人破产，清偿债

---

① 曲振涛，王福有. 经济法 [M]. 北京：高等教育出版社，2007：79.

务的法律制度。①

对破产宣告作出的依据，在各国破产立法规定上存在申请主义与职权主义的区别。所谓申请主义，是指法院必须依据债权人或债务人的申请，才能受理破产案件，作出破产宣告。所谓职权主义，是指法院受理破产案件，在法律规定的情况下，只要债务人发生破产原因无须经当事人的申请，法院可以依职权受理破产案件，作出破产宣告。当今之破产立法早已抛弃了有罪破产理念，破产属于私法调整的范围，不宜由国家作出过多干预，故立法上采破产宣告申请主义为多数。但仅依申请主义，在债务人丧失清偿能力而又无人提出破产申请时，法律完全不加干预又难保公平。于是，为维持社会经济秩序，体现公平，协调各方当事人的利益，一些国家的破产立法采用以申请主义为主、以职权主义为辅的原则。

我国现行《企业破产法》在破产宣告问题上采取申请主义的原则。人民法院应当依据当事人的申请受理破产案件，作出破产宣告。无当事人申请时，人民法院不得自行启动破产程序。人民法院宣告债务人破产清算的，必须符合债务人"不能清偿到期债务"，并且"资不抵债"或者"明显缺乏清偿能力"的破产原因要件，否则，人民法院可以在作出破产宣告裁定之前，驳回当事人的申请。

（二）破产宣告的程序

人民法院宣告债务人破产，应当通知提出破产申请的债权人、债务人到庭，当庭宣布破产裁定，并发布公告。当事人拒不到庭的，不影响裁定的效力。

人民法院宣告债务人破产的，应当自裁定作出之日起 5 日内送达债务人和管理人，自裁定作出之日起 10 日内通知已知债权人，并予以公告。公告应当包括以下内容：（1）企业的亏损和资产负债的情况；（2）宣告企业破产的理由和法律依据；（3）宣告企业破产的日期；（4）宣告破产企业的财产、账册、文书、资料和印章等的保护。公告应加盖人民法院印章。

法院于宣告债务人破产之时，发现债务人资不抵债的，应当宣告破产清算程序终结，即宣告破产程序同时废止。

人民法院在作出破产宣告的同时，应向当事人与利害关系人作出必要的通知，送达破产裁定书副本。还可以将裁定书副本抄送有关政府监察和审计部门，以便查明企业破产的责任。

二、破产宣告的效力

1. 对破产人的效力

法院宣告债务人破产后，企业的身份由债务人变为破产人，其法人资格已出现法定消灭原因，仅在清算意义上仍然存在。企业无权再继续进行原来企业营业执照中确认的各项经营活动，成为仅为破产清算而存在的破产企业。根据最高人民法院的司法解释批复，企业被人民法院宣告破产后，破产企业应当自人民法院宣告破产裁定之日起停止生产经营活动。但经清算组允许，破产企业可以在破产程序终结之前，以清算组的名义从事与清算工

---

① 樊启荣. 经济法 [M]. 武汉：武汉大学出版社，2008：346.

作相关的生产经营活动。清算组应当将从事此种经营活动的情况报告人民法院。如果破产企业在此期间对外签订的合同，并非以清算组的名义，并且与清算工作无关，应当认定为无效。①

债务人的财产成为破产财产，企业丧失对财产和事务的管理权，企业财产即成为归管理人占有、支配并用于破产分配的财产。

2. 破产宣告对破产企业一般职工的效力

当企业被宣告破产后，职工原与企业订立的劳动合同即可依法宣告解除，职工成为失业人员，有权依据国家有关规定领取失业救济金，并有权自谋职业，或者根据有关规定要求国家有关部门安排重新就业。但是，被清算组或法院指定的企业留守人员，应履行留守职责。这时，他们应视同清算组聘任的工作人员，其工资和劳动保险费用作为破产费用，从破产财产中优先拨付。

3. 对债权人的效力

对债权人的效力主要体现为除有财产担保者以外，债权人非依破产程序不得行使权利，即不得单独提起对破产财产的民事执行程序，不得单独接受破产人的清偿。一些国家的破产立法以破产宣告为破产程序的开始，破产宣告作出前，债权人、债务人的自由清偿尚不受到限制，故强调以破产宣告为起点限制债权人的清偿权利十分重要。我国的破产立法，以案件受理为破产程序之开始。破产案件受理后，无财产担保债权人提起的民事执行程序便已经被中止，债务人须在人民法院监督下依法支付正常生产经营所必需的债务，也不能自由清偿债权人。所以，破产宣告的此点效力，在我国对债权人的权利实际影响并不大。

4. 对第三人的效力

破产企业的债务人和持有破产人财产的人只能向管理人清偿债务或者交付财产；破产人占有属于他人的财产，其债权人可以依法行使取回权；管理人对破产申请受理前成立而债务人和对方当事人均未履行完毕的合同有权决定解除或者继续履行，并通知对方当事人。管理人自破产申请受理之日起2个月内未通知对方当事人，或者自收到对方当事人催告之日起30日内未答复的，视为解除合同。

管理人决定继续履行合同的，对方当事人应当履行；但是，对方当事人有权要求管理人提供担保。管理人不提供担保的，视为解除合同。

第三节　变价与分配

一、破产财产的变价

由于破产债权是有金钱价值并且可就破产人的财产获得分配的对人请求权，故为清偿破产债权而进行分配时，应当以货币分配为主。破产财产包括金钱财产与非金钱财产两大

① 《最高人民法院关于企业被人民法院依法宣告破产后，在破产程序终结前经人民法院允许从事经营活动所签合同是否有效问题的批复》(法释〔2000〕43号)。

类，非金钱财产基于其本身所具有不易分割等特性，不经过恰当估价、变卖而将其折合成金钱很难确定其实际价值，也很难直接分配给各个破产债权人。① 因此，管理人应当对破产财产进行较为稳妥的价值评估和变卖。

管理人需拟订破产财产分配方案，提交债权人会议讨论。破产财产分配方案应当载明下列事项：（1）参加破产财产分配的债权人名称或者姓名、住所；（2）参加破产财产分配的债权额；（3）可供分配的破产财产数额；（4）破产财产分配的顺序、比例及数额。

债权人会议通过破产财产分配方案的决议，由出席会议的有表决权的债权人过半数通过，并且其所代表的债权额占无财产担保债权总额的 1/2 以上。债权人会议表决破产财产的分配方案时，经两次表决仍未通过的，由人民法院裁定。债权额占无财产担保债权总额 1/2 以上的债权人对人民法院的裁定不服的，可以自裁定宣布之日或者收到通知之日起 15 日内向该人民法院申请复议。债权人会议通过破产财产分配方案后，由管理人将该方案提请人民法院裁定认可，对全体债权人有约束力，并由管理人负责执行。

【案例 13-1】

某破产企业有 10 个债权人，债权总额为 1000 万元。其中债权人甲、乙的债权额为 200 万元，有破产企业的房产作抵押。现债权人会议讨论破产财产的变价和分配方案，下列哪种情形不能通过？

A. 有 6 个债权人，其代表的债权额为 400 万元

B. 有 6 个债权人，其代表的债权额为 500 万元

C. 有 5 个债权人，其代表的债权额为 500 万元

D. 有 4 个债权人，其代表的债权额为 400 万元

二、破产财产的分配

破产分配是指本着公平原则，按各债权人的应受偿顺序和应受偿比例在债权人之间将破产财产进行清偿的程序。

对破产财产的分配可一次完成，也可多次进行，需视破产财产的多少、变价难易等情况决定。即使分配终结后，如果发现有可供分配的财产或破产企业的财产请求权，仍可进行追加分配。依照破产分配进行的阶段的不同，可将破产分配分为中间分配、最后分配和追加分配。最后分配是指全部破产财产变价之后，不留剩余地对一般破产债权人进行的分配。最后分配完毕后，破产程序终结。在此之前，有可供分配财产时所进行的分配称为中间分配。追加分配是在最后分配完成和破产程序终结之后，又发现可分配的破产财产时进行的分配。《企业破产法》第 123 条规定，自破产程序因债务人财产不足以支付破产费用而终结，或因破产清算分配而终结之日起 2 年内，有下列情形之一的，债权人可以请求人民法院按照破产财产分配方案进行追加分配：（1）发现有依照破产撤销权、破产无效行为，以及存在董事、监事和高级管理人员利用职权从企业获得的非正常收入和侵占的企业

---

① 韩长印. 破产法学 ［M］. 北京：中国政法大学出版社，2007：221.

财产,应当追回的财产的;(2)发现破产人有应当供分配的其他财产的。但可追加分配的财产数量不足以支付分配费用的,不再进行追加分配,由人民法院将其上交国库。

管理人分配破产企业的财产时,以金钱分配为原则,但债权人会议另有决议的除外。管理人应当将拟订的财产分配方案提交债权人会议讨论。债权人会议通过破产财产分配方案后,由管理人将该方案提请人民法院裁定认可。

破产财产优先拨付破产费用后,按照下列顺序清偿:(1)破产人所欠职工的工资和医疗、伤残补助、抚恤费用,所欠的应当划入职工个人账户的基本养老保险、基本医疗保险费用,以及法律、行政法规规定应当支付给职工的补偿金;破产企业的董事、监事和高级管理人员的工资按照该企业职工的平均工资计算;(2)破产人欠缴的除前项规定以外的社会保险费用和破产人所欠税款;(3)普通破产债权。

破产财产不足以清偿同一顺序的清偿要求的,按照比例分配。

债权人未受领的破产财产分配额,管理人应当提存。债权人自最后分配公告之日起满2个月仍不领取的,视为放弃受领分配的权利,管理人或者人民法院应当将提存的分配额分配给其他债权人。

破产财产分配时,对于诉讼或者仲裁未决的债权,管理人应当将其分配额提存。自破产程序终结之日起满2年仍不能受领分配的,人民法院应当将提存的分配额分配给其他债权人。

第四节 破产终结

一、破产程序终结的原因

破产程序终结又称破产程序的终止,是指人民法院受理破产案件后,存在法定的事由时,由法院依法裁定终结破产程序,结束破产案件的审理。

破产程序终结可分为正常终结和非正常终结。正常终结是破产财产分配完毕,破产目的得到实现。

非正常终结是没有经过财产分配而终结,主要形式有:(1)债务人财产不足以清偿破产费用的,管理人应当提请人民法院终结破产程序;(2)人民法院受理破产申请后,债务人与全体债权人就债权债务的处理自行达成协议的,可以请求人民法院裁定认可,并终结破产程序;(3)破产人无财产可供分配的,管理人应当请求人民法院裁定终结破产程序;(4)管理人在最后分配完结后,应当及时向人民法院提交破产财产分配报告,并提请人民法院裁定终结破产程序。人民法院应当自收到管理人终结破产程序的请求之日起15日内作出是否终结破产程序的裁定。裁定终结的,应当予以公告。

二、破产程序终结的步骤

破产程序的终结,自人民法院收到管理人请求之日起15日内作出裁定,并予以公告。管理人自破产程序终结之日起10日内,持法院裁定,向破产人的原登记机关办理注销登记,其法人资格宣告消灭。

三、破产程序终结的法律后果

通常情况下，管理人应于办理破产人注销登记完毕的次日终止执行职务，但破产案件存在诉讼或者仲裁未决等情况的，管理人可以在破产程序终结后，继续办理破产案件的遗留事务。另外，破产人的保证人和其他连带债务人，在破产程序终结后，对债权人依照破产清算程序未受清偿的债权，依法继续承担清偿责任。

【难点追问】

法院受理破产申请后的法律后果有哪些？

一、破产受理对债务人的效力

1. 法院受理破产申请后，应当同时指定管理人，由管理人全面接管债务人的企业。

2. 人民法院受理破产申请后，管理人对破产申请受理前成立而债务人和对方当事人均未履行完毕的合同有权决定解除或者继续履行，并通知对方当事人。

3. 人民法院受理破产申请后，以债务人为原告的其他民事纠纷案件尚在一审程序的，受诉法院应当将案件移送受理破产案件的人民法院；案件已经进行到二审程序的，受诉法院应当继续审理。人民法院受理破产申请后，以债务人为被告的已经开始而尚未终结的民事诉讼或者仲裁应当中止；在管理人接管债务人的财产后，该诉讼或者仲裁继续进行。

4. 自人民法院受理破产申请的裁定送达债务人之日起至破产程序终结之日，债务人的法定代表人和经人民法院批准后包括企业的财务管理人员和其他经营管理人员承担下列义务：（1）妥善保管其占有和管理的财产、印章和账簿、文书等资料；（2）根据人民法院、管理人的要求进行工作，并如实回答询问；（3）列席债权人会议并如实回答债权人的询问；（4）未经人民法院许可，不得离开住所地；（5）不得新任其他企业的董事、监事、高级管理人员。

二、对债权人的影响

法院受理破产申请后，无论债权人手中持有的债权是否到期均有权向债务人申报债权。未到期的债权，在破产申请受理时视为到期。附利息的债权自破产申请受理时起停止计息。法院受理破产案件后，有关债务人的民事诉讼，只能向受理破产申请的人民法院提起。对债务人财产享有抵押权、质权、留置权等担保物权的债权人，在处理担保物变卖的财产时享有比普通债权人优先受偿的权利。

三、对第三人的影响

这里的第三人是指债务人的开户银行和债务人的债务人及财产持有人。债务人的开户银行应停止办理债务人清偿债务的一切结算业务，支付债务人维持正常业务所必需的费用必须经法院许可。债务人企业和财产的持有人在法院受理破产案件后，必须按照法院通知要求的时间和数量偿还债务或交付财产，如对法院通知的内容有异议，可以申请法院裁定。逾期既未清偿或交付，又未提出异议的，由清算组申请人民法院裁定后强制执行。

【思考题】

1. 如何确定破产案件的管辖权?
2. 法院受理破产申请后的法律后果有哪些?
3. 破产财产的分配顺序如何?

第十四章 重整与和解

【学习目的与要求】

通过本章的学习，要重点掌握重整制度的概念与特征；重整申请权主体、申请要件、重整计划的制订、制订权人、计划内容、决议程序和效力、计划的确认以及计划的执行等；和解制度的概念与特征、和解方案的成立与生效。本章的学习重点在于重整程序与和解程序、破产清算程序的价值取向比较。

【知识结构简图】

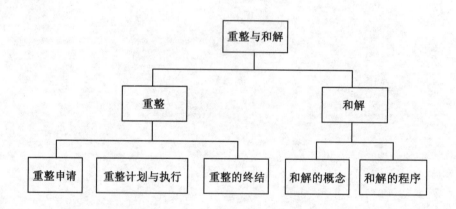

第一节 重整法律制度的概述

一、重整的概念

所谓重整（reorganization），是指当企业法人不能清偿到期债务，并且资不抵债或者有明显丧失清偿可能的情况下，根据相关利害关系人的申请，经人民法院的批准后，允许企业继续营业，进行债务调整和企业整理，使其摆脱困境，避免破产清算的破产预防制度。

二、重整的效力

重整经人民法院裁定批准后，对债务人和全体债权人均有约束力。其效力主要表现在以下几个方面：第一，对债权人而言：不论债权人享有何种债权，债权人是否参加债权人会议或者是否同意重整计划，其债权的受偿条件、期限、方式等，均按照重整计划的规定执行。但是，债权人未依照规定申报债权的，在重整计划执行期间不得行使权利，待执行完毕后按同类债权的清偿条件行使权利。第二，对担保物权的影响：在重整期间，对债务人的特定财产享有的担保权将暂停行使。但是，担保物有损坏或者价值明显减少的可能，足以危害担保权人权利的，担保权人可以向人民法院请求恢复行使担保权。第三，对取回权的影响：债务人合法占有的他人财产，该财产的权利人在重整期间要求取回的，应当符合事先约定的条件。第四，对债务人企业而言，在重整期间，经债务人申请，人民法院批准，债务人可以在管理人的监督下自行管理财产和营业事务，债务人或者管理人为继续营业而借款的，可以为该借款设定担保。第五，对出资人和企业管理层而言：在重整期间，债务人的出资人不得请求投资收益分配，债务人的董事、监事、高级管理人员不得向第三人转让其持有的债务人的股权，但经人民法院同意的除外。

三、重整与其他破产程序的关系

（一）重整程序与破产清算程序

破产清算程序的目的在于当债务人陷入困境时将其所有财产全部变价分配给债权人，给所有的债权债务一个了断的途径。但是由于通常此时债务人的财产要少于全部企业债务，对债务人企业而言即便是退出了市场，债权人仍然不能得到完全的清偿，因此这并不是最理想的解决办法。重整制度的产生能够在一定程度上弥补破产清算制度的内在缺陷。在现代社会中并非所有遭遇财务困境的企业都应当退出市场，企业的品牌、专有技术、人才资源甚至是已经形成的营销网络，客户资源都是企业长期积累下来的宝贵资源，只要给企业提供喘息和复苏机会，企业很有可能转亏为盈。而这些宝贵资源一旦进入破产清算程序中将无法发挥作用，如果对这些有市场潜力和挽救价值的企业立即逐出市场，那么对企业、对社会都是极大的浪费。

同时企业再建，也并不是对破产清算制度的否定。首先，在所有的破产企业中，有挽救可能的企业毕竟只是其中一部分，有为数不少企业由于各种原因等缺乏挽救的可能，如果它们也勉强适用重整程序，花费大量精力和财力去进行无谓的抢救，那么只能导致资源浪费，让债权人蒙受损失。因此，各国破产法在制定重整程序规则时，都充分考虑到对缺乏拯救意义的这部分企业重整成功的可能性，设立了随时由重整程序转为破产清算程序的规则。其次，破产清算制度是一种优胜劣汰机制。市场经济的健康运行，总是伴随着新兴企业的不断诞生、壮大和落后企业的衰落、消灭。重整制度的目标只是拯救那些值得拯救和能够拯救的企业，而不是盲目地阻止破产清算的发生和不加区别地保护那些落后的、没有生命力的企业。对那些无可拯救的企业，只有适用破产清算，才能更加有效地实现尚存资源的保护和有效利用。因此，重整制度与破产清算制度是互为补充的。

（二）重整程序与和解程序

和解制度是指法院受理破产案件后作出破产宣告之前，债务人和债权人会议按照多数决规则达成中止破产程序进行的协议，预防和避免债务人宣告破产的制度。作为预防企业破产发生的制度，和解程序与重整程序各有自己的优点。重整制度不仅可以恢复债务人的清偿能力，而且更可使其恢复生产经营能力，从而在根本上解决债务人面临的经济困难，是破产预防的程序目的真正实现，但重整程序比较复杂，有较多的法律干预，法院甚至可以基于社会利益本位的立场强行批准重整计划，是一种力度较大但费用较高的企业拯救制度，适合规模较大、困境较严重的企业。和解程序充分尊重当事人意思自治，具有简便灵活的特点，适合规模较小、拯救难度较低的企业。

与和解制度相比，重整制度的主要特点为：（1）重整原因不限于破产原因，企业即将破产原因也可以成为申请重整的理由；（2）有权申请重整的不仅有债务人和债权人，也包括债务人的股东（出资占一定比例的以上的）；（3）重整期间，债务人可以继续营业，而且允许由原来的经营者负责营业和重整事务；（4）重整制度有一系列为保障企业在重整期间继续营业的保护措施，例如，限制担保物权的行使，中止一切民事执行，重整债务停止计息，重整期间的借款和其他债务视为共益债务（债权人有优先受偿权），税收减免等；（5）重整程序实际上是一个包括债务人、债权人、股东或业主、企业职工在内的多方协商机制；（6）重整计划的债权清偿方案，不仅以企业现有财产为根据，而且还考虑到企业复兴后的财产增量，加上由程序便捷带来的费用节省，因而可能使债权人获得高于和解协议的清偿额。

第二节　重整程序的开始

一、重整原因

重整原因是重整程序的启动要件，也是法院得以裁定债务人进行重整的法定原因。由于重整程序与破产清算程序的目标不同，破产法对适用重整程序的破产原因作了扩大的规定。根据我国《企业破产法》第 2 条的规定，企业法人重整的原因分为两种情形：一是企业法人具备破产原因，即企业法人因为经营或者财务发生困难已经处于不能清偿到期债务，并且资产不足以清偿全部债务或者明显缺乏清偿能力的状态。这就要求企业法人必须具备法律规定的破产原因，才能进行重整。二是企业法人将要出现破产原因，即企业法人因为经营或者财务发生困难等有明显丧失清偿能力的状态可能出现。换句话说，企业法人无论是基于已经发生的无力偿债的事实状态，还是将要发生的无力偿债的事实状态，都可以申请企业重整。

二、重整程序的开始

（一）申请人

重整申请是法院适用重整程序的重要依据，世界上除了极少数国家如法国外，绝大多数国家都认为重整程序应当始于利害关系人的申请。这里的利害关系人不仅包括债务人也包括债权人和出资人。

1. 债务人

由于重整程序本身是以拯救债务人为目的，也只有债务人自己最了解企业基本情况，最清楚自身有无挽救的可能。因此在债务人出现重整原因时，各国破产法均以债务人申请作为原则。

2. 债权人

虽然债权人有权提出债务人的重整，但许多国家的破产法都要求其债权额需达到一定的比例。如《日本公司更生法》第17条第2款规定，集有相当于资本1/10以上债权的债权人可以提出重整申请；我国台湾地区现行"公司法"第282条规定，相当于公司已发行股份总数金额的10%以上的公司债权人可以提出重整申请。① 此次的《企业破产法》对此未作限制。

3. 债务人的股东

允许公司股东申请重整是重整程序和破产、和解的主要区别之一。根据我国《企业破产法》第70条第2款的规定，出资额占债务人注册资本10%以上的出资人，可以向人民法院申请重整，经审查符合规定的应当裁定并予以公告。此裁定一经作出，即对重整案件的各利害关系人产生一系列的法律效力，直至重整程序终止。

（二）申请方式与时间

1. 申请的方式

重整申请须以书面的方式进行，不得以口头方式进行，这是各国立法的共通之处。一般而言申请书应当包括以下内容②：（1）申请人的姓名或名称、住所或居所及申请资格。（2）债务人的名称、所在地及负责人姓名、住所。（3）申请的原因与事实。（4）企业所经营的事业及业务状况。（5）企业的资产负债、损益及其他财务状况。（6）关于企业重整的意见。

2. 申请的时间

《企业破产法》第70条规定，债权人申请对债务人进行破产清算的，应当在人民法院受理破产申请后宣告债务人破产前，破产宣告后自然不得再提出重整申请。具体可以分成两种情况：（1）申请权人直接向法院申请重整。具体情形可以是债务人企业发生财务困难，发生可能不能清偿债务的危险且具备重整原因时；也可以是具备破产原因时，当事人在适用破产程序、和解程序或重整程序中选择的结果。（2）在债务人已经进入破产程序之后尚未破产宣告之前，申请权人提出重整申请，从而将破产程序转化成重整程序。

第三节　重整期间的营业与管理

现代破产法以企业再建为立法重心。再建主义以拯救企业为宗旨，此时企业的继续营业不再仅是企业的内部经营性行为也涉及广大债权人的利益，因此破产法对此设定了较为严格的保全处分措施。

一、重整期间的概念和期限

重整期间，也称重整保护期间，是指重整程序开始后至重整程序终止的一个法定期

---

① 韩长印.破产法学［M］.北京：中国政法大学出版社，2007：162.
② 韩长印.破产法学［M］.北京：中国政法大学出版社，2007：163.

间。在美国被称为冻结期间（period of freeze），在澳大利亚被称为"延缓偿付期（moratorium）"，在法国被称为"观察期间"，其目的在于防止债权人在重整管理期间对债务人及其财产采取诉讼或其他程序行动，以便保护企业的营运价值和制订重整计划，增加重整成功的可能性。①

各国对于重整期间的规定不同。比如澳大利亚，规定"延缓偿付期"最长为 60 天。我国《企业破产法》规定：自人民法院裁定债务人重整之日起至重整程序终止，为重整期间。经过整顿，企业能够清偿债务的，人民法院应当终结破产程序并予以公告。整顿期满，企业不能清偿债务的，人民法院应当宣告破产，并按规定重新登记债权。可以看出，如果将重整期间规定过长对债权人而言增加了其所承受的风险；如果时间过短，不利于债务人开展重整工作，重整成功的可能性将大大降低。该法没有对重整的具体时限作出规定，体现了我国破产法极力挽救企业的立法意图。

没有规定时效并不意味着债务人可以无限期地进行重整，为了保护债权人利益，提高重整效率。《企业破产法》还规定，自人民法院裁定许可债务人重整之日起，债务人或者管理人应当在 6 个月内提交重整计划草案，有正当理由的，经债务人或者管理人申请，人民法院可以裁定延长 3 个月。人民法院应当自收到重整计划草案 30 日内召开债权人会议，付诸表决。自重整计划通过之日起 10 日内，债务人或者管理人应当向人民法院提出批准重整计划的申请，人民法院应当自收到申请之日起 30 日内裁定批准，终止重整程序。部分表决组未通过重整计划草案的，可以协商再次进行表决。两次表决仍然不能通过的，债务人或者管理人可以申请人民法院强制批准重整计划草案，人民法院应当在收到申请之日起 30 日内审查该重整计划草案是否符合《企业破产法》规定的条件并裁定是否批准重整计划草案。逾期不提交重整计划草案或者重整计划草案未获通过或者人民法院没有裁定批准重整计划草案的，人民法院应当裁定终止重整程序并宣告债务人破产。因此，我国《企业破产法》中的冻结期间事实上是有限制的。

二、重整管理人

债务人进入重整期间后，为保证债务人营业的连续性，应当确定担当管理债务人财产和营业事务的重整人。重整人作为具体执行重整工作的实际负责人，在重整期间居于主导地位，其选任直接关系到重整程序能否顺利进行。总体而言，重整人的选任可以有两种方式：（1）由法院在裁定重整时任命，重整人直接对法院负责并接受法院的监督，不允许债务人在重整期间自行管理企业财产和经营性事务。以英国、日本和我国台湾地区为代表。②（2）由债务人直接续任为原则，法院指定为例外。以美国、德国为代表。③《企业破产法》第 73 条规定："在重整期间，经债务人申请，人民法院批准，债务人可以在管理人的监督下自行管理财产和营业事务。有前款规定情形的，依照本法规定已接管债务人

① 覃有土. 商法学［M］. 北京：中国政法大学出版社，1999：266.

② 《英国破产法》第 13 条、《日本公司更生法》第 46 条，我国台湾地区现行的"公司法"第 290 条。

③ 《美国破产法》第 1104 条第 1 款、《德国支付不能法》第 57 条。

财产和营业事务的管理人应当向债务人移交财产和营业事务，本法规定的管理人的职权由债务人行使。"由此可以看出在我国，重整管理人的产生有两种方案：第一，经债务人申请，人民法院批准，债务人可以在管理人的监督下自行管理财产和营业事务，此时的继续营业机构就是债务人企业的管理层。第二，如不采用第一方案，则由管理人接管债务人的全部财产和事务，此时，继续营业的机构就是管理人。但是，管理人可以聘任债务人企业的经营管理人员负责企业的营业事务。

三、重整期间企业的限制

继续营业通常伴随着重整企业财产减少和债务增加，这可能损及债权人的清偿利益。因此，债权人可能对企业财产的转让或者以企业财产设置担保的借贷提出异议。面对这样的情况，立法者需要考虑在企业拯救与债权人保护之间寻找一个平衡点。

我国《企业破产法》对保护有担保债权人的利益作出了相应规定。例如第 37 条规定，为债务人继续营业，管理人可以通过清偿债务或者提供为债权人接受的替代担保而取回质物、留置物。第 75 条规定，债务人的担保权人，在重整期间要暂停对担保物行使处分权利。但是，担保物有损坏或者价值明显减少的可能，足以危害担保权人权利的，保权人可以请求人民法院恢复行使担保权，即请求拍卖或者变卖抵押物、质物、留置物，并将所得价款提存。

第四节　重整计划的提出与执行

重整计划是由债务人或管理人拟订的，以复兴企业，清理债务为内容并经利害关系人会议表决通过和法院批准的程序性法律文书。重整计划是重整程序中的核心要素，是重整程序中最重要的法定文件。

一、重整计划的制定

（一）重整计划的制定人

各国和各地区对此规定各有不同。以美国为代表的国家，规定重整计划草案一般由债务人制订和提出，在特殊情况下也可以由其他人制订，如《美国破产法》第 1121 条规定，在重整申请提出之后的 120 天内，债务人享有提出重整计划的专有权，但在下列情况下，其他利害关系人也可以提出重整计划：（1）已经任命了托管人；（2）债务人在 120 天内没有提出重整计划而且 120 天的期间也没有获得延长；（3）债务人提出的重整计划在他提出申请后的 180 天内没有获得各类别权利受到削弱的债权人的接受。其他利害关系人包括债权人、股权持有人、受托管理人等[1]；日本规定一般由管理人或重整人提出，特殊情况下也可以由其他人制订。[2] 如《日本公司更生法》第 184 条规定，管理人于更生债权即更生担保权的申报期间届满后，应在法院所定期间内制订更生计划草案，并提交于法

---

[1]　韩长印 . 破产法学 [M]. 北京：中国政法大学出版社，2007：171.

[2]　范健 . 商法 [M]. 北京：高等教育出版社，2006：353.

院；公司、申请更生债权人、股东可以于所定期间内制订更生计划草案并提交于法院；以法国和我国台湾地区为代表的立法规定，只能由重整人或管理人制订。如我国台湾地区"公司法"第 303 条规定："重整人应拟订重整计划，连同公司业务及财务报表，提请第一次关系人会议审查。重整人经依第 290 条之规定另选者，重整计划应由新任重整人于 1 个月内提出之。"

我国《企业破产法》坚持"谁管理，谁制订重整计划的"原则，如果重整期间债务人的财产和营业事务由债务人自行管理的，重整计划的制定人是自行营业的债务人；如果由管理人负责管理企业财产和营业事务的，则由管理人来制订重整计划。一般来说，债务人企业对自身的财产状况以及经营状况最为了解，便于提出可行性的计划。考虑到债务人基于对自己利益的考虑，其制订的计划可能有损于债权人的利益，由管理人监督或协助下制订重整计划草案也不失为一种良策。

（二）重整计划制定的时间

《企业破产法》规定，债务人或者破产管理人应当自人民法院裁定债务人重整之日起 6 个月内，向人民法院和债权人会议提交重整计划草案。该期限届满，经债务人或者破产管理人请求，有正当理由的，人民法院可以裁定延期 3 个月。债务人或者管理人未按期提出重整计划草案的，人民法院应当裁定终止重整程序，并宣告债务人破产。

（三）重整计划的内容

重整计划是债权人会议判断企业是否具有重整可能，维护自身利益的重要依据，因此重整计划必须足够周详。根据我国《企业破产法》第 81 条的规定，重整计划应当包括以下内容：（1）债务人的经营方案；（2）债权分类；（3）债权调整方案；（4）债权受偿方案；（5）重整计划的执行期限；（6）重整计划执行的监督期限；（7）有利于债务人重整的其他方案。

二、重整计划的表决与通过

重整计划是否公平合理、切实可行既关乎债务人能否成功获得新生，也关系到债权人的债权实现，因此《企业破产法》对重整计划草案的表决、通过和批准设立了一系列的程序规则。

（一）重整计划的表决和通过

重整计划一旦提交人民法院，人民法院应当及时召开债权人会议对重整计划草案进行表决。各国对于重整计划草案的表决期限规定不同。《日本公司更生法》第 192 条规定，提出更生计划后，法院应当确定日期，召集关系人会议审查计划草案。《德国支付不能法》第 235 条规定，法院应当指定对支付不能方案表决的日期，该日期的指定不应当超过 1 个月。我国《企业破产法》第 84 条规定，人民法院自收到重整计划草案之日起 30 日内召开债权人会议，对重整计划草案进行表决。

由于重整计划对于不同的债权和股权的影响不同，因此按照国外的通常做法，债权人会议（或关系人会议）对重整计划草案一般进行分组表决。分组表决是将债权人和股东等按不同标准分为若干小组，各小组的表决采取人数和债权额或股权额的双重标准，主要为美国和德国采用；或表决权额的单一标准，主要为日本和我国台湾地区采用。各小组表决结果符合法律规定时，重整计划得以通过；未获通过的草案经修改后，可再次召开债权人会议（或关系人会议）进行表决。

分组主要有两种立法例：一是强制性分组，即债权人会议如何分组由法律加以规定，法院仅在法定范围内有自由裁量权，如《日本公司更生法》和我国台湾地区"公司法"的规定。二是任意性分组，即只要分组有利于重整计划的通过并符合公平原则即可。我国《企业破产法》规定，债权人会议对于重整计划的表决，依照债权的分类，分组进行表决。对于重整计划涉及债务人的出资人权益调整事项的，则设立出资人组，对该事项进行表决。

我国《企业破产法》在表决时采用了双重标准。《企业破产法》第84条第2款的规定，出席会议的同一表决组的债权人过半数同意重整计划草案，并且其所代表的债权额占该组已确定债权总额的2/3以上的，即为该组通过重整计划草案。各表决组均通过重整计划草案时，重整计划即为通过。

如果重整计划草案未获通过，还有一些补救措施可供利用：首先，债务人或管理人可以同未通过重整计划草案的表决组协商。该表决组可以在协商后再行表决一次。其次，如果该表决组拒绝再次表决或者再行表决仍未通过重整计划草案，则债务人或者债务人可以申请法院强制批准该重整计划草案。如果重整计划草案符合法律规定的条件，则法院应当裁定批准重整计划。强行批准体现了司法权力对重整计划的干预，是重整计划区别于和解程序的一大特色。而在国外，这也是惯常的做法。如《美国破产法》第11章中著名的"强行批准（cram down）"。

（二）重整计划的批准

重整计划的批准，是指法院依法审查，赋予重整计划强制执行力的过程。重整计划一经批准，即对所有债权人及其他利害关系人产生效力，不论其表决时同意或者反对重整计划。

根据《企业破产法》的规定，债务人或者管理人应当自重整计划通过之日起10日内，向人民法院提出批准重整计划的申请，人民法院经审查认为符合破产法规定的，应当自收到申请之日起30日内裁定批准，同时裁定终止重整程序，并予以公告。

对于未获通过的重整计划，实行强行批准的，《企业破产法》规定了如下强行批准条件：（1）按照重整计划，有财产担保的债权就该特定财产将获得全额清偿，其因延期清偿所受损失将得到公平的补偿，并且其担保权未受到实质性的损害，或者该表决组已经通过重整计划；（2）按照重整计划，劳动债权和税款请求权将获得全额清偿，或者重整计划已经获得相应表决组的通过；（3）无担保的普通债权依照重整计划所应获得的清偿比例，不低于无担保的债权在重整计划被提请批准时依照破产清算程序所能获得的清偿比例，或者该表决组已经通过重整计划；（4）重整计划对出资人权益的调整公平、公正，或者出资人组已经通过重整计划；（5）重整计划公平对待同一表决组的成员，并且所规定的债权清偿顺序，不违反本法的规定；（6）重整债务人的经营方案具有可行性。

如果法院经审查认为重整计划不符合破产法的规定，则应裁定驳回请求批准重整计划的申请，并应当裁定终止重整程序，宣告债务人破产。宣告破产后，即进入破产清算程序。

三、重整计划的执行

重整计划的执行是重整目的的最后一步，直接关系到重整目的的实现。

（一）重整计划的执行人

关于重整计划的执行人，各国立法虽然有所差异，但不外乎两种人：（1）债务人；（2）管理人或重整人。债务人对自身企业有相当的了解，易于操作执行计划。如《美国破产法典》第1141条规定，除非重整计划或者批准计划的裁定另有规定，重整计划应由债务人负责执行。而由管理人或重整人执行重整计划，则更加公平、公正。如《日本公司更生法》第209条第1款规定："有更生计划认可的裁定时，管理人应从速实行该计划。"

我国《企业破产法》的规定，重整计划由债务人负责执行。人民法院裁定批准重整计划后，已经接管财产和营业事务的管理人应当向债务人移交财产和营业事务。

（二）重整计划的监督人

重整计划的监督人，在债务人担任执行人的情况下，通常都是管理人担任监督人；如果是管理人或重整人担任执行人的情况，一般都是由专门的监督机构（如我国台湾地区的"重整监督人"）或法院来担任监督人。

《企业破产法》规定，自人民法院裁定批准重整计划之日起，在重整计划规定的监督期限内，由管理人监督重整计划的执行。在监督期内，债务人应当向管理人报告重整计划执行情况和债务人财务状况。监督期届满时，管理人应当向人民法院提交监督报告。自监督报告提交之日起，管理人的监督职责终止。经管理人申请，人民法院可以裁定延长重整计划执行的监督期限。管理人向人民法院提交的监督报告，重整计划的利害关系人有权查阅。监督人不尽善良管理人的义务履行监督职责，给债务企业造成损害的，应负损害赔偿责任。

第五节　重整程序的终止与终结

一、重整计划的终止

重整计划的终止是当债务人不能执行或不执行重整计划时，经利害关系人的申请，由人民法院裁定不再执行重整计划。综合我国《企业破产法》规定，重整计划因以下情形而终止：

1. 重整计划因执行不能而终止

债务人不能执行或者不执行重整计划的，人民法院经管理人或者利害关系人申请，应当裁定终止重整计划的执行。人民法院裁定终止重整计划执行的，应当同时宣告债务人破产清算。在这种情况下，债权人在重整计划中作出的债权调整的承诺失效，债权人因重整计划实施所受的清偿仍然有效。债权未受偿的部分，作为破产债权行使权利。但是，为重整计划执行提供的担保继续有效。不过此时债权人，只有在其他同顺位债权人同自己所受的清偿达到同一比例时，才能继续接受分配。

2. 重整计划因执行完毕而终止

重整计划执行完毕，是重整计划的执行人按照计划的规定完成重整任务，企业达到重整目的得以重生的情形。

重整计划执行完毕，债务人清偿责任免除是各国或各地区重整立法普遍采取的原则。目的在于使债务人获得再生的必要条件。如《美国破产法》第 228 条规定："重整计划完成后，除重整计划另有规定外，债务人之债务解除，股东对于公司之权益终止。受托人之职务解除。"

我国《企业破产法》也规定了重整计划执行完毕后的债务人的免责效力，即自法院裁定终结破产案件时所确认的重整计划执行完毕之日起，债务人对于依照重整计划减免的债务免除清偿责任。

二、重整的终结

在整顿期间，有下列情况之一的，经利害关系人请求，人民法院应当裁定终止重整程序，并宣告债务人破产：第一，债务人未按期提出重整计划草案，或者重整计划草案未获得通过，或者已通过的重整计划未获人民法院批准的；第二，债务人不能执行或不执行重整计划，或者由于债务人的行为致使管理人无法执行职务的；第三，债务人的经营状况和财产状况继续恶化，缺乏挽救的可能性的；第四，债务人有欺诈、恶意减少财产或者其他显著不利于债权人的行为，严重损害债权人利益的。

【案例 14-1】

钱塘钢铁破产重整成功[①]

近日，合川法院成功审结重庆钱塘钢铁集团有限公司（以下简称钱塘钢铁公司）重整一案，本案系该院首例破产重整成功案例，所涉及的出资人类、担保债权类、职工工资类、普通债权类共四组债权人表决组均表决通过了重整计划，案件处理取得良好的法律效果和社会效果。

钱塘钢铁公司主要从事钢铁生产、加工、销售，受到经济下行压力和行业整体下滑的影响，加之自身经营管理不善，该公司负债共计 1.3 亿元，涉及债权人多达 34 人，严重资不抵债。合川法院于 2016 年 8 月 31 日受理该破产重整案后，按照"服务大局、稳定为要、统筹协调、破立结合"的审理思路，迅速组成合议庭进行审理，并指定破产管理人立即介入企业破产事务。

在重点了解企业债务组成、企业运行态势、企业市场地位和发展前景后，合议庭发现钱塘钢铁公司仍存在继续经营的价值，先后组织召开工作协调会和重点债权人沟通会等会议 20 余次，全体债权人会议 2 次，在为各方客观评估损失和风险的基础上，引导债权人、债务人共同寻找更加合理、更具效益的解决方案。由于该案涉及债权人众多，利益冲突复

---

① 钱塘钢铁破产重整成功 [EB/OL]．［2017-09-28］．重庆法院网，http://cqfy.chinacourt.org/index.shtml.

杂，合议庭以创新表决方式为切入点，将债权分为出资人类、担保债权类、职工工资类、普通债权类四个组，迅速摸清各方想法，充分保障不同债权人权利，坚决防止引发社会稳定隐患。

2017年5月31日，钱塘钢铁公司破产重整第二次全体债权人会议，通过将公司最大债权人引入为战略投资人，形成"以债权转股权"的重整方案，并获得各个表决组高票通过。同时，经合议庭建议，战略投资人与其他同意债转股的债权人签订保底条款，承诺在一定期限内按照高于普通债权清偿率的标准回购不愿继续持股的债权人股权，充分保障中小债权人利益，进一步化解纠纷次生隐患。

历时近一年，经该院裁定批准重庆钱塘钢铁集团有限公司重整计划并终止破产重整程序。该案的成功处置不仅缓解了钱塘钢铁公司的债务危机，盘活了企业资产，更是为司法服务地区经济发展和社会稳定，积累了实践经验。

第六节 和 解

一、和解制度概述

（一）和解的概念

和解是在人民法院受理债权人申请破产案件后的法定期间内，债务人为避免破产宣告，提出和解请求，与债权人会议达成整顿复苏企业、清偿债务的活动。

破产程序中的和解是民事和解的一种特殊形式，但是和一般民事和解不同的是，它是一种强制性和解制度，只要债权人会议以法定多数通过和解协议，经法院认可后，不同意和解的少数债权人也要受决议约束，强制其接受和解。这与一般民事和解需各方意见完全一致，有反对者和解就无法成立或对其不发生效力，是有重大区别的。

（二）和解的特征

和解具有以下法律特征：（1）破产和解虽然适用于已具备破产原因的债务人，但最终目的是为了避免企业进行破产清算；（2）破产和解的内容一般是延期、分期偿还债务以及免除全部或者部分债务；（3）破产和解必须由债务人和债权人会议达成协议，得到多数债权人的同意；（4）破产和解具有强制性，即和解协议一经债权人会议表决通过，即对全体债权人有约束力。

二、和解基本程序

（一）和解申请的提出

1. 申请人

提出和解申请的一般是债务人。绝大多数国家的破产法规定只有债务人才能提出和解。①

---

① 我国也有学者提出，和解申请的提出应当由债权人提出。参见王欣新. 破产法教程 [EB/OL]. [2009-05-09]. 中国民商法律网，www. civillaw. com. cn/article/default. asp？id＝12485.

2. 提出的时间

债务人可以直接向人民法院申请和解，也可以在人民法院受理破产案件后、宣告债务人破产前，申请和解。

债务人提出申请后，应当交和解协议草案，说明清偿债务的财产来源、办法、期限、财产与经营状况，被申请破产的企业如果请求减少债务清偿，还应在和解协议草案中写明请求减少清偿的数额或比例，如哪些债务请求免除，哪些债务减少清偿比例，债务清偿的期限、清偿方法，以及在可能条件下为债务清偿提供的担保等。[①]

通常认为，破产企业职工因企业所欠工资和劳动保险费用而享有的债权、国家因企业所欠税款而享有的债权，均不应属于和解债权，破产企业职工和国家不作为债权人参加讨论、通过和解协议的债权人会议。破产企业所欠职工工资和劳动保险费用能否予以延期偿还或减免，由双方依据有关的劳动法律法规协商解决。为顺利进行和解与整顿程序，企业对所欠的税款，也可向国家提出予以减免或延期偿还的申请，由国家有关机关根据实际情况作出决定。[②]

（二）和解的成立

法院受理债务人提出的和解申请后，经过审查，如认为债务人提出的和解申请符合和解的条件，应当裁定可以进行和解，予以公告，和解程序正式开始。和解程序的开始并不意味着就能立即进行和解，和解的成立取决于债务人与债权人会议达成的和解协议的成立。

法院裁定和解后应及时召集债权人会议讨论和解协议草案。债权人会议对和解协议进行表决时，必须由出席会议的有表决权的债权人过半数同意，并且其所代表的债权额占无财产担保债权总额的 2/3 以上。当债权人会议否决和解时，应通知人民法院并请求其宣告债务人破产。

（三）和解的生效

当债权人会议表决通过和解协议草案，即债务人与全体债权人之间正式达成和解协议，和解成立。但和解协议的达成并不意味着和解的生效，还有待于报请人民法院审查认可。

人民法院审查的主要内容有：（1）和解协议是否有违反法律、法规，损害国家、社会或他人利益的内容，有无损害少数债权人利益，违反公平清偿原则的内容；（2）和解协议是否有预计明显不能实现的情况；（3）决议通过程序是否合法，表决票数及债权额统计有无差错，表决中有无诈欺或胁迫现象等；（4）债务人有无和解诚意，如有无破产欺诈行为，和解之目的是否正当等。人民法院在审查中发现问题，能够通过修订和解协议纠正的，可要求当事人纠正，无法纠正的，不认可和解协议。

如人民法院审查后认为决议符合法律规定，应认可和解协议，作出中止破产程序的裁定，并且发布公告，和解协议自发布公告之日起产生法律效力。

人民法院可以依据职权拒绝认可，也可依破产债权人或其他利害关系人的申请拒绝认

① 王欣新. 破产法教程［EB/OL］.［2009-05-09］. 中国民商法律网，www.civillaw.com.cn.

② 柴发邦. 破产法教程［M］. 北京：法律出版社，1990：110.

可，但通常只有在法律明文规定的情况下，如《企业破产法》第 103 条第 1 款规定的"因债务人的欺诈或者其他违法行为而成立的和解协议，人民法院应当裁定无效，并宣告债务人破产"才能作出拒绝认可的裁定。

三、和解协议的效力

除中止破产程序外，我国和解协议在实体上的法律效力，可分为对债权人与债务人两个方面。

（一）对债务人的效力

和解协议是债权人和债务人就变更原债权债务关系内容而订立的契约，因此，和解协议一旦订立，债务人应无条件地按和解协议的约定履行义务。债务人不能执行或不执行和解协议将构成撤销和解的法定事由。债务人不得对个别债权人为和解协议以外的给付，不得给予个别债权人超出和解协议的约定范围的利益，否则应视为无效行为。

和解协议发生法律效力后，在破产程序因和解生效而终结的场合，破产程序对债务人所实施的一切限制都将被解除，债务人重新取得对企业财产的处分权，债务人只受和解协议的限制和约束。

依据和解协议，债务人获得延缓清偿期或免除部分债务的权利。

（二）对债权人的效力

破产程序中的和解是一种强制和解，只要债权人会议以法定多数通过债务人的和解协议，经人民法院裁定认可后，对债务人和全体和解债权人均有约束力，不同意和解的少数债权人也要受其约束。

《企业破产法》规定，和解债权人未依照规定申报债权的，在和解协议执行期间不得行使权利，待执行完毕后，再按协议规定的清偿条件行使权利。和解协议生效之前的债权人只能按和解协议受偿，不得要求或接受和解协议之外的单独利益，无权提起民事执行程序。同样，债务人必须按照和解协议清偿债务，不得给个别债权人以额外利益。

对和解协议效力的理解应当注意以下几点：第一，和解协议生效后新产生的债权，如企业整顿期间因生产经营而新产生的债权，不受协议约束，可要求单独受偿，并可提请民事执行。第二，和解协议生效前的债权，除有财产担保的债权外，无论债权人是否申报债权、参加和解程序，无论其是否参加债权人会议，是否表决同意和解，均受和解协议约束。对此，各国立法均有类似规定。如日本"破产法上的强制和议与和议法上的和议都规定：不赞成和议的债权者及没有参加程序的债权者的权利随着和议条件而变更"①。第三，和解协议对债务人的保证人或连带债务人无效，债权人对债务人所作的债务减免或延期偿还的让步，效力不及于其保证人或连带债务人，他们仍应按原来债务的约定承担保证或连带责任。

当债务人不履行和解协议时，债权人能否依和解协议提起强制执行程序，对此问题，各国立法规定不一。日本学者认为，"在因和议的认可而破产程序终结之后。债权者对于债务者可以自由地要求其履行和议条件；在债务者不履行的场合，则可以通过诉讼或其他

---

① ［日］石川明．日本破产法［M］．何勤华，周桂秋，译．北京：中国法制出版社，2000：226．

的方法取得债务名义，进行强制执行"①。但依据我国《企业破产法》的规定，和解协议不具有强制执行的法律效力。当债务人不履行和解协议将导致和解的终结。

四、和解的终结

和解终结是指人民法院裁定和解程序立即终止，恢复进入破产清算程序，宣告债务人破产。《企业破产法》规定，有下列情形之一的，由人民法院裁定和解终结，宣告破产：（1）和解协议草案经债权人会议表决未获得通过，或者已经债权人会议通过的和解协议未获得人民法院认可的；（2）因债务人的欺诈或者其他违法行为而成立和解协议的；（3）债务人不能执行或者不执行和解协议的；（4）人民法院受理破产申请后，债务人与全体债权人就债权债务的处理自行达成协议的。

【难点追问】

1. 关于我国破产重整计划批准制度。

我国《企业破产法》规定的重整计划批准的程序包括：重整计划制订人提出申请、法院批准重整计划的时限、批准后的公告等内容。而对法院应当以何种方式和程序审查重整计划则没有提及，使法院对重整计划的批准处于一种不透明的状态。事实上，在我国新《企业破产法》的制定过程中，对法院审查重整计划的方式是有过考虑的。2000年6月的《中华人民共和国企业破产与重整法草案》第106条规定："人民法院依本法第105条第2款作出裁定前（指正常批准重整计划），应当开庭审理，听取管理人、监督人、当事人及有关部门和专家的意见。"但不知出于何种原因，这种程序保障要求在最终通过的新《企业破产法》中没有得到体现，这就导致了对债权人程序利益的忽视。

2. 我国破产重整中强制批准的原则。②

强制批准是对债权人自治的一种限制或否定，法院更深地介入到当事人之间的债权债务的调整，其对债权人利益的影响比正常批准的影响要大得多，所以也就需要设定更为严格的条件为债权人提供更为充分的保护，避免司法权力的滥用或误用。

（一）最低限度接受原则

最低限度接受原则是指至少有一个或几个权益受到损害的表决组已经接受了重整计划，法院才可以批准重整计划。如果没有任何一个表决组接受该重整计划，法院批准重整计划，就带有专制色彩。这个条件的设置，可以在一定程度上体现对债权人意思的尊重和权利的保护，同时也是对于法院滥用重整计划批准权的一种制约。

（二）绝对优先原则

绝对优先原则是指如果任何一组债权人或出资人反对一项重整计划，该重整计划就必须保证，只有这个组的成员获得充分清偿后，在优先顺序上低于这个组的其他组才可以开始获得清偿。该原则的宗旨就是，破产法对清算程序规定的优先顺序，在重整程序中对那些持反对意见的组必须同样地适用。该原则只在强制批准时适用，在普通债权人通过了重

---

① ［日］石川明. 日本破产法 ［M］. 何勤华，周桂秋，译. 北京：中国法制出版社，2000：238.

② 辛欣. 我国破产重整中强制批准问题探究 ［J］. 法律适用，2011（5）.

整计划时是不适用的。这在我国《企业破产法》第87条第2款第1、2、5项中有所体现。

（三）公平对待原则

公平对待原则是指如果一组债权人或出资人反对一项重整计划，该项重整计划就要保证这些持反对意见的组获得公平对待，即根据《企业破产法》处于同一优先顺序的债权人必须获得按比例的清偿。我国《企业破产法》第87条第2款第4项规定："重整计划草案对出资人权益的调整公平、公正"，第5项规定："重整计划草案公平对待同一表决组的成员"，就是对公平对待原则的落实。

（四）可行性原则

可行性原则是指法院在行使强制批准权的过程中，必须对其在将来有无实现的可能性作出一定的判断，只有那些具有可行性的重整计划，才能得到法院的批准。我国《企业破产法》第87条第2款第6项对可行性原则也做了规定："债务人的经营方案具有可行性。"尽管可行性原则非常重要，但是从国外破产重整的司法实践来说，与之相关的案例也不多见，其原因在于大多数真正的可行性问题已经在债权人、管理人和债务人之间的法院外谈判过程中解决掉，大多数情况下，在提出重整之前都已经对可行性的问题作出了判断，而且出于自身利益的考虑，债务人一般不会作出其在将来无法实现的承诺，它们往往更倾向于提出一个更容易实现的重整计划，这使得有关可行性的问题大大减少。即使这样，可行性原则作为一项重要的原则，在强制批准权的行使过程中依然是不可或缺的，为重整制度价值的实现提供了必要的保障。

【思考题】

1. 简述破产重整、和解和破产清算程序之间的区别。
2. 试述法院强行批准重整计划的意义与要件。
3. 你认为破产和解协议是否具有强制执行力？

第四编

票据法

第十五章　票据与票据法概述

【学习目的与要求】

通过本章的学习，应了解票据及票据法的概念和特征，重点理解和掌握票据关系的概念、特征和种类，能正确区分票据关系和非票据关系。

【知识结构简图】

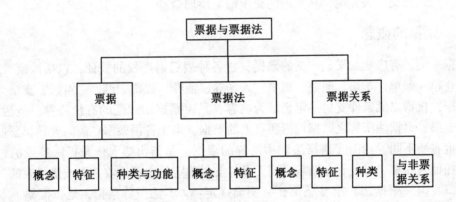

第一节　票据概述

一、票据的沿革

一般认为，"票据之发生，起源于12世纪意大利兑换商所发行之兑换证书"①。12世纪，地中海沿岸的意大利城帮国家商事发达，贸易繁荣，需要在各城邦国家间输送金钱及货币兑换，为避免风险和方便交易，便产生了货币汇兑业务。为此，专营货币汇兑的兑换商发行兑换证书给商人供货币的输送和兑换之用。从兑换证书的动作方式来看，欧洲12世纪的兑换证书是近现代本票的雏形。至13世纪，原来与兑换证书合并使用的付款委托证书发生独立的效力。商人凭兑换商签发的付款委托书请求异地付款人付款，近现代汇票起源于此。16世纪出现了背书制度，票据成为可以转让的流通证券。它不再是一种金钱

---

① 张国键.商事法论 [M].台北：三民书局，1980：365.

输送和兑换的工具，而是一种信用工具。17 世纪中叶，英国的富商将巨额款项存入金钱买卖业的金银佃工商人，受款的商人向富商签发收据。该收据为无记名凭证，富商凭收据取款，受款的商人见票即付。这便是今日支票制度的起源。

我国在唐代便有称为"飞钱"、"贴"的票据。① 当时，也是为了避免风险和取款方便，出现了以券代币的"飞钱"凭证，即商人将钱币交付富户换取"飞钱"，携"飞钱"轻装奔往异地，而后收受"飞钱"的一方再从富户那里凭券取款。唐代商人为图交易便利也将金钱财物交于专事银币金钱业务的柜坊保管，并委托其依凭"飞钱"付款。商人在交易中还向交易相对方发行一种以"贴"为形态的取款凭证，载明受款人名称、金额、日期、签发凭证者的签名。接受凭证的人凭借该证向为发证人保管金钱业务的柜坊请求付款，柜坊则及时依照凭证上所载明的金额代发证人付款。至宋代，出现了"便钱"、"交子"。② 朝廷设"便钱务"从事便钱兑付事务。商人前往异地进行贸易时将现金交付本地的便钱务取得便钱前往异地，便钱务则命各地机构向持便钱者支付现金。"交子"业务起源于民间。为避免钱币携带不便，由从事金钱保管业务的商人设立"交子铺"，向商人发行交子，商人携交子去异地，从异地的交子铺兑换现金。

二、票据的概念

票据一词，有广狭二义。广义的票据，指各种表彰财产权的凭证，包括钞票、发票、提单、仓单、保单、车票、船票、机票、入场券、债券、股票、汇票、本票、支票等。狭义的票据，仅指以无条件支付一定金额为内容，且由票据法规范的有价证券，包括汇票、本票、支票。票据法所称之票据均指狭义上的票据，由于各国票据立法的差异，票据概念的外延也有所不同。我国《票据法》中所称的票据，是指出票人依票据法签发的、由本人或委托他人在见票时或者在票载日期无条件支付确定的金额给收款人或持票人的一种有价证券。我国《票据法》第 2 条第 2 款明确规定："本法所称票据，是指汇票、本票和支票。"

三、票据的特征

票据作为有价证券的一种，除具备有价证券的基本特征外，还具备区别于其他有价证券的以下特征：

（一）票据是金钱债权证券

票据所表示的权利，是票据权利人可以请求票据义务人给付一定金额的请求权，是债法上的请求权，而非物权或股权。并且此项权利是以给付一定数量的金钱为内容的，而非给付其他物或为一定行为。所以，从这个意义上讲，票据是金钱债权证券。

（二）票据是无因证券

"无因"，是指票据权利仅依票据行为、依票据法的规定而发生，不受票据行为发生的基础或原因的影响。只要权利人持有票据，就享有票据权利，并可以依票据行使其权

① 高春平. 论中国古代信用票据飞钱、交子、会票、票号的发展演变 [J]. 经济问题，2007 (1).
② 谢怀栻. 票据法概论 [M]. 北京：法律出版社，1990：19.

利。至于权利人持有票据或取得票据的原因，在所不问。

（三）票据是完全有价证券

票据权利和票据须臾不可分离。票据权利的发生，须做成票据；票据权利的转移，须交付票据；票据权利的行使，须提示票据；并且在票据权利得以实现之后，票据权利人还必须将票据交回给票据债务人。

（四）票据是文义证券

票据所创设的一切权利和义务，必须完全地、严格地依据票据上所记载的文字而定，票据记载之外的任何理由、事项或证据都不能作为解释或确定票据权利的根据。即使票据上记载的文义存在错误，也要以该文义为准。所以，我们说票据是文义证券。

（五）票据是设权证券

所谓设权证券，是指证券上权利的发生必须首先做成证券，在证券做成之前，证券权利不存在，票据上所表示的权利，是由票据行为——出票行为创设的，在票据没有做成之前，仅为基础关系上的债权，而非票据权利，仅在票据做成之后，票据债权才发生。

（六）票据是要式证券

票据的做成，必须严格按照票据法规定的方式进行；票据上的记载事项，也必须严格遵循票据法的规定。由于票据活动主要表现为一种票据记载活动，所以，如果不按照票据法的规定做成票据或不按照票据法的规定进行票据记载，就会影响票据行为的效力，有时甚至会导致票据无效。除此之外，一切在票据上所进行的活动，如背书、承兑、保证、付款、追索等，还必须严格按照票据法规定的程序和方式进行。

（七）票据是指示证券

所谓指示，是指可以由证券上记载的权利人或该人指示其他人作为权利人行使证券权利的证券。票据与记名证券、无记名证券的不同在于，记名证券只能由证券上记载的特定人作为权利人行使证券权利；而无记名证券则不指定特定人为权利人，凡正当持票人或来人均可行使证券权利；在通常情况下，票据记载权利人名称，但同时又允许权利人通过背书的方式指示他人为新的权利人。

（八）票据是流通证券

票据的基本功能，就是流通。而票据法的种种制度设计，都是为了保证票据流通的迅速和简便。虽然民法上的财产权利大都可以转让，但票据所彰显的权利较民法上的一般财产权利的流通方式更为简便灵活。票据上的权利，经背书或单纯的交付就可以转让给他人，而无须遵循民法关于债权让与的规定。所以，我们说票据是流通证券。

四、票据的种类

关于票据的分类，有法律上和学理上两种分类。

（一）法律上的分类

我国《票据法》第 2 条第 2 款规定："本法所称票据，是指汇票、本票和支票。"这表明我国法律将票据分为汇票、本票和支票三种。德、日、法等国票据法规定的票据则不含支票。

（二）学理上的分类

1. 自付票据与委托票据

这是依据出票人是否直接对票据进行付款所进行的分类。自付票据是指出票人本人直接对票据无条件付款的票据，如本票；委托票据是指出票人本人不直接承担负款义务，而是委托他人并在票据上加以记载，由他人承担无条件付款义务的票据，如汇票和支票。

2. 信用票据与支付票据

这是依据票据的经济职能所进行的分类。支付票据是指只能克服使用现金在空间上的障碍，不能克服使用现金在时间上的障碍的票据，即有现金方可使用，无现金就不得使用，如支票；信用票据是指既能克服使用现金在空间上的麻烦，又能克服使用现金在时间上的困难，即在没有现金的情况下亦可使用的票据，如汇票和本票。

3. 记名票据、无记名票据、指示式票据

这是依据票据对票据权利人的记载方式不同所进行的分类。记名票据是指在票据上明确记载权利人名称的票据，又称"抬头票据"；无记名票据是指票据上不记载收款人的名称，或者把权利人记做"持票人"或者"来人"等字样的票据；指示式票据是指在票据上记载收款人的姓名或名称之后，还附加记载有"或其指定之人"的票据。

4. 即期票据与远期票据

这是依据票据上所记载的付款到期日的不同所进行的分类。即期票据是指持票人得随时提示付款，由出票人见票付款的票据；远期票据是指在票据上记载将来某个日期为到期日，付款人在该日期到来时才付款的票据。

五、票据的功能

票据的功能票据是随着商品经济的发展而发生、发展起来的，随着票据制度的建立和完善，票据又反过来在很大程度上促进和推动了商品经济的繁荣和发展。票据制度之所以有如此重大的作用，是因为票据具有以下功能：

1. 汇兑功能

通过票据使一定数额的金钱在异地之间实现转移。在我国，票据的汇兑功能主要是通过汇票来实现的。

【案例 15-1】

汇票具有汇兑功能

武汉市的某甲需向深圳市的某乙支付货款 50 万元人民币。某甲听说深圳治安不好，担心携带巨额现金遭人抢劫，故去当地某发展银行询问可否办理转账。该银行的工作人员告诉某甲，他可以使用它们发展银行的汇票来向某乙付款。甲某问如何操作，银行的工作人员说：某甲先将 50 万元人民币存入武汉市的某发展银行，然后由该发展银行签发一张以某乙为收款人，在深圳市某发展银行取款的银行汇票给某甲，某甲再将此汇票寄给深圳市的某乙，最后某乙持此汇票到指定的银行就可以取款了。

2. 支付功能

通过票据的交付，代替现金的直接交付，以满足金钱支付的需要。

3. 信用功能

约期支付的票据，出票人通常能够在出票时即获得一定商品的交付，而不需当时就要支付现金。只在票据到期时，才实际支付价金，这样出票人事实上等于获得了相应期限的贷款。票据的这一功能即为信用功能。

4. 融资功能

票据的融资功能是指票据当事人可通过票据转让和贴现来融通资金。

第二节　票据法概述

一、票据法概念及其发展

（一）票据法的概念

票据法，是指调整票据关系以及与票据关系有关的其他社会关系的法律规范。票据关系是指票据当事人之间因票据行为而产生的票据权利义务关系。与票据关系有关的其他社会关系是指为保障票据关系的依法产生、变更、实现而产生的社会关系。

票据法是对在长期的票据使用过程中形成的有关票据使用规则和习惯的制度化、规范化、法律化。理论上，票据法有广义和狭义之分。广义的票据法，也称实质意义上的票据法，是指一切有关票据和票据法律关系的法律规范的总称，它不仅包括狭义的票据法，而且包括以各种不同法律规范所表现的有关票据的规定。狭义的票据法，又称形式意义上的票据法，是指主要规范票据关系并以"票据法"命名的法律、法规及其实施细则，如《中华人民共和国票据法》、《中华人民共和国票据管理实施办法》以及《最高人民法院关于审理票据纠纷案件若干问题的规定》等。通常情况下的票据法系指狭义的票据法。

（二）票据法的沿革和法系

在公元15世纪以前，世界各地并无成文的票据立法。到了17世纪，欧洲有些国家开始制定成文的票据法。[①] 19世纪和20世纪，随着国际贸易的发展，票据的流通和支付作用在西方各国广泛采用，西方各国相继制定和完善了成文的票据法。19世纪后期，西方各国的票据法逐步形成了有代表性的三大法系，即法国法系、德国法系和英美法系。自19世纪末就有一些国际组织主张把各国的票据法加以统一，制定有关票据的国际公约。经过长期的酝酿准备，终于在20世纪30年代初通过了四项关于票据的日内瓦公约，即1930年《关于统一汇票和本票的日内瓦公约》、1930年《关于解决汇票和本票的若干法律冲突的公约》、1931年《关于统一支票的日内瓦公约》、1931年《关于解决支票若干法律冲突的公约》。目前大多数欧洲国家及日本、一些拉丁美洲国家已采用了各项日内瓦公约，但是英美等国没有参加日内瓦公约。

---

① 梁建达.外国民商法原理［M］.汕头：汕头大学出版社，1996：381.

1. 法国法系

法国法系的票据立法历史最为久远。1673 年，法王路易十四的《商事敕令》中，对汇票、本票作出规定①，1807 年《法国商法典》对之有所增补，1856 年制定了票据法，将支票作为特种汇票。法国票据法对欧陆各国早期票据立法曾产生过重大影响。

2. 德国法系

德国于 1871 年公布施行了关于汇票和本票的票据法。1908 年又制定了支票法。1933 年根据《关于统一支票的日内瓦公约》的原则又制定了新票据法。德国法系的特点是，将票据关系和其成立的基础关系完全分开。我国台湾地区的"票据法"也属此法系。

3. 英美法系

1882 年英国通过并施行了票据法，主要特点是注重票据的流通和信用作用，保护正当持票人。② 具体表现在将票据关系与其成立的基础关系严格区分，即不问票据的对价关系或资金关系如何，凡善意受让人均可受到法律保护。美国原来各票据法并不一致，1896 年起草了统一票据法，由纽约州先行其他各州也逐步采用，美国在 1952 年的《统一商法典》中，又规定了"商业票据"。

（三）我国票据立法的发展

1949 年以前，清王朝和北洋政府曾经起草过多种票据法草案，但都没有公布。1928 年，南京政府草拟了新的票据法草案，于 1929 年 10 月 30 日公布施行，这是中国历史上第一部正式的票据法，后几经修订，至今仍在我国台湾地区适用。中华人民共和国成立后，1949 年以前的票据法同其他旧法一起被废除。1988 年 12 月，中国人民银行颁发《银行结算办法》。该办法规定在全国推行银行汇票、商业汇票、银行本票和支票，并规定个人可以使用支票。1995 年 5 月 10 日，第八届全国人大常委会第十三次会议审议通过了《中华人民共和国票据法》(以下简称《票据法》)，自 1996 年 1 月 1 日起施行。根据我国《票据法》的授权，中国人民银行于 1997 年 8 月 21 日发布了《中华人民共和国票据管理实施办法》(以下简称《票据管理实施办法》)，同年 10 月 1 日起施行。为配合《票据法》及《票据管理实施办法》的施行，中国人民银行于 1997 年 9 月 19 日又发布了《支付结算办法》，同年 12 月 1 日起生效。为了正确适用《票据法》，公正而及时地审理票据纠纷案件，最高人民法院审判委员会第 1102 次会议于 2000 年 2 月 24 日通过了《最高人民法院关于审理票据纠纷案件若干问题的规定》，并于 2000 年 11 月 14 日公布，同月 21 日起施行。至此，我国的票据法体系得以基本建立。2004 年 8 月 28 日第十届全国人民代表大会常务委员会第 11 次会议通过《关于修改〈中华人民共和国票据法〉的决定》，决定删去第 75 条，对《票据法》进行了修改。我国《票据法》从 1996 年实施到现在，只在 2004 年仅就"本票出票人的资格"一个问题（规定）进行了修改，而我国目前所面临的市场经济环境已经与二十几年前有了重大发展变化，《票据法》的适用已不适应当前形势，存在一些问题，需要进一步修改完善。

---

① 赵威. 票据权利研究 [M]. 北京：法律出版社，1997：25.
② 林国民. 外国民商法 [M]. 北京：人民法院出版社，1996：224.

二、票据法的特征及意义

（一）票据法的特征

票据法作为商法的重要组成部分，具有与其他私法规范不同的特征。

1. 票据法具有强行性

票据法属于私法性范畴。在私法领域，多为任意性规范，但是票据法作为私法规范，却更多地体现出强行性。在票据法中，如票据的种类、票据的格式、票据行为的构成直至票据权利义务的享有和承担，绝大多数属于强制性规定，当事人自由选择的余地很小。这主要是因为票据具有较强的流通性，它往往不能将票据关系的范围固定在直接进行票据授受的特定当事人之间，而必然牵涉一系列经辗转流通而取得票据的不特定的第三人。所以为方便交易、保护交易安全，从而稳定经济秩序，票据法必须站在全体票据关系人的角度对票据运作的具体过程作出强制性规定。需要注意的是，票据法的强制性并不意味着票据法多为强制性的禁止性规范，而是一种效力规范，也就是说，当事人未依票据法规定为一定行为时，通常并不发生违法责任并因此受到制裁，仅仅导致其行为不发生票据法上的效力而已。

2. 票据法具有技术性

票据法的许多制度都是立法技术的产物。如关于票据形式的严格规定、关于票据行为无因性的规定、关于背书连续的规定、关于抗辩限制的规定等，都不是法逻辑的产物，而是为了保证票据的流通和使用安全，从方便合理的角度出发，由立法者设计出来的。

3. 票据法具有国际统一性

伴随着商品交易活动区域的扩大，票据流通范围的拓展，局限于某一区域内的票据法显然已不适应发展中的商品交易活动的需要，不同的票据立法之间的冲突可能就会越来越激烈，这种冲突还会随着国际贸易的繁荣而加剧。所以为推进世界经济的发展，各国立法者都试图在尽可能的条件下使本国的票据法与国际上的票据规则接轨，国际社会也一直在谋求国际票据法的统一，并且已经取得了显著的成绩。

（二）票据法的意义

我国《票据法》第 1 条规定："为了规范票据行为，保障票据活动中当事人的合法权益，维护社会经济秩序，促进社会主义市场经济的发展，制定本法。"据此，我国票据法的意义主要有四个方面：（1）规范票据行为；（2）保障票据活动中当事人的合法权益；（3）维护社会经济秩序；（4）促进社会主义市场经济发展。

第三节　票据关系与非票据关系

一、票据关系的概念和特征

票据关系，是指票据当事人基于票据行为所直接发生的票据上的债权债务关系；其中票据收款人或持票人为票据关系的债权人，票据付款人和在票据上签章的其他当事人，为票据关系的债务人。

票据关系是一种特殊的民事法律关系，与其他民事法律关系相比，具有以下特征：

1. 票据关系基于票据行为而产生

票据行为是唯一能够引起票据关系发生的法律行为。票据行为之外的行为，无论是否合法，都不能产生票据权利义务关系。

2. 票据关系的内容是以金钱为内容的票据权利和票据义务

票据关系的内容是票据当事人所享有的票据权利与所承担的票据义务。这种权利义务表现为两类：一类是票据债权人的付款请求权与债务人的付款义务；另一类是票据债权人的追索权与债务人的偿付义务。这种权利义务的客体，只能是一定数量的金钱。

3. 票据关系具有多重性和主体的相对性

票据是流通证券，出票人签发票据后，持票人可以将其转让，多次转让就实现了票据的流通。随着票据的流通，票据当事人不断增加，票据关系的数量也在增加，再加上汇票的承兑、汇票及本票的保证等票据行为的出现，在同一张票据上会产生多个票据关系，从而使票据关系具有了多重性。

同时，在一系列票据行为引起的票据关系中，票据关系主体又具有相对性。例如，在背书引起的背书关系中，背书人相对于被背书人就是债务人，被背书人是债权人。而在下一次背书中，原来的被背书人则成为背书人，即债务人。

4. 票据关系具有无因性和独立性

根据票据法理论和多数国家票据法的规定，一方面，票据关系具有无因性和抽象性，票据关系的效力不受票据基础关系效力的影响，以此保障票据效力的确定性和票据的可流转性；另一方面，在同一票据上有多个票据行为并引起多个票据关系的情况下，各个票据行为及其所引起的各个票据关系又具有独立性，某一票据行为和票据关系的无效，不影响票据上其他票据行为关系的效力。

二、票据关系的基本当事人

在我国《票据法》上，作为票据法关系的基本当事人，通常为以下五个当事人：出票人、收款人、持票人、付款人、保证人。

出票人是作成票据、在票据上签章并交付票据的人。

收款人是票据上载明的、有权请求支付票据金额的人，亦即票据权利人。

持票人通常是依背书转让而从票据上所载收款人受让票据的人，因而，受让票据的持票人也就是被背书人，而转让票据的收款人则为背书人。

付款人是票据上载明的、承担付款责任的人。

保证人是为出票人、背书人等特定的票据债务人，向付款人以外的第三人担保支付票据金额的人。

三、票据关系的种类

按照不同的分类，可以将票据关系分为以下三类：

（一）基本当事人之间的关系

在上述五种主要的当事人之间，可能发生以下 10 种关系：（1）出票人与收款人的关系；（2）出票人与付款人的关系；（3）收款人与付款人的关系；（4）收款人（背书人）与持票人（被背书人）的关系；（5）持票人与付款人的关系；（6）持票人与出票人的关系；（7）保证人与出票人的关系；（8）保证人与收款人之间的关系；（9）保证人与持票人之间的关系；（10）保证人与付款人之间的关系。

这些关系，综合地构成了基本票据关系，是票据法调整的主要对象；而调整票据基本关系的规定则构成了票据法的核心内容。

（二）因票据行为而发生的关系

根据各国票据法的规定，票据行为一般包括出票、背书、承兑、保证、参加承兑、保付等。相应地，基于票据行为而产生的票据关系主要有以下几种：

1. 因出票行为而产生的票据发行关系

因票据的种类不同，票据的发行关系分汇票的发行关系、本票的发行关系与支票的发行关系三种。汇票与支票发行关系的当事人都有三方：出票人、收款人、付款人。在汇票与支票的发行关系中，出票人对收款人有担保票据承兑和担保票据付款的义务。收款人有权请求付款人为票据承兑或付款。收款人不获承兑或付款时，对出票人有追索权。本票发行关系的当事人为出票人与收款人。出票人有付款义务，收款人有权于到期日请求出票人付款。

2. 因票据的背书行为而产生的票据背书关系

票据背书关系的当事人为背书人与被背书人。背书人将票据权利转让给被背书人或将一定的票据权利授予被背书人行使背书人对被背书人负有担保票据承兑和付款的义务。被背书人的权利因背书的种类不同而不同。转让背书的被背书人取得背书人的票据权利；质押背书的被背书人依法实现其质权时有权行使背书人的票据权利；委托取款背书的被背书人有权代背书人行使被委托的票据权利。

3. 因票据承兑行为而产生的票据承兑关系

票据承兑关系仅存在于汇票中。汇票经承兑后，承兑人与收款人或持票人之间便形成了确定的票据债权债务关系。收款人或持票人有权利于汇票到期日要求承兑人付款，承兑人有义务对票据付款，承兑人拒绝付款，要承担法律责任。

4. 因票据保证行为而产生的票据保证关系

票据保证关系中的保证人与被保证人对票据权利人承担连带责任。保证人所承担的责任内容与被保证人相同。保证人在履行债务后取得持票人的地位，对被保证人及其前手享有追索权。

5. 因票据的参加行为而产生的票据参加关系

票据参加关系分为参加承兑关系与参加付款关系。所谓参加承兑，是指票据债务人之外的第三人，因汇票不获承兑，为维护特定票据债务人的利益，防止持票人行使追索权，而于汇票到期日前参加到票据关系中，代替付款人承兑的行为。所谓参加付款，是指当汇票的付款人或承兑人拒绝付款时，由他人代为付款的行为。在参加承兑的情形中，参加承兑人负有依票据金额付款的义务，持票人有权要求参加承兑人于票据到期日付款，参加承兑人付款后，取得持票人的地位，有权向被参加人及其前手行使追索权。在参加付款的情形中，参加付款人对于承兑人（或本票出票人）、被参加付款人及其前手取得持票人的权利。我国《票据法》中对参加承兑与参加付款均未有规定。

6. 因支票的保付行为而产生的支票保付关系

所谓支票的保付，是指支票的付款人在支票上记载"照付"或"保付"或其他同义字样并签名的行为。支票的付款人进行保付行为后，其付款责任与汇票承兑一样，支票上的所有债务人均因付款人的保付行为而得以解除票据责任。我国《票据法》中没有支票保付的规定。

（三）按照票据各名称而发生的票据关系

按照票据各名称分为三种票据关系：（1）汇票关系；（2）本票关系；（3）支票关系。

四、票据法上的非票据关系

票据法上的非票据关系，是指由票据法直接规定的与票据行为有联系但不是由票据行为本身所发生的法律关系。票据法为保障票据关系的顺利运作及票据权利的实现，作出了许多特别的规定，票据当事人之间基于这些规定所产生的权利义务关系，不属于票据关系，而是票据法上的非票据关系。

票据法上的非票据关系虽然也在票据法中作出规定，与票据关系有密切联系，但与票据关系有所不同。这种不同主要表现在：（1）票据关系是由当事人的票据行为而发生，票据法上的非票据关系是直接由票据法规定而发生；（2）作为票据关系内容的权利是票据权利，权利人行使权利以持有票据为必要，而票据法上的非票据关系中权利的行使，以存在票据法规定的原因为依据；（3）票据关系中，权利的内容与票据法上的非票据关系中权利的内容不同。票据权利以付款请求权和追索权为权利内容，票据法上的非票据关系中的权利则表现为利益返还权或票据原本、复本等的发行、返还请求权等。

根据我国《票据法》的规定，票据法上的非票据关系主要有以下几类：

1. 票据返还的非票据关系

票据属于完全有价证券，与权利密不可分，票据若落入他人之手将会使正当权利人无法行使票据权利。为维护当事人的合法权益，票据法确立了票据的返还关系。票据返还关系主要有三种：（1）票据债务人履行票据义务后请求持票人返还票据，以消灭票据关系或行使追索权的权利义务关系。（2）持票人因获得承兑或者不获承兑、不获付款后请求付款人退还票据的权利义务关系。票据经提示承兑后为付款人占有，无论付款人是否承兑，都应于承兑期满后将票据退还持票人，票据若不获付款，付款人应将票据返还给持票人，以便持票人行使追索权。（3）正当权利人请求因恶意或重大过失而取得票据的人返还票据的权利义务关系。票据虽为完全有价证券，但是并非任何取得票据的人均享有票据权利。《票据法》第12条规定："以欺诈、偷盗或者胁迫等手段取得票据的，或者明知有前列情形，出于恶意取得票据的，不得享有票据权利。持票人因重大过失取得不符合本法规定的票据的，也不得享有票据权利。"依此规定，真正的票据权利人有权要求上述取得票据的人返还票据。

2. 利益返还的非票据关系

票据是债权证券，票据债权的取得一般均须支付相当的对价。当持票人因时效或欠缺一定的手续而不能实现票据债权时，该持票人对于出票人或承兑人在其所受的利益限度内有请求返还的权利。例如，《票据法》第18条规定："持票人因超过票据权利时效或因票据记载事项欠缺而丧失票据权利的，仍享有民事权利，可以请求出票人或者承兑人返还其与未支付的票据金额相当的利益。"

3. 票据复本和誊本的签发与返还关系

有关票据复本和誊本的签发与返还，在我国《票据法》中未作出明确规定，但为鼓励票据交易和促进票据流通，多数国家对票据复本、誊本的签发与返还都有明确规定。

票据持票人可以要求发行票据复本和誊本。票据复本和誊本发行后，持票人对复本和誊本享有作为一般物的所有权。而且，在一定情况下，票据复本和誊本应收回。因此，根据票据法的有关规定，可能发生复本、誊本的发行、返还等非票据关系，这种关系具体包括：汇票持票人与发票人之间请求发给票据复本的关系；汇票的复本持票人请求复本接受人交还复本关系；汇票誊本持有人请求汇票原本接受人返还原本的关系等。

【案例 15-2】

没有给付对价，持票人不能行使票据权利

甲公司与乙公司长期从事服装经销业务。2017年3月31日，双方经过详细核对，书面确认相互之间的往来账目已完全结清。但4月20日，甲公司又向乙公司签发了一张金额为10万元的支票。乙公司持该支票到银行转账时，银行以出票日期不规范而退票。之后，乙公司持票要求甲公司付款。甲公司认为：乙公司取得该支票没有对价关系，因此不享有票据权利。乙公司称：该票据是甲公司经理李某因私人感情而支付给乙公司经理陈某的。支票文义记载明确，甲公司应当付款。乙公司因甲公司不付款而诉至法院。

点评：本案涉及票据取得的基础关系和对价问题。《票据法》第10条、第11条的规定说明只有支付对价取得的票据权利，才是完全的票据权利，否则，票据权利是受限制的。本案中，因持票人没有支付对价，不能行使票据权利。但是，票据的对价性仅仅指在签发、取得和转让时，票据在流通过程中，由于一个环节出现了法律禁止的不对价的情形，并不因此而影响该环节以后票据当事人的权利。本案中，甲公司可以乙公司取得票据没有对价行为而拒绝付款。但是，如果乙公司已将该支票背书转让给丙公司且丙公司不知道乙公司取得票据没有对价行为，则甲公司就不能以同样的理由来对抗丙公司，而是必须承担最终的付款责任。

【难点追问】

何为票据的基础关系？

票据基础关系，是指票据关系赖以产生的民事基础法律关系，因而也称为民法上的非票据关系。票据关系是一种抽象的形式关系，仅由出票人签发票据，收款人取得票据而形成，至于出票人为什么签发票据，付款人为什么愿意支付票载金额等实质内容，在票据上是不加体现的。例如，出票人甲向收款人乙签发了一张汇票，以丙为该汇票上的付款人，乙收到汇票后又通过背书转让给丁，甲、乙、丙、丁四人即成为汇票关系中的当事人。至

于甲为什么签发汇票给乙，又为什么让丙来支付该汇票金额，持票人乙为什么背书让与汇票给丁以及汇票上为什么作这样的记载，则总是基于一定的事实原因或前提存在。这些事实原因是各种票据行为诸如出票、背书、承兑、保证等行为的基础，也是整个票据关系产生的基础，故称为票据关系的基础关系。又因为这些原因或前提都属于民法上的法律关系，而不属于票据关系，故称为票据法上的非票据关系。

票据基础关系有三种：票据原因关系、票据预约关系、票据资金关系。

1. 票据原因关系。票据原因关系是指票据当事人之所以接受票据的基本关系，它是票据行为实施的原因。票据的签发、背书、保证、承兑、参加承兑一般均基于一定的原因。比如，买受人为了支付货款而向出卖人签发票据或通过背书行为转让票据权利；票据保证人为履行其与被保证人之间的约定义务而为票据担保；持票人基于与银行的借贷关系将票据质押给银行。上述例子中，买卖关系、保证人与被保证人约定的关系、借贷关系都是票据原因关系。基于票据的无因性，各国法律都认为票据关系一般虽然建立在原因关系基础上，但原因关系的有无、是否被撤销、有效与否对票据关系不发生任何影响。但是，我国票据法对票据的无因性持一定的保留态度，它要求票据的签发、取得和转让具有真实的交易关系和债权债务关系。这意味着，在我国，原因关系的有无将直接影响票据关系的建立；但是，票据一经转让，票据受让人善意取得票据并支付对价的，票据债务人不得以自己同持票人前手间的基础关系违法、双方不具有真实交易关系和债权债务关系、应付对价而未付对价为由对抗票据受让人。

2. 票据预约关系。票据预约关系是指当事人之间以接受票据为标的的协议关系。票据在接受之前，当事人双方往往存在关于接受何种票据、票据的付款日为何日、付款人为何人等方面的合意或约定。因此，实践中在票据行为实施前，当事人双方对如何实施票据行为作出约定是十分必要的。然而，上述预约显然不直接发生票据关系。基于票据的无因性，票据预约关系的有无、是否成立、是否有效、是否被撤销，或者当事人在实施票据行为时是否遵守了票据预约均不影响票据行为的效力。

3. 票据资金关系。票据资金关系，是指汇票或支票的付款人与出票人之间委托付款中的资金供给关系。在票据关系中，付款人无付款义务。为了确保付款人付款，出票人与付款人需要建立资金的供给关系，由出票人向付款人提供资金，由付款人为票据付款。此处的资金供给关系应作广义的理解，主要包括：（1）出票人与付款人之间的各种合同关系；（2）付款人与出票人的资金存储关系；（3）出票人与付款人之间的信用关系；（4）付款人与出票人因无因管理从而形成的无因管理之债的关系。

汇票、支票为委托付款的票据，汇票和支票的出票人为保证票据付款往往与付款人建立票据资金关系。本票为自付票据，因此不存在票据资金关系。但是，本票上记载担当付款人的，出票人与担当付款人之间须有类似资金关系的关系，以确保担当付款人付款。同理，汇票记载预备付款人或担当付款人的，票据债务人与预备付款人或担当付款人也须有与票据资金关系类似的关系。学理上将这种关系称为"准资金关系"。

【思考题】

1. 什么是票据关系？如何理解它的独立性？

2. 如何理解票据的无因性？

3. 如何区分票据关系、非票据关系、票据基础关系？

4. 根据我国的票据实践，我国现行的《票据法》需要在哪些方面进行修改、完善和创新？

第十六章 票据行为

【学习目的与要求】

    通过本章的学习，应重点掌握票据行为的特征、性质、种类和有效条件，并注意区分票据行为与传统的债务行为。

【知识结构简图】

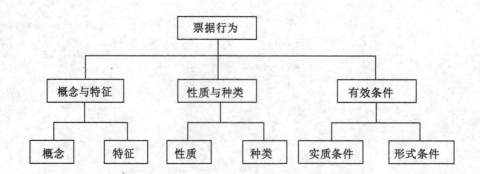

第一节 票据行为的概念与特性

一、票据行为的概念

    票据行为，有广义与狭义之分。广义的票据行为，是指以发生、变更、消灭票据关系为目的之法律行为。狭义的票据行为，是指票据当事人以负担票据债务为目的之具体票据法律行为，包括出票、背书、承兑、参加承兑、保证、保付等行为。因此，设定票据权利、让与票据权利或授权他人行使票据权利的行为，均属于票据行为。

    票据不可能自己产生，必须要有当事人相应的票据行为。票据行为属于民事法律行为，能够产生相应的法律后果。

二、票据行为的特征

票据行为与一般的民事法律行为相比较，其具有自身的特性。

（一）要式性

民事法律行为有要式与非要式之分。票据行为必须严格依照票据法所规定的方式和票

250

据的内容开展。

要式性，是指票据行为作为一种严格的书面行为，应当依据票据法的相关规定，在票据上记载法定的事项，而且票据行为人必须在票据上签章，其票据行为才能产生法律效力的基本属性。

票据行为与契约行为不同，很多契约行为可以由当事人根据私权处分和意思自治的原则自行确定，例如合同的形式就可以是书面的、口头的等多种形式，合同当事人可以自由商定。而票据行为必须符合票据法的形式以及相关内容的强制性要求。票据行为的要式性，有利于票据的安全流通。

（二）文义性

文义性，是指票据的内容均须依票据上所载的文字含义而确定，不得以票据文义之外的任何事由来认定或改变票据上的记载内容和权利义务的基本属性。

票据的文义性决定了即使票据的记载事项与客观的事实状况不一致，出现瑕疵甚至是错误时，也不允许票据当事人以票据之外的其他证明方法变更或补充票据权利义务内容。

票据行为的文义性，可以使相关的当事人根据票据的记载内容而直接判定相关的票据权利义务，以保护善意相对人的权益、维护正常的票据秩序，避免相关的纠纷。

【案例 16-1】

出票时间的错误与票据的文义性的关系

丙公司通过背书转让的方式取得了甲公司为出票人、乙公司为收款人、A 银行为付款人、出票日期为 2017 年 10 月 1 日、票面金额为 40 万元的转账支票一张。丙公司于 2017 年 10 月 10 日向 A 银行提示付款。甲公司却向 A 银行提出异议，认为 2017 年 10 月 1 日为国家法定假日，本公司实际上于 2017 年 9 月 30 日下午放假，并统一安排全体员工去某风景区旅游，绝对不可能在 2017 年 10 月 1 日签发这张支票，该支票实际的签发日期应是 2017 年 9 月 29 日，丙公司已超过法定提示付款的期限，因此，要求 A 银行拒绝付款。甲公司为此提供了公司放假通知、飞机票、景区门票、住宿发票和公司财务人员的证言等相应证据。

点评：为了促进票据流通，维护交易安全，保护善意持票人，根据票据的文义性，只能认定该转账支票出票日期为 2017 年 10 月 1 日，而不能凭其他证明认定出票日期为 2017 年 9 月 29 日。

（三）无因性

无因性，是指票据行为只要具备法定的形式要件，便产生了法律效力，即使其基础关系（又称实质关系）因有缺陷而无效，票据行为的效力仍不受影响的基本属性。

如甲签发汇票给乙，签发票据的原因是甲购买了乙的商品。之后，甲与乙的合同关系解除，但乙已经将该票据背书转让给了丙用于支付工程欠款。丙主张该票据权利，甲不得以甲乙之间的合同关系作为基础关系已经解除为由，拒绝承担票据责任。

可见，票据行为不因票据的基础关系存在瑕疵甚至被认定无效而受影响。出票人签发的票据，只要形式上符合《票据法》所规定的要件，即为有效出票行为，出票行为成立后将不受其出票所依据的基础关系的影响。

（四）独立性

独立性，是指在同一票据上所作的各种票据行为互不影响，各自独立发生其法律效力的基本属性。票据行为的独立性，体现出票据行为以其实质要件的合法和形式要件的完备而独自发生法律效力，一个票据行为的效力不受另一无效票据行为的影响。

如无行为能力人的出票行为无效，但有行为能力人已在票据上背书、承兑，则背书、承兑均为有效；被保证的债务无效，保证人的保证行为符合要式便有效；票据本身或票据上的签字是被伪造的，真正在票据上的签名而完成的票据行为有效。许多国家的票据法都确立了票据行为的独立原则，目的是为了保证票据的流通和社会交易的安全。

一纸票据上往往存在着多个票据行为，如出票、背书、承兑、保证等，在时间顺序上也会有前后的关系。根据民法的一般原则，有前后关系的数个民事行为，如果前一行为无效，则后一行为也归无效。如果按照民法的这一原则，则票据关系的当事人之权益难以得到保障，为此在票据法中往往确定了票据行为独立原则。我国《票据法》第 6 条规定："无民事行为能力人或者限制民事行为能力人在票据上签章的，其签章无效，但是不影响其他签章的效力。"《日内瓦统一汇票本票法公约》也有类似规定。这种不同于民法的规定，一般称为票据行为的独立性或者票据行为独立原则或者票据债务独立原则。

（五）连带性

连带性，是指在同一票据上的各种票据行为人均对最终持票人承担连带责任的基本属性。

民法债权的转让除非当事人有特殊的约定，一般情况下转让人之间不形成连带担保关系，受让债权人只能向自己的直接转让人请求债务不履行的赔偿。但为了保证票据流通的安全性，票据转让过程中的各转让人就票据债务形成连带担保人，票据的持有人对所有票面签名人享有同等的求偿权。持票人向主债务人请求支付票面金额失败并不导致票据关系的消灭，持票人的追索及再追索权均基于票据关系而产生。

我国《票据法》第 68 条明确规定：汇票的出票人、背书人、承兑人和保证人对持票人承担连带责任，持票人可以不按照汇票债务人的先后顺序，对其中任何一人、数人或者全体行使追索权；持票人对汇票债务人中的一人或者数人已经进行追索的，对其他汇票债务人仍可以行使追索权。被追索人清偿债务后，与持票人享有同一权利。

第二节 票据行为的性质与种类

一、票据行为的性质

如何看待票据行为以及法律效力，理论上存在着争论，主要有以下学说。

（一）单方行为说

单方行为说认为，票据上的债务是因单方的发票行为而创设的，票据的债务人在票据上的签名这一单方的行为，就可以产生票据的债务，无须相对人的意思表示为条件。

德国学者昆哲（Kunze）首创的单独行为说，避免了契约说的缺点，符合票据行为独立性特征，区别了原因关系和实质关系，为近代多数学者所赞同。

在单独行为说中又分为创造说和发行说。创造说认为，票据一经记载签名，虽未交付亦得产生票据上的权利义务，如果票据在未交付前因被盗、遗失等事情而流入第三人手中，签发票据之人应该对此负责。发行说则认为，票据必须同时具备在票据上记载法定记载事项及签名并将之任意授予他人占有此两个要件，出票行为才成立并生效，票据上权利义务才产生，出票人才对其出票行为承担义务。票据若非基于行为人的意思而流通，持票人则不能向该行为人请求负担票据责任。

（二）契约说

契约行为说认为，票据债务人之所以负担票据上的债务，是基于票据债务人与票据权利人之间缔结契约所致，并以当事人的合意为基本要素。只有票据行为人将票据作成之后，将票据交付给相对人（债权人），相对人受领，才产生票据上的法律关系。依据此理论，票据作成后尚未交付前，如被盗或遗失，因其未交付，契约就未成立，票据行为人就不必负担票据上之债务。票据持有人证明票据债务人与票据前手人的债务关系已经建立是相当困难的，因此《英国票据法》及《美国统一商法典》都规定：持票人占有的票据就可推定为票据债务人交付而取得。

（三）权利外观说

权利外观说认为，占有票据就足以使权利为真实。即发票人之完成记载签名等要式即具备权利外观，虽未有交付之意思，善意持票人仍受此一外观推定的保护。根据此说，即使在没有交付的场合，署名者方面在票据外观上存在归责原因时，也应对善意取得者负票据上的责任。此种理论是建筑在"事实自证"和"善意保护"理论值之上的。也就是说，只要持有票据的事实本身就证明了交付的行为存在，只要是善意的人的权益就应当受到保护。

在立法上遵循发行说的观点，原则规定以票据交付为行为的要件。但作为特例，同时规定对于未通过正式交付而进入流通的票据，推定为已完成交付，只要持票人系善意且无过失而取得时，票据行为人就应承担票据债务。我国《票据法》第20条规定："出票是指出票人签发票据并将其交付给收款人的票据行为。"而第12条第1款规定："以欺诈、偷盗或者胁迫等手段取得票据的，或者明知有前列情形，出于恶意取得票据的，不得享有票据权利。"

二、票据行为的种类

（一）学理上的划分

对票据行为理论的研究，根据不同的研究目的和考察对象可以对票据行为进行不同标准的划分。

1. 广义票据行为与狭义票据行为

根据票据行为的含义为标准，可将票据行为划分为狭义票据行为与广义票据行为。狭义的票据行为有出票、背书、承兑、保证、参加承兑、保付等，这样的划分便于对具体的票据行为加以研究。广义的票据行为还包括一些准票据行为，如付款、参加付款、见票、划线、变更、涂销等。

2. 基本票据行为与非附属票据行为

根据票据行为的性质，可将票据行为划分为基本票据行为与附属票据行为。基本票据行为，又称主要票据行为，是指创设票据权利的出票行为。附属票据行为，又称从票据行为，是指在出票行为完成的基础上、出票行为之外的其他票据行为，如背书、承兑、保证等。

3. 共有票据行为与独有票据行为

根据不同票据所涉及的行为为标准可划分为共有票据行为与独有票据行为。

出票、背书和保证是各种票据的共有行为；承兑与参加承兑是汇票所独有的票据行为；保付是支票所独有的票据行为。

（二）立法上的划分

各国的票据法对票据行为都进行相应的规定。通常立法上将票据行为划分为以下的行为。

1. 出票

出票，是指出票人依照法定的款式作成票据并交付给收款人的行为。

出票包括"作成"和"交付"两个阶段的行为。"作成"，是出票人按照法定款式制作票据，在票据上记载法定内容并签名的过程。现在各种票据通常由一定的机关统一印制，因此在这一阶段出票人只需填写相关的内容和签名。"交付"，是指根据出票人本人的意愿将票据交给收款人的行为，非出票人本人意愿的行为（如偷窃票据）不能认定为"交付"。

2. 背书

背书，是指在票据背面或者粘单上记载有关事项并签章的票据行为。背书行为可以分为转让背书和非转让背书，在无特别说明时，背书都指转让背书。转让背书实际上是持票人转让票据权利与他人的行为。票据的特点在于其流通，背书转让是票据转让的主要方式。只有持票人才能进行票据的背书，票据一经背书转让，票据上的权利也随之转让给被背书人，背书人对票据的债务承担连带的责任，被背书人接替背书人成为新的持票人，取得票据债权。背书由背书人签章并记载背书日期，背书不得附有条件。

3. 承兑

承兑，是指汇票付款人承诺在汇票到期日支付汇票金额的票据行为。承兑为汇票所独有。汇票的发票人和付款人之间是一种委托关系，发票人签发的汇票，并不等于付款人就一定会付款。除见票即付的汇票无须提示承兑外，持票人为确定汇票到期时能得到付款，对于定日付款或者出票后定期付款的汇票，应当在汇票到期日前（定期付款的自出票日起一个月内）向付款人提示承兑。持票人在汇票到期前向付款人进行承兑提示（持票人向付款人出示汇票，并要求付款人承诺付款）。只有付款人签字承兑，他才对汇票的到期付款承担责任。付款人在尚未承兑以前，对汇票不负任何责任；一旦承兑，付款人就成为了汇票的主债务人，对汇票的到期付款负绝对责任。因此，持票人应主动、及时地进行承兑提示，这样可以及早地得知付款人是否加入票据关系，以便在付款人拒绝承兑时，及时行使追索权，以保障自己的权利；经过了付款人的承兑后，就可以提高票据的信用，以增强其流通性。

付款人承兑汇票的，应当在汇票正面记载"承兑"字样和承兑日期并签章；见票后定期付款的汇票，应当在承兑时记载付款日期。付款人承兑汇票，不得附有条件（附有条件的，视为拒绝承兑）。

4. 参加承兑

参加承兑，是指票据的预备付款人或第三人为了特定票据债务人的利益，代替承兑人进行承兑，以阻止持票人于汇票到期日前行使追索权的一种票据行为。参加承兑一般是在汇票得不到承兑、付款人或承兑人死亡、逃亡或其他原因无法承兑、付款人或承兑人被宣告破产的情况下发生。

当票据提示给付款人被拒绝承兑时，在持票人同意下，参加承兑人作为参加承兑行为，由他在票据上批注"参加承兑"字样和签名、日期。参加承兑人并非票据的主债务人，他只是在付款人拒绝付款的情况下才负有付款的义务。

票据在到期日前如果出现了某种特定的情况不能承兑，持票人就有权行使追索权，但追索权的行使无论是对持票人还是对其前手都不利。此时由第三人出面维持票据信用，防止追索而参加承兑，对持票人和前手都有好处。

参加承兑需符合三个条件：第一，在票据到期日前发生了追索事由；第二，参加承兑人必须符合参加承兑的资格（预备付款人、预备付款人以外的第三人）；第三，见票即付汇票以外的汇票才能参加承兑。

5. 保证

保证，是指除票据债务人以外的人为担保票据债务的履行、以负担同一内容的票据债务为目的的一种附属票据行为。票据保证，目的就是担保票据债务的履行，其适用于汇票和本票，不适用于支票。

保证人必须在汇票或者粘单上记载相应的事项：表明"保证"的字样；保证人名称和住所；被保证人的名称；保证日期；保证人的签章。

保证不得附有条件；附有条件的，不影响对汇票的保证责任。被保证的汇票，保证人应当与被保证人对持票人承担连带责任。汇票到期后得不到付款的，持票人有权向保证人请求付款，保证人应当足额付款。保证人为二人以上的，保证人之间承担连带责任。

6. 保付

保付，是指支票的付款人向持票人承诺负绝对付款责任的一种附属票据行为。保付是支票付款人的一种票据行为。支票一旦经付款人保付，在支票上注明"照付"或"保付"字样，并经签名后，付款人便负有了绝对的付款责任，不论发票人在付款人处是否有资金，也不论持票人在法定提示期间是否有提示，甚至即使发票人撤回付款委托，付款人均须按规定付款。

7. 付款行为

付款，是汇票的承兑人或付款人、本票的出票人和支票的付款人向持票人支付票据金额并收回票据的行为。付款行为的作出，持票人的票据债权便得到了实现，票据的流通过程也将结束，票据上的全部债务人的责任即行解除，票据的债权债务关系也就消灭了。

付款人及其代理付款人付款时，应当审查汇票背书的连续，并审查提示付款人的合法身份证明或者有效证件。付款人及其代理付款人以恶意或者有重大过失付款的，应当自行承担责任。

第三节　票据行为的有效条件

一、票据行为的实质有效条件

（一）民事法律行为应当具备的有效条件

根据《民法总则》的规定，一般的民事行为必须具备相应的条件方为有效：行为人具有相应的民事行为能力；意思表示真实；不违反法律、行政法规的强制性规定，不违背公序良俗。

（二）票据行为的有效条件

1. 行为人具有相应的票据能力

具有民事行为能力的自然人，可以成为票据关系当中的主体，从而拥有票据权利能力。票据行为人必须具备正确理解自己行为的性质和后果、独立表达自己内心意思的能力。无民事行为能力人或者限制民事行为能力人在票据上签章的，其签章无效。因此，票据行为人应是完全行为能力人。《票据法》第6条规定："无民事行为能力人或者限制民事行为能力人在票据上签章的，其签章无效，但是不影响其他签章的效力。"

法人及法人的分支机构具备票据权利能力，但法人的分支机构在无力承担票据债务责任时，应由法人承担责任。

2. 意思表示真实

意思表示，是行为人将产生、变更和终止民事权利和民事义务的内心意思表达于外部的行为。由于行为人的意思表示依法可以产生相应的法律效力，这就要求民事主体表示于外部的意思应当与其内心的想法是完全一致的，即意思表示必须是真实的，否则，有关民事法律行为就不能产生约束力。

任何的民事法律行为均属于意志行为，票据行为同样也是意志行为，理当要求意思表示是真实的，如果行为人假冒他人的名义为票据行为，或者票据行为人因受到了胁迫、欺诈而在票据上的签章行为，或票据行为人与相对人为串通而进行虚伪意思表示的，则相对人不享有票据权利。

为了保证票据的流通秩序和保护善意第三人的权益，无论票据原因行为存在瑕疵或者无效，均不影响票据行为的效力，票据行为人不得对抗善意持票人，行为人仍应对善意持票人承担票据责任。

3. 符合法律规定

一般的民事法律行为必须以不违反法律规定或不损害社会公共利益为其生效条件。票据的签发、取得和转让，应当遵循诚实信用的原则，具有真实的交易关系和债权债务关系。票据行为所设定的票据关系往往是以实际的社会关系（债权债务关系）为基础，但两者毕竟属于性质不同的两种法律关系。票据行为的无因性、独立性决定了票据行为本身难以纳入违反社会公共利益、违反公序良俗、以合法形式掩盖非法目的之判断范畴。至于实际上的债权债务关系是否违反法律或道德或损害了社会公共利益,这是另外一个法律行为需要依据法律加以价值性判断和处理的问题,不能构成直接否定票据行为应有效力的理由。

票据法采取严格形式主义的立法原则,将票据行为的款式规定得极为完备,使票据行为得以完全定型化,不允许当事人任意选择或变更。票据行为作为要式的法律行为,还必须具有票据法规定的形式要件:

(1)书面形式。各种票据行为都必须是行为人或其代理人将行为人的意思记载在规定的票据上。票据法所称之票据,是指汇票、本票和支票,不存在非书面形式的票据。

(2)签名。票据上的签章,为签名、盖章或者签名加盖章。票据当事人必须按规定在票据上签名或盖章,在票据上的签名应当为该当事人的本名。法人在票据上的签章为该法人的盖章加其法定代表人或者其授权的代理人的签章。

(3)记载事项。票据行为的有效成立,还必须依票据法对各种票据行为的要式记载有关事项。票据的金额、日期、收款人名称不得更改,更改的票据无效;对票据上的其他记载事项,原记载人可以更改,更改时应当由原记载人签章证明。票据金额以中文大写和阿拉伯数字同时记载的,二者必须一致,否则票据无效。《票据法》第22条规定,签发汇票必须记载七个事项:表明"汇票"的字样;无条件支付的委托;确定的金额;付款人名称;收款人名称;出票日期;出票人签章。上述七个事项欠缺任何一项,所签发的汇票都无效。

票据金额、出票日期和收款人名称如记载错误,只能由出票人重新签发票据,而不能在票据上进行更改。如果付款人对更改"金额、出票日期或者收款人名称"的票据付款的,由付款人承担责任。

(4)交付。只有票据行为人将票据交给相对人持有,票据行为才能成立。仅有票据行为人的内心意思,尚不能对票据行为人和相对人发生法律上的约束力,票据行为人只有将此项内心意思通过交付票据的方式对相对人予以表达,方能使其产生法律的效力,票据行为人的票据债务才有可能产生。具体的票据交付方式,可以是当面交付、邮递交付、书面通知等方式,只要在客观效果上能起到交付意思表示的作用,都应当是认可的。

票据的交付必须是票据行为人以负担票据债务为目的之有意交付,被胁迫、被盗等情况下,因有违票据行为人的真实意思,故不能起到致使"票据行为人"负担票据债务的效果。

二、《民法总则》、《合同法》关于行为无效、撤销规则在票据行为中的适用

(一)无民事行为能力人实施的票据签章行为之效力

根据《民法总则》的规定,无民事行为能力人除接受赠与、奖励、报酬外,其所做的民事行为无效。

无民事行为能力人在票据上的签章,其签章为无效,行为人不承担票据责任,可以对抗任何一个请求其履行票据债务的持票人;鉴于票据行为的独立性,该票据上的其他有行为能力人的签章之效力不受此影响。

（二）限制民事行为能力人实施的票据行为之效力

根据《民法总则》的规定，限制民事行为能力人作出超越与之年龄、智力、精神状况、实际生活需要相适应的之行为，通常为无效，特定情形下为效力待定行为。

限制民事行为能力人在票据上签章的，其签章无效，但是不影响其他签章的效力。

（三）受欺诈、胁迫所为之票据行为的效力

受欺诈、胁迫所为之民事行为属于可撤销的民事行为。受欺诈、胁迫而损害国家利益所签订的合同，为无效合同；非国家利益受损的合同，为可变更、可撤销的合同。

以欺诈、偷盗或者胁迫等手段取得票据的，或者明知有前列情形，出于恶意取得票据的，不得享有票据权利。票据债务人不得以自己与出票人或者与持票人的前手之间的抗辩事由，对抗善意的持票人。但是，持票人明知存在抗辩事由而取得票据的除外。

【案例 16-2】

受胁迫之票据行为的效力

2017 年 10 月 14 日，甲因拖欠乙的货款被乙非法拘禁，在乙的恐吓下，甲只好向乙开具了一张 5 万元人民币的现金支票。乙得到该张支票后，在去银行取款的路途中被丙抢劫，支票亦被丙夺得。丙将该支票用于偿还丁的赌债。丁将该支票用于偿还戊的货款，戊到银行取款时被告知因为账上余额不足而退票。戊要求甲支付该款项，但甲以该支票是在胁迫之情形下所开具为由，认为是无效的，自己无须承担票据债务责任。

点评：在此系列事件当中，存在着多个法律关系。应当逐一分析和区别对待。戊作为善意持票人，其取得支票本身没有过错，但因甲在银行账户上的余额不足，所开出的为空头支票。出票人不得以其受胁迫之出票为由向善意的持票人提出抗辩。

（四）恶意通谋损害国家、集体或者第三人利益之票据行为的效力

恶意通谋损害国家、集体或者第三人利益，或者以合法形式掩盖非法目的，内容违反国家法律的民事行为属无效行为。

票据行为具有抽象性和独立性，票据行为本身不涉及内容是否违法的问题。

（五）显失公平、重大误解之票据行为的效力

在《民法总则》及《合同法》中，对于显失公平、重大误解的行为，列入可变更、可撤销之列。

票据行为一旦符合形式要件作出，则具有效力，行为人不得以显失公平或者重大误解为由对抗善意持票人。

（六）不符合形式要件之票据行为的效力

非法律强制性要求的情况下，不符合形式要件的民事行为属于有瑕疵的行为，当事人可以通过适当的方式予以补正，如行为人已经实际履行了主要义务且对方已经接受的，则该行为成立并有效。

票据行为受到票据法这一特殊法的规范，《票据法》关于票据行为有严格的形式要件规定，对票据的形式要件也有明确的规范。凡是不符合《票据法》要求的票据行为，均

无效。例如，票据行为人未在票据上的规定部位记载必要事项的，即使其所记载的必要事项内容符合《票据法》的规定，该票据行为仍然不能发生法律效力。

《民法总则》、《合同法》对民事行为的无效、可变更与可撤销的规定，不能完全照搬在票据行为方面。票据行为具有抽象性和独立性，票据行为本身不涉及内容是否违法的问题，更多的是形式方面的考量。

【难点追问】

什么是票据行为的独立性？

提示：票据行为的独立性，体现在票据行为以其实质要件的合法和形式要件的完备而独自发生法律效力，一个票据行为的效力不受其背后原因行为的影响。

【思考题】

1. 票据行为与一般的民事法律行为有什么区别？
2. 票据行为有哪些分类？
3. 票据行为的有效条件有哪些？
4. 为什么《民法总则》以及《合同法》关于无效行为与无效的票据行为存在着一定的差别？

第十七章　票据的伪造、变造、更改、涂销与丧失

【学习目的与要求】

通过本章的学习，要重点掌握票据的伪造、变造、更改、涂销与丧失票据等相关内容。依据法律规定正确处理这些问题，尤其是在票据丧失后采取合法的途径救济，是保障票据权利之所必需。

【知识结构简图】

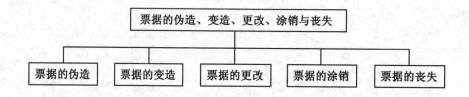

第一节　票据的伪造、变造与更改

一、票据的伪造

（一）票据伪造的概念

票据伪造，是指无权限的当事人假冒他人名义进行的票据行为。票据伪造，属于未经他人授权而以他人名义进行票据的违法行为。

区别于《刑法》伪造、变造金融票证罪中对于伪造金融票证的定义，即违法印制假票据，本节阐述的票据伪造，专指未经他人授权而以他人名义进行票据的违法行为。

（二）票据伪造的情形

1. 伪造基本票据

伪造基本票据，是指假冒他人名义出票，也称为"全部的伪造"或"出票的伪造"。票据的伪造必须是无权限之人假冒本人签名。如果在票据上表明为本人代理之旨而将本人的姓名记载在票据上的，属于无权代理而不是伪造。法定代表人为自己利益而以法人名称在票据上签名的，也不是票据的伪造。

2. 伪造附属票据

伪造附属票据，又称广义上的票据伪造，是指伪造背书、承兑、保证等票据行为。

（三）伪造票据的效力

1. 对持票人而言

由于伪造的票据没有法律上的效力，即使持票人是善意取得的，也不能享有该票据上的权利。

2. 对伪造人而言

由于伪造的票据在外观上并没有伪造人自己的签名，故伪造者不承担票据上的责任，但应根据刑法和民法等相关的规定负伪造有价证券和赔偿的责任。

3. 对被伪造人而言

尽管票据外观上有被伪造人的签名，但实质上并非其自签，故被伪造人不应依票据文义负责。但是，如果伪造的票据获得了被伪造人的追认，则该伪造的票据行为仍可成立，被伪造人应对该票据承担责任。

4. 对其他人而言

由于票据行为具有独立性，因此在伪造的票据上进行真正签名的其他人必须负担票据责任。

【案例 17-1】

伪造票据的效力

某甲盗窃了其单位乙公司的支票，并私刻了公章，以乙公司的名义签发一张汇票交给了收款人丙公司，丙公司又将该汇票背书转让给了丁。丁持该汇票向付款人戊银行请求付款。银行发现出票人的印鉴和银行预留的印鉴不符而拒绝付款，因而引发纠纷。

点评：票据出票人制作票据，应当按照法定条件在票据上签章，并按照所记载的事项承担票据责任。其他票据债务人在票据上签章的，按照票据所记载的事项承担票据责任。票据行为具有独立性，某个票据行为无效不影响其他的票据行为。虽然出票行为是伪造的，但丙的背书签章是真实的，持票人丁可以向其背书的前手丙请求支付票据金额。《票据法》第 14 条规定："票据上的记载事项应当真实，不得伪造、变造。伪造、变造票据上的签章和其他记载事项的，应当承担法律责任。"甲所要承担法律责任不是指票据法上作为票据义务人的责任，而是票据法之外的法律责任（民法、行政法甚至刑法上的责任）。

二、票据的变造

（一）票据变造的概念

票据的变造，是指没有变更权的人在票据上变更除签章以外的票据其他记载事项，企图使票据权利义务关系内容发生改变的违法行为。

票据变造的记载事项通常包括付款人名称、付款地等。

（二）票据变造的特点

1. 以存在形式有效的票据为前提

票据变造的前提，是该票据在变造前须为形式上存在着有效的票据。对欠缺票据形式要件的票据进行增加、删除、改变的，不构成票据伪造。

2. 以改变票据权利义务为内容

如果行为人进行变造的内容只是与票据权利义务无关的记载事项或是变造后不影响票据权利义务内容的，不能视为票据变造。签章以外的记载事项才列入变造的范围考察。变造的内容不属于法律禁止变更的记载事项，即变造后的票据仍须为形式上有效的票据。票据变造增加绝对有害记载事项导致票据无效的，则构成票据的毁损而不产生变造的结果。

3. 变造人为无权人

有变更权人的变更行为发生票据变更的效力。无变更权人更改签章以外的记载事项为票据变造。

（三）票据变造的责任承担

票据上的记载事项应当真实，不得伪造、变造。伪造、变造票据上的签章和其他记载事项的，应当承担法律责任。

票据上有伪造、变造签章的，不影响票据上其他真实签章的效力。

票据上其他记载事项被变造的，在变造之前签章的人，对原记载事项负责；在变造之后签章的人，对变造之后的记载事项负责；不能辨别是在票据被变造之前或者之后签章的，视同在变造之前签章。

三、票据的更改

（一）票据更改的概念

票据的更改，是指有变更权的人在票据上变更记载事项的行为。

票据的更改属于票据原记载人对其票据所记载事项的改写。

（二）票据更改的情形

1. 交付前的更改

票据在交付前，由出票人在票据记载事项上的更改，属于交付前的更改。

2. 交付后的更改

票据交付后，出票人发现票据记载存在错误，经后手同意，可以对票据进行更改。

任何的更改，均不得违反票据法的规定。依据我国《票据法》的规定，金额、日期、收款人名称为不得更改之记载事项，对之更改将使该票据无效。

（三）票据更改的效力

票据记载事项被更改的，更改人应当在更改处签名。票据更改后，更改后的记载事项代替了原有的记载事项，依票据更改后的文义发生法律效力。票据更改前的签章人依票据更改前的记载事项承担票据义务；票据更改后的签章人依票据更改后的记载事项承担票据义务。

第二节　票据的涂销与丧失

一、票据的涂销

（一）票据涂销及其分类

票据的涂销，是指有票据涂销权的人故意采用某些方法，将票据上已记载的事项以涂抹方式予以消除的行为。

票据涂销可分为有权涂销（涂销人为票据的有权涂销人）和无权涂销（涂销人为票据的无权涂销人），故意涂销（明知涂销行为会导致票据记载事项无效而追求该后果发生的涂销行为）和非故意涂销（不追求涂销后果而无意涂销的行为）。

票据涂销还可以划分为背书涂销（持票人或背书人将票据上背书部分的背书人签名或其他记载事项予以涂抹消除的行为）、承兑涂销（付款人将已承兑的汇票交还给持票人前将其承兑予以涂销的行为）、支票划线的涂销（将支票上已有的划线予以涂抹消除的行为）。

从广义上来看票据涂销与票据的更改，均属对票记载事项的变更，涂销是更改的一种工具或者过程。但票据的涂销与更改的法律性质却有所不同。票据的涂销仅限于对票记载内容的消除（包括签名），不包含对原载内容的增加。

（二）票据涂销的要件

1. 有权涂销人故意所为的合法行为

有涂销权的人，一般应为原记载人或票据法明确规定的有涂销权利的人。有涂销权的人进行的涂销必须是故意（有意识）的行为。涂销也是属于合法的票据行为之一。

2. 仅限于对票据上记载事项的涂抹和消除

票据的涂销仅指有涂销权的人故意将票据上的记载事项予以涂抹或消除，而不得对票据记载事项的更改或增加。

（三）票据涂销的方法

票据涂销的方法包括：浓墨涂抹、橡皮擦拭、纸片糊盖、用化学方法或在背书栏内外用文义表明消除其背书部分等方式。被涂销的文义是否能辨别则在所不问。

（四）票据涂销的效力

通常，有涂销权的人故意涂销行为，导致票据被涂销部分的记载事项失去了票据记载的效力，被涂销部分的票据权利也就自然消灭了。

联合国的《国际汇票和国际本票公约》、《日内瓦统一汇票本票法公约》，对票据涂销有相关的规定。《英国票据法》规定，持票人故意涂销的，被涂销的记载不发生效力；票据上债务人的签名经持票人同意而涂销的，该债务人不再承担票据责任；无意或者错误的涂销，或未经持票人授权的涂销，不发生效力。

正常情况下，票据的某些记载事项被涂销后，不影响票据的有效性。但是，如果票据涂销后已使票据难以辨别其为票据时，则涂销行为导致票据的毁损或灭失。

我国《票据法》对票据的涂销未作规定。从某种意义上理解，立法上对票据的涂销是不予承认的。在票据实务中，根据中国人民银行 1988 年颁布的《银行结算会计核算手续》的规定，如果当事人填写汇票有错误，只能作废另填，票据本身不得涂改。实践中，票据有"字迹擦改或模糊"的，银行通常作为退票理由之一加以处理。该项规定主要是防止利用涂销弄虚作假、谋取不当利益的行为发生。在司法实践当中，经常发生背书涂销的争议。

【案例 17-2】

涂销背书的后果

A 签发了一张 B 为收款人的银行汇票并交付给 B，B 将该汇票背书给 C，C 又背书给 D。D 将 B 的背书涂销后，向 C 要求其履行票据付款义务。C 提出因涂销自己的背书为由不承担票据给付义务，由此拒绝 D 的请求。D 认为其涂销 B 的行为是有权行为，并没有免除后手 C 的票据责任，因此诉至法院，要求 C 承担票据法上的责任。

点评：D 的背书涂销行为属于有效行为，发生票据法上的涂销效力。票据的背书应当具有连续性，背书涂销的效力体现在对票据背书连续性的影响上。根据《日内瓦统一汇票本票法公约》第 16 条第 2 项的规定："涂销之背书，对于背书之连续，视为无记载。"背书被涂销，意味着被涂销的背书人及以后的背书人的债务被免除，故持票人之前、被涂销人及之后的中间背书人不再承担票据责任。因此，C 无须再承担票据法上的票据责任。

二、票据的丧失

（一）票据丧失的概念

票据丧失，是指票据的持票人或权利人没有抛弃票据的意思，而丧失了对票据的实际占有之状态。通常是指票据因遗失、被盗、灭失等原因使票据权利人失去了其对票据的占有的客观事实状态。

（二）票据丧失的情形

票据丧失分为绝对丧失和相对丧失两类情形。

1. 票据的绝对丧失

票据的绝对丧失，又称为票据的灭失，是指票据从物质形态上消灭了的状态。如票据被火烧毁、被洗烂或被撕成碎片等。票据的绝对丧失必须是确定的，如果持票人丧失了对票据的占有状态，而不能确定是绝对丧失（灭失）还是相对丧失（丢失）时，则应推定为相对丧失。

2. 票据的相对丧失

票据的相对丧失，又称为票据的遗失，是指票据作为物质形态仍然可能存在，但是非权利人的意愿而脱离了原持票人的占有之状态。如持票人不慎丢失或被人盗窃或被抢夺等。票据被持有人抛弃，不属于票据的相对丧失。

（三）票据丧失的前提条件

1. 票据为有效票据

票据的有效性（属于票据法上的有效票据）为票据丧失的当然、必要的法律前提条件。票据必须符合票据的形式要件和生效要件等。无效的票据，在票据法上不纳入票据丧失的范畴予以处理。

2. 脱离票据权利人的占有

无论是绝对的脱离还是相对的脱离权利人的占有，必须有丧失票据的客观事实。此为票据丧失的事实前提条件。

3. 票据脱离票据权利人为主观上的非自愿性

丧失票据并非出于持票人的真实意愿，为票据丧失的主观条件。如果票据的合法持票人自愿、主动放弃或转让了该票据，则该票据行为将对获票人产生积极的法律后果，后续持有人获取票据上的权利受到法律保护。

因受欺诈、胁迫而丧失票据的事实控制，尽管表面上是原持票人自愿交出的票据，内心上只是一种形式上、表面上的自愿，可纳入票据丧失的范畴而获得法律的救济。

4. 丧失人对票据合法、有效的占有

失票人必须是真正的票据权利人，丧失的票据必须是未获付款的有效票据。违法的票据持有人不能通过失票补救制度来主张其非法的利益。已经获得付款的票据，丧失人失去了丧失票据的救济。

（四）票据丧失的救济方式

在票据实务中，票据的丧失时有发生。由于票据具有流通性和无因性等特点，如果不及时采取有效的救济措施，当票据丧失后很可能会导致失票人丧失了票据的权益。我国《票据法》在第 15 条规定了票据丧失后补救的三种方式，即挂失止付、公示催告和普通诉讼的方式。在《民事诉讼法》中也有专门的公示催告程序予以规定。

1. 挂失止付

挂失止付，是指失票人为了避免票据权利被他人行使，将票据丧失的事实通知付款人，请求付款人暂时停止支付所失票据记载的款项，付款人在款项未付时暂时满足失票人请求的失票补救方法。

挂失止付仅仅是失票人在丧失票据后可以采取的一种暂时性的预防措施，以防止票据款项被冒领或骗取。由于票据丧失后，票据款项极易被冒领、骗取，而法院在受理公示催告或起诉都有一个过程，故失票人应在票据丧失后及时通知付款人挂失止付。但是，要真正地解决失票人票据权利的问题，失票人还需向人民法院申请公示催告或者提起诉讼。

2. 公示催告

公示催告，是指票据丧失以后具有管辖权的人民法院根据失票人的申请，以公告的方法催促不定的利害关系人在一定期限内申报权利，如果逾期不予申报，则该票据权利失效，而由法院通过判决宣告所丧失的票据无效的一种程序和制度。公示催告，属于持票人票据丧失后的一种权利司法救济和保全措施，也是一种票据丧失的最终补救措施，作为民事诉讼的一种特殊诉讼程序存在。

票据丧失后，票据权利人可能最先想到的就是通知债务人对该票据立即停止支付，这

属于非诉讼途径的解决。但这种救济属于一种紧急的和临时的措施，并不能达到最终兑现其票据权利的功能。而在普通的补救途径中，又存在一个票据行踪难以了解的问题，从而需要一种能够昭示失票人是否拥有票据权利的一种特殊的诉讼程序，这就是公示催告程序。我国《民事诉讼法》第 218 条规定："按照规定可以背书转让的票据持有人，因票据被盗、遗失或者灭失，可以向票据支付地的基层人民法院申请公示催告。"第 219 条还规定："人民法院决定受理申请，应当同时通知支付人停止支付，并在 3 日内发出公告，催促利害关系人申报权利。公示催告的期间，由人民法院根据情况决定，但不得少于60 日。"

公示催告程序的结果有两种，但通常都会引起下一个诉讼程序的进行，从而实现对于票据权利人的救济。挂失止付只是暂时冻结了票据当事人之间的关系，公示催告才可以从根本上解决他们之间的利益冲突，从而维护失票人的权益。

根据《民事诉讼法》的规定，票据丢失后的公示催告程序为：（1）失票人向票据支付地的基层人民法院提出公示催告的申请；（2）人民法院决定受理申请后，应当同时向付款人及代理付款人发出止付通知；（3）人民法院收到利害人申报后，应当裁定终结公示催告程序，通知公示催告申请人在指定的期间查看票据；（4）公示催告期间届满以及在判决作出前，没有利害关系人申报权利的，公示催告申请人应当在申报权利期间届满的次日起一个月内申请法院作出判决，法院判决丧失的票据无效。判决应当公告，并通知付款人，判决生效之后，公示催告申请人有权依据判决向付款人请求付款或向其他票据债务人行使追索权。

如果利害关系人有正当理由不能在判决前向人民法院及时申报权利的，自知道或应当知道判决公告之日起 1 年内，可以向作出判决的人民法院提起诉讼。

公示催告期间转让票据的行为无效，受让人的权利不予保护。

【案例 17-3】

公示催告期间的票据转让行为无效

A 公司的一张票据遗失，A 公司立即向人民法院申请公示催告。之后，B 捡到该票据后到 C 商场用该票据购物付款。事后 C 商场要求 A 公司支付款项，被 A 公司拒绝。

点评： C 商场是在 A 公司申请公示催告期间受让了该票据，C 商场不享有该票据的权利，因此其只能向 B 追索货款。

3. 普通诉讼救济

票据的普通诉讼救济，是指丧失票据的失票人直接向人民法院提起民事诉讼，要求法院判令付款人向其支付票据金额的救济活动。

采用普通诉讼的救济措施，除必须满足《民事诉讼法》第 119 条关于起诉的条件（原告是直接利害关系的公民、法人或其他组织，有明确的被告，有具体的诉讼请求和事实理由，属于人民法院受理民事诉讼的范围和受诉人民法院管辖）外，还必须符合以下三个条件：第一，有丧失票据的事实；第二，申请人必须是真正的票据权利人；第三，所丧失的票据必须是未获付款的有效票据。

失票人向人民法院起诉要求票据付款人支付或清偿票据金额时，通常人民法院或票据付款人会要求失票人提供相应的担保，用以补偿未来可能出现的损失。

尽管有上述三种不同的失票救济方法，但是针对不同的情形以及处于不同的阶段，失票人应根据实际情况加以选择，以充分保护自身的票据权益。

（五）我国关于票据丧失的有关规定和实际操作

1. 《票据法》的规定

《票据法》第 15 条对于票据丧失作出了规定："票据丧失，失票人可以及时通知票据的付款人挂失止付，但是，未记载付款人或者无法确定付款人及其代理付款人的票据除外。收到挂失止付通知的付款人，应当暂停支付。失票人应当在通知挂失止付后 3 日内，也可以在票据丧失后，依法向人民法院申请公示催告，或者向人民法院提起诉讼。"《民事诉讼法》对公示催告和一般诉讼程序也作出了明确的规定："票据丧失时，失票人请求保全票据权利的程序，适用付款地法律。"

2. 关于票据丧失救济的实际操作问题

（1）挂失止付的条件及时间限制。票据丧失，失票人应及时通知票据付款人挂失止付，但是，未记载付款人或无法确定付款人或代理付款人的票据除外。

如果付款人或者代理付款人在收到挂失止付通知书前，已经依法向持票人付款的，不再接受挂失止付。尽管挂失止付为非必经程序，但是为保护持票人的票据权益，挂失止付往往是在采取其他司法救济程序之前的一种有效的临时措施。

根据《票据管理实施办法》的规定，付款人或者代理人自收到挂失止付通知书之日起，12 日之内没有收到人民法院的止付通知书的，自第 13 日起挂失止付通知书失效。因此，办理在挂失止付手续之后，失票人还应及时向人民法院申请公示催告程序。

（2）丧失票据人的证据提供。失票人应当向法院提供其对所丧失票据拥有所有权及丧失票据所记载的主要事项和内容的书面证明。当失票人因特殊情况无法提供有关证明时，应当提供其他相关的证据和票据所记载的事项。

（3）丧失票据的出现。当所丧失的票据出现并由持票人提出付款时，如果在判决以前，付款人应以该票据是处于诉讼阶段为由暂不付款，而将情况迅速通知失票人和法院，法院应该终结原有的诉讼程序。

（4）法院生效判决的执行。失票人根据法院的生效判决请求票据付款人付款时，被请求付款的票据付款人必须执行生效的判决予以付款。

（5）票据"声明作废"的效力。失票人在丧失票据后通过报纸、广播、电视等传播媒介声明遗失的票据作废，是我国商业上的一种习惯做法。尽管"声明作废"希望能够达到阻止票据金额被冒领之目的，也可能提醒善意第三人在受让票据时施以必要的注意。但是，这种做法并没有被我国的法律所认可，不属于法定的救济措施，仅为持票人的一种对外语言陈述方式，故"声明作废"不产生法律效力。

【难点追问】

我国的《票据法》对票据涂销未作规定，当出现涂销事宜时应当如何处理？

提示：应当依据票据法的基本原则并结合票据的具体实践加以判断和处理。

【思考题】

1. 如何区别票据的伪造与变造？
2. 票据的更改限于哪些项目？
3. 票据丢失后为什么"声明作废"不具有法律效力？

第十八章 票据时效与利益偿还请求权

【学习目的与要求】

票据的特性要求票据的权利人及时行使票据的权利，以促进票据的流通。根据"法律不保护躺在权利上睡觉的人"之理念，票据的权利的存续有一定的期间。当票据权利因票据时效等丧失时，持票人有权向相关人员要求返还其利益的权利。通过本章的学习，要求重点掌握票据时效和票据利益偿还请求权等相关问题。

【知识结构简图】

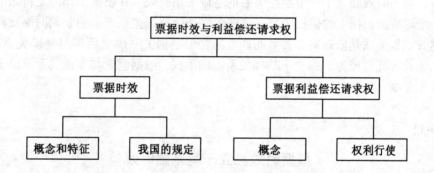

第一节 票 据 时 效

一、票据时效的概念

票据时效，可以从积极和消极的两个方面加以理解。

从积极的方面看，票据时效，是指持票人能够有效地行使票据权利的期间。"有效地行使票据权利"既包括了付款请求权和追索权，也包括了请求承兑、请求作出拒绝证明书等权力；包括了行使票据权利的时效和保全票据权利的时效。

从消极的方面看，票据时效，是指持票人不行使票据权利的事实状态持续地经过一定的时间，将产生票据权利消灭的效果。由于经过一定的期间不行使票据权利或不保全票据权利，票据权利人对特定票据债务人就不能有效地行使相应的请求权，票据义务人得拒绝其请求。

《票据法》第4条第4款的规定："本法所称票据权利，是指持票人向票据债务人请求支付票据金额的权利，包括付款请求权和追索权。"《票据法》第 17 条第 1 款规定："票据权利在下列期限内不行使而消灭⋯⋯"因此，票据时效并非除斥期间，而属于《民法总则》第 188 条的"向人民法院请求保护民事权利的诉讼时效期间"。

二、票据时效的特征

票据权利不同于一般的民事债权，有区别于一般民法意义上的时效特征。

（一）短期性

各国票据法对时效的规定不尽相同，大致有两类理论依据：均一主义和差等主义。均一主义，不分债务人的种类，无论是主债务人还是次债务人，均适用同一时效。法国、意大利、葡萄牙等国商法就采此主义。差等主义，对票据主债务人和次债务人分别适用长短不一的时效。《日内瓦统一汇票本票法公约》及《日本票据法》均采此例，我国《票据法》对时效制度的构建可归入差等主义之列。

（二）独立性

票据时效的独立性，既表现在票据时效独立于基础关系的债权时效；又独立于不同的追索权人，其权利时效各自独立发生、独立存在。

第一，票据时效独立于产生票据关系的基础关系时效。在票据制作与交付之前一般都存在着一个对应的民法上的债权关系，这些关系作为票据关系产生的基础因而被称为基础关系。尽管票据关系是依赖基础关系而产生的，但票据关系成立后即与基础关系相分离，票据权利也就因此而成为了独立于基础关系上的债权，票据时效与原因关系上请求权的消灭时效互无关联。

【案例 18-1】

票据时效独立于其基础时效

A、B 之间订立了一份货物买卖合同，由 A 向 B 销售一批价值 10 万元的货物，B 签发了一张 10 万元人民币的支票给 A。由于 A 没有在 6 个月内到银行取款，该票据因超过时效而不能兑现。

点评：从票据关系来看，A 丧失的是其持有支票的权利。但是，B 客观事实上并未支付该批货款。依照我国《票据法》第 17 条的规定，A 对 B 的票据权利自出票日起 6 个月不行使而消灭。但在买卖的基础关系上，A 对 B 的债权仍然存在，仍可依民法上的时效规则要求 B 履行债务。可见，票据时效与其基础民事债权债务关系的时效是独立的。

第二，票据不同的追索权利人其票据时效是各自独立发生、独立存在。例如，在某一票据流转过程中 A 为出票人，依次存在着 B、C、D 作为持票人。当 D 遭到拒付或出现相应的法律事由而向其前手 C 行使追索权，C 履行追索义务后有权向其前手 B 行使再追索权，B 履行了其追索义务后也有权向出票人 A 行使再追索权。此中，D 的追索时效为 6 个月，C 及其 B 的再追索时效分别为 3 个月，且 C 与 B 的时效起算点均为其履行追索义务后的第二天。任何的后手追索所经过的期间不计入前手的追索时效期间之内。

根据票据行为的独立性，《票据法》赋予每一个追索权利人一个独立的追索权行使时效。故当某一个追索权利人由于超过时效丧失了追索权时，其前手并不必然超过时效而丧失追索权，这些前手在履行了对后手的付款义务后，仍然有权在自己的追索时效期间内行使追索权。各追索权人时效的起算点都是独立的，相互之间不存在连续计算的问题。

三、票据时效制度的意义

由于票据是商事活动中支付的基本工具，为加强票据的流通、促进资金的周转，有必要促使票据权利人尽快行使权利以终结票据关系。票据时效制度体现了效率优先的理念，对维护商事交易的迅捷性是有促进作用的。

票据时效与一般的民事诉讼时效有所区别。诉讼时效期满后，义务方是否同意履行已过时效的债务，是否行使时效已过的抗辩权，任由其自己意志，法院不应主动审查诉讼时效的问题。但是。票据集支付功能、信用功能、流通功能于一身，它在很大程度上取代货币的地位进行流通，如若允许当事人以自己的意志放弃时效利益，将给票据权利带来巨大的不确定性，甚至会直接危害到票据的交易的安全性，将会直接导致阻碍票据的流通。因此，当发生票据纠纷进入司法审查阶段时，票据的时效问题应当由法院主动审查和适用，以维护金融秩序的稳定。

四、我国《票据法》对票据时效的规定

不同国家关于票据时效的长短规定不完全相同。

《法国票据法》规定，汇票上对承兑人的一切诉讼权利，自到期日起算，3 年内不行使的，即因时效而消灭；汇票持票人对背书和出票人的诉讼权利，自在恰当时间内做成拒绝证书之日起算，1 年内不行使的，即因时效而消灭；背书人相互间及背书人对出票人的诉讼权利，自背书人清偿汇票之日或其本人被诉讼之日起算，6 个月不行使的，即因时效而消灭。

《德国票据法》、《日本票据法》和《日内瓦统一汇票本票法公约》均采取票据时效期间的差等规定的做法。

（一）票据的期间

我国的《票据法》明确规定了票据时效的期间分为三种：2 年的期间、6 个月的期间、3 个月的期间。

1. 2 年期间的规定

（1）汇票的持票人对出票人的权利。汇票的出票人，对持票人负有保证承兑和保证付款的义务，持票人在汇票得不到承兑或者付款时，在 2 年内对出票人得行使追索权。

（2）汇票的持票人对承兑人的权利。承兑人承兑汇票后，承担到期付款的责任，因此，持票人对承兑人有付款请求权。当不获付款时，持票人在 2 年内对承兑人有追索权。

（3）本票的持票人对出票人的权利。本票是自付证券，出票人在持票人提示见票时，必须承担付款的责任，持票人未按照本票上规定的期限提示见票请求付款的，丧失对其前手的追索权，在时效期间内对出票人有追索权。本票持票人对出票人的权利，适用 2 年的时效期间。

2. 6 个月期间的规定

（1）支票的持票人对出票人的权利。持票人对支票出票人的权利，自出票日起 6 个月。

（2）持票人对前手的追索权。持票人对其前手行使追索权的，应当自被拒绝承兑或者被拒绝付款之日起 6 个月内进行，超过 6 个月时效期间的，追索权消灭。

3. 3 个月期间的规定

持票人对其前手的再追索权，应当自清偿日或者被提起诉讼之日起 3 个月内行使。再追索权，是经其他票据权利人追索而清偿了票据债务的票据债务人，取得票据后得行使的向其前手再为追索的权利。

（二）票据时效期间的起算点

《民法总则》规定的诉讼时效期间的起算点为从权利人知道或者应当知道权利受到损害之日起算。

《票据法》规定大多从出票日起和从到期日起。但追索权的起算点为自被拒绝承兑或被拒绝付款之日起 6 个月。因此，被拒绝承兑或被拒绝付款的相关证据之获取就显得尤为关键。

第二节　票据利益偿还权

一、票据利益偿还权及其意义

（一）票据利益偿还权的概念

票据利益偿还请求权，是指票据权利因时效届满或手续欠缺而致消灭，不能达到请求付款目的时，持票人对出票人或承兑人，在后者所受利益的限制内，请求偿还其利益的权利。

票据利益偿还请求权在我国的《票据法》中虽然有明确的规定，但关于法律上的属性之认定，学术界却有不同的认识，大致有五种学说观点：票据上的权利说、不当得利请求说、损害赔偿请求说、票据上的残存物说（票据权利的变形物说）、特别请求权说。

（二）票据利益偿还权制度的意义

由于票据权利的时效期间较普通债权的时效期间要短得多，因而，持票人较普通债权人更容易因时效届满而丧失权利。再者，票据法对票据行为都规定了各种严格的手续，稍有疏忽，持票人就有丧失票据权利而受到损失的可能。相反，在上述情况下，票据的出票人或承兑人则可能轻易受益，这种情形既不能按民法上的侵权行为处理（因为得到利益者主观并无过错），也不能按民法上的不当得利来补救（因为得到利益者并非无法律上的根据）。

票据法对因时效届满或因手续不全而丧失权利的持票人亦规定了一种特殊的保护制度，以维持票据债权人与债务人之间的平衡，这种制度即是利益偿还请求权制度。

利益偿还请求权不是票据权利，而是票据法上的权利。尽管各国票据法都规定了相对较短的时效，但对于利益偿还请求权的规定不尽一致。《日内瓦统一汇票本票法公约》对此未作规定，任由缔约国国内法自行规定。我国《票据法》第 18 条规定："持票人因超过票据权利时效或者因票据记载事项欠缺而丧失票据权利的，仍享有民事权利，可以请求出票人或者承兑人返还其与未支付的票据金额相当的利益。"

二、票据利益偿还权的行使

（一）行使票据利益偿还权的条件

1. 行使票据利益偿还权的基本条件

票据时效期间届满，持票人的票据权利因此而消灭；持票人因行使或保全票据权利的手续欠缺而使票据权利消失。手续的欠缺，包括持票人未按规定期间提示付款或提示承兑，从而丧失了追索权；持票人不能提供或未按时提供拒绝证明而丧失追索权。

2. 票据利益偿还权案件的当事人

（1）票据利益返还请求权人（通常是票据利益返还请求权诉讼的原告）必须是持票人。票据利益返还请求权人必须是票据上的权利消灭时的正当持票人，而以欺诈、偷盗、胁迫、恶意、重大过失取得票据以及未付对价取得票据的人，不能行使票据利益返还请求权。

（2）票据利益返还义务人（通常是票据利益返还请求权诉讼的被告）应当是出票人或者承兑人。票据利益返还请求权并不是以所有的票据义务人为行使对象的，票据利益返还请求权的行使对象只能是汇票、本票和支票中的出票人以及汇票中的承兑人。背书人、票据保证人，尽管在票据时效期间内可以成为票据付款请求权和追索权的对象，但因无利益所受，故不能成为利益返还请求权行使的对象。

（二）偿还利益的范围

偿还之利益的范围，以被请求人得利当时的利益为前提，最高不得超过票据金额。值得注意的是，以得利当时的利益还是以返还时的既存利益为偿还利益，理论上有争论。《德国票据法》认为利益返还请求权在性质上属于不当得利返还请求权，故返还以既存利益为限。

之所以出现偿还的原因是多样的，出于公平合理和促进票据的流通，确保交易安全，维护持票人的利益，票据偿还之利益应当确定在得利当时所获得的一切利益。

三、票据利益偿还权的行使与债权行使的区别

（一）基础条件不同

1. 票据利益偿还权行使的基本条件

票据利益偿还权的行使，以票据为基础，权利人必须为票据权人，票据权人实际上并没有实现票据权益（票据所记载的款额），被请求人实际上获得了票据利益。

2. 债权行使的基本条件

从某种意义上看，凡事具有给付内容的义务均可纳入民法债的范畴加以考察。凡具有给付义务而又不具备豁免条件者，均应清偿债务。一般的债务承担，不需以票据存在为前提条件。

（二）法律依据不同

1.《票据法》

票据利益偿还权的行使，以票据存在为前提基础，因此其直接依据的是《票据法》而行使票据利益偿还权。

2.《民法总则》、《合同法》和相关法律

一般的债权，直接依据《民法总则》、《合同法》和相关的法律行使债权；非涉及票据因素者，无须依据《票据法》主张权利。

（三）审查范围不同

1. 票据关系

票据利益偿还权的行使，权利人必须举证证明存在着票据关系，而无须证明获得票据背后的基础关系的存在。这也是票据利益偿还纠纷案件中，人民法院一般不审查持票人与票据利益偿还的被请求人之间是否存在着直接的债权债务关系之根本原因。司法实践当中，被告通常以与原告之间不存在债权债务关系为由而抗辩，但这种抗辩理由一般不被接纳。除非被申请人能够举证说明票据是在受到作为申请人的持票人胁迫等非法因素而开具给申请人，申请人因此不能获得合法的票据权利。

2. 债务关系

主张一般的债权，债权人必须举证证明自己为合法的债权人，且债务尚未履行。如果不存在合法的债因（如以借款的形式来实现作为恋爱关系结束之"青春补偿费"、赌博形成的债务等），或根本没有出借的事实而留存有书面之借据，又或者债务已经履行完毕等，债权的主张往往得不到支持。因此，法院对于一般债权的主张，会深入地审查债务的关系之存在与否以及债务关系形成的基础原因是否有危害国家、损害公共利益或有违公序良俗等因素。

（四）判决结果不同

1. 票据利益之偿还

票据利益偿还权的行使，最终可能获得支持的仅仅是因票据所获得之利益的偿还。获得票据利益之后，以该票据利益所获得的衍生利益往往不能列入偿还的范围；票据权利人通常也不能要求损失赔偿。

2. 债务之履行

一般的债务未履行，债权人有权要求债务人依据法律规定和契约之约定继续履行债务义务，并要求债务人承担相应的违约责任、赔偿损失等。

司法实践中，返还之诉是相当广泛的，往往也可能存在着运用不同的诉讼策略保障当事人权益的问题。

【案例 18-2】

货款拖欠纠纷的不同诉讼方案

A 与 B 存在着契约关系，A 向 B 出售一批货物，B 向 A 交付一张现金支票。由于 A 自身的原因导致支票过期失效。A 要求退还该支票并要求 B 付款，遭到 B 的拒绝。

点评：司法实践中，A 为了收到货款，有两种方案可供选择。

方案一：A 以票据权利人的身份，依据《票据法》的规定，直接主张票据利益偿还权，要求 B 支付票据记载的款项（以及支付票据存续期间的银行的同期贷款利率）。在这种方案中，A 无须证明与 B 之间的贸易关系（是否签订合同、是否交货以及货物质量是否符合约定等），只要 A 是合法的票据持有人，就可获得救济。这种方式无论举证还是法院的审理，都显得比较直接和简单。但是，原告不得主张被告违约（违反合同约定）而要求被告承担合同的违约责任。

方案二：A 不以持票人的身份，而是以合同守约方、债权人的身份主张债权。A 依据《合同法》的规定，以 B 交付的支票最终未能获得兑现，自己的债权无法实现为由，要求 B 继续履行付款义务。如果支票的不能兑现是因 B 的原因导致，A 还可要求 B 承担延期支付货款而应承担的法律责任。但是，A 必须举证说明其与 B 之间存在着合法的合同关系，且自己已经履行了合同全部义务，B 尚未依约付款，构成了违约等。

【难点追问】

在持票人已经失去对票据权利的情况下，为什么还享有票据利益偿还请求权？

提示：票据具有相对的独立性，当票据权利丧失的情况下，票据本身的经济利益仍然可以通过其他的法律途径获得救济。

【思考题】

1. 什么是票据时效？票据时效与其他时效有何区别？
2. 我国的《票据法》关于时效有哪些主要的规定？
3. 债权请求权与票据利益偿还请求权是一种什么关系？

第十九章　票据法的基本制度

【学习目的与要求】

通过本章的学习，要求掌握票据的出票与背书、汇票承兑制度与本票见票、票据保证、票据的粘单、票据的复本及誊本、票据付款与参加付款、票据的请求权与追索权等相关知识。

【知识结构简图】

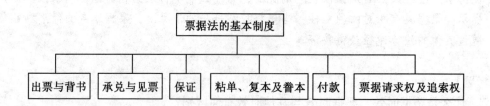

第一节　出票与背书制度

一、出票制度

（一）出票的概念

出票，是指出票人签发票据并将票据交付给收款人的票据行为。

出票行为是票据初始行为，也是票据的创设行为。出票应当符合两个条件：第一，依照法定的款式制作票据；第二，将依法制作好的票据交付给收款人。

（二）票据的记载事项

不同的票据所记载的事项不完全一样。按照对票据的效力为标准，可以将记载事项分为绝对必要记载事项、相对必要记载事项、任意记载事项；按照对票据权利的内容为标准，可以将记载事项分为有益记载事项、无益记载事项、有害记载事项。

绝对必要记载事项，是指签发票据时必须记载，如果不记载将导致该票据无效的事项。例如，签章就是绝对必要的记载事项，如果票据上没有签章，则该票据无效。

相对必要记载事项，是指不记载并不导致票据无效，但该事项依据法律规定可推定其存在的事项。例如，汇票的"到期日"是一般情况应当记载的、相对必要记载事项，不记载该事项，依照法律规定推定汇票的到期日为见票即付。

任意记载事项，是指由当事人自己决定是否记载的事项。任意记载事项，如果不记载，票据不因此而无效，法律也并不推定其存在。例如，出票人在票据上记载"禁止背书"，则该票据不得背书。

有益记载事项，是指能够产生票据效力的记载事项。例如，票据上的金额记载是有益记载事项。

无益记载事项，是指对票据效力不产生影响的记载事项。例如，票据上的"不担保承兑"的记载为无益记载事项。

有害记载事项，是指导致票据行为无效的记载事项。例如，出票附条件的记载事项，造成票据签发行为无效，为有害记载事项。

1. 汇票签发的记载事项

（1）汇票的绝对必要记载事项。根据《票据法》的规定，汇票必须记载下列事项：表明"汇票"的字样；无条件支付的委托；确定的金额（以中文大写数字与阿拉伯数字同时记载，两者不一致时票据无效）；付款人名称；收款人名称；出票日期；出票人签章（商业汇票上必须有法人单位的财务专用章或者单位公章加法定代表人、负责人或其授权代理人的签章；银行汇票必须要有该银行的汇票专用章加其法定代表人或授权代理人的签章，仅加盖银行公章的，签章人应当承担票据责任）。

（2）汇票的相对必要记载事项。付款日期、付款地、出票地为相对必要记载事项。付款日期，又称为"到期日"，是指履行票据付款义务的日期。票据法允许出票人自由确定付款的日期。通常付款日期有四种：第一种，见票即付，是指以持票人提示付款的日期为付款日期。第二种，定日付款，是指以确定的日期为付款日期，通常确定某个具体的日期为付款日。第三种，出票后定期付款，是指以出票日为起算时间，经过票据上记载的期限后，以该期限之最后一日作为付款日。如"出票一个月付款"，出票日为5月12日，则付款日为6月12日。第四种，见票后定期付款，是指以见票日为起算时间，经过票据上记载的时间后，以该期限的最后一日为付款日。如"见票后一个月付款"（我国《票据法》规定见票后定期付款的汇票之承兑提示，不得迟于出票后的1个月），见票日为5月12日，付款日为6月12日。

期限的计算，适用《民法总则》关于期间的规定。按月计算期限的，按到期月的对日计算，无相应对日的，以月末日为到期日（如2月28日）。

到期日只能是用以上的四种方式之一记载，出票人不得使用超出以上范围另行确定到期日的记载方式，超出以上范围的票据无效。

（3）汇票的任意记载事项。任意记载事项主要有：

担当付款人，即代付款人。担当付款人可以由出票人记载，也可以由承兑人记载。出票人记载担当付款人的，承兑人可以变更担当付款人来记载。

预备付款人，即在持票人遭到付款人拒绝承兑或拒绝付款时，由他人参加承兑或付款的人。

禁止背书，即收款人不得背书的限制性记载。当发生背书时，被背书人不享有票据权利。

担保承兑之免除，即免除票据债务人担保票据承兑责任，通常以"本汇票不担保承兑"来记载。

承兑限制，即对收款人进行提示承兑行为时间作出的限制，通常以"在某年某月某日前不得提示承兑"或"须于出票日后某个月内提示承兑"来记载。

利息和利率，即关于利息或者利率的记载事项。

2. 本票签发的记载事项

本票为银行签发的票据，当事人需向银行申请，填写"银行本票申请书"，填写收款人名称、申请人名称、支付金额、申请日期等事项并签章。银行受理后经过审查，收妥款项方可签发本票，之后交给申请人。

（1）本票的绝对必要记载事项。根据《票据法》的规定，本票必须记载下列事项：表明"本票"的字样；无条件支付的承诺；确定的金额（以中文大写数字与阿拉伯数字同时记载，两者不一致时票据无效）；收款人名称；出票日期；出票人签章（银行本票上必须有出票人的签章，该签章应为该银行的本票专用章加其法定代表人或授权代理人的签章，仅加盖银行公章的，签章人应当承担票据责任）。

（2）本票的相对必要记载事项。付款地、出票地为相对必要记载事项。未记载的，以出票人的营业场所为付款地、出票地。

（3）本票的任意记载事项。只有"不得转让"字样的禁止背书之记载，为有益记载；其余为无益记载。

3. 支票签发的记载事项

（1）支票的绝对必要记载事项。根据《票据法》的规定，支票必须记载下列事项：表明"支票"的字样；无条件支付的委托；确定的金额；付款人名称；出票日期；出票人签章（个人支票应由个人签章；单位支票应加盖与银行预留一致的财务专用章或单位公章加其法定代表人或授权的代理人的签名或者盖章。签章与预留签章不一致的，签章人应当承担票据责任）。

收款人的名称、金额可以空白，授权他人补记。未补记的支票不得使用。

（2）支票的相对必要记载事项。付款地、出票地为相对必要记载事项。未记载的，以出票人的营业场所、住所或经常居住地为出票地；以付款人的营业场所地为付款地。

（3）支票的任意记载事项。只有"不得转让"字样的记载，才发生支票效力。

（三）出票的效力

1. 汇票出票的效力

汇票出票后，出票人对其出票行为，对收款人或持票人承担汇票所记载金额的保证承兑和保证付款责任，当收款人或持票人不能获得承兑或付款时，可向出票人追索，出票人应当承担清偿票款、赔偿损失的责任。

2. 本票的出票效力

本票出票后，出票人必须承担依本票所记载金额付款的票据责任。

3. 支票的出票效力

支票签发后，出票人对持票人承担票据付款的责任。

（四）空白票据的签发

空白票据的签发，是指出票人在签发票据时将票据应当记载的事项没有记载，授权收款人补齐的票据行为。

票据属于要式证券，出票时本应记载事项完备。但是，由于商业活动的多变性和不确定性，交易内容在不确定的情况下票据中的金额、收款人、到期日等项目一时难以确定，因此出票时预留相应的事项而授权相对人事后补齐就有了现实需要。

我国《票据法》仅限于支票的两项记载事项允许空白，待后补齐：一是金额，二是收款人。

空白票据必须符合票据出票的要求，出票人必须在票据上做有效的签章。空白票据在补齐前可以转让，其补齐权也一同转让。

空白票据在补齐后，与内容齐全的票据一样具有同样的票据效力。

二、背书制度

（一）背书的概念

背书，是指在票据的背面记载相关事项，从而转让票据权利或者授权票据权利与他人行使的票据行为。

背书，是在出票行为成立的基础上的附属票据行为（背书之后还必须将票据交付）。背书之目的就是将票据的权利转让给他人（或设置质押、委托取款等）。

（二）背书的种类

1. 转让权利背书

转让权利背书，是指将票据权利转让的背书。转让权利的背书分为空白背书和记名背书两种。

（1）空白背书。空白背书，是指不记载被背书人名称的背书。《日内瓦统一汇票本票法公约》规定背书可以是空白的，仅由背书人签名即可。但是，我国的《票据法》规定背书必须记载被背书人名称，未记载被背书人名称的，持票人在背书栏记载自己的名称具有与背书人记载同等的法律效力。

（2）记名背书。记名背书，是指记载被背书人名称的背书。

通常，背书应当在汇票到期前进行；汇票超过付款提示期限的不得背书，超过期限的背书由背书人承担汇票责任。

背书允许回头，回头背书，是指持票人将票据转让回给前手的背书。例如，A 将汇票出给 B，B 将汇票背书给 C，C 将汇票背书给 D，而 D 又将汇票背书给前手的 A 或 B 或 C。回头背书后，被背书人（持票人）无权再对后手行使追索权，持票人为出票人的也无权对票据的后手人行使追索权（A 因回头背书成为持票人时，则无权对 B、C、D 行使追索权）。

当票据记载有"禁止转让"或"不得背书"时，后手再背书转让的，被背书人对其后手不再承担担保责任，但其他票据债务人仍应承担票据责任。无承担担保承兑的背书以及记载预备付款人的背书，为无益记载事项。

2. 非转让权利背书

（1）质押背书。质押背书，是指在票据上设定质权的背书。背书上必须记载"质押"字样或者文句。质押权人与持票人享有票据抗辩切断利益。被质押的票据不得再行质押。

（2）委托付款背书。委托付款背书，是指在票据上记载被背书人取款的背书。应记载"委托收款"的文句，被背书人行使的是背书人的权利，故其不享有抗辩切断的利益，票据债务人可基于对背书人的抗辩事由来对抗被背书人。

经过"质押"或"委托收款"的背书，其后手再行背书的，原背书人对被背书人的后手不承担票据责任，但出票人、承兑人仍应承担对原背书人之前手的票据责任。

（三）背书的记载事项

1. 绝对必要记载事项

背书人的名称、签章为绝对必要记载事项。但是，根据我国《票据法》的规定，背书人的名称可以授权被背书人补记。

质押背书，必须有"质押"的字样；委托收款背书必须有"委托收款"字样。

2. 相对必要记载事项

背书应当记载背书的日期。未记载背书日期的，视为汇票到期日前之背书。

3. 任意记载事项

禁止背书、无担保承兑、预备付款人等为任意记载事项。我国的《票据法》仅规定认可禁止背书为任意记载事项。

背书不得附条件，如附条件的，所附条件不具有票据上的效力。

背书必须连续，转让背书人与受让人的被背书人在汇票上的签章必须依次前后衔接。

票据不得背书与两人或者两人以上，即票据背书转让必须是全部的，不得将票据之金额部分转让。否则，该背书无效。

（四）背书的效力

1. 权力转移或权利设定、授予

背书成立，则票据上的一切权利全部转移给了被背书人享有。质押背书成立后，质押人取得了票据的质权。委托取款背书成立后，被背书人取得了背书人的收款权利。

2. 责任担保

除委托取款外，背书成立后背书人应当担保该票据的承兑和付款，持票人不能获得承兑或付款时，有权向背书人追索。

3. 权利证明

背书应当连续。票据的第一背书人应当是在票据上记载的收款人，最后的票据持有人应为票据的最后被背书人。最后的背书为空白背书时视持票人为最后的被背书人，票据不得连续空白背书。

以背书转让票据的，背书人应当对直接前手的背书之真实性负责。

4. 抗辩切断

所谓的抗辩切断，是指票据经过了背书后，背书人作为票据的债务人便不得以自己同持票人前手的抗辩事由对抗持票人。

当该票据权利依《票据法》规定的转让方式进行转让时，该抗辩事由不随之而转移，票据债务人不得以之对抗后手票据权利人，也称为抗辩排除。规定抗辩切断制度的目的，主要在于使票据权利受让人与其前手的法律地位相脱离，确保其作为票据权利人的地位，从而保障票据流通的安全性。

【案例 19-1】

抗 辩 切 断

例如，汇票的承兑人（B）已承兑后，不得以其与出票人（A）之间存在的抗辩事由（如未得到 A 提供的资金），来对抗持票人（C）。因为 A 未提供资金，与 B 之间的关系属于票据基础关系，C、B 之间的关系则属于票据关系（付款人 B 承兑后即成为承兑人，B 负有绝对的票据付款责任）。此时 B 的抗辩应限于与出票人之间，承兑人 B 不得以之对抗出票人 A 以外的其他持票人。

又如，出票人 A 向 B 购买货物，遂签发一张定期一个月后付款的本票予 B，付款到期时 B 没有按照合同约定交货，但 B 已将本票转让与 C。届时 C 持票向 A 请求付款时，出票人 A 即不得以自己与 C 的前手 B 之间因未依约交货而对 C 进行抗辩。

点评：票据关系应依《票据法》的规定处理，票据基础关系则属民法范畴应依民法的规定处理。两事例中，C、B 之间的关系属票据关系，而与 A、B 之间的基础关系并无联系。票据属于流通证券，如允许票据债务人可以对抗持票人前手的事由对抗持票人，则票据的受让人将失去交易安全的保障，从而有碍票据的流通。

第二节　汇票承兑制度与本票见票制度

一、汇票承兑制度

（一）承兑的概念

承兑，是指汇票的付款人承诺在汇票到期日支付汇票金额的票据行为。

承兑由付款人作出，属于附属票据行为。承兑后，汇票的承兑人便成为了票据的债务人，负有付款的义务。付款人拒绝承兑的，收款人、持票人可以行使追索权。但是，拒绝承兑后，票据不得背书转让，否则背书人应当承担票据责任。

（二）承兑的程序

1. 承兑提示

承兑提示，是指持票人向付款人出示票据，请求付款人承诺付款的行为。

承兑必须是在法定的期限内进行。我国《票据法》规定，定日付款的或者出票后定期付款的汇票，持票人应当在汇票的到期日之前向付款人提示承兑。承兑后，持票人有权要求汇票接收人签发收到汇票的回单，回单上应当证明汇票提示承兑的日期并有合法的签章。

持票人未在法定期限内提示承兑的，持票人将丧失对其前手的追索权，但持票人仍有权向出票人追索。

2. 承兑

（1）承兑的记载事项。承兑的绝对必要记载事项包括：在汇票的正面记载"承兑"

281

字样；承兑人签章；在见票后定期付款的汇票上记载付款日期。

承兑的相对必要记载事项为承兑日期。汇票上如果未记载承兑日期的，以承兑期限的最后一日为承兑日期。

承兑的任意记载事项，各国的规定不尽相同。我国《票据法》对此没有规定。

承兑不得附期限，否则视为拒绝承兑。

（2）承兑的期限。我国《票据法》规定承兑的期限为3日，即付款人可在收到提示承兑之日起3日内作出是否承兑的表示。

（3）承兑的撤回以及涂销。承兑人可在承兑生效前撤回其承兑，也可在承兑生效前涂销承兑。《日内瓦统一汇票本票法公约》规定允许在归还汇票时涂销承兑，但是承兑被涂销的视为拒绝承兑。我国《票据法》对此没有规定。

（三）承兑的效力

付款人在承兑汇票之后，即使持票人为出票人时，承兑人也应对其承兑负责。

（四）参加承兑及其效力

1. 参加承兑的概念

参加承兑，是指当汇票不获承兑时，第三人加入票据关系之中予以承兑的行为。参加承兑属于附属票据行为。参加承兑作用在于维护票据的信用和被参加人的信用，防止追索权的期前行使。

我国《票据法》对参加承兑未作规定。

通常，可以作为参加承兑的人主要有：预备付款人（当汇票上有预备付款人记载的时候，预备付款人为当然的参加人）和票据债务人以外的第三人。

2. 参加承兑的款式

只要有"参加承兑"之文句、被参加人名称、参加日期、参加承兑人的签章，即为有效的参加承兑。如果未记载被参加承兑人的名称时，视出票人为参加承兑。

3. 参加承兑的效力

参加承兑经过持票人的同意时，持票人不得于到期日之前行使追索权。持票人如果不信任参加人能够到期付款的，可拒绝其参加承兑。

持票人于票据到期后，仍应当向票据付款人提示付款，只有在遭到付款人拒绝付款时才能向参加承兑人提示付款。

参加承兑后，参加承兑人应当承担到期付款的责任。参加承兑人于汇票到期付款之后，就取得了持票人的地位，其有权向被参加人及前手行使追索权，同时免除被参加人后手的持票责任。

二、本票见票制度

（一）见票的概念

见票，是指本票出票人为了确定见票后定期付款的本票到期日之起算点，在持票人提示见票时，在本票上记载"见票"字样并签章的票据行为。

本票无承兑制度。为了确定见票后定期付款本票的到期日之起算点，只有见票后才能确定到期日。

（二）见票的程序

持票人在见票提示后，出票人"签见"后将本票交还给出票人，付款日便被确定。当出票人拒绝"签见"时，持票人制作成拒绝证书后就可以行使追索权。

（三）见票的效力

对于见票即付的本票，持票人提示即为请求付款。本票自出票日起2个月内未按照规定提示见票的，则丧失了对出票人以外的前手之追索权。

第三节　票据保证制度

一、票据保证的概念

票据的保证，是指票据债务人以外的第三人以担保票据债务实现为内容的票据附属行为。

保证人是票据债务以外的第三人。被保证的人是票据关系中的债务人，可以是出票人，也可以是背书人、承兑人，还可以是参加承兑人。债权人是票据被保证人的后手，如果被保证人是承兑人，则持票人就是债权人。

票据保证行为，有其自身的特点：

1. **主体的特殊性**

票据保证人必须是票据债务人以外的第三人。票据债务人不能成为保证人，是因为票据债务人本身就具有担保票据承兑和付款的责任。保证人与票据债务人具有同样的票据付款责任。

2. **单方性**

票据担保行为是一种单方行为，只要保证人在票据上有事实保证行为，保证关系即可建立，无须保证人与被保证人之间订立保证合同这样的双方意思表示的行为。

3. **要式性**

保证人必须严格依照《票据法》的规定在票据凭证上记载相关的事项，欠缺必要记载事项的，该票据保证行为无效。例如，保证人未在票据上记载"保证"字样而与被保证人另行签订保证合同的，发生争议时，保证人只承担《担保法》中的担保责任而不承担《票据法》上的担保责任。

4. **无因性**

票据保证为无因性行为，无论票据担保人基于何种原因或者理由，其原因关系是否成立、有效或者被撤销，均不影响票据担保的效力。只要票据担保行为一经作出，符合要式条件，即具有票据担保效力。

5. **独立性**

票据担保行为是独立之票据行为，除非被担保之票据债务因票据行使欠缺而无效外，票据担保行为均独立有效。

二、票据保证的记载事项

（一）绝对必要记载事项

表明"保证"的字样、保证人的名称和住所、保证人签章，为票据保证的必要记载事项，若缺乏某个绝对必要记载事项的，则担保无效。

（二）相对必要记载事项

被保证人的名称、保证日期为相对必要记载事项。相对必要记载事项欠缺的，未记载被保证人名称时，已承兑的汇票推定承兑人为被保证人；为承兑的汇票，以出票人为保证人。为记载保证日期的，推定出票日期为保证日期。

（三）附条件记载

票据保证行为不得附条件，附条件的记载为无益记载，不产生任何法律效力，不影响票据保证之效力。

三、票据保证的效力

（一）同一责任

票据保证，对保证人与被保证人具有同一责任的效力，即保证人所承担的票据责任与被保证人所承担的票据责任完全相同。保证人对票据的保证为票据的全部金额之担保，我国《票据法》未规定保证人可以就票据的部分金额进行担保。

（二）保证人承担独立责任

被保证之债无效，并不影响票据保证责任的承担。保证人所承担的保证责任是独立的，保证人不得以被保证债务人的抗辩事由对抗债权人。甚至在被保证人属于无民事行为能力人、票据是属于伪造的等，只要票据在形式要件上不缺乏必要的记载事项、行使合法，则保证人就必须承担票据的保证责任。

【案例 19-2】

票据保证责任之独立性

A 伪造了一张汇票交予 B，B 背书交给 C（无行为能力人），D 为该票据的保证人，为 C 提供保证。C 将票据背书给 E，E 为持票人。此时，尽管该票据为伪造的，且被保证人为无行为能力人，保证人 D 仍然需要承担票据的保证责任。

点评： 票据行为的独立性在票据保证行为中依然存在。票据保证行为是独立的，其不得以票据属于伪造的作为抗辩理由而拒绝承担票据保证责任。

（三）连带责任

票据保证只有连带责任，而没有民法中的一般保证。票据保证人无检索抗辩权（检索抗辩权，又称先诉抗辩权，是民事保证制度中保证人所拥有的权利，是指债权人未向主债务人请求履行或强制执行之前，保证人有权拒绝履行保证义务；只有在债权人向主债务人请求履行或强制执行无效后，债权人才可向保证人请求履行保证义务的一种抗辩权利）。

（四）共同保证责任

当票据保证人为二人或者二人以上时，即使两个保证人在建立保证关系时无彼此的意思表示，分别为同一个被保证人提供担保的时候，该两个保证人为共同保证，彼此承担连带担保责任。

（五）保证人的追索权

当票据保证人承担了票据保证责任之后，即取得了持票人的权利，有权对被担保票据的债务人进行追偿。

票据保证人承担的是连带担保责任，因此在其承担了担保责任后，可追偿的对象远比民法中保证人追偿的对象和范围要宽泛得多。保证人有权向承兑人要求依票据记载金额付款；有权向被保证人及其前手行使追偿权；若因时效或手续欠缺而丧失追偿权时，有权向出票人或承兑人行使票据利益返还请求权。

第四节　票据的粘单、复本及誊本

一、票据的粘单

（一）票据粘单的概念

票据的粘单，是指附于票据凭证上用于记载背书事项的单证。

（二）票据粘单之必要性

通常，票据的背书记载于票据的背面，但是实践中出现多次背书时，票据的背书栏往往不够用。为了增加票据凭证记载容量的问题，可以采取粘单的方式予以增加其记载的空间范围。

我国《票据法》第 28 条规定："票据凭证不能满足背书人记载事项的需要，可以加附粘单，粘附于票据凭证上。"

（三）票据粘单的要求

票据粘单必须以票据已无空白处可供记载为前提。

票据粘单在粘附时，粘单上的第一记载人必须在票据的凭证和粘单的粘贴处跨缝签章。

（四）票据粘单的效力

票据粘单是票据的组成部分，并非票据的附件。在票据粘单上所进行之票据行为，与在票据原件上所进行的票据行为具有完全一样的法律效力。

二、票据的复本

（一）票据复本的概念

票据复本，是指对票据原本的复制本。一份票据可以没有复本，也可以有数份复本。

票据复本一般仅限于汇票，本票、支票均无复本制度。《日内瓦统一支票法公约》规定有支票复本的内容，但仅限于记名的付款人在外国或出票地及付款地均在外国的外国支票。

票据的复本，既非票据的副本，也非票据的复印件。票据的复本与原本具有相同的法律地位，具有相同的流通性。但是，无论有多少票据的复本，其所反映的票据关系只有一个。当票据原本或任何一份复本已经付款，则票据关系就此消灭，其他复本也就失去效力。

（二）票据复本的作用

1. 预防票据凭证和票据权利的丧失

票据在承兑或者提示付款的过程中，需要持票人将票据送达付款人。在此过程中，可能出现持票人与付款人分处两地之情形，也可能存在着邮寄之需要。而在邮寄的过程中就有可能产生灭失或者送达延误。当票据只有原本一份的时候，出现了票据送达的延误或者灭失，则会影响到持票人所享有的票据权利。如果有了票据复本，则可以通过不同的方式分别将数份票据复本送交持票人或者付款人，以进一步确保票据权利的实现。

2. 促进票据的流通

如果只有一份票据原本，当持票人提示承兑时，该票据在付款人处，其承兑之后还需将票据返还（或者以邮寄的方式返还）给持票人，此时票据就无法进行背书转让。但是，当有票据的复本时，即可实现一份票据由持票人交给付款人承兑，而另一份票据复本背书转让，实现了票据的承兑提示与票据的背书转让同时进行。

基于上述的作用，一些国家规定了票据复本制度。我国的《票据法》对此没有规定。

（三）票据复本的签发

票据的签发为出票人，因此票据的原本为出票人所签发，复本也只有出票人才能签发。

票据的复本与原本完全一样，但应在复本上明确记载"复本"字样，以表明其为票据复本，并编写上复本号码，以便于识别其为第几号的复本。

如果票据的复本上未标明"复本"之字样的，即使是出票人在签发时其主观意思为票据复本，该票据为独立之票据。

票据复本可以在出票同时签发，也可在票据签发之后另行签发。如果出票后需要签发复本，应当由收款人向出票人提出签发复本之请求。一旦票据经背书，则被背书人不能直接请求出票人签发复本，而只能向其前手提出签发复本之请求，由其前手再向其直接前手提出签发复本之请求，并依次前溯直至出票人；当票据复本签发后，由出票人交付给收款人，再由收款人依照票据原本背书的形式签章后交付给后手，依次向后直至持票人。

请求签发票据复本的，必须向出票人交付票据原本；请求背书人在票据复本上签章的也应当交付原本。未交付原本的，出票人可以拒绝签发复本，背书人也可拒绝在复本上签章。当持票人丧失原本时，其无权要求签发复本。

（四）票据复本的效力

无论是原本还是复本，各份票据均具有同一的票据效力。一份票据付款后，所有票据（包括原本与复本）均失效，票据关系便消灭。票据的复本制度中，对承兑人和背书人有特别的规定。

1. 对承兑人的效力

付款人仅对原本承兑的，其承兑效力不达复本；复本未经承兑的，持票人无权以此复本进行付款提示。付款人对未经承兑的复本付款，还应对已经承兑的其他复本负付款责任。

承兑人如果在汇票复本上为承兑的，于付款时应当收回经其承兑的全部复本，持票人未交付经过承兑的全部复本时，承兑人可以此为由行使拒绝付款的抗辩；承兑人未收回经过承兑的其他复本时，应对其承兑的复本负责。

同一持票人分别持有不同的复本，尽管各复本经过了承兑，但是经过付款提示并受领了承兑人付款后，其不得以仍持有其他复本为由再向付款人提示要求付款。恶意持票人或持票人存在重大过失的，即使其持有经承兑人承兑的票据复本或原本，只要承兑人已经履行了付款义务的，便可拒绝履行义务。

当出现票据复本丢失之灭失，持票人不能交还全部的复本时，承兑人有权要求持票人提供担保。

2. 对背书人的效力

背书人将复本背书转让的，当持票人向其行使追索权时，背书人应收回全部经过背书的复本；持票人未履行该义务之时，背书人可要求持票人提供担保，当持票人不提供担保的，背书人可拒绝承担票据义务。

当出现背书人分别将复本分别背书给两个或两个以上的被背书人时，应对经过其背书而未收回的复本承担责任。

三、票据的誊本

（一）誊本的概念

票据的誊本，是指按照票据原本所制作而成的誊抄本。

票据的誊本的作用基本上与票据的复本相同。当汇票、本票的持票人由于某种特定的原因而未占有票据的原本时，可以制作誊本，以便于票据的背书转让。

我国的《票据法》没有规定票据誊本。

（二）誊本的签发

1. 誊本签发的范围

票据誊本的签发仅限于汇票、本票，而不适用于支票。

2. 誊本的签发人

票据誊本的签发人为持票人，而非出票人。因此，签发誊本，持票人无须向其前手或者出票人请求；只要持票人依照票据原本制作誊本即可。

3. 誊本的签发时间

誊本的签发可以在票据出票的时候制作，也可以在出票后、到期日前，持票人均可签发誊本。

4. 誊本的记载事项

票据的誊本上应当明确记载"誊本"字样以区别于票据的原本。誊本应当依照原本的文义进行誊抄，不得缺少原本绝对必要记载之事项（包括背书及保证部分），缺少原本绝对必要记载事项的，誊本不发生效力。在记载中，必须明确界定清楚哪些部分属于原本誊抄的部分，哪些属于誊本的记载。

誊本无须编号，但应当在原本上记载誊本已作成的文句，否则，誊本不发生效力。

誊本制作成后，可以在誊本上为背书及保证行为，但不得为其他票据行为。

（三）誊本的效力

誊本无独立的票据效力。

誊本上为背书行为、保证行为的具有与原本背书、保证行为相同之票据效力。持票人必须同时依原本、誊本凭证，方可行使票据权利。

当誊本之记载与原本之绝对必要记载事项不一致时，誊本记载不发生效力。当出票人或背书人在票据原本上记载有"禁止背书"时，誊本上未记载该文句的，该誊本无效。

（四）誊本与复本的区别

1. 适用范围

票据复本仅限于汇票适用；票据誊本可在汇票、本票上适用。

2. 签发主体

票据复本由出票人签发；票据誊本由持票人签发。

3. 记载事项

票据复本应载明"复本"并编号，票据的复本与原本完全一样。票据誊本应有"誊本"字样，记载原件的绝对必要事项。

4. 效力不同

票据复本具有与原本相同的效力；票据誊本不具有独立的效力，必须与原本一起使用。

第五节　票据付款与参加付款

一、票据的付款

（一）付款的概念

付款可作广义的理解和狭义的理解。

广义上的付款，是泛指票据的债务人按照票据记载金额支付票款的行为，包括了付款和被追索的其他票据债务人（包括出票人、背书人、保证人）履行票据款项的给付义务的行为。

狭义的付款，仅指票据的担当付款人、付款人或承兑人、本票出票人按照票据记载金额支付票据款的行为。

一般意义上的票据付款，是从狭义上讲的。付款人或承兑人依票据记载款项付款后，票据关系即行。

（二）付款的规则

1. 付款提示

付款提示，是指持票人向汇票付款人或承兑人、本票的出票人、支票的付款人出示票据，请求按照票据记载金额付款的行为。

付款提示由持票人进行，其向付款义务人（承兑人）实施。如果汇票的付款人或担当付款人拒绝付款的，票据上有参加承兑人时，可以向参加承兑人提示付款。付款提示可以通过委托收款银行或者通过票据交换系统向付款人或者付款代理人提示付款。

付款提示作为付款的必经程序，未经付款提示的，付款人无主动付款的义务。

付款提示必须在法定期限内进行。根据我国的《票据法》第 53 条之规定，见票即付的汇票，自出票日起 1 个月内向付款人提示付款；定日付款、出票后定期付款或见票后定期付款的汇票，自到期日起 10 日内向承兑人提示付款；本票自出票日起 2 个月内提示付款；同城使用的支票，应当自出票日起 10 日内提示付款。汇票的持票人未依照规定的期限提示付款的，在作出必要的说明之后，承兑人或者付款人仍应当继续对持票人承担付款责任；本票的持票人未在规定期限内提示见票的，则丧失了对出票人以外的前手的追索权；支票的持票人未在规定的期间内提示付款的，付款人可拒绝付款，但出票人仍应对持票人承担票据责任。

2. 付款

付款应于到期日后进行，到期日前付款的，由付款人自行承担所产生的责任。付款人在票据到期前付款后，接到持票人挂失止付通知，付款人不得以已经付款为由进行抗辩。

付款人在付款时应当审查票据的，尤其是应审查汇票背书的连续性，并审查提示付款人的合法身份证明或有效证件。确认无误后，当日足额付款；汇票为外币的，按照付款日的市场汇价以人民币支付。汇票的持票人获得付款的，应当在汇票上签收并将汇票交给付款人。

当收款人或持票人被拒绝付款时，可以行使追索权。被拒绝支付的票据，不得转让；票据持票人背书转让被拒绝支付之票据的，背书人应当承担票据责任。

在付款过程中，付款人有票据付款审查责任。

票据付款审查责任，是指当票据持票人请求付款时，付款人应依法或依合同对持票人是否享有票据权利负有的审查责任。

为保障付款的安全性，各国票据法均明确规定了付款人尤其是银行在付款时所应承担的付款审查责任。付款时的审查，包括了形式审查（仅审查票据的外观是否符合法律的规定，票据背书是否连续等）和实质审查（指从实质上考察持票人是否为真实的票据权利人，一般涉及持票人取得票据是否合法以及持票人是否依据真实有效的背书而受让票据权利等问题）。传统的票据法理论一般认为，票据付款人或代理付款人经谨慎审查未能识别出伪造、变造的票据或者持票人身份证件，付款后便不再承担任何法律责任。

付款人的审查责任基本上以形式审查为主。1930 年《日内瓦统一汇票本票法公约》第 40 条第 3 款规定："到期付款者，除有恶意或重大过失外免其责任。付款人对于背书连续与否有调查义务，但对背书签名无审查义务。"

我国《票据法》第 57 条规定，商业银行付款时"应当审查汇票背书的连续，并审查提示付款人的身份证明或者有效证件、付款人及其代理付款人以恶意或者有重大过失付款的，应当自行承担责任"。

我国最高人民法院 2000 年通过的《关于审理票据纠纷案件若干问题的规定》第 69

条规定："付款人或者代理付款人未能识别出伪造、变造的票据或者身份证件而错误付款，属于票据法第 57 条规定的'重大过失'，给持票人造成损失的，应当依法承担民事责任。付款人或者代理付款人承担责任后有权向伪造者、变造者依法追偿。持票人有过错的，也应当承担相应的民事责任。"

（三）付款的效力

付款人全部付款的行为，将产生票据消灭的法律后果。理论上，部分付款只是票据关系的部分消灭，其余的部分持票人可行使追索权。

在我国，《票据法》未对部分付款作出规定。实践中，银行对于存款额不足以支付的情况下，通常做退票处理。尤其是对于存款额不足时的支票，均以退票处理。存款余额不足并非完全的拒绝付款，应作部分付款理解和处理，这样更加有利于持票人的权利行使，应当允许。①

二、票据的参加付款

（一）参加付款的概念

参加付款，是指当付款人或者承兑人拒绝付款时，由他人代为付款的行为。

为了维护票据信用和被参加人的信用，维护票据交易安全，防止追索权的行使，参加付款在票据制度中具有重要的作用。《日内瓦统一汇票本票法公约》、《德国票据法》、《日本票据法》等均有参加付款的规定。我国的《票据法》没有参加付款的规定。

参加付款必须最迟在规定作成拒绝付款证书最后一日的次日起进行。

只要获得票据款项的支付，无论何人支付款项，对持票人均无影响。因此，参加付款人不受限制，也无须征得出票人的同意。

（二）参加付款的程序

1. 参加付款的提示

当持票人遭受拒绝付款之后，有参加承兑人的，持票人应当向参加承兑人提示付款；无参加承兑人而有预备付款人的，持票人应当向预备付款人提示付款。

2. 参加付款的金额

参加付款的应付金额为票据的全额，而不得是票据金额之一部分。

3. 参加付款的记载事项

参加付款人应在汇票上记载参加付款的文句、被参加付款人姓名或名称、参加付款人的姓名或名称以及参加付款的日期。

（三）参加付款的效力

持票人对参加付款不得拒绝，如持票人拒绝参加付款的，则丧失了对被参加付款人及其后手的追索权。

参加付款之后，被参加付款人后手的票据责任得以免除；参加付款人就取代了持票人的地位，对承兑人、被参加付款人及其前手取得持票人的权利，有权向他们请求偿还；票据债务人不得以对抗原持票人的抗辩事由对抗参加付款人。

① 覃有土. 商法学 [M]. 北京：高等教育出版社，2004：403.

第六节 票据的请求权与追索权制度

一、票据的请求权制度

请求权是民事法律领域的一个概念，是指权利人得请求他人为特定行为（包括作为和不作为）的权利。

民法中的请求权，在债权、物权、知识产权等方面均存在。债权为典型的请求权。债权上的请求权包括了合同对价请求权、赔偿损失请求权、不当得利返还请求权、无因管理支付请求权等。物权上的请求权则包括确认所有权、排除妨碍、返还原物、恢复原状等请求权。知识产权上的请求权包括人格权上的请求权和身份权上的请求权。

广义上的票据请求权，是指票据持有人（广义上的持票人）有要求票据债务人依照票据记载金额付款的权利。狭义的票据请求权，是指持票人有要求票据付款人依照票据记载金额付款的权利。

一般情况下所言之票据请求权，是指狭义上的请求权。汇票的请求权必须向汇票记载的付款人行使，并以汇票文义请求支付的金额。一旦票据款项得以支付，则该票据关系消灭。而且，票据是完全有价证券，票据上权利的行使必须持有票据，票据丧失，则不能对票据债务人行使票据权利。因此，票据权利的行使必定以提示票据为必要。

【案例 19-3】

未行使票据请求权的，不得行使追索权①

张某持何某开具的支票起诉请求何某支付支票款 13 000 元，但由于该支票未加盖付款单位农村信用社的退票章，张某也不能提供农村信用社的退票理由书，故法院最终认定张某未向付款人农村信用社请求付款权，就直接起诉出票人何某以行使追索权，不符合相关法律规定，最终驳回了原告的诉讼请求。

点评： 根据最高人民法院《关于审理票据纠纷案件若干问题的规定》第 4 条的规定，持票人不先行使付款请求权而先行使追索权的，人民法院不予受理，除有《票据法》第 61 条第 2 款和本规定第 3 条所列情形外，持票人只能在首先向付款人行使付款请求权而得不到付款时，才可能行使追索权。

（一）持票人对票据主债务人的请求权

持票人是票据的债权人，其有权要求票据的付款人付款。票据请求权是基于票据上的

---

① 张忠山. 票据付款请求权和追索权的先后顺序［EB/OL］.［2009-08-20］.（2004）佛中法民二终字第 823 号广东省佛山市中级人民法院民事裁定书. http：//www. fl168. com/Lawyer8979/View/147770/；类似的案件不少，如维权案例一：票据付款请求权纠纷点醒企业主［EB/OL］. http：//www. ycwb. com/gb/content/2005-10/14/content_999177. htm.

金钱给付的请求权，因此必须依附于票据。因此，票据权利以合法有效的票据为基础。合法有效的票据之持有人，即可行使票据的请求权。

票据请求权存在着一定的时效。我国《票据法》第 17 条规定："票据权利在下列期限内不行使而消灭：（一）持票人对票据的出票人和承兑人的权利，自票据到期日起 2 年。见票即付的汇票、本票，自出票日起 2 年；（二）持票人对支票出票人的权利，自出票日起 6 个月；（三）持票人对前手的追索权，自被拒绝承兑或者被拒绝付款之日起 6 个月；（四）持票人对前手的再追索权，自清偿日或者被提起诉讼之日起 3 个月。票据的出票日、到期日由票据当事人依法确定。"

（二）持票人对参加承兑人的请求权

当付款人拒绝付款后，持票人有权要求参加承兑人付款。

（三）持票人对保证人的请求权

当持票人遭受拒绝付款后，其有权要求票据的保证人付款。

（四）参加付款人对票据承兑人、被参加付款人及其前手的请求权

当参加付款人参加付款后，其有权要求票据的承兑人、被参加人及其前手付款。

二、票据的追索权制度

（一）票据追索权及立法理论

1. 票据追索权的概念

票据的追索权，是指当票据不获承兑、不获付款，或者发生了其他法定的原因时，持票人请求其前手偿还票据金额、利息及相关费用的权利。

在票据关系中，享有票据追索权的主体是持票人。但付款人履行了票据支付义务后，也就取得了持票人的地位，从而也享有票据的追索权。

追索权作为票据权利人的保障性权利，具有三个特点：第一，被追索对象之可选择性。即持票人可对汇票的出票人、背书人、承兑人、保证人中的任何一人或者全体行使追索权。第二，可变性。即持票人行使追索权不受已经开始的追索权行使之限制，持票人有权进行新的追索，直至满足自己的票据追索权为止。第三，代位性。即持票人行使票据追索权得到满足、被追索人在清偿债务后，即与持票人享有同一权利，可向其前手再进行追索，直至追索到最终的债务人。

2. 票据追索权的立法理论

对于票据的追索权于何时可以行使，在立法的依据上存在三种理论。①

一是一权主义，又称前期偿还主义，是指只要在票据到期日前付款人以明确的意思表示拒绝承兑，基于客观上的破产、逃匿、死亡等事由不予付款的，持票人就可以行使追索权之立法理论。该理论与合同法中的预期违约具有相似之处。

二是两权主义，又称担保主义，是指持票人在付款人拒绝承兑时只能请其前手承担担保责任，只有到期日届至仍不获付款时方得要求前手偿还票据金额、利息及其他相关费用之立法理论。

---

① 覃有土. 商法学［M］. 北京：高等教育出版社，2004：405.

三是选择主义，又称折中主义，是指当付款人拒绝承兑时，持票人可以根据自己的意志选择请求付款人提供担保或者选择请求偿还票据金额、利息及其他相关费用之立法理论。此种理论为了充分保障持票人的票据权利，赋予持票人选择权。

我国的《票据法》与《日内瓦统一汇票本票法公约》保持一致，当汇票到期日前被拒绝承兑或者到期被拒绝付款的，持票人得行使追索权。

（二）票据追索权的发生原因

1. 拒绝付款

持票人在汇票承兑人、见票即付的汇票付款人（包括预备付款人、参加付款人）拒绝付款时，持票人之票据权利已经通过票据义务人的明示拒绝履行之行为受到侵害，因此持票人可以行使票据追索权。

2. 拒绝承兑

持票人于到期日前向汇票付款人提示承兑后，被拒绝承兑的，持票人的权利同样以义务人拒绝履行义务而受到损害，因此持票人有权行使追索权。

3. 承兑人或付款人死亡、逃匿

承兑人或付款人出现死亡、逃匿之情形，将使付款在客观上不可能，故持票人在票据到期前就可行使票据之追索权。

4. 承兑人或付款人被依法宣告破产或因违法被责令终止业务活动

由于出现法定之事由，承兑人或付款人之法律地位被终止，故尽管在票据到期前，持票人亦可行使票据追索权。

（三）票据追索权的行使

我国《票据法》规定，持票人行使追索权时，应依法提供、出示拒绝承兑或拒绝付款等有关证据，并应将拒绝事由通知前手。

1. 提供证明

当出现可行使票据追索权之情形时，持票人应当提供并出示相关的证明。不同之原因，其应当提供的证明不完全相同。

（1）拒绝证书。拒绝证书，是指证明持票人已经进行票据权利的行使及保权行为，以及行使票据权利后未获结果的一种要式证明文件。

拒绝证书主要包括拒绝承兑证书和拒绝付款证书。拒绝承兑证书是在票据因不获承兑而遭退票时作成的证书；拒绝付款证书是在票据因不获付款而遭退票时作成的证书。此外，还有拒绝见票证书、参加承兑拒绝证书、拒绝交还原本证书等。

多数国家票据法规定，法院或者公证机关（公证人）为制作拒绝证书的法定机关。我国《票据法》规定，持票人提示承兑或者提示付款被拒绝的，承兑人或付款人必须出具拒绝证明或者出具退票理由书；未出具拒绝证明或者退票理由书的，应当承担由此产生的民事责任。

拒绝证书是行使追索权的形式要件，未制作拒绝证书或未在法定期间内制作拒绝证书的，将丧失追索权。

（2）死亡证明、失踪证明。由医院出具的自然人死亡证明书，法院的宣告死亡或者宣告失踪的法律文书，相关单位出具的法人或者自然人居住地变更而无法联系之证明等，均可作为付款人死亡、失踪之证明文件。

（3）企业破产或被注销的证明。法院的宣告破产或者行政机关的企业注销登记、行政处罚等证明文件。

2. 通知前手

持票人在取得拒绝承兑或拒绝付款的相关证明后，应及时将事由通知其前手（含出票人、背书人、保证人等票据之债务人），以便于其知晓拒绝事由而做好偿还票据债务之准备。

（1）通知的对象及顺序。持票人向其直接前手发出通知，持票人的直接前手得到通知后再向其自己的直接前手发出通知，依次类推直至出票人。持票人也可以向其所有的前手直至持票人发出拒绝通知。

（2）通知的形式及时间。持票人应于收到有关拒绝证明之日起 3 日内，以书面形式向其直接前手发出拒绝通知；其前手应于收到通知之日起 3 日内向其再前手发出通知。

（3）通知的具体方法。通知可以是自行当面送达签收，也可以是委托公证送达，还可以是邮寄送达。邮寄送达的，以投递发出邮戳日为准。只要在法定期限内将通知发出于收件人之法定地址或约定地址，即视为发出通知。

（4）通知之内容。通知中必须体现出票据的主要记载事项，并明确说明该票据已经被拒绝承兑或者付款，并附相关的证明附件（可以为复印件）。

（5）未通知之后果。持票人未通知或者通知未在有效期限内发出的，其仍然享有票据的追索权。但是，如果因未发出或者未依时发出通知而导致前手损失的，持票人应当承担其前手之损失赔偿（赔偿额以汇票金额为限）责任。

3. 追索及清偿

持票人可向出票人、背书人、承兑人和保证人中任意地确定被追索人。当追索权行使，持票人获得足额清偿时，持票人应当交出汇票和有关拒绝证明，同时还应当出具所收到利息和相关费用的收据。该票据和相关的证明材料，将成为被追索人行使再追索权的依据。

（四）票据追索权的效力

1. 对人的效力

由于票据所产生的债务属于连带债务，因此，持票人可向出票人、背书人以及其他债务人（参加付款人、担保人等）中的任何一人行使追索权。该票据链中的任何一个债务人，均可成为持票人的被追索人，也可向票据债务链中的其前手的所有债务人行使追索权。

被追索权人在清偿票据债务之后，取得了持票人的地位，可以向其他票据债务人行使再追索权，请求其支付相关的金额。

2. 对物的效力

持票人在行使票据追索权时，可请求偿还以下金额：

（1）被拒绝支付之票据金额。

（2）票据金额自到期日或提示付款日起至实际清偿日止的利息（按照中国人民银行规定的企业同期流动资金贷款利率标准计算）。

（3）取得相关证明和发出通知书之费用。取得相关证明之必要的手续费用和交通费用、邮寄费用等，均为相关费用，可要求予以偿还。

被追索人清偿上述费用后，其行使再追索权时，可请求其他票据的债务人予以支付。同时，如有相应增加的其他合理费用，亦得一同主张。

被追索人在依照法律规定清偿票据债务后，其票据责任即行解除。

（五）票据追索权的丧失

票据追索权因未行使而导致丧失的法定事由主要有：

（1）时效届满；

（2）持票人未在法定期限内提示票据；

（3）未提供拒绝证明等相关证明文件。

持票人未能提供拒绝证明或其他情形之有效证明文件，将丧失对其前手的票据追索权。但是，持票人仍然享有对出票人、承兑人或付款人的主张权利，出票人、承兑人或付款人对持票人仍应承担责任。

【难点追问】

票据请求权与票据利益偿还请求权有何区别？

提示：请求权的行使根据权利种类不同而有别，票据请求权是直接依据票据而行使，但票据利益请求权则是依据票据背后的法律关系来主张的。

【思考题】

1. 何为背书？背书将产生什么效力？
2. 什么是抗辩切断？
3. 票据的誊本与复本区别何在？
4. 如何行使票据追索权？

第五编

保险法

第二十章 保险与保险法概述

【学习目的与要求】

通过本章的学习，要求掌握保险的种类、保险法的特征及保险法的基本原则，尤其是要着重掌握保险法的基本原则。

【知识结构简图】

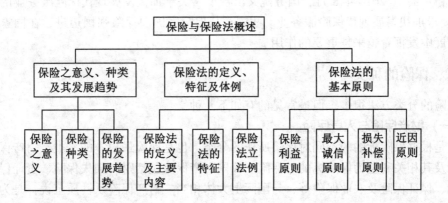

第一节 保险之意义、种类及其发展趋势

保险与保险法是两个性质不同的领域，但两者有着非常密切的联系。研究保险法，应先论及保险。

一、保险之意义

保险与人类的关系非常密切，其起源几乎可以溯及人类之初。现代保险正是从保险的萌芽阶段、初始阶段及成熟阶段一步一步地发展而来的。

何谓保险？法律意义上的保险，"是指投保人根据合同约定，向保险人支付保险费，保险人对于合同约定的可能发生的事故因其发生所造成的财产损失承担赔偿保险金责任，或者当被保险人死亡、伤残、疾病或者达到合同约定的年龄、期限时承担给付保险金责任的商业保险行为"，这是《中华人民共和国保险法》（以下简称《保险法》）对保险概念的界定。毫无疑问，我国《保险法》上所说的保险，仅指商业保险而言。这是一种狭义的保险。保险从广义上说，除了商业保险外还包括社会保险。对于社会保险，原先因其对象仅以企业的劳动者为限而被称为"劳动保险"；后来因其对象已不限于企业的工人而扩及社会大众，"劳动保险"又有"社会保险"之谓。

与商业保险相对应的社会保险，是国家通过立法手段对劳动者及所在单位强制征收保险费，形成保险基金，用以对其中因年老、疾病、生育、伤残、死亡和失业而导致丧失劳动能力或失去工作机会的成员提供基本生活保障的一种保障制度。社会保险与商业保险相比较，前者具有强制性，且有国家财政支持作后盾，但不以营利为目的；后者则具有自愿性和营利性，但其保险基金则完全由所收取的保险费构成。保险固然义有广狭，但生活中人们言及保险，一般仅指商业保险即狭义保险而言。本书以下论及保险，除特别指出之外，亦仅指狭义保险即商业保险。

现代保险是一个多功能的制度："保险具有经济补偿、资金融通和社会管理功能，是市场经济条件下风险管理的基本手段，是金融体系和社会保障体系的重要组成部分，在社会主义和谐社会建设中具有重要作用。"① 正是基于上述多元性功能，保险被誉为"文明社会的稳定器"。2014 年 8 月，国务院又出台了《关于加快发展现代保险服务业的若干意见》，要求加快发展现代保险服务业。我国正从保险大国向保险强国迈进，在国家的经济社会发展中发挥着越来越重要的作用。

二、保险的种类

保险的分类方法很多，但最常见的有如下几种。

（一）财产保险与人身保险

这是根据保险标的的不同对保险所作的分类，也是保险最根本的分类。财产保险是指以财产及其相关利益为保险标的的保险。我国财产保险包括财产损失保险、责任保险、信用保险、保证保险及农业保险等，与国际上大体相当。财产保险从性质上说，是为填补被保险人因灾害所受实际损失而实施的一类补偿性保险。人身保险是以人的寿命和身体为保险标的的保险。人身保险主要包括人寿保险、健康保险、伤害保险等，人身保险虽然也有补偿的功能，但其性质与财产保险是不同的；相对于财产保险而言，这是一类给付性的保险。

虽然同为保险，但人身保险与财产保险在一系列问题上，包括保险金额的确定方式、保险费的交付、保险期限的长短、保险理赔的原则乃至承保与展业的要求等，都有很大的差异。

（二）原保险与再保险

这是根据保险人承担责任次序的不同对保险所作的分类。原保险亦称"第一次保险"，是指保险人对被保险人因保险事故所致损害承担直接原始的赔付责任的保险。人们平时所说的保险，多指这种保险。再保险亦称"分保"，是指将原始（即第一次）的保险责任，再予以投保的保险。简言之，再保险就是对保险人的保险。其中，分出自己原来所承担责任的保险人称为原保险人，接受再保险业务的保险人称为再保险人。再保险是在保

---

① 参见《国务院关于保险业改革发展的若干意见》，国发 ［2006］ 23 号。

险人系统中分摊风险的一种安排，是以原保险为基础、以原保险人的风险责任为保险标的的补偿性保险。无论是财产保险还是人身保险，都可成立再保险关系。它基本上可分为两大类：一类是以保险金额来计算再保险责任的比例再保险；另一类是以赔偿额来计算再保险责任的超额再保险。但无论是哪一类，都须通过再保险人与原保险人签订再保险合同来确定。这种合同最明显的特征是再保险人仅对原保险人负责，与原保险的被保险人不发生任何直接关系。基于这一点，其性质当属责任保险。但是由于再保险的特殊作用，在保险的分类中，责任保险并不包括再保险。

原保险与再保险是两种性质不同的保险。因此，在一系列问题上，包括保险关系的建立、承保判断的基础、合同的基本条款等，二者都有很大的不同。

（三）强制保险与自愿保险

这是根据保险的实施方式对保险所作的分类，强制保险亦称法定保险，是指在法律和法规规定范围内的社会成员必须投保，保险人亦有接受投保义务的一种保险。中华人民共和国成立初期我国实施的铁路、航空、轮船旅客意外伤害保险，以及目前我国所实施的"交强险"就属于强制保险。根据我国《机动车交通事故责任强制保险条例》的规定，凡拥有机动车辆者，都必须向保险公司投保第三者责任险，保险公司亦必须接受这类投保。很清楚，法律的强制性是这种保险最根本的特征。当然，在商业保险中，强制保险所占的比例是微乎其微的。现代保险中最主要的是自愿保险。自愿保险是指通过自愿的方式，即投保人和保险人双方在平等互利、协商一致的基础上，签订合同来实现的一种保险。其自愿当然是双向性的：一方面，投保人对于自己的财产、生命和健康等保险标的既有投保的权利，也有不保的自由，法律不作硬性规定，任何人也不得强迫某人投保；另一方面，保险人也有决定承保与否和如何承保的余地。目前，无论是国内或国外，绝大多数的保险业务是采取自愿的方式来开展的。

此外，基于经营目的及职能作用的不同，可将保险分为营业保险与社会保险两大类。营业保险又称商业保险，它是以营利为目的的，几乎所有的保险公司所经营的保险都属营业保险。社会保险即前已述及的国家为了保障弱势群体的基本生活而提供各种物质帮助措施的统称，它不以营利为目的，多由国家的专门机构管理。

三、现代保险及其发展趋势

保险起源于古代各种应对人身危险的互助形式，萌芽于中世纪欧洲盛行的各种行会组织，形成于15世纪初当时世界贸易中心的地中海沿岸，其标志是海上保险的出现。保险得以长足发展是在20世纪之后，毫无疑问，海上保险是最先出现的一种保险制度。最初的保险集中于海上贸易与航行领域。最早的保险中心是当时世界贸易中心的地中海沿岸港口城市。美洲大陆被发现之后，英国海外贸易发展迅速，而贸易工具主要是船舶，于是海上保险的中心由地中海沿岸地区转移到英国。1568年，伦敦专门为保险商洽谈业务方便而成立了皇家交易所，改变了伦敦伦巴第街古老的露天交易方式。1576年获准设立的保险公会是世界上最早的保险人公会组织。从此以后，英国成为世界著名的海上保险中心，建立了一整套的制度。1871年正式设立的伦敦劳合社，标志着保险在海上保险领域得到了突飞猛进的发展。

陆上保险比海上保险起步要晚，陆上保险最具代表性的是火灾保险。具有现代意义的火灾保险制度是 1666 年 9 月伦敦大火促成的。这场大火烧毁了伦敦 85% 以上的房屋。次年，医生巴蓬在伦敦开始经营房屋保险事业，巴蓬所创办的火灾保险业务被后人视为现代意义的火灾保险事业的开端。但火灾保险业发展并不顺利。在英国，当时的政府不仅不予支持，而且对保险合同课以印花税，使之增加很多负担。火灾保险直到 19 世纪才有较快的发展。

人身保险的起源虽然早于财产保险，但具有现代意义的人身保险的形成却比火灾保险和海上保险要晚得多。一般认为，比较完整的近、现代人身保险制度始于 1762 年伦敦创办的"老公平"。此后，其发展亦相当曲折。即使像英国这样保险业发展较快的国家，人身保险制度当初也是被深加怀疑的，认为无异于以生命为赌博。法国则更甚。在法国，1820 年，人身保险曾一度被禁止过。荷兰也是如此。

如果把意大利商人乔治·勒克维伦在 1347 年 10 月 23 日出立的一份保险单视为保险起始象征的话，那么保险制度已存在 600 多年了。经过 600 多年的发展，保险业目前已到鼎盛时期。今日的保险业，由于世界政治经济的发展与变化，以及危险因素的不断增加与变异，其自身亦随之发生了很大的变化。现代保险发展趋势具有以下特征。

（一）财产保险的发展新趋势

1. 全益保险的流行

20 世纪中叶以前，世界多数国家的保险公司皆以专营为主，如果投保人欲将其财产上有关的各种危险向保险公司投保，则必须向不同的保险公司购买不同的保单，如火险、风暴险、盗窃险等。但是 20 世纪中叶以来，投保人与保险人两者有相同的要求，即财产保险公司能有广泛的承保权，除人寿保险外，可以订立多种危险保单，此即所谓的全益保险或整批保险（Package Insurance）。

全益保险盛行的主要原因在于：（1）在保险公司方面，由于将多种危险集合经营，既可使业务范围扩大，易于发挥大数法则的作用，又能具有平均作用，使业务日臻稳健；同时，又能使承保成本降低，业务收益增多。（2）在保险人方面，由于同一保单包括多种危险，不致有缺漏未保的顾虑；且因保单形式多样，可由被保险人任意选择，以适合个人所需。可以断言，在今后，投保人仅需购买一张保单，即可获得对一切危险的承保。

2. 危险因素增多

现代社会，科技发达，各种新产品的增加，种类繁多，不胜枚举，但其中若干新原料、新技术、新式机器或设备对人类经济生活的影响不是过去所能想象的。此种情势的发展，一方面固然提高了人类生活福祉；但另一方面又产生了许多新的危险。例如核能的发明与应用。由于新事物与新生产过程所引起的危险因素增加，使财产保险进入一个新境界。对于此类危险因素，不但其发生的可能性尚没有规律可循，而且其所造成的损失也难以估测。因此，如何克服这些困难，则有赖于保险技术与业务经营的不断研究与改进。

3. 消费者权益的重视

自全球化的消费者权益保护运动倡行以来，保险业受消费者主义影响颇大。其中，最为重要的是因消费者对商品或劳务提起诉讼索赔而对产品责任保险和专家责任保险而产生影响。首先，在产品责任方面，过去的制造商及代理人对消费者因使用其产品所造成的损害，即使消费者与制造厂商之间并无契约或直接关系，也无过失存在，皆应负赔偿责任。而且现在法院对消费者将会作更为有利的判决，制造商对消费者因使用其产品所造成的损害，即使在正常意识中该产品并无缺点存在，亦应负赔偿的责任。因此，不但产品责任诉讼直线上升，而且赔偿金额亦大量增加。这样一来，保险业应承担社会责任，尽量设法促进产品安全性的提高。其次，因专业人员提供的劳务而遭受损害时，请求的诉讼亦有逐渐增加的趋势。总之，由于消费者权益保护运动盛行，今后保险业对于各种保险费率的计算，终止契约的决定、续保条件的考虑以及危险分类的处理，须详细研究，以符合消费者的需要，增加消费者的利益。

（二）人身保险的发展新趋势

1. 受益范围的扩展

现今人寿保险的受益范围，不仅以个人为限，且已扩及整个家庭与企业。首先，人寿保险的发展趋向于对家庭所得的保障。过去被保险人死后，保险人即以一定金额一次付给其受益人；但现今，为确保其家属经济生活安定，被保险人死后，有的保险人在一定时间内，给予其家属一定所得，至其子女成年，此种保险被称为家庭所得保险。其次，由于家庭所得保险的逐渐普及，转为一般工商企业所利用。例如，美国采取"企业中心人物保险（Keyman Insurance）"，即当企业中心人物死后，以补偿企业所受损失为目的的保险；德国则举办"企业出资人保险"，即企业出资人死后，死者的出资额由保险人偿还其遗属，以确保企业资金为目的的保险等。上述情形，就国民经济而言，不但扩展了人寿保险的范围，而且扩张了人寿保险的功能与效用。

2. 团体保险的发达

"二战"以来，在一般企业中，为协调劳资关系以及适应劳工团体的需求，团体保险日见发展，现在已逐渐取代普通人寿保险及简易人寿保险的地位，并呈大幅度增长的态势。究其原因主要在于：（1）团体保险的危险选择以团体代替个人，保险人接受承保的某一团体，也就接受了承保团体的每一成员，因之，简化核保手续，节省费用支出，减轻保费负担；（2）团体保险的保险费由企业主分担一部分或大部分，而企业主分担的保费支出可抵扣应交税款；（3）团体保险契约往往为某一团体的特定需要而订立，因此团体保险契约的内容较个人保险具有较大的伸缩性。

3. 变额保险的举办

人寿保险成立于货币价值稳定时代。在保险金额结构中从未计及币值变动因素。但自20世纪以来，由于经济危机等原因，各国货币价值发生了显著变动，因而在过去人寿保险成立时所订定的保险金额，至实际给付时，其购买力大为降低。此种现象使人寿保险的推行发生困难。但人寿保险虽需依照约定给付一定金额，但因其保险资金的运用，投资财产的价格亦会随货币价值的变动而上升。因此，增加保险金的给付额度在保险财务上并非不可能。于是，近年来人寿保险呈现从定额给付变为变额给付的趋势。

总之，现代人身保险不再局限于传统的人寿保险、医疗保险、意外伤害保险，而是发展出具有投资功能的万能险、分红险、投连险等产品，创新活跃。

第二节　保险法的定义、特征及体例

一、保险法的定义及其主要内容

保险法是近代保险业发展的产物。其定义可以用一句话来概括，即保险法就是指以保险关系为调整对象的法律。和保险有广狭两义之分一样，保险法也有广狭二义。广义保险法是指调整保险关系的一切法律规范的总称，它既包括属于民商法范畴的保险合同法和保险特别法，也包括属于行政法范畴的保险业法和社会保险法。狭义保险法一般专指保险合同法。在学理上，学者们将保险业法、社会保险法称为保险公法。而将保险合同法及保险特别法称为保险私法。因此，广义保险法既包括保险私法，亦包括保险公法；狭义保险法仅指保险私法，而且一般仅指保险私法中的主要部分，即保险合同法。应该说，我国现行的保险法，既有保险私法，亦有保险公法。作为法典化的《保险法》是公法与私法的结合体，但它又不是传统意义上的那种广义保险法，因为其中并不包括属于公法范畴的社会保险法，也没有包括属于私法范畴的海上保险合同制度。

一般认为，广义保险法的主要内容大体包括如下几个方面：

（一）保险合同法

保险合同法亦称保险契约法，这是构成保险法的核心内容。一部保险法典可以不就保险业法作出规定，但规范中少了有关保险合同的内容，就不能称之为保险法典了。因此，狭义上的保险法一般仅指保险合同法是很有道理的。各国保险合同法尽管繁简不一，但是其内容大体上包括以下三个方面：一是关于保险合同的一般规定，包括保险合同的定义及基本分类、保险合同的主体和客体、保险合同的原则、保险利益、保险合同的订立履行及解释以及保险合同的变更、转让、解除和终止等；二是关于财产保险合同的规定；三是关于人身保险合同的规定。我国《保险法》第二章的规定，就是保险合同法的内容。虽然仅有一章，但其条文占《保险法》全部条文的 30.5%，可见其分量之重。

（二）保险特别法

保险特别法是相对于保险合同法而言的，具体是指除保险合同法之外，规范于民商法中有关保险关系的条文。各国海商法中有关海上保险的规定就是最典型也是最为主要的保险特别法。其内容一般包括：海上保险的一般规定；海上保险合同的订立、解除及转让；海上保险合同被保险人的义务；海上保险合同保险人的责任；海上保险赔偿的支付等。此外，一些国家的相关规定也属于保险特别法一类，例如：在德国，与其国民保险相关的法规；在法国，与其通俗保险相关的法规；在美国，与其工业保险相关的法规；在日本，与其简易生命保险相关的法规等。

（三）保险业法

保险业法又称"保险事业法"或"保险事业监督法"，是国家对保险业进行监督和管理的一种强制法。各国在制定保险合同法之外，大多制定了监督保险业的保险业法，其主要内容一般包括：停业整顿监督的基本方式、保险企业组织的基本形式、设立保险公司的基本条件及审批文件要求、保险公司禁止兼营之规定、保险基金合法运用的规定、保障必要偿付能力的措施、保险中介以及保险违法行为的法律责任等。我国《保险法》第三、四、五、六章的规定，就是关于保险业法内容的规定。

值得一提的是，保险业法并非是与保险合同法同时产生与存在的。早期的保险法的内容实际上只是保险合同法。但是，自 20 世纪 30 年代之后，由于各国社会经济生活的深刻变化，国家干预主义逐渐取代自由放任主义。因而，在立法上所产生的直接后果是，对包括保险法在内的商法领域实行大规模的公法干预政策。其典型的方式就是向传统商法引入刑法、社会法等与经济活动有关的公法性规范，从而使商法自身具有公法性特征。这就是所谓的私法公法化。属于公法性质的保险业法正是基于国家干预主义的需要而产生与存在的。

二、保险法的特征

由于保险法规范对象的特殊性，决定了它与其他法律的不同特征：

其一，广泛的社会性。保险法的社会性又称保险法的社会化，即保险业的社会责任或公共性。这是修正保险业等大企业过分的营利性所作的一项努力。凡与公众的社会生活关系甚为密切的大企业（包括保险业在内）的社会性之所以越来越为现代国家所重视，是因为此种事业一旦停止或经营不善时，将会使公众的生活蒙受极大影响。与一般企业相比，保险业的社会性有如下特征：（1）由于保险的技术上的特征而产生的团体性、集体性以及寿险的长期性；（2）对于投保人、被保险人而言，保险所保障的偶然事故大多数将是他们的不幸遭遇；（3）保险是市场经济之核心——金融业的一环，担负着维持经济秩序的重要角色；（4）保险资金（尤其是寿险业）在公益事业上的投资；（5）保险具有节省货币准备的特征。①

其二，严格的强制性。法律规范，按其效力可分为强制性规定和任意性规定。强制性规定多是有关社会公众的利益，其效力是不容变更或限制的；而任意性规定的效力仅为当事人意思的补充，当事人可以通过约定变更其效力。由于保险涉及社会公益、具有社会性，因而保险法中有许多强制性规定。例如，关于被保险人故意造成的损失，保险人不负赔偿责任的规定，即使合同当事人有相反约定，也不能失效。又如，在一般民事合同中，当事人可以自愿放弃权利；而在保险合同中，当事人的一些权利是不容放弃的，如保险人放弃合同约定的收取保险费的权利，因其有悖于保险原理，归于无效。

其三，至善的伦理性。保险行为是一种射幸行为。保险的射幸性质又有导致道德危险发生的可能。法律为了防止道德危险，要求保险契约须以特别的善意订立。因此，保险契约又被称为"最大善意契约"或"最大诚信契约"。保险契约的这种善意要求决定了调整保险关系的保险法具备特别善意性，亦即伦理性。例如，英国《1906 年海上保险法》第17 条规定：海上保险契约是以绝对的忠诚老实为基础。倘若任何一方不遵守忠诚老实的原则，另一方得声明此契约无效。我国《保险法》第 16 条关于"如实告知义务"的规定，就属于此类规定。

其四，特定的技术性。由于保险业的经营对象是各种风险，因此在经营技术上有特定

---

① 陈任中. 保险法要义 [M]. 台北：三民书局，1992：44.

的技术要求。在一定时间内，保险人收取的保险费总量须同将要出现的危险损失赔偿形成一种平衡关系，这就要以风险损失为基础，建立起符合保险经营原理、保证保险人财政稳定的数学模型。在保险法中，一般都有关于保险费率厘定、保险事故损失计算以及保险赔款计算、保险投资等方面的规定。这些规定使保险法体现出了保险经营的特定技术要求。

其五，趋同的国际性。从中世纪海上保险商人的习惯法发展至今，保险法历经了"国际法—国内法—国际法"的演变历程。英国学者施米托夫曾指出："没有任何一个国家把商法完全纳入到国际法。即使在这一个时期，商法的国际性的痕迹依然存在，凡是了解商法的渊源和性质的人，都能看到这一点。"① 因保险企业系具有国际性的商业，则各国保险法便不得各自为政，否则保险现时必受其制约，所以保险法渐成为国际性的法律，且有全世界统一的趋势。②

三、保险法的立法体例

所谓保险法的立法体例，亦即保险法的结构模式。各国保险法的结构模式，因其保险业起步早晚的不同以及受保险法私法公法化影响程度不一而呈现多样化。但归纳起来，世界各国和地区保险法体例大致有如下模式：

其一是将海上保险合同制度规定于商法典中，另外分别制定《保险合同法》及《保险业法》。这是采用民商分立制的大陆法系国家的保险立法基本模式。法国、德国等所采的就是这种模式。保险制度源于海上保险，最早的保险立法亦主要为海上保险立法。法国及德国等都属于保险起步早且采民商分立制的国家，而保险经营无疑是一种商业活动，因此当法国及德国分别于 1807 年、1900 年制定其《商法典》时，海上保险合同制度便顺理成章地被规定于其中。但随着陆上保险及人身保险的迅速发展，商法典中关于保险合同制度的规定已很难适应实际需要。因此，这些国家（如法国和德国）于其商法典之外，又制定了保险合同法。之后，出于国家对保险业干预的需要，这些国家又制定了其保险业法。

其二是将保险私法（主要是保险合同制度）规定于其民法典或其他民事法律之中；在民法典之外，又对保险公法即保险业法单独立法。保险业起步较早且采民商合一制的大陆法系国家，其保险立法一般都采用这种模式。例如，意大利、瑞士及俄罗斯等国，其所采用的保险立法模式就属这一种。值得一提的是，意大利曾采民商分立制，1942 年在制定其新《民法典》时将原来商法典的内容归并入《民法典》中。该《民法典》在第三编债权各论中具体规定了各种保险的处理原则及制度；而俄罗斯民法典则沿袭前苏俄民法典的做法，亦将保险合同制度规定于其中。

其三是将保险合同法及保险业法合并在一个法典中，统称保险法。我国大陆及我国台湾地区③、美国纽约州及菲律宾等国家或地区的保险立法，所采用的就是这种模式。应该

---

① ［英］施米托夫 . 国际贸易法文选［M］. 北京：中国大百科全书出版社，1993：10-11.

② 郑玉波 . 保险法论［M］. 台北：三民书局，1984：37.

③ 我国台湾地区，在 1964 年前，其"保险法"仅包括保险合同制度和"保险业法"单独制度；1964 年两者合并，统称"保险法"。

说，这种模式集保险合同法与保险业法于一体，熔保险私法与保险公法于一炉，是一种科学的保险立法模式。

当然，以上所列只能是大致情况，所归纳的几种模式不可能将各国的保险法体例都囊括其中，例如，英国及日本就不属于上述三种模式中的任何一种。英国的保险立法于本书第一章已有阐述，此处不再赘述。日本与德国、法国虽然都属大陆法系民商分立制国家，但日本的保险立法与德、法两国都有不同。日本有关陆上保险和海上保险的立法都规定在其商法典之中，即不像德、法两国那样在商法典之外另行制定保险合同法。日本只有保险业法与德、法两国一样，都采单行立法模式。

关于各国保险立法，从其历史成因来看，采分立立法模式体例的国家多为保险业早发达国家。在推崇和盛行经济自由主义的年代里，国家对保险业亦实行自由放任的经济政策，因此这些国家在编纂保险法典时，其重点是如何规范保险私法关系，那时还根本谈不上保险公法关系。只是随着国家干预主义的出现后，当保险公法关系开始出现并成为必要时，这些国家大多选择在已有的保险合同法典以外单独制定保险业法。由此可见，分立立法的结构模式是历史的产物。

采合并立法结构模式的国家大多是保险法成文化迟形成的国家或地区，以及保险业晚发展的国家。采合并立法之先河者为美国纽约州的《保险法》。虽然其保险业比较发达，但当其在编制保险法典时，其背景为国家对保险业日益强化的干预和监管，也就是保险公法关系已经出现，并与保险私法关系并存，所以纽约州立法者选择了合并立法。这一立法结构模式后来不但为保险业晚发展的国家纷纷仿效，而且有些采分立立法模式的国家或地区在修订其保险法时纷纷抛弃了成例而选择合并立法，如我国台湾地区的保险立法就是如此。因此，合并立法模式是一种符合保险业发展趋势的理性选择和必然要求。

四、现行的我国保险立法

由于历史的原因，我国现行的保险立法准确地说应该包括实行于大陆地区的《中华人民共和国保险法》（以下简称《保险法》）和实行于台湾地区的"保险法"。实行于大陆地区的《保险法》其体系显系吸收了我国台湾地区的经验，将保险合同法与保险业法合二为一，成为保险法典，该典于 1995 年 6 月通过，共分为八章 158 条，各章依次为：总则、保险合同、保险公司、保险经营规则、保险代理人和保险经纪人、保险业监督管理、法律责任、附则。

之后，我国《保险法》于 2002 年 10 月 28 日进行了部分修订，2009 年已增至 187 条。2009 年 2 月 28 日新修订的《保险法》，目的在于适应当前保险改革发展的需要，进一步规范保险公司的经营行为，加强对被保险人利益的保护，加强和改善保险监管机构对保险市场的监管，有效防范和化解保险业风险，促进保险业持续稳定快速健康发展。经过 2009 年大修之后，2014 年 8 月《保险法》再作小幅度的修订，即对其中的第 82 条和第 85 条作了技术性的修改。

值得注意的是，除了《保险法》之外，最高人民法院于 2009 年 9 月发布的《关于适用〈中华人民共和国保险法〉若干问题的解释(一)》（以下简称《保险法解释(一)》）、2013 年 5 月发布的《关于适用〈中华人民共和国保险法〉若干问题的解释(二)》（以下简称《保险法解释(二)》、2015 年 9 月发布的《关于适用〈中华人民共和国保险法〉若干问题的解释(三)》(以下简称《保险法解释(三)》)以及 2018 年 5 月发布的《关于适用〈中华人民共和国保险法〉若干问题的解释(四)》(以下简称《保险法解释(四)》)等也是我国保险立法的重要组成部分。

第三节　保险法的基本原则

保险制度作为民商法的一项制度，在其自身长期发展过程中，逐步形成了一系列基本原则，即保险利益原则、最大诚信原则、损失补偿原则、近因原则。保险法的这些基本原则是具有国际性的。当然，对这些基本原则的适用，人身保险与财产保险又稍有不同。

一、保险利益原则

(一) 保险利益的含义及其构成要件

我国《保险法》第 12 条规定："人身保险的投保人在保险合同订立时，对被保险人应当具有保险利益。财产保险的被保险人在保险事故发生时，对保险标的应当具有保险利益。"可见，投保人和被保险人有无保险利益是一个至关重要的问题。

那么，什么是保险利益？"保险利益是指投保人对保险标的具有法律上承认的利益"，这是我国《保险法》对保险利益的界定。保险利益也称为可保利益，通俗地说是指投保人对保险标的所具有的利害关系。各国法律都把保险利益作为保险合同生效和有效的重要条件，主要有两层含义：(1) 在人身保险中，对被保险人有保险利益的人才具有投保人的资格。(2) 保险利益是认定保险合同有效的依据。在财产保险中，没有保险利益的被保险人不享有损害赔偿请求权。这就是所谓的保险利益原则。保险利益原则的真正目的，在于限制损害填补的适用，避免赌博行为和防范道德危险。尤其是在人身保险，只有坚持保险利益原则，才能更好地维护被保险人的人身安全利益。

保险利益的构成要件有三项：(1) 适法性。保险利益必须具备适法性，即得到法律认可。受到法律保护的利益才能构成保险利益，不法利益如盗窃所得等不能构成保险利益，法律上不予承认或不予保护的利益也不构成保险利益。(2) 经济性。保险利益必须是经济上的利益，即可以用货币计算估价的利益。保险不能使被保险人避免遭受损失，其所能者是对被保险人遭受的经济上的损失给予金钱上的补偿。如果被保险人遭受的损失属行政处分、刑事处罚、精神创伤等非经济损失，则不能构成保险利益。当然，行政处分、刑事处罚虽然也可能造成当事人的经济损失，但从公共利益出发，各国保险均不予以保障。(3) 确定性。保险利益必须是确定的利益。首先，这一利益是能够用货币形式估价的。保险标的中不存在"无价之宝"。其次，这一利益是指事实上或客观上的利益，包括现有利益和期待利益。

(二) 保险利益原则的适用

财产保险和人身保险都必须坚持保险利益原则，但什么人对保险标的具有保险利益，这是保险利益原则的一个重要问题。关于人身保险的保险利益，我国《保险法》第 31 条规定："投保人对下列人员具有保险利益：(一) 本人；(二) 配偶、子女、父母；(三)

前项以外与投保人有抚养、赡养或者扶养关系的家庭其他成员、近亲属；（四）与投保人有劳动关系的劳动者。除前款规定外，被保险人同意投保人为其订立合同的，视为投保人对被保险人具有保险利益。"这里的"被保险人同意"，不仅仅是指被保险人关于"同意"有明确的意思表示，根据《保险法解释（三）》第1条的规定，"有下列情形之一的，应认定为被保险人同意投保人为其订立保险合同并认可保险金额：（一）被保险人明知他人代其签名同意而未表示异议的；（二）被保险人同意投保人指定的受益人的；（三）有证据足以认定被保险人同意投保人为其投保的其他情形。"至于财产保险的保险利益，我国保险法没有明确规定范围。一般认为，在财产保险合同中，享有保险利益的人员范围主要有以下几种：（1）对该项财产享有法律上权利的人，包括享有所有权人、留置权人；（2）财产保管人；（3）合法占有人，如承租人、承包人等。当然上述人员所享有的保险利益是不同的，对于财产所有人来说，他所享有的保险利益最充分，没有时间的限制；对于其他人来说，他们对保险标的所享有的保险利益，要受到一定时间和一定金额的限制。

保险利益原则的另一个重要问题是，在各种保险合同中，投保人的保险利益应当何时具有。前已述及，我国《保险法》第12条明确规定，人身保险的投保人在保险合同订立时，对被保险人应当具有保险利益；财产保险的被保险人在保险事故发生时，对保险标的应当具有保险利益。显然，财产保险与人身保险的保险利益，其存在时间要求是有所不同的。财产保险的保险利益，在特殊情况下，保险合同订立之时可以暂时不具有，但在保险标的因保险事故造成损失时，被保险人对其必须具有保险利益。否则，被保险人不享有索赔权。人身保险则不尽然。在人身保险中，投保人要在订立合同时必须具有保险利益，至于在保险事故发生时投保人是否仍然具有保险利益则无关紧要。对此，《保险法解释（三）》第4条规定："保险合同订立后，因投保人丧失对被保险人的保险利益，当事人主张保险合同无效的，人民法院不予支持。"人身保险的这一特殊性，主要是因为投保人投保后，将来所应得的保险金是过去已交纳保险费及其利息的积存，具有储蓄性，与财产保险的赔偿金不同。

二、最大诚信原则

任何一项民事活动，当事人都应当遵守诚信原则。我国《民法总则》及《保险法》都对诚信原则作了规定。鉴于保险合同关系的特殊性，法律对于当事人的诚信程度的要求远远高于其他民事活动，当事人若有违反，对方有权解除保险合同关系。这就是所谓的最大诚信原则。

保险合同中的最大诚信原则，其基本内容有三项，即告知、保证、弃权与禁止反言。

（一）告知

告知，又称申报，是指投保人在订立保险合同时应当将与保险标的有关的重要事项如实告诉保险人。这是狭义的告知义务。广义的告知义务既包括保险合同订立时投保人的告知义务，亦包括保险期间保险标的的危险增加时被保险人的通知义务，还包括保险事故发生时被保险人的通知义务。但一般所说的告知，仅指狭义告知而言。我国《保险法》第16条第1款规定："订立保险合同，保险人就保险标的或被保险人的有关情况提出询问的，投保人应当如实告知。"该法第21条规定："投保人、被保险人或者受益人知道保险事故发生后，应当及时通知保险人。"该法第 52 条第 1 款规定："在合同有效期内，保险标的危险程度显著增加的，被保险人应当按照合同约定及时通知保险人。"根据我国《保险法》的规定，投保人的"告知"，显然仅限于"订立保险合同时"。在保险合同有效期间和保险事故发生后的告知则称为"通知"。"告知"与"通知"的法律后果是不同的。这一立法与大多数国家的规定是一致的。

告知的一个重要问题是内容和形式。投保人在投保时应该告知的是"重要事实"。所谓"重要事实"，一般的看法是，凡能够影响一个正常的、谨慎的保险人决定其是否接受承保，或者据以确定保险费率，或者是否在保险合同中增加特别条款的事实，都是重要事实。至于各国所采用的告知的形式，一般可以分为两种：（1）采用询问回答式的告知，即保险人书面询问的问题认定为"重要事实"；对于保险人询问之外的问题，投保人没有告知义务。这种告知形式对投保人来说，要求比较宽松。目前，多数国家采用这种告知形式，我国也采用这种形式。（2）采用无限告知，即法律对告知的内容没有明确的规定，只要事实上与保险标的危险状况有关的任何重要事实，投保人都有义务告知保险人。这一告知形式对投保人的要求相当苛刻。目前，英国、美国、法国等国家仍采用这种形式。

告知的另一个重要问题是义务违反的法律后果。我国《保险法》第 16 条第 2 款规定："投保人故意或者因重大过失未履行前款规定的如实告知义务，足以影响保险人决定是否同意承保或者提高保险费率的，保险人有权解除合同。"根据我国保险立法，投保人不履行告知义务的表现形式有两种：（1）隐瞒事实，故意不如实告知。（2）因过失未能履行如实告知义务。这两种情况，无论是哪一种情况，保险人都有权解除合同。所不同的是，如果是第一种情况，根据《保险法》第 16 条第 4 款的规定，保险人对于保险合同解除前发生的保险事故，既不负赔偿责任，也不退还保险费。如果是第二种情况，根据《保险法》第 16 条第 5 款的规定保险人对于合同解除前发生的保险事故虽然不负赔偿责任，但应该退还保险费。

值得注意的是，关于告知义务条款，我国《保险法》在修订时做了重大修改的。其一，修订后的《保险法》减轻了投保人的如实告知义务。将原来规定的投保人"故意"和"过失"未履行如实告知义务作为其承担责任的理由，修改为"故意或者重大过失"。也就是说，投保人若非重大过失而只是一般过失而告知不实者，还不能认定投保人未履行如实告知义务，保险人不能因此而解除保险合同。其二，增加规定投保人如实告知义务的豁免时间，也增加了对保险人合同解除权的限制，即对保险人基于投保人故意或因重大过失未履行如实告知义务而享有的合同解除权，自保险人知道有解除事由之日起，超过 30 日不行使而消灭。自合同成立之日起超过 2 年的，保险人不得解除合同（《保险法》第 16 条第 3 款）。也就是说，保险人因投保人告知不实而享有的合同解除权，只能在其知道有解除事由之日起 30 日之内行使，超过 30 日的不再享有解除权。无论保险人知道有解除事由与否，保险合同成立超过 2 年的，保险人不得解除合同。其三，将投保人过失未履行如实告知义务时保险人"可以退还保险费"修改为"应当退还保险费"。此外，修订后的《保险法》还增加了一款，即"保险人在合同订立时已经知道投保人未如实告知的情况的，保险人不得解除合同；发生保险事故的，保险人应当承担赔偿或者给付保险金的责任"（《保险法》第 16 条第 6 款）。显然，这些规定对投保人是非常有利的。

（二）保证

保证，是指保险人和投保人在保险合同中约定投保人保证对某一事项作为或不作为，或担保某一事项的真实性。它通常用书面形式或约定条款附加在保险单上面。如人身保险合同中投保人保证在规定的时间内不出国；财产保险合同中投保人保证不在保险标的中存放特别危险品等。这些都是明示的保证。此外，保证还有些没有形成文字，即默示保证。默示保证主要见于海上保险合同，如适航能力、不改变航道、具有合法性等都无须成文，但所有投保人都必须做到。

（三）弃权与禁止反言

弃权是保险人放弃因投保人或被保险人违反告知义务或保证而产生的保险合同解除权。禁止反言，是指保险人既然放弃自己的权利，将来不得反悔再向对方主张已经放弃的权利。例如，投保人在投保时，声明其投保的财产旁边存放了特别危险品，但保险人或其代理人既不拒保，也不提高保险费，以后，保险财产因其旁边的特别危险品而造成损失的，保险人既不能解除合同，也不能拒赔。前述《保险法》第16条第6款的规定，实际上也是关于保险人"弃权与禁止反言"的条款。

三、损失补偿原则

（一）损失补偿原则的含义

所谓损失补偿原则，是指当保险事故发生使被保险人遭受损失时，保险人在其责任范围内对被保险人所遭受的实际损失进行赔偿。我国《保险法》在相关的规定中确认了这一项原则。根据我国《保险法》的规定，我们可以将损失补偿原则归纳为两点：（1）被保险人只有遭受约定的保险危险所造成的损失才能获得赔偿。如果有险无损，或者有损但并非约定的保险事故所造成，无权要求保险人给予赔偿。（2）补偿的量应该是等于实际损失的量，即保险人的补偿恰好能使保险标的恢复到保险事故发生前的状态。被保险人不应获得多于损失的赔偿，保险人也不应给予少于损失的补偿，这就是损失补偿原则的确切含义。

损失补偿只适用于财产保险。人身保险中的人寿保险不适用这一项原则。就是在财产保险中，定值保险合同等也不完全适用这一项原则。

（二）损失补偿原则的派生

从损失补偿原则中派生出来的，还有保险代位原则和重复保险分摊原则。它们也都仅适用于财产保险而不适用于人身保险。

所谓代位原则，是指在财产保险合同中，如果保险事故是由于第三者的过错所造成，那么，被保险人从保险人处获得全部赔偿后，必须将其对第三者所享有的任何有关损失财产的所有追偿权利转让给保险人，由保险人代位对第三者追偿。被保险人不能从第三者那里再得到额外的赔偿。此外，被保险财产遭受损失后的残余部分归被保险人的，保险人应在赔款中扣除其价值。

所谓重复保险分摊原则，是指在财产保险中投保人对同一保险标的、同一保险利益、同一保险事故分别向两个以上保险人订立保险合同，当发生保险事故时，除合同另有约定外，各保险人按照其保险金额与保险金额总和的比例承担赔偿责任，被保险人从各保险人那里所获得的赔偿不能超过保险价值。

四、近因原则

在保险合同纠纷中，各国用以判定较为复杂的因果关系即一果多因的案件时，通常采用近因原则。所谓近因，并非指时间上最接近损失的原因即后发生的原因，而是指有支配力或一直有效的原因。我国法律上称为因果关系，英国、美国等国家则称为近因原则。

在我国，没有采用"近因"这一概念，而是以"导致损失的重要原因"或"主要原因"作为判定一果多因责任的依据。但是，有关近因原则的精神还是可以参考的。在司法实践中，也运用过近因原则。例如，20世纪我国安康地区发生特大洪水，某公司的香烟仓库一楼已被洪水浸泡，二楼以上存放一批已投保的香烟。该公司为了避免损失的扩大，果断地将处于危险状态中的香烟调到各县削价处理。事后该公司要求保险公司赔偿因削价销售而受到的损失，但保险公司拒绝赔偿。在调查过程中，受理案件法院认为，这批香烟损失的重要原因是洪水而不是削价处理。虽然从时间上看，最近的原因是削价处理，但这批香烟在洪水进入仓库大楼一楼后，就一直处于危险状态。香烟非同一般商品，进水必然受潮，受潮必然霉变，在事态非常紧急的情况下，投保人削价处理是合理的、有效的，因此，保险公司拒赔是没有道理的。这一纠纷的处理，实际运用的正是近因原则。

【难点追问】

"交强险"到底属社会保险还是商业保险？

"交强险"是一种强制保险，因此，有人认为，它应列入社会保险中。虽然"交强险"与社会保险一样，都属法定保险，国家以强制的方式推行。但两者的保险费的承担是不同的。社会保险的投保人只承担保险费的一部分，而"交强险"的保险费，完全是由投保人承担。此外，社会保险是不允许营利的，而"交强险"保险人是有利可图的。总之，"交强险"是一种带有强制性的商业保险。

【思考题】

1. 何谓保险？其种类有哪些？
2. 何谓保险法？其法律特征是什么？
3. 简述保险法的基本原则。

第二十一章　保险合同总论

【学习目的与要求】

通过本章的学习，要求对保险合同的特征、种类、形式与内容及其订立、履行变更、解除与终止等有较好的了解和掌握。本章的重点与难点：保险合同的特征、种类、内容、关系人中的受益人以及合同的变更与解除。

【知识结构简图】

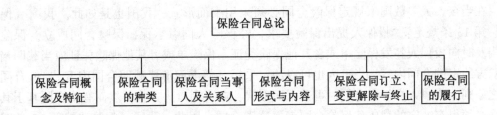

第一节　保险合同的概念及特征

一、保险合同的概念

合同，又称"契约"，是当事人之间关于确立、变更和终止民事法律关系的协议。保险合同是合同中的一种，是保险人与投保人之间关于承担风险的一种民事法律关系。依照保险合同，投保人应向保险人交付约定的保险费，保险人则应在约定的保险事故发生或约定的人身保险事件（或期限届满）出现时，履行给付保险赔偿或保险金的义务。当然，这一定义是就自愿保险而言的，但是，该定义中除自愿协商这一因素外，其余的基本上适用于强制保险。

保险合同总是有偿的。但从投保人所获得的保障来看，这种合同本身却有两种不同的性质。换言之，在保险合同中，有属补偿性的，也有属给付性的。凡属补偿性的保险合同，保险人只是在约定事故发生后，根据被保险人遭受的实际损失而给予赔偿。各种财产保险合同都属补偿性合同。而属于给付性的保险合同，只要合同订明的特定事故出现（包括一定期限的届满）后，保险人就有履行给付的义务。这种给付，有时并无意外事故出现，亦无损失发生，只是为了满足一种特殊的需要。例如，人们投保"生存险"，在保

313

险期限届满时仍然健在，这本来不是坏事，但从另一角度看，人们年事愈高，体力就愈差，在经济上就愈需要得到保障。所以，人身保险将被保险人活到一定年限作为获得保险金的特定事件之一，这是极有道理的。给付性保险合同仅存在于人身保险合同中，但并非所有的人身保险合同都属给付性合同，伤害保险及健康保险等这类人身保险合同，就属补偿性而不属给付性的合同。

二、保险合同的法律特征

保险合同属双务、有偿和诺成性的合同，因而，它具有一般双务、有偿和诺成性合同的法律属性。但是，保险合同又具有自己的一些特征，具体表现为：

（一）保险合同是一种要式合同

合同有要式合同与非要式合同之分。要式合同，是指需要履行特定的方式才能成立的合同。例如，需要写成书面形式或需要鉴证、公证或经有关机关核准登记方能生效的合同，就属要式合同。其中又有法定要式和约定要式之分。凡要式合同的方式由法律规定的，称为法定要式合同；法律没有规定为要式合同，当事人约定履行特定方式的，称为约定要式合同。非要式合同，是指不需要特定方式亦可成立的合同。

在当今，大多数国家规定保险合同必须采用书面形式，我国也是如此。我国《保险法》第13条规定："投保人提出保险要求，经保险人同意承保，保险合同成立。保险人应当及时向投保人签发保险单或者其他保险凭证。保险单或者其他保险凭证应当载明当事人双方约定的合同内容。当事人也可以约定采用其他书面形式载明合同内容。"依合同自由之原则，当事人在订立合同时可采书面形式，亦可用口头方式，然而有些合同基于其特殊性必须得有一定的载体，保险合同就属这类合同。因此，我国《保险法》第13条明确规定了"保险单或者其他保险凭证"是我国保险合同的主要载体；当然，该条文亦允许"当事人也可以约定采用其他书面形式"，但无论是"保险单"，还是"其他保险凭证"，或者"其他书面形式"，所有这些载体都属书面形式。换言之，书面形式是我国保险合同的法定形式。不以书面形式订立的保险合同在我国是不能成立和生效的。

当然，也有学者认为，"保险单或者其他保险凭证只是保险合同成立的证明文件，并不是保险合同成立的要件"，因此，"保险合同属于非要式合同，口头保险合同同样成立"[①]。但是，实务中口头保险合同是难以成立、生效的，也是难以履行的。《保险法》第13条的规定中，也没有"口头合同"这样的表述。

（二）保险合同是一种附合合同

附合合同是与议商合同相对应的一种合同。议商合同，是由缔约双方经充分议商而订立的合同。在实际生活中，绝大多数的合同是议商合同。附合合同却不是由缔约双方充分议商而订立的，它是由一方提出合同的主要内容，而另一方只能作"取与舍"的决定，即要么接受一方提出的条件，要么不签订合同。一般是没有商量的余地的，保险合同就是这样一种合同。

保险合同属附合合同，这固然与保险业的特殊性有关，然而，形成这一特征的主要原因

---

① 郑伟，贾若. 保险法 [M]. 北京：中国发展出版社，2009：29-30.

是发展保险业的客观需要。近代以来，保险事业发展很快。在保险业务特别发达的国家如英美等国家里，每年发出的保险单何止数千万件，手续不得不力求迅速。随着保险事业的迅速发展，保险合同逐渐出现了技术化、定型化、标准化的趋势。现在，为适应需要，各国的通常做法是，保险合同的主要内容即主要条款多由保险人或保险人的团体或政府主管机关所决定；保险人根据本身承保能力，确定承保的基本条件，规定双方权利义务，投保人只能作"取与舍"的决定。在这种情况下，一个普通的投保人是无法提出自己所要的保单，或修改保单内的某一条款的。即使出现有需要变更保单内容的必要，也只能采取保险人事先准备的附加条款或附属保单。所以，从这个意义上说，保险人与投保人之间所形成的保险单或保险凭证，不过是保险人一方的片面文件而已。其中的一些保险单或保险凭证，很难说是当事人双方意思表示一致的结果。正因为如此，各国在司法实践中，当当事人双方对保险合同产生疑义时，法院一般习惯作不利于保险人的解释，以保护投保人的利益。

（三）保险合同是一种射幸合同

射幸与侥幸同义。射幸合同，是传统民法合同的一种形式。按《法国民法典》的规定，射幸契约，为当事人全体或其中的一人取决于不确定的事件，对财产取得利益或遭受损失的一种相互的协议。它包括"保险契约，航海冒险的借贷；赌博及打赌；终身定期金契约"（第 1964 条）。显然，《法国民法典》中规定的射幸契约，是一种碰运气的或者说是机会性的合同。

依传统习惯，与射幸合同相对应的是交换合同。交换合同是指一方给予对方的报偿，都假定是具有相等的价值。它贯彻的正是民法等价交换的原则。射幸合同则不同，在这种合同中，一方当事人支付的代价（如买彩票）所买到的只是一个机会；付出代价的当事人最终可能是所谓的"一本万利"，也可能是毫无所得。保险合同尤其是财产保险合同正是这样的合同。投保人以支付一笔金钱（即保险费）为代价，买到一个将来可能获得补偿的机会。在保险期间如果发生保险标的的损失，那么，投保人（被保险人）从保险人那里得到赔偿金（保险金）额就远远超出其所支付的保险费；反之，如无保险事故发生，则投保人只付保险费而无任何收入（人寿保险例外）。保险人的情况恰好与此相反：当发生保险事故时，它所赔偿的金额必然大于其所收取的保险费；如无事故发生时，则只享有收取保险费的权利，而无赔付的义务。

保险合同的射幸性即机会性这一特征，是由保险事故发生的偶然性所决定的。然而，这种射幸性质只是就单个保险合同而言的。因为就全部承保的保险合同总体来看，保险费与赔偿金额的关系是依据概率而计算出来的。换言之，保险人所收到保险费的总额，原则上应与其所负赔偿债务相等。所以，从承保总体来看，保险合同是不存在偶然性的。

（四）保险合同是一种最大诚信合同

凡民事活动，当事人都应遵守诚信这一原则。我国《民法总则》第 7 条规定，民事活动应当遵循自愿、公平、等价有偿、诚实信用的原则。这里强调的"诚实信用原则"，就是人们平时习惯简称的诚信原则。合同的订立无不要求当事人的诚信。在保险合同关系中，要求当事人具有的诚信程度，要比一般合同更高，即所谓的"最大诚信原则"。

最大诚信原则来源于海上保险。它是为适应海上保险的需要而被确立的。众所周知，海上保险，其标的为处于运动状态中的财产，危险性极大。这种合同签订时，与一般财产保险亦不同。在当事人订立海上运输货物或船舶保险合同时，往往船舶及其所载货物远在海外，要求保险人在承保前进行实地查勘，这是困难的，因此，常常是根据投保方提供的情况予以承保。这就要求当事人具有超过一般合同关系的最大诚意。换言之，保险人是否决定承保以及怎样确定保险费率，全凭投保人诚实地告知。所以，最大诚信原则是维持保险业务正常进行的必不可少的前提条件。英国的《1906 年海上保险法》第 17 条明确规定：海上保险契约为基于最大诚信的契约，如果双方当事人中任何一方不遵守最大诚信规定，另一方可宣告合同无效。目前，虽然上述法律条文没有改变，但在保险习惯中对此已大大放宽。但最大诚信原则依然是保险合同法律关系的基础。

第二节　保险合同的种类

保险合同可根据不同的标准加以类别。事实上，前述的保险分类，也可以作为保险合同分类的标准。但是，各国习惯上多以以下标准来划分保险合同的种类。

一、定值保险合同与不定值保险合同

这是根据保险价值在保险合同中是否先予确定来划分保险合同的种类的。所谓保险价值，是指财产保险中保险标的价值。人身保险不存在保险价值问题。所以，这种分类只适用于财产保险合同。

（一）定值保险合同

定值保险合同，又称"定价保险合同"，是指当事人双方事先确定保险标的价值并载明于保单中的一种保险合同。定值保险合同成立后，在有效的期限内如果发生保险事故并造成财产全部损失时，无论保险标的当时的实际价值是多少，保险人都应当以合同中约定的保险价值作为计算赔偿金额的依据，即事先约定的保险价值是多少，就应赔偿多少，而不必也不应该对保险标的重新估价。如果是部分损失，也只需要确定损失程度的比例，按损失程度比例进行赔偿，不必重新估量受损的实际价值。例如有一批香烟投保货物运输保险（采用定值保单），货价 10 万元，加上运费和税金，约定的保险价值为 12 万元，运输途中因车祸货物受损，经查勘确定损失比例为 50%，那么，赔款应为保险价值的一半，即 6 万元。

在定值保险合同中，除非保险人能证明投保人有欺诈行为，否则，发生责任范围内的保险事故后，保险人不得以保险标的的实际价值与事先约定的保险价值不符而拒不履行合同。

定值保险合同的长处在于：第一，由于保险价值事先已协商确定，因而发生保险事故时，不必对损失额再行估定，减少了理赔的环节。第二，由于赔偿金额是以合同约定的保险价值为根据，而不考虑保险标的实际价值，因此，确定赔偿额简单方便，从而避免或减少了保险人与被保险人之间因赔偿额的确定而发生的纠纷。正因为它有以上的长处，因此，某些本身价值难以确定的财产如字画、古玩等，或在不同时间、地点其价值区别很大的财产，如运输货物等，当事人在订立保险合同时，就很需要事先约定一个固定的价值作

为保险价值，以免事后为赔偿金额发生纠纷。在实践中，较为常见的定值保险合同是海上保险合同和国内货物运输保险合同。此外，船舶保险合同以及字画、古玩等不易确定价值的艺术珍品为保险标的的财产保险合同，某些农业保险合同往往也采作定值保险合同。

但是，定值保险合同亦有其明显的缺陷，即一些投保人置最大诚信原则于不顾，利用定值保险的特点，投保时有意过高地确定保险价值，以图在发生保险事故时谋取不当得利。因此，多数保险人对定值保险合同一般都持慎重的态度。

（二）不定值保险合同

不定值保险合同与定值保险合同对称。在保险合同中，不记载有当事人事先确定的保险标的价值的，称为不定值保险合同。这种保险合同，仅记载保险金额，而将保险标的的实际价值留待危险发生需要确定保险赔偿的限度时才去估算。由于保险标的在这种保险合同中所载的实际价值可能变动，因此，据以理赔的价值也是不固定的，这就是"不定值保险合同"名称的由来。在保险实践中，不定值保险合同为大多数的财产保险合同所采用，海上保险等则极少采用这种合同。

财产保险以赔偿实际损失为原则。但与定值保险合同确定赔偿金额的方法不同，不定值保险合同是根据保险标的实际价值估定其损失额的。而确定保险标的的实际价值最常用、最简便的依据就是保险标的的市场价格。换言之，在不定值保险合同中，保险标的的实际价值应当以保险事故发生时当时当地保险标的的市场价格为准。这就可能出现这样两种情况，即发生保险事故时，保险标的的市价比投保时高，保险人可按较高的市价予以赔偿；反之，则按较低的市价进行赔偿。保险标的的损失无法用市价进行估算的，则采用重置成本减折旧的方法或其他估价方法来确定保险标的的保险价值。保险标的的市场价格不管发生多大的变化，在确定其赔偿额时都不得超出保险合同中所约定的保险金额。

二、补偿性保险合同和非补偿性保险合同

这是根据合同的性质来划分保险合同的种类。

（一）补偿性保险合同

补偿性保险合同，又称"评价保险合同"，是指在危险事故发生后，由保险人评定被保险人的实际损失从而支付保险赔偿金的一种合同。大多数的财产保险合同都属补偿性保险合同。

补偿性保险合同设立的目的，在于使被保险人遭受灾害和意外事故时获得经济补偿。当然，这种经济补偿是有条件的。第一，合同订立后，须有保险事故发生，并造成被保险的经济损失时才有可能获得。第二，保险人的责任，以补偿被保险人的实际损失为限度且不得超过保险金额。至于其中的定值保险，在全损时其实际价值低于事先确定的保险价值，被保险人所获的赔偿仍不失其补偿性质。因为定值保险单之下的保险的价值，一般是有其订定与所算的标准的，并非完全出于当事人武断。

（二）非补偿性保险合同

非补偿性保险合同，即不以补偿为目的保险合同。非补偿性亦称给付性，大多数的人身保险合同属非补偿性的保险合同。因为人身是难以用价值来衡量的，也无法赔偿。因此，在人身保险合同中，通常根据投保人（被保险人）的实际需要和交付保险费的能力

确定一个保险金额，当危险事故发生时，由保险人按照事先确定的保险金额承担给付责任。正因为如此，人身保险合同也可称为定额保险合同。

保险合同的这种分类，与根据保险标的的不同而将合同分为财产保险合同和人身保险合同大体上是一致的。但也有例外。例如，人身保险合同大多数为定额保险合同，其保险金不具有补偿性质。但是，人身保险合同中的疾病保险合同、伤害保险合同等，都属非定额保险合同并属补偿性保险合同。在财产保险合同中，除大多数属补偿性保险合同外，亦有少数为定额保险，如国外及我国台湾地区实施的总括式保险合同即是。

三、财产保险合同和人身保险合同

这是根据保险标的不同对保险合同所作的分类，也是最普遍的保险合同分类。

(一) 财产保险合同

财产保险合同，是指保险人对由于保险事故导致投保人（被保险人）作为保险标的的财产或利益损失，负赔偿责任的协议。财产保险合同大多数属于损失补偿性质的合同。保险人的责任以补偿被保险人的实际损失为限，且不超过保险金额。

财产保险合同的种类很多，按承保的危险和标的的不同，国内外一般将保险合同分为以下几种：

(1) 海上保险合同，包括海洋运输货物保险合同、船舶保险合同、海上石油开发保险合同等。

(2) 航空保险合同，包括第三者责任保险合同、旅客责任保险合同、航空运输保险合同等。

(3) 国内货物运输保险合同。

(4) 火灾保险合同。

(5) 企业财产保险合同。

(6) 家庭财产保险合同。

(7) 机动车辆保险合同。

(8) 农业保险合同。

此外，还有涉外财产保险合同、责任保险合同、信用保险合同、邮包保险合同、建筑和安装工程保险合同等。

在财产保险合同中，又可分为特定式保险合同和总括式保险合同两类。特定式保险合同，它是对每一地点和每次或每类财产，分别规定其不同的保险金额。例如，在同一保险合同内，房屋项下有一保险金额，其余所有屋内财物有一个总保险金额。而总括式合同，它对于同地点的不同财产或不同地点的同一种或多种财产，不分类别、项目，只笼统规定一个保险金额，任何地点的任何财产的损失，都可在此总的保险金额内获得赔偿。如信用保险中，雇主对雇员的信用证保单不再分别对每一个人出单，就属于总括式保险合同的形式。

由于这种保险合同对保险人颇为不利，因而保险人在承保时，往往附加一些条款作为限制。

（二）人身保险合同

人身保险合同是以自然人的生命和身体可能发生的事故或出现的事件作为保险危险的一种合同。大多数的人身保险合同都是非补偿性的定额保险合同。因为人的生命及健康是很难用一个固定的金额来衡量的。因此，只要发生责任范围内的保险事故或生存保险约定的保险期届满，无论被保险人是否有损失，都应按照保险合同的约定，履行给付的义务。

人身保险合同，根据保障的危险不同，一般可分为三大类，即人寿保险合同、健康保险合同和伤害保险合同。根据投保的方式及目的不同，又可以分四种：

一是投保人以自己的生命、身体为他人的利益保险，投保人与被保险人同为一人，而受益人则为另一人。例如，儿子以自己的生命为其母亲（家庭妇女）的利益投保死亡保险。在这里，投保人、被保险人是儿子，受益人是母亲。

二是投保人以他人的生命、身体为自己的利益而保险，投保人即为受益人，被保险人则为另一人。例如，没有工作的妻子，为了自己的利益，征得有优厚收入的丈夫同意，为其投保死亡险。在这里，投保人及受益人均为妻子，被保险人是丈夫。

三是投保人以他人的生命、身体为他人的利益投保，投保人、被保险人及受益人均为不同的对象。例如，赵甲为其长年在野外工作的儿子赵乙投保死亡险，确定赵乙的儿子赵丙为受益人。在这里，负担保险费的赵甲为投保人，被保险人和受益人则分别为赵乙和赵丙。

四是投保人以自己的生命、身体为自己的利益投保。例如，司机投保意外伤害险等。在保险有效期间内，如果发生伤、残等事故，投保人即为被保险人，不存在受益人；如果发生死亡事故，投保人未指定受益人，则其合法继承人为受益人。

以上四种投保方式，前三种目的大体是相同的，即都是为没有劳力或收入的人筹措一笔生活费。后一种则是为自己在遇有伤、残时能获得经济补偿所作的事先准备。

四、特定危险保险合同和一切危险保险合同

（一）特定危险保险合同

这是根据保险人所承担的危险状况的不同对保险合同所作的分类。

就一种或多种特定危险事故而保险的合同称为特定危险保险合同。在这种保险合同中，保险人都列举其所承保的危险，例如，承保战争险、盗窃险、地震险、火灾险等。在一个保险合同中，只列明承保一种危险（如火灾），此种保险合同称为单一危险的保险合同；如果列明承保多种危险的，则称多种危险保险合同。不管承保多少危险，只要在保险合同中列举这些承保危险的名称，这种保险合同都属特定危险保险合同。

目前，无论是国内外，特定危险保险合同在保险合同中居多，但保险人只承保一种危险的保险合同已日趋减少。例如，最古老的保险合同之一火灾保险，保险人在签订这种合同时，已不再是承保单一的危险——火灾，它的承保范围不断扩大，基本上已发展成为多种自然灾害和意外事故，如雷电、地震、洪水、暴风雨、爆炸、自燃等危险的保险。

（二）一切危险保险合同

一切危险保险合同，又称"综合合同"。所谓一切危险保险合同，并非保险人对任何危险都予以承保。正确的理解是，在这种保险合同中，除列举的不保危险即"除外责任"

外，承保其他任何危险所致的损失。这种保险合同，其保险条款格式中有关保险责任的规定，通常以"一切"加"除外"的形式拟订。例如，以前的中国人民保险公司制定的《平台保险》规定：根据保险条件和除外责任，本保险负责赔偿被保险财产的一切直接物质损失或损坏，但对被保险人、财产所有人或管理人未恪尽职责所造成的损失不负责任。这些规定的条款，就是一切危险保险合同条款。

相对于特定危险保险合同来说，一切危险保险合同有其明显的长处：其一，它为被保险人提供了较为广泛的保险保障；其二，由于除列举的为不保危险外，对任何危险都予以承保，因此，一旦发生保险事故，便于判明责任，亦易于理赔，从而减少当事人之间的争议。因此，这种保险合同发展较快。但是，一切危险保险合同也有其不易区别保险标的的具体危险状态，从而存在投保人对投保危险支付费用分配不甚合理的缺陷。

此外，保险合同还可根据保险金额与保险价值关系分为足额保险合同、不足额保险合同和超额保险合同；根据投保人是否对同一保险利益，同一事故与一个或数个保险人订立合同，保险合同还可以分为单保险合同和复保险合同，等等。

第三节　保险合同的当事人及关系人

合同是双方的法律行为，因而，任何合同都必然有缔约双方当事人。就保险合同而言，至少要有保险人和投保人参加，他们是保险合同的当事人。另外，保险合同还有与一般合同不同之处，即一般合同多为当事人为自己的利益而订立，保险合同则可能为自己亦可能为他人之利益而订立，所以，在一些保险合同中，除投保人之外，还有受益人的存在。不仅如此，保险合同具有射幸性合同性质，保险人的赔付履行与否，取决于某一偶然事故是否发生，而偶然事件在其财产或其人身上发生的人，即为被保人。受益人和被保险人，被称为保险合同的关系人。现分述如下：

一、保险合同的当事人

（一）保险人

保险人也称"承保人"，是指经营保险业务，与投保人订立保险合同，收取保险费，组织保险基金，并在保险事故发生或保险期限届满后，对被保险人赔偿损失或给付保险金的人。它是任何保险合同都不可少有的当事人。

什么人才可作为保险人？世界各国对于保险人的资格一般都有法律规定。目前，世界上除少数国家（如英美）允许个人经营保险业务外，大多以法人经营为主，而这些法人组织，大多称为保险公司，而且多采用股份有限公司形式；大多数国家规定，同一保险公司不得同时兼营财产保险业务和人身保险业务，即同一家保险公司不得既为财险的保险人，也为非财险的保险人。

我国《保险法》第6条规定："保险业务由依照本法设立的保险公司以及法律、行政法规规定的其他保险组织经营，其他单位和个人不得经营保险业务。"这就是说，在我国，非依法设立的保险组织和个人不得作为保险人。《保险法》第95条还规定："保险人不得兼营人身保险业务和财产保险业务。但是，经营财产保险业务的保险公司经国务院保险监督管理机构批准，可以经营短期健康保险业务和意外伤害保险业务。"过去，我国国内的保险经营市场是由中国人民保险公司一家独揽的。但自 1985 年 3 月 3 日国务院发布《保险企业管理暂行条例》以及我国加入 WTO 之后，我国保险市场由中国人民保险公司一家独揽的局面就一去不复返了。如今，作为保险人，不仅有中国人民财产保险公司及中国人寿保险公司等国有独资保险公司，而且还有平安、泰康、新华等股份保险公司；同时还存在外资和中外合资的保险公司。

当然，并非任何保险业都可以由所有的保险公司经营。我国国务院颁布的《机动车交通事故责任强制保险条例》（以下简称《交强险条例》）第 5 条规定："中资保险公司经保监会批准，可以从事机动车交通事故责任强制保险业务。"据此，像"交强险"这样的法定保险，只能由经批准的中资保险公司经营，外资或中外合资的保险公司不能作为像"交强险"这样的法定保险的保险人。

此外，我国《保险企业管理暂行条例》第 12 条规定："除法律、法规另有规定或国务院批准者外，下列业务只能由中国人民保险公司经营：（一）法定保险；（二）各种外币保险业务；（三）国营、外资、中外合资、中外合作企业的各种保险业务；但地方国营保险企业可以经营该地区的地方国营企业的各种保险业务；（四）国际再保险业务。"

需要指出的是，一些集体单位，如集体所有的林场，为护林防火，其经营者（包括承包的个人）同当地农民个人或组织签订的一些"森林保险合同"，与法律意义上的保险合同是不同的。这种"森林保险合同"，林场的经营者每年按约定给付负责看管林木人员一定的报酬，而负责看管人员则对所看管的林木的安全负有责任。事实上，从双方的权利义务上看，它只是一种劳务合同。其看管者并非一般意义上的保险人。

（二）投保人

投保人也称"要保人"，是指与保险人签订保险合同，并承担缴付保险费义务的人。如同保险人一样，投保人也是任何保险合同所不可缺的当事人之一。投保人并不以自然人为限，法人也可以成为投保人。在一般情况下，保险合同签订后的投保人即成为被保险人；但投保人可以是被保险人本人，也可以是法律所许可的其他人，如被保险人的代理人和人寿保险中的被保险人的合法关系人等。无论是自然人或法人，作为投保人，必须具备以下两个条件：

第一，具有相应的权利能力和行为能力。建立保险合同关系，这是一种民事法律行为。民事法律行为成立的要件之一是主体合格。作为民事主体的投保人，必须具有法律要求的相应的权利能力和行为能力。无权利能力的法人，或者无行为能力或限制行为能力的人与保险人订立的保险合同是无效的。但在少数国家则有不同的规定，美国就是如此。依照美国法律规定，未成年人订立的保险合同，并非绝对无效，但这类合同可由签订合同的未成年人自己拒绝或否认；其监护人如果认为合同不利于未成年人时，也可以代为拒绝。

第二，具有保险利益。作为民事主体的投保人，不仅要求其具备相应的权利能力和行为能力，而且要求其对保险标的具有保险利益，即对保险标的具备经济上的利害关系。否则，不能与保险公司订立保险合同；即使保险合同已履毕签订手续，也不能产生法律效力。

但是，需要注意的是，投保人（或被保险人）何时需要具有保险利益，我国《保险法》对人身保险及财产保险的投保人（或被保险人）的要求是有所不同的，即"人身保险的投保人在保险合同订立时，对被保险人应当具有保险利益"。"财产保险被保险人在保险事故发生时，对保险标的应当具有保险利益。"显然，财产保险的投保人并不像人身保险的保险人那样在订立合同时应具有保险利益，但是，被保险人在保险事故发生时对保险标的须具有保险利益，否则，被保险人对于保险事故所造成的损失无赔偿请求权。

关于投保人，还有一个问题值得提及，这就是财产保险的投保人其法律地位究竟应如何看待。在这个问题上，大体上存在如下几种认识：

其一，认为财产保险的投保人与被保险人的法律地位没有区别，仅是称谓的不同而已。称"投保人"也好，称"被保险人"也好，实质上是一致的。他们都是对保险标的具有保险利益的合同当事人。因而在有关保险立法中，或统称投保人（投保方），或统称被保险人。他们认为，我国及英国的有关法律规定就很能说明问题。在我国，在一些法律、法规中，将投保人（被保险人）统称为投保方，而在一些规定中则将投保单位统称被保险人。在著名的英国《1906 年海上保险法》中，则将具有保险利益的一方统称为被保险人。

其二，认为财产保险中尽管有"投保人"和"被保险人"之谓，但具有重要意义的是后者而不是前者。正是基于这一原因，在各国保险习惯中，往往将财产保险合同中具有保险利益的人在向保险人提出要约时（主要通过填写投保单的形式来完成），称之为"要保人"，而在保险合同成立后又统称为"被保险人"。持这种观点的人进一步引证说，事实上，各国保险单的保险条款中很少出现"投保人"字样，一般将合同对方当事人统称为被保险人。可见，投保人并不很重要。

其三，认为财产保险的投保人与被保险人是具有不同法律地位的人。换言之，投保人是保险合同的当事人，被保险人是保险合同的关系人。他们认为，在整个保险合同订立、履行过程中依其不同的法律地位，给予不同的称谓，不可混为一谈，特别是在保险合同关系未成立之前。在保险合同关系成立之前，提出要保申请的人只能称为投保人或要保人，而不能称之为被保险人，由于财产保险的要保人与被保险人往往同为一人，因此，保险合同成立后，被保险人虽然仍可称之为投保人，但此时将其称为被保险人更为恰当。

上述三种认识，我们认为最后一种比较科学。它使人身保险和财产保险投保人、被保险人的称谓在法律地位上予以统一，故本书采纳之。

二、保险合同的关系人

前已述及，在保险合同关系中，除当事人即保险人及投保人外，尚有关系人。保险合同的关系人包括被保险人和受益人，他们对合同利益享有独立的请求权。

（一）被保险人

被保险人俗称"保户"，是指保险事故有可能在其财产（或身体）上发生的人，即受保险合同保障的人。不同的保险合同，其被保险人是不同的。一般财产保险的被保险人，是对该保险财产具有保险利益的人，即财产的所有人或经营管理人。当他们为自己的利益而订立财产保险合同时，他们既是投保人，也是被保险人。但是，在订立合同时，其身份只能称投保人，合同成立后才能称被保险人。例如，某甲以 1 万元保险金额向保险公司投保家庭财产两全险，在填写投保单，合同未生效前，他是投保人；合同生效不久，发生责任范围内的保险事故，保险财产损失 5000 元，此时，甲是以被保险人而不是投保人的身份向保险公司索赔的。当然，在这种情况下，称"投保人"或称"被保险人"，都不会影响当事人对自己权益的行使。但是，若投保人就与自己有利害关系的财产，为他人利益投保时，投保人与被保险人就不容易混淆了。因为在这种情况下，投保人就是投保人，被保险人就是被保险人，他们是不同的对象。例如，上海某教学设备厂向北京大学出售一套教学仪器，价值达 100 万元。在托运的同时，卖方向保险公司投了保。这实际上是为买方利益保险，所以被保险人为买方，即北京大学。如果这一套教学仪器在运输途中因发生保险事故而受损，有权向保险公司索赔的是被保险人即买方而不是投保人即卖方。可见，在为他人利益而签订的财产保险合同中，投保人与被保险人的法律地位是完全不同的。

在人身保险合同中，当事人不仅可以自己身体为标的而订立保险合同，从而使被保险人和投保人合二为一，也可以征得他人的同意，以他人身体为标的而签订保险合同，如父母为了子女购买的人寿保单。

一般来说，财产保险的被保险人的资格并无严格的限制，自然人和法人都可以作为被保险人。但人身保险的被保险人只能是自然人。各国保险立法一般还规定，禁止为未成年人以及精神病人等无行为能力的人投保以死亡为给付保险金条件的保险。违者不仅合同无效，还要给投保人以法律制裁，甚至处以刑罚。但若给上述人员投生存险和生死两全险则例外。

作为被保险人，一般具有以下权利：

第一，对保险金的给付享有独立的请求权。被保险人既然是受保险合同保障的人，因此，无论是什么类型的保险合同，被保险人在合同中均享有独立的请求权。相反，投保人虽为保险合同的当事人，但仅依其法律地位并不享有保险金的请求权。前述的上海某教学设备厂为其买主北京大学投保就是一例。被保险人对这一请求权的行使，还因人身保险和财产保险的不同而有所不同。在人身保险中，保险事故发生后被保险人仍生存的，保险金请求权当然由其亲自行使；若事故发生后被保险人身亡，保险金请求权多为受益人根据保险合同约定取得，合同未有约定者则依继承法的有关规定取得。在财产保险中，发生保险事故时，被保险人人身通常未受到伤害，因而保险请求权多为被保险人亲自行使。法人作为被保险者更不存在人身伤亡问题。如果作为被保险人的自然人在保险事故中死亡，其请求权可以由继承人继承。例如，赵某将其所有的一辆汽车以 4 万元的保险金额向保险公司投保车辆损失险，在一次保险事故中，该保险车辆全部毁坏，赵某亦身亡。赵某的赔偿请求权可由其子（赵某再无其他亲属）继承。第二，除保险金请求权外，在保险合同关系中，被保险人还享有同意权。其具体内容有三：一是人寿保险合同中受益人的指定须经被保险人的同意（或亲自指定）；二是以他人身体为标的投保死亡保险的，须经被保险人同意；三是保险合同的出质、转让一般须经被保险人同意。

（二）受益人

受益人是指保险事件发生后，有权获得保险金给付的人。就财产保险而言，因领受给付的人多是被保险人自己，故通常无受益人的规定。换言之，一般财产保险的被保险人就是受益人，在通常情况下亦为投保人。但仍可在保险合同中另行规定第三者（一般为债权人）有优先领受保险给付的权利。

就责任保险而定，虽无指定的受益人，但保险金亦不是被保险人自己所能领取。只有人身保险，一般才有受益人的规定。人身保险的受益人应由被保险人指定或经其同意。在人身保险合同中，凡指定了受益人的，受益人应得的保险金不应列为死者（即被保险人）遗产范围，而只应由受益人享有；这笔保险金也不应用来清偿死者生前的债务或交纳遗产税。关于受益人问题，本书"人身保险合同"一章另有详述，此处不赘述。

第四节　保险合同的形式与内容

一、保险合同的形式

合同可以采取口头形式和书面形式，大多数国家不承认口头保险合同的效力。我国《保险法》第13条规定："投保人提出保险要求，经保险人同意承保，保险合同成立。保险人应当及时向投保人签发保险单或者其他保险凭证。保险单或者其他保险凭证应当载明当事人双方约定的合同内容。当事人也可以约定采用其他书面形式载明合同内容。"因此，我国保险合同的形式为书面形式，主要包括投保单、保险单、暂保单和保险凭证。

（一）投保单

投保单又称"要保书"，它是要保人向保险人递交的书面要约，是保险合同的组成部分。要保书通常由保险人准备，要保人应依其所列的项目逐一填写。要保人在要保书上需要填写的主要内容一般有：（1）被保险人的名称和地址；（2）保险标的名称和存放地点（如保险标的为运输货物，还须填明货物的数量、运输标志、运输工具的名称和目的地等）；（3）投保的险别；（4）保险责任的起讫；（5）保险价值及保险金额等。

需要说明的是，在保险人未正式接受之前，要保书本身虽然并非正式合同的文本，但其中要保人所作的告知，却能影响合同的效力。详言之，要保人如果在要保书中告知不实，在保险单上又不修正，保险人可以此为由而解除合同；相反，若要保书上有记载，保单上即使遗漏，也不影响合同成立，保险人也不得以此为由而解除合同。

（二）暂保单

暂保单是保险经纪人或代理人在正式保险单发出之前出立给被保险人的一种"临时保险凭证"。它表示保险经纪人或代理人已按被保险人的要求及所列项目办理了保险手续，等待保险人出立正式保单。一般来说，即使是在承认口头保险合同存在的国家中，在签发正式保单时仍需花费相当长的时间，所以保险代理人通常先以暂保单发给要保人。这在没有标准保单的情况下格外重要，因为暂保单中所列举的若干保险的重要事项，往往成为合同双方权利义务的依据。如果有了标准化的保单，那么，暂保单的内容可以较为简单，只须说明保险人的责任以正式保单为准即可。

暂保单具有与正式保单同等的法律效力，但其有效时间一般以30天为限，并于正式保单交付时自动失效。正式保单发出前，保险人亦可终止暂保单，但必须于几天前通知要保人。

人寿保险一般并不使用暂保单。这是因为，第一，人寿保险不是随意可以取消的，保险人宁愿自己保留核准的权力，而不愿将签约权授予代理人；第二，人寿保险在正式保险单签发前，保险人对于承保的危险，必须完全接受，合同才发生法律效力。仅有暂保单，很难说明保险人已对投保人承诺。这就是人寿保险之所以不用暂保单的原因所在。然而，近年也有一些国家的保险机构，如美国的人寿保险公司为争取业务，使用上述性质的暂保收据，在正式保单交付前 4~6 个星期的时间内，给予被保险人以立即的保险。

（三）保险单

保险单简称"保单"，又称保险证券，是要保人与保险人之间订立的正式保险合同的书面凭证。它一般由保险人签发给被保险人。保险单有长有短，有繁有简，这取决于保险的种类及保险内容。但不论其繁简如何，其中涉及合同当事人双方在法律上的权利、义务与责任则是一致的。所以，保险单是被保险人在保险标的遭受意外事故而发生损失时向保险人索赔的主要凭证，当然也是保险人向被保险人赔偿的主要依据。

然而，严格说来，保险单并非保险合同本身，而是当事人经过口头或书面协商一致而成立的合同的正式凭证而已。在通常情况下，如果保险条件已经议妥，保险合同即算成立，因此，即使保险事故发生在正式保险单签发之前，也不影响该合同的法律效力。我国法律亦规定，保险单是保险合同成立的凭据。但是，如果当事人双方已就保险条件达成协议，即使保险事故发生在正式保险单签发之前，保险合同仍然有效，保险人仍须负赔偿责任。除非当事人双方事先约定以出立保险单为保险合同生效的条件时，保险人才可以免赔偿义务。

由上可见，保险单与保险合同，两者应有区别；但在当今的保险实践中，往往是将保险单和保险合同视为一种或互为通用。

（四）保险凭证

保险凭证是保险人签发给被保险人以证明保险合同业已生效的文件，也是一种简化了的保险单，它和保险单具有同样的作用和效力。如果保险凭证尚未列明其内容，则应以有关的正式保险单载明的详细内容为准。若正式保险单与保险凭证里的内容有抵触或保险凭证另有特订条款时，则应以保险凭证为准。

我国目前在国内货物运输险中普遍使用保险凭证。这类保险凭证多是根据预约保险单而出立的，保险人将预约保险单的详细内容印就在已经保险人签署的空白保险凭证上，由被保险人在每批货物启运前自行填写承运船舶的名称、航程、开航日期、货物名称、标记、数量，以及保险金额等项目，并加以副署：通常，被保险人应将保险凭证的副本送交保险人存档。保险凭证的副本可以替代启用通知书，作为被保险人根据预约保险单向保险人所作的申报。

此外，汽车保险也可使用保险凭证。汽车险的保险凭证是用来证明被保险人已遵照政府有关法令的规定投保了汽车险及第三者责任险。汽车险的保险凭证一般都由被保险人随时备带，每逢有关部门查询时，可随时出示；有的还在车号牌上装上固定保险标志。

二、保险合同的内容

保险合同的内容，亦即保险合同的条款。保险合同的条款，有的是法律规定必须列入，有的则由当事人双方约定，前者称为保险合同的基本条款，后者称为保险合同的特约条款。

（一）保险合同的基本条款

通常保险合同的基本条款包括以下几项：

1. 当事人的姓名及住所

如前所述，保险合同的当事人即保险人和投保人。明确保险人特别是投保人的姓名和住所，是履行合同的需要。因为保险合同订立，就投保人来说，他必须依约交付保险费，否则对方就要催告。就保险人来说，如发生保险事故，必须按规定给付保险金，不履行合同，被保险人就要索赔。无论是对保险费的催告，还是对损失的索赔，都与当事人及其住所有关。所以，当事人的姓名及住所，这是任何保险合同不可缺少的基本条款之一。

任何保险，保单都是保险人事先印就的。在印就的各种保单上，都有保险人的名称及地点，因此，在保单上要填明的仅是投保人的姓名和住所。

保险合同中如果除投保人外另有被保险人或受益人时，也应将被保险人或受益人的姓名记明。

2. 保险标的及保险金额

保险标的是指保险所要保障的对象。如财产保险中的保险标的，是各种财产本身或其有关的利益和责任；人身保险中的保险标的是人的身体、生命等。当事人在订立保险合同时，保险标的必须明确记载于合同中，这样，才能决定保险的种类，并据以判断要保人或被保险人对之有无保险利益的存在。

无论财产保险或人身保险，在一保险合同中，并不限于单一的保险标的，多数保险标的的集合而订立于一份保险合同，这是允许的。单一保险标的的保险合同，称为单独保险合同或个别保险合同；多数保险标的的保险合同，称为集合保险合同。凡属此类合同，其标的在合同成立时多已确定，然而此类合同也有少数在合同成立时并不确定其标的，而仅仅依一定的标准，在限定金额范围内泛指某类保险标的或保险利益。这两种情况都是允许的。

保险金额简称"保额"，是指保险合同当事人双方确定并在保险单上载明的保险的金额，亦即保险人于保险事故发生时应承担损失补偿或给付的最高限额。保险金额不仅是保险人赔偿或给付的最高限额，而且也是计算保险费的标准，它对于当事人双方的给付责任与义务，关系极为密切，所以，必须在合同中明确规定。

一般来说，财产保险合同的保险金额应与保险价值相等。保险价值，也就是财产投保或出险时的实际价值（市价）。凡超过保险价值的保险金额，就称超额保险。对于超额保险，各国一般都规定：若非恶意，则只限于超额部分无效。

人的生命是无法用金钱来衡量的，因而，人身保险中不存在保险价值问题，这种保险的保险金额，是在保险事件发生时保险人所应支付的实际金额。人身保险的保险金额一般不作限制，只受要保人本身支付保费的能力制约。但我国实行的简易人身保险规定了保险金额最高不超过 5000 元，这是一种例外。

3. 保险费

保险费一般简称"保费"，它是投保人向保险人支付的费用，作为保险人根据保险合同的内容承担赔偿或给付责任的代价。

保险金额与保险费率（通常用百分率或千分率来表示，如每千元保险金额，按照保险损失几率计算保费 2 元，用千分率或百分率表示 2‰ 或 0.2%，即为保险费率）之乘积，即为保险费。因此，保险费的多少，完全是由保险金额的大小和保险费率的高低这两因素所决定，保险金额大，保险费率高，应交的保险费就多；反之，就少。

我国保险费率是由保险公司根据一定的比例预先确定的，一般应在订立合同时明确记载。但是，如果在所订立的保险合同中并未有保险费率的记载，只要投保人明确保险金额和保险种类的，照样可以依保险人预先确定的保险费率计算出保险费。

4. 保险责任

保险责任是指保险单上载明的危险发生造成保险标的损失或约定人身保险事件发生（或约定期满）时，保险人所承担的赔偿（或给付）责任。在保险合同中，保险责任条款也称危险条款，它具体规定了保险人所承担的风险范围。但是，保险种类不同，保险责任也就不同。财产保险合同中载明的责任条款，通常是保险人或保险集团或政府主管部门制定的。例如，我国的《企业财产保险条款》规定，在财产保险合同中，保险方的保险责任范围包括：（1）火灾、爆炸；（2）雷电、暴风、龙卷风、暴雨、洪水、海啸、地震、地陷、崖崩、雪灾、雹灾、冰凌、泥石流；（3）空中运行物体的坠落；（4）被保险人的供电、供水、供气设备因上述灾害或事故遭受损失引起停电、停水、停气，以及造成被保险人的机器设备、在产品和贮藏物品的损坏及报废；（5）在发生以上灾害或事故时，为了抢救或防止灾害蔓延所采取必要措施而造成保险财产的损失。

但是，也有些财产保险合同，其责任条款通常是由投保人选择决定的。例如，前述的海洋运输货物保险条款，分别列出平安险、水渍险和一切险三险别，供投保人选择。

保险责任条款，还应包括除外责任。所谓除外责任，是指依法或依合同的规定，保险人不负赔偿责任的范围。除外责任一般在保险单上印就的保险条款中予以列举。例如，以前的中国人民保险公司的《国内货物运输保险条款》中的除外责任为：（1）战争或军事行为所造成的损失；（2）直接由于货物的自然损耗、市价跌落、本质上的缺陷，以及因运输延迟所造成的损失或费用；（3）被保险人的故意行为所致损失；（4）其他不属于保险责任范围的损失。

以上四项，也是一般保险的除外责任的共同规定。其中，被保险人的故意行为称为"道德危险"，因道德危险所致损失是最为常见的除外责任。

5. 保险期限

保险期限即保险合同的有效期限，也就是保险合同从生效到终止时这一期间。保险期限既是计算保险费的依据，也是保险人履行其赔偿（或给付）义务的根据。保险合同是承担危险的合同，危险的不确定性决定了保险合同明确规定期限的特殊性。只有在保险期限内发生保险事故（或出现保险事件），保险人才承担赔偿（或给付）的责任。因此，保险期限是保险合同不可缺少的条款。

保险合同一般以 1 年为期限。但也有长期保单和短期保单。1 年或超过 1 年期限的保险单为长期保单，少于 1 年的保单为短期保单。为适应被保险人的实际需要，各种保险的期限规定不尽相同。例如，我国的家庭财产两全保险就有 3 年期和 5 年期的保单，这当然是长期保单。又如，企业财产保险，其期限从起保当地零时起，到保期满日的 24 时止。

这种保单的期限是 1 年，但期满后仍可另办手续，进行续保。再如，国内货物运输保险，其期限即自保险货物离开起运地点的仓库或储存处所时生效，至到达目的地收货人的仓库或储存处时终止。如果未到达收货人的仓库或储存处所，则其最长责任有效期以保险货物在卸离最后运输工具的 10 天为限。一般而言，财产保险合同的期限多为一年或更短，而人寿保险合同的期限多为比较长。

6. 违约责任

违反合同的责任，简称违约责任，是指合同当事人因其过错致使合同不能履行或不能完全履行时，基于法律规定或合同的约定必须承受法律制裁。违约则应承担法律责任，这是合同具有法律效力的必然要求。保险合同是保障性的合同，是最大诚信的合同，所以，违约责任在保险合同中更是不可少的条款。

关于保险合同的违约责任条款，我国在《保险法》中有明确的规定。当事人在签订保险合同时，都应根据该法的有关规定，在合同中载明违约责任的条款，以保证合同的顺利履行。

（二）保险合同的特约条款

保险合同的特约条款，即保险合同当事人于基本条款之外，自由约定履行特种义务的条款。依习惯，保险合同的特约条款又有广狭两义之分：广义的特约条款，包括协会条款、保证条款及附加条款三种；狭义的特约条款，则仅指保证条款而言。现就广义特约条款所包括各种条款的意义及性质作一简述。

1. 协会条款

协会条款仅见于海上保险合同中，并且是专指由伦敦保险人协会根据实际需要而拟订颁发的有关船舶保险和货运保险条款的总称。

协会条款是目前国际保险市场水险方面通用的条款，有时候协会条款比保险单本身还要重要。因为当协会条款添附于保险单时，其对保险单原有的条款，可有修改、补充或限制的效力。比较常用的协会船舶险条款有：船舶定时条款、船舶险航程条款、船舶险港口条款、A 险条款、B 险条款、C 险条款①、（货物）战争与罢工险条款等。

2. 附加条款

附加条款也称"单项条款"。保险合同双方常常根据需要，在保险单基本条款的基础上，附加一些补充条文，用以扩大或限制原基本条款中所规定的权利和义务。保险单之所以需要附加条款，主要原因有二：一是扩大保险基本条款的伸缩性，以适应投保人的特别需要；二是变更保单原规定内容。例如，扩大承保危险责任、增加保险标的或被保险人等，也可用以减除原规定的除外事项，或减少原规定的承保范围。

3. 保证条款

保证条款，原指保险人要求被保险人保证做或保证不做某事，或者保证某种事态存在或不存在。保证条款多系保险同业协议规定，其性质与基本条款、协会条款和附加条款三者是不同的。后三者系声明保险人承保责任的扩大或限制，因而具有明显的积极性。而保证条款则声明被保险人保证做或不做某事，否则，就是违背"保证"。"保证"如被违背，

---

① A 险、B 险和 C 险即我国所称的"一切险"、"水渍险"和"平安险"。

保险人自被保险人违背保证之日起即有权解除合同责任，因此，保证条款实际上是一种消极性的条款。保证条款有时亦被称为"特约条款"，但这种情况下的"特约条款"实际上只是一种狭义的"特约条款"而已。

<h2 style="text-align:center">第五节　保险合同的订立、变更、解除与终止</h2>

一、保险合同订立的程序

合同的订立，必须经过要约和承诺两个阶段。保险合同的订立也是如此，通常由投保人向保险人提出保险申请，经与保险人协商，保险人同意承保而成立保险合同。在一般情况下，投保人就是要约人，保险人即是承诺人。

（一）投保

投保人向保险人提出申请订立保险合同的请求，简称投保。投保是订立保险合同的前提条件，它是投保人申请订立保险合同的明确的意思表示，其本质为保险要约。同时，投保是投保人单方面的意思表示，未经保险人接受不产生保险的效力。

在实践中，保险合同的格式化，使得投保基本表现为书面形式。投保人向保险人索取其事先印制好的投保单，如实填写后交付于保险人，即构成投保，产生合同要约的约束力。

（二）承保

承保是保险人承诺投保人的保险要约的行为。承保为保险人的单方面法律行为，保险要约一经承诺，即构成保险合同的成立。

保险合同是以保险单或者书面协议的形式订立的，保险人承保的基本形式表现为书面形式，保险人收到投保人填写的投保单后，经必要的审核并与投保人协商保险条件后，在投保单上签字盖章时起成立。

在一般情况下，投保人所填写的投保单为要约，保险人在投保单上签章为承诺，但有时，要约与承诺会发生倒置，保险人在承诺保险要约时，附加新的条件或者变更投保单填写的内容，则不发生承诺的效力而构成反要约。在这种情况下，投保人对反要约表示接受的，才构成承诺。保险合同自投保人承诺反要约时起成立。

（三）保险合同的成立与生效

保险合同是双方当事人意思表示一致的行为，因此，保险合同的成立，只应以承诺保险要约或反要约为条件，保险合同自保险人在投保单上签章时或投保人承诺反要约时起成立。

保险合同的成立，以投保人和保险人之间要约与承诺的完成为标志。因此，首先，保险合同的成立不应以保险单或保险凭证的交付为要件。保险合同成立后，保险人应当及时向投保人签发保险单或其他保险凭证。保险人没有交付或没有及时交付保险单或保险凭证，投保人可以请求保险人交付。

在一般情况下，合同成立时间与合同生效时间是一致的，但保险合同却不尽然。人寿保险合同成立时须交付首期保险费合同才能生效；财产保险合同若当事人约定交付保险费始能生效的，则保险费的交付就是合同生效的条件。显然，上述两种情况保险合同成立时间与生效时间并非一致。

保费的收取一般意味着合同生效。《保险法解释（二）》第4条规定："保险人接受了投保人提交的投保单并收取了保险费，尚未作出是否承保的意思表示，发生保险事故，被保险人或者受益人请求保险人按照保险合同承担赔偿或者给付保险金责任，符合承保条件的，人民法院应予支持。"

二、保险合同的变更

保险合同的变更，是指保险合同依法成立后，在没有履行或没有完全履行前，因订立合同所依据的主观、客观情况发生变化，由当事人依照法定的条件和程序，对原合同条款进行修改和补充。我国《保险法》规定，在保险合同有效期间，投保方和保险方可以协议变更保险合同的内容。保险合同的变更，主要包括主体的变更、内容的变更和效力的变更。

（一）保险合同主体的变更

保险合同主体的变更，指合同当事人和关系人的变更，通常指投保人（被保险人）的变更，而不包括保险人的变更。

保险合同主体的变更，往往因保险标的的权益发生转移而引起。在财产保险合同中，投保人（被保险人）的变更大多是由于买卖、让与、继承等法律行为而发生的保险标的的所有权转移而引起的。在人身保险合同中，由于原投保人的死亡等原因亦可引起投保人的变更。

保险合同主体变更实质是保险合同的转让，在实践中，其通常表现为保险单的转让。对于保险合同主体的变更国际上有两种不同的规定：一种是允许保险单随保险标的转让而自动转让，另一种是保险单的转让要得到保险人的同意。我国《保险法》也分别针对不同险别作了这两项规定。对于一般的财产保险，保险合同主体变更不得随财产转移而自动转移，投保人（被保险人）必须在保险标的的权益转移时，事先书面通知保险人，经保险人同意，并由原保险人在原保险单或其他保险凭证上批注或附贴批单，或者由原保险人和投保人订立变更的书面协议。对于货物运输保险，允许保险单随同货物所有权的转移而自动转移，不需要得到保险人的同意。因为运输货物具有流动性，货物在运输中物权几经易手，若每次被保险人的变更都要得到保险人的同意，不利于商品流转。对于人身保险合同，由于人身保险合同的转让不发生被保险人的变更，仅由受让人承担缴纳保险费的义务，因此，人身保险合同的转让不必征得保险人的同意，但转让时应以书面通知保险人。

受益人的变更属于准主体的变更，这一问题容当后叙。

（二）保险合同内容的变更

保险合同内容的变更指体现双方权利义务关系的合同条款的变更。与保险合同主体的变更不同，保险合同内容的变更，一般是在主体不变的情况下发生的。保险合同内容的变更，通常表现为保险标的——财产数量的增减、品种、价值、存放地点的变化，或货物运输合同中航程的变化、船期的变化，以及保险期、保险金额的变更。

各国保险法一般都规定，保险合同订立后投保人可以提出变更合同的内容，但须经保险人同意，办理变更手续后，合同变更才有效。

（三）保险合同效力的变更

保险合同效力的变更，主要是指保险合同的中止与复效。保险合同的中止是指保险合同生效后，由于某种原因使合同暂时失效。保险合同的复效则是针对保险合同的中止而言，它指保险合同效力中止后重新开始生效。保险合同效力的中止并不等于保险合同效力的终止与无效。在合同效力中止后，投保人可以在一定条件下，提出恢复保险合同原有效力的请求，并经保险人承诺，中止的合同即可恢复。中止是复效的条件，但中止不一定必须复效，如果保险合同中止后，在规定的期间内投保人不申请复效，保险合同即从合同中止时解除。在保险合同效力中止期间发生保险事故时，保险人不负支付保险金的义务。保险合同的中止与复效是人身保险合同的常见条款。具体内容容后再述。

三、保险合同的解除

保险合同的解除，是指保险合同依法成立后，在有效期尚未届满之前，当事人依法提前终止合同的法律行为。保险合同的解除，分为任意解除、法定解除和约定解除三种。

（一）任意解除

任意解除，是指法律允许保险合同当事人有权根据自己的意愿解除合同。各国法律大多规定，投保人可以随时提出解除保险合同。我国《保险法》第 15 条规定，除本法另有规定或者保险合同另有约定外，保险合同成立后，投保人可以解除保险合同。但是，有些保险种类因其特殊性，法律规定在保险责任开始后，不得解除，也不能要求退还保险费。我国《保险法》第 50 条规定，货物运输合同和运输工具航程保险合同，保险责任开始后，合同当事人不得解除合同。

（二）法定解除

法定解除，是指法律规定的原因出现时，保险合同当事人一方依法行使解除权，消灭已生效的保险合同关系。各国立法普遍规定，保险人不得随意解除合同，除非投保方或被保险方有违法或违约行为。根据我国《保险法》的规定，保险合同成立后，保险人不得解除保险合同。但是，投保人或被保险人有下列行为之一者，可构成保险人解除保险合同的条件：（1）投保人故意隐瞒事实，不履行如实告知义务，或者因重大过失未履行如实告知义务，以至影响保险人决定是否同意承保或者提高保险费率的；（2）被保险人或受益人在未发生保险事故的情况下，谎称发生了保险事故，伪造、变造有关证明或者其他证据、故意制造保险事故，向保险人提出赔偿或者给付保险金请求的；（3）投保人、被保险人故意制造保险事故，保险人有权解除合同；（4）投保人、被保险人未按约定履行其对保险标的安全应尽的责任；（5）在保险合同有效期内，保险标的危险程度增加，被保险人未及时通知保险人的；（6）投保人申请的被保险人年龄不真实并且其真实年龄不符合合同约定的年龄限制的，但合同成立后逾 2 年的除外；（7）投保人违反特约条款。

此外，我国《保险法》第 58 条还规定："保险标的发生部分损失的，自保险人赔偿之日起 30 日内，投保人可以解除合同；除合同另有约定外，保险人也可以解除合同，但应当提前 15 日通知投保人。"这种合同解除，无疑是属于法定解除。

（三）约定解除

约定解除，是指双方当事人可以约定解除合同的条件，构成约定时，一方或双方有权解除保险合同。约定解除，又称"协议注销"，保险合同一经注销，保险人的责任即告终止。例如，我国船舶战争险条款规定，保险人有权在任何时候向被保险人发出注销战争险责任通知，在发出通知若干天期满生效。协议注销保险合同，都规定了注销条件，对保险人提出注销保险合同的限制比较严格，明确规定保险人注销保险合同必须先发注销通知，经过一段时间后合同方终止。

保险合同的解除，均应采用书面形式。保险合同的当事人依照法律规定或者合同约定解除保险合同的，保险合同视为自始没有发生效力，当事人已经受领的对方的给付应当返还给对方，但法律规定或保险合同约定不予返还的不在此限。因投保人故意隐瞒而违反如实告知义务的，保险人解除保险合同的，已收取的保费不予退还。保险合同的一方当事人因保险合同他方当事人违反法律或者违反约定的行为，行使解除权而解除合同并因合同解除而受损的，有权要求他方当事人赔偿损失。

四、保险合同的终止

保险合同的终止，是指当事人之间根据合同确定的权利义务的消灭。广义上保险合同的终止包括保险合同的解除，因为解除是提前终止合同的一种形式。而狭义上的保险合同的终止，主要有三种原因：

1. 保险合同因期限届满而终止

保险合同都有明确的保险期限，保险期限届满，保险人的保险责任即告终止。因此，保险期限届满是保险合同终止的最普遍、最基本的原因。双方当事人在保险合同的有效期内均完全履行了各自的义务并享受了应有的权利。保险合同到期后可以续保，但是，续保不是原合同的继续，而是新的保险合同的成立。

2. 保险合同因保险人履行赔偿或给付而终止

依据保险合同约定，保险人履行赔偿或给付全部保险金额后，保险合同即告终止。如终身人身保险，被保险人死亡后，保险人给付全部保险金，合同即告终止。在财产保险中，保险财产数次遭到损失，保险人的赔偿金总额已达保险金额后，不论保险单是否到期，保险合同即告终止，但船舶保险例外。船舶连续发生部分损失，每次损失都在保险金额限度内，经数次赔偿后即使赔偿金总数已超过保险金额，保险人仍需对保险标的负责，直至保险单期限届满。

3. 保险合同因保险标的灭失而终止

非因保险事故而使得保险标的灭失，使保险合同失去保险标的，保险合同效力自然终止。

第六节　保险合同当事人的义务

保险合同是双务合同，一方的权利就是他方的义务，反之亦然。因此，其当事人的权利和义务，可以通过各自承担的义务加以说明。同时，当事人对各方义务的履行过程也就是保险合同的履行过程。

一、投保人的义务

保险合同的种类较多。不同保险合同的投保人，尽管其应尽义务的内容有所不同，但他们一般都包括以下几项。

（一）交纳保险费的义务

保险费是投保人向保险人缴纳的费用，作为保险人依照合同承担赔偿和给付责任的代价。《保险法》第 14 条规定，保险合同成立后，投保人按照约定交付保险费，保险人按照约定的时间开始承担保险责任。

财产保险的保险费，一般应在合同成立后一次缴清，经双方特别约定，也可以分期支付，若投保人未按约定支付保险费的，保险人可以诉请交付，也可以通知被保险人终止合同。人身保险费多为分期支付，《保险法》第 36 条第 2 款规定，合同约定分期支付保险费的，投保人应当于合同成立时支付首期保险费，并应当按期支付其余各期的保险费。长期人寿保险合同生效后，投保人可享受交付保险费的宽限期，宽限期为 60 日，如仍未交付，合同效力中止，或由保险人按约定的条件减少保险金额。保险人对人身保险的保险费，不得以诉讼方式请求投保人支付。

（二）"危险增加"的通知义务

"危险增加"的通知，这是投保人应履行的重要义务之一。"危险增加"，是指签订合同时当事人双方所未曾估计到的危险可能性的增加。其中，有的是投保人或被保险人的行为（如保险标的变更用途）所致，有的"危险增加"则与投保人或被保险人的行为无关（如保险标的意外引起物理、化学反应）。但无论是前者还是后者，各国保险立法一般都规定，投保人或被保险人都负有通知的义务；当危险程度已达到须增加保险费的程度时，投保人还应按规定补交保险费。多数国家的保险立法还规定，投保人或被保险人履行"危险增加"的通知义务后，保险人可以采取两种做法：其一，终止合同关系；其二，要求增加保险费。对于后一种情况，如果投保人或被保险人不同意增加保险费，合同即自行终止。但投保人或被保险人履行"危险增加"的通知义务（或虽未通知但保险人已知道）后，保险人不作任何意思表示者，视为默认，之后不得主张解除合同或增加保险费。当然，如果投保人或被保险人应履行"危险增加"的通知义务而未履行者，事后发生保险事故并造成损失时，保险人不负赔偿责任。

关于"危险增加"的通知义务，我国《保险法》也作了明确的规定。该法第 52 条规定："在合同有效期内，保险标的的危险程度显著增加的，被保险人应当按照合同约定及时通知保险人，保险人可以按照合同约定增加保险费或者解除合同。""被保险人未履行前款规定的通知义务的，因保险标的的危险程度显著增加而发生的保险事故，保险人不承担赔偿保险金的责任。"这一规定，与国际上的习惯做法，大体上是一致的。

需要指出的是，"危险增加"是有特定的含义的，它必须是前述的"签订合同时当事人双方所未曾估计到的危险可能性的增加"。否则，就不能算是"危险增加"，而只是危险事故的开端。例如，人身保险中的死亡保险，在签订合同时，对被保险人因病死亡的可能性已经估计到，后在履约过程中，被保险人患病，病情日益加重，这种情况，不属具有特殊含义的"危险增加",而只是危险事故的开端。所以,在这种情况下,保险人不得要求终止合同或增加保险费。

(三) 出险通知义务

保险合同订立后,如果发生危险事故,投保人或被保险人即负有及时通知(或立即通知)保险人的义务。法律规定投保人的这一义务的目的有二:第一,这样规定,使保险公司在出险时能立即展开对于损失的调查,不致因调查的迟延而丧失证据,影响责任的确定。第二,这样规定使保险公司在出险时得以采取适当的方法,以防止损失的扩大或有时间抢救被保险的财产。基于此,有的国家或地区规定,投保人或被保人没有遵守立即通知条款,并在实质上影响保险人的地位者,保险人得以解除其赔偿损失的责任。

出险通知义务,一般要涉及两个主要问题。一是通知的方式。保险事故发生后,投保人或被保人履行通知的义务,可以书面方式进行,也可以口头方式进行。但合同规定以书面通知者,则必须用书面通知保险人或其代理人。书面方式中,又有邮寄和电报通知两种。电报通知,只有在合同中有明文规定时,投保人或被保人才受其约束。二是通知的期限。这方面各国法律规定不尽相同:有的规定为知悉保险事故发生后的 5 天之内,有的规定为 10 天或两周之内。而且大多数国家对不同的险种要求也不同。例如,在美国,其标准风灾保单规定,必须在损失发生后 10 天内通知保险人;冰雹保单则规定为 24 小时以内。在发生保险事故后,我国立法所使用的字眼是"及时通知",没有具体的期限。

通知延迟将产生什么法律后果?国际上通常的做法有两种:(1) 保险人只能对投保人或被保险人因出险通知延迟而扩大的损失部分拒赔,不能解除合同关系;(2) 出险通知不在期限内进行,保险人可以免负责任。我国法律尚没有这方面的规定。但有些保险条款却有具体规定。例如,中国人民保险公司拟订的《家庭财产保险附加盗窃险条款》规定:"被保险人在保险财产遭受保险责任范围内的盗窃损失后应保存现场,向当地公安部门如实报案,并在 24 小时内通知保险人,否则,保险人有权不予赔偿。"

(四) 出险施救义务

出险后的施救行为,一般都被各国规定为投保人或被保险人的主要义务之一。我国《保险法》第 57 条规定:"保险事故发生时,被保险人应当尽力采取必要的措施,防止或者减少损失。"据此,当保险事故发生后,投保人或被投保人在向保险人通知的同时,应积极进行施救,对损后财产进行整理、修复,采取各种必要的措施以减少物质损失。对被保险人由此而带来的损失,我国《保险法》第 57 条第 2 款也作了明确的规定:"保险事故发生后,被保险人为防止或者减少保险标的的损失所支付的必要的、合理的费用,由保险人承担;保险人所承担的费用数额在保险标的的损失赔偿金额以外另行计算,最高不超过保险金额的数额。"

二、保险人的义务

保险人的主要义务,就是在保险事故发生或规定的保险事件出现后,负责赔偿保险事故所造成的实际损失(包括施救费用、诉讼支出以及为确定保险责任范围内的损失所支付的受损标的的检验、估价、出售的合理费用)或约定的保险金。这既是保险人的义务,也是投保人或被保险人的权利。但是,对于任何一个具体的保险合同来说,保险人赔偿损失或给付保险金是有一定的责任界限的。根据我国法律规定，构成保险赔偿或给付责任要具备以下几个条件：

其一，就财产保险而言，受损的财产必须是保险财产。换言之，保险事故所造成的损失对象，必须是保险人承保并在保险合同中列明的财产。对于未保财产的损失，以及其他间接损失，如停工停产等，保险人不负赔偿责任，只能由被保人自己承担。在人身保险中，规定的保险事件的出现，如遇到伤害、疾病、死亡或生存到约定的时间等，是保险人支付保险金的前提。但是，因伤、病、亡或生存到约定时间的人，必须是保险人承保并在保险合同中列明的人，否则，保险人没有支付保险金的义务。

其二，保险财产的损失或被保险人遭受意外伤害，必须是由保险危险引起。换言之，保险财产损失或被保险人伤害的原因，必须是由保险合同中规定的危险因素所造成的。对于某些损失，如投保人或被保险人的故意行为、战争、暴力行为、核辐射等造成保险财产的损失，不能构成保险责任。同样，人身保险合同订立后，被保险人的伤害或死亡若系被保险人的故意行为或战争所致者，保险人没有支付保险金的义务。

其三，对于损失的赔偿或保险金的给付，只限于合同规定的保险金额。其中的财产保险，当保险事故发生后，保险人承担赔偿金的内容，可以包括四个方面：（1）保险财产的实际损失；（2）施救费用，即在发生保险责任范围内的灾害或事故时，被保险人为了抢救以及保护、整理保险财产的合理费用；（3）投保人或被保人的诉讼支出；（4）其他合理费用，如为了确定保险责任范围内的损失所支付的受损标的检验、估价、出售的合理费用等。

在一般情况下，财产保险的赔偿金额不得超过保险金额。但是，发生事故后，按我国现行法规的规定，施救、保护和整理费用的赔付，与保险财产的损失赔偿金额，两者应分别计算，不包括在保险财产赔偿金额之内，即施救、保护、整理费用与保险财产损失金额，可以分别按两个保险金额负责。但各均以不超过保险金额为限。属于未足额投保按比例赔偿的保险财产，其施救、保护、整理费用也应按比例计算赔偿。

关于施救费用的开支，有一个问题必须明确，即这里所谓"施救"是指灾害事故发生当时支付的费用，而不包括事故发生之前支出的费用。灾害事故发生之前支出的费用属于预防性质。灾前支出的预防费用，无论在哪个国家，一般情况下保险人是不负责任的，也不应由其负责。当然，在某些特殊情况下，事故虽未发生，但种种迹象表明，危险已接近发生，施救刻不容缓。为保护保险财产免遭必然发生的更大损失，虽在事故发生之前支出的费用，也可视同施救费用而予以负责。例如，有一批保险财产置于河边的某一仓库中，在保险期限内当地遇有大雨，河水迅速上涨，仓库虽还未进水，但水位已超过警戒线。为此，地方党政、防汛部门动员搬迁抢运。事后，河水果然进入仓库。这类搬迁抢运费，虽属灾前支出，但它是为保护保险财产免遭必然发生的更大损失而作出的支出，故保险公司应予赔偿。但是，若搬运后河水并未进入仓库，搬迁抢运费用则不能由保险公司承担。

此外，保险财产的损失，必须是发生在保险合同订明的存放地域，必须是在保险期限以内，保险人才负有赔偿的义务，否则，地域变动又未通知保险人，或者合同已经失效后所发生的损失，保险人均不予负责。

至于保险人的赔付方式，无论是财产保险还是人身保险，原则上采用的是以现金形式，不负责以实物补偿或恢复原状。但也有例外情况，如财产保险中约定负责重建或修理；伤害或健康保险中约定负责医疗；工程保险中约定"重置受损项目或予以修理"等，其赔付方式就属非现金的。

【难点追问】

1. 保险合同属要式合同还是非要式合同？

有人认为，保险合同属非要式合同，口头保险合同同样可以成立。我们认为，保险合同在实务中都是以书面形式订立的，口头保险合同既难以成立，也难以履行。我国《保险法》第13条的内容就是关于保险合同订立的规定，但这一条文的规定中并没有"口头合同"字样。

2. 被保险人是合同的当事人还是关系人？

有人认为，被保险人尤其是为自己利益订立的保险合同中的被保险人是合同的当事人。我们认为，任何真正意义的合同只有当事人双方，保险合同也是一样。保险合同的当事人即主体，就是投保人和保险人。虽然投保人与被保险人可能是同一个人，但在合同关系中，投保人与被保险人的不同身份不应混为一谈。

【思考题】

1. 何谓保险合同？其法律特征有哪些？
2. 保险合同可以作哪些分类？
3. 保险合同的形式有哪些？
4. 简述保险合同的内容。

第二十二章　财产保险合同

【学习目的与要求】

通过本章的学习，要求了解保险合同的特征、主要条款、索赔与理赔程序、企业财产保险合同与机动车第三者责任险合同。本章的重点及难点是财产保险的特征、机动车第三者责任险尤其是其中的"交强险"合同。

【知识结构简图】

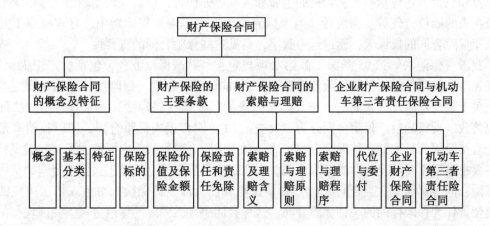

第一节　财产保险合同的概念及特征

一、财产保险合同的概念

与人身保险合同相对应的财产保险合同，亦称为"物保险合同"、"非寿险保险合同"，它是指以各种物质财产和与其有关的利益为保险标的，保险人承担上述各类保险标的因遭受自然灾害或意外事故所造成经济损失的赔偿责任的一种保险合同。

财产保险合同有广狭两义。广义财产保险合同既包括以有形财产为保险标的的保险合同，亦包括以无形财产为保险标的的保险合同。前者如火灾保险合同、汽车保险合同等，后者如责任保险合同、信用保险合同等。狭义的财产保险合同仅指存放于固定地点，处于相对静止状态的物质财产为标的的保险合同，其余的，如以无形财产为标的、以处于流动状态中的运输货物和运输工具为保险标的的财产保险合同，都不属于狭义财产保险合同之列。修订之前的我国《保险法》曾明确规定："财产保险合同是以财产及其有关利益为保险标的的保险合同"，修订后的《保险法》第 12 条第 4 款依然规定："财产保险是以财产及其有关利益为保险标的的保险"。其中所说的"财产及其有关利益"，显然既包括有形的物质财富，也包括无形的经济利益。可见，在财产保险合同这一问题上，我国保险立法实际上是采用广义的概念的。

二、财产保险合同的基本分类

财产保险的种类很多，因而其合同种类也很多。但传统上多以承担危险的不同而对财产进行分类，按照这一标准，传统财产保险合同一般分为：火灾保险合同、海上保险合同、运输保险合同、汽车保险合同、农业保险合同、盗窃保险合同、无形财产保险合同及再保险合同等。其中，火灾保险合同可谓财产保险合同的始祖及传统财产保险合同的"老大"，但在当代，火灾保险已不再是承保单一的火灾了，它的保险责任范围不断扩大，基本上已发展成为多种自然灾害和意外事故的保险。其"老大"地位也让位于汽车保险。汽车保险合同是从运输保险合同中分离出来的一种保险合同，这类保险合同所承保的不仅是车身和载货，还包括乘客、司机的生命和人身意外伤害，以及保险车辆给无辜的第三者造成损失的赔偿责任等。据统计，当今世界所收取的非寿险保险费中，有 60% 以上是来自汽车保险合同的投保人，通过这一数字，足见这些保险合同的重要性。

我国《保险法》第 95 条第 1 款第 2 项规定："财产保险业务，包括财产损失保险、责任保险、信用保险、保证保险等保险业务。"应该说，我国《保险法》的这一规定与传统上关于财产保险及其合同的分类大体是一致的。根据《保险法》的上述规定，实际上可以将我国现行的财产保险合同分为三大类：（1）财产损失保险合同，即以补偿有形财产的直接毁损为目的的一种保险合同。这是财产保险合同中最为主要的大类。我国现行的最主要也是最重要的企业财产保险合同、家庭财产保险合同、运输工具保险合同和货物运输保险合同等都属于这类合同。（2）责任保险合同，即以被保险人对他人依法应负的民事赔偿责任为保险标的的一种保险合同。这种合同中并无固定的保险金额。我国现行的几种责任保险合同包括公众责任保险合同、产品责任保险合同、雇主责任保险合同及职业责任保险合同等。（3）信用保险合同，即以信用借款合同或销售合同中债权人因债务人不履行合同义务而遭受的经济损失为保险标的的一种保险合同。我国现行的信用保险合同又可以分为：出口信用保险合同、（国内）投资信用保险合同、（国内）商业信用保险合同等，其中以出口信用保险合同最为普遍。此外，保证保险合同从性质上说亦可归于信用保险合同一类。保证保险合同是指债务人未履行债务或雇员的欺骗舞弊行为给债权人或雇主造成经济损失时，保险人负赔偿责任的一种财产保险合同，这类合同还可以分为诚实保证保险合同、确实保证保险合同等。

我国台湾地区"保险法"则将财产保险合同分为四类：火灾保险、陆空保险、责任保险和其他财产保险。

三、财产保险合同的特征

财产保险合同除具有一般保险合同的共同特征外，还具有其他一些特征，具体表现为：

（1）以赔偿被保险标的的损失为直接目的，严格贯彻损害填补原则。无损失即无保险。保险并不是保证不发生危险，而是对危险所造成的损失给予经济补偿，补偿方法主要是通过支付货币进行。因此，危险事故所导致的损失，必须在经济上能够计算价值，否则，保险的补偿将无法实现。在财产保险中，对于危险事故所造成的经济损失，可以通过估价等办法来确定。因而财产保险是补偿性保险。只有当被保险标的遭遇保险合同中规定的危险而发生经济损失时，保险人才承担经济补偿责任。

（2）保险人和投保人约定的保险金额不得超过被保险标的的实际价值，超过保险标的实际价值的，超过的部分无效。被保险标的实际价值即保险价值。在有形财产保险中可以事先确定，以作为双方约定保险金额的基础，在此种情况下，投保人与保险人约定的保险金额不得超过保险价值。在无形财产保险中，由于保险标的是无形的利益，保险价值无法事先约定，而只能在保险事故发生后由双方估定，此时，若保险金额超过保险价值的，超过的部分自动失效。

（3）保险人的最高赔偿责任以保险合同所约定的保险金额为限，被保险人所受超出保险金额范围的损失，保险人不负赔偿责任。保险金额是保险人承担赔偿责任的最高限额，也是投保人对保险标的的实际投保的金额。在财产保险中，超过保险金额范围的损失，投保人无权请求保险人赔偿。

（4）保险人对第三人所引起的损害赔偿责任享有保险代位权，这是人身保险合同的保险人所不可能有的一项权利。

第二节　财产保险合同的主要条款

保险合同的主要条款，亦即其主要内容。就财产保险合同而言，其主要条款应包括以下几项：

一、保险标的

保险标的是所有保险合同的首要条款。关于财产保险合同的标的，历来有不同的看法。有人认为，财产保险合同的宗旨，从投保人来说，就是希望其投保的财产在遭受意外损失时能通过保险得以恢复或重置，因此，财产保险合同的标的就是投保的财产本身。有人则认为，财产保险合同标的并非投保的财产本身。当保险财产遭受损失时，投保人希望的只是赔偿自己的经济损失而不是还给他投保时的那一特定财产，后者实际上是办不到的。因此，他们认为，财产保险合同的标的应是投保人可能丧失的财产价值，即与财产有关的保险利益。从现代保险来看，上述看法都有其片面性。

那么，财产保险合同的标的究竟是什么呢？我国《保险法》第 12 条第 4 款对财产保险合同的概念所作的界定回答了这一问题。该条文规定，财产保险合同是以财产及其有关利益为保险标的的保险合同。

依此定义可知，财产保险合同的标的有两类：（1）有形的物质财富，如房屋、车辆、机器设备、衣物等，这是财产保险合同最为常见、最为普遍的标的。（2）无形的经济利益，包括预期利益和消极利益。① 预期利益又包括因现有利益而生的期待利益和因合同而生的利益。前者如货物的托运人对货物运达目的地后应得的利润、收入可作为运输货物保险的标的；后者如买卖合同的出卖人出卖货物后，对买受人及时支付货款而取得的利益可以作为保险的标的。消极利益亦称"不受损失"的利益，即免除由于事故的发生而增加额外支出，如由于被保险人的作为致他人的财产或人身受到损害，为承担经济赔偿责任支付的费用，可作为责任保险的标的。

二、保险价值及保险金额

保险金额不得超过保险价值，这是财产保险的主要特征之一。保险价值，即保险标的的价格，有时也称"保险价额"，是指保险标的物在某个特定时期和特定地区的市场价额。例如，货物运输保险，其保险标的车辆和载货的价格，就是其保险的保险价值。保险金额既然不得超过保险价值，那么，保险价值实际上也就是保险人所负损失赔偿责任在法律上的最高限度，它是确定保险金额标准的基础。而保险金额则是保险合同当事人约定危险发生时应由保险人赔偿的最高数额。财产保险发生保险事故时，保险金额的给付是由实际损失多少来决定的。所以，财产保险如果以保险价值全部付诸保险即足额投保，而事故所造成的损失又是全损，则保险金额既同于保险价值，亦同于赔偿金额。如果仅以保险价值的一部分付诸保险即不足额投保，则赔偿金额既不同于保险金额，也不同于损失金额。

那么，保险价值与保险金额应如何估计和确定呢？

（一）保险价值的估计

前已述及，财产保险有定值保险和不定值保险两种。凡在保单中记载有保险合同当事人（投保人和保险人）事先确定保险标的价值的，这种保单称为定值保单；采用这种保单的保险，就称为定值保险。凡属定值保险，发生保险责任范围的损失时，不论所保财产当时的实际价值是多少，保险人都要按订保单时的保险价值计算赔偿。一般对货物运输保险、船舶保险以及飞机保险等多采用定值保险。定值保险，在法律上不存在保险金额超过保险价值的问题。若在保单中不记载有保险当事人事先确定保险标的价值的保单，这种保单称为不定值保单。不定值保单仅记载保险金额，而将保险标的实际价值留待需要确定保险赔偿的限度时才去计算；用这种保单的保险，就称为不定值保险。财产保险除少数外，大多数属于不定值保险。但无论是哪一种财产保险，都有一个对保险标的的价值的估计问题，所不同者，定值保险的保险价值在当事人签订合同时就确定下来了，而不定值保险则要等到出险后才由双方估定。

关于保险价值的估计，传统做法为：保险标的能以市价估计的，按市价估定；不能以市价估计的，可以由当事人双方约定其价值。应该说，以市价估计保险价值，是比较客观的价值。如果完全凭当事人的主观约定，既容易引起纠纷，而且与赌博也没什么两样了。当然，有些保险标的如古玩或名人佳作等，由于无一定市价，只能由当事人双方约定其保险价值，但这种情况毕竟是少数。

总的来说，保险价值以市价估价为原则，由当事人自己协商确定仅属少数，这也是当

---

① 黄华明. 中国保险理论与实务 [M]. 北京：经济科学出版社，1996：122.

今各国的通常做法。

（二）保险金额的确定

财产保险金额的确定，无非为三种情况：（1）保险金额与保险价值相等；（2）保险金额超过保险价值；（3）保险金额少于保险价值。其中，保险金额与保险价值相等，亦即所谓的足额保险；足额保险一般可获得足额的赔偿，即损失多少赔多少。

保险金额超过保险价值，在法学上称为"超过保险"。造成超过保险，有主观和客观两方面的原因。就主观原因说，有出于投保人的善意，也有出于投保人的恶意。就客观原因说，主要是在保险有效期间，因保险标的本身价值的跌落所致。各国立法对超过保险的规定不尽一致。其区别主要表现在如何对待投保人的"善意"与"恶意"这一问题上。法国、意大利及比利时等国商法规定，超过保险，如果出于投保人的善意所致，仅超过部分的合同无效；如出于投保人的恶意，则合同全部无效。很清楚，在这些国家中，善意所致超过保险与恶意所致超过保险，是有不同的法律后果的。而日本、荷兰以及智利等国家则认为，实践中的超过保险，究竟出于投保人的善意还是恶意，一般是不容易判断的。所以，这些国家的商法规定，凡超过保险，不问当事人动机如何，超过部分合同无效，其余部分仍然有效。

我国《保险法》第55条第3款规定："保险金额不得超过保险价值。超过保险价值的，超过部分无效，保险人应当退还相应的保险费。"我国的保险立法，实际上是同于日本等国的做法。

至于中途市价下跌，超过的部分合同无效，其余部分仍然有效。

保险金额少于保险价值，这是不足保险。造成不足保险的原因，亦有主观和客观两方面。投保人在投保时，为了少交保费而有意识地仅以保险标的部分价额投保，这是较为常见的不足保险，属主观原因所致。投保人在投保时本为足额保险，但在有效期间内因保险标的价值增高（如投保房屋因物价上涨而增值等），从而使原来的足额保险变成了不足额保险，这是客观原因所致的不足保险。不足保险不会导致合同无效的法律后果。但不足保险无论是主观原因或客观原因所致，当发生保险事故时，只能得到部分即不足额的赔偿。

还应提及的是，在财产保险中，保险金额不得超过保险价值，这个"保险价值"究竟指何时而言？各国保险立法关于这一问题的规定大体上是一致的，即在不定值保险中，保险人的赔偿金额不得超过保险标的在保险事故发生时价值的总额。这就是说，"保险金额不得超过保险价值"，这里的"保险价值"是指保险标的出险时具有的实际价值，而不是订立合同时保险标的的价值。

三、保险责任和责任免除

保险责任是保险合同上载明的当危险发生造成保险标的的损失或约定人身保险事件发生（或约定期满）时，保险人所承担的赔偿（或给付）责任。在保险合同中，保险责任条款也称危险条款，它具体规定了保险人所承担的风险范围，因而，它是保险合同最重要的条款之一，没有保险责任条款，就不成其为保险合同了。但是，保险合同种类不同，保险责任也就不同。财产保险合同中载明的责任条款，通常是保险人或政府主管部门制定的。例如，前述的《企业财产保险条款》即是。

其他种类的财产保险如车辆保险、家庭财产保险、涉外财产保险等，在有关部门制定的相关标准保险条款中，对其保险责任范围都作了相应的规定。

但是，也有些财产保险合同，其责任条款通常是由投保人选择决定的。例如，我国的海洋货物运输保险条款，就分别列出平安险、水渍险和一切险三种险别，这三种险别的保险责任是不同的，投保人可以根据自己的实际情况，从中作出自己的选择。保险责任条款，一般是与其除外责任连在一起的，所谓除外责任，是指依法律的规定或依合同的约定，保险人不负赔偿责任的范围。除外责任条款亦称保险人责任免除条款。除外责任一般在保险单上印就的保险条款中予以列举。例如，前述的原为中国人民保险公司拟就的《国内水路、陆路货物运输保险条款》所列的四项除外责任即是。其中，因道德危险所致损失是最为常见的除外责任。

任何保险合同都必然有其除外责任条款，但它只有利于保险人而不利于投保人（被保险人）。因此，我国《保险法》第17条规定，保险合同中规定关于保险人责任免除条款的，保险人在订立保险合同时应当在投保单、保险单或者其他保险凭证上作足以引起投保人注意的提示，并对该条款的内容以书面或者口头形式向投保人作出明确说明，未明确说明的，该条款不产生效力。在这里，问题的关键是何谓保险人的"明确说明"。我们理解：（1）凡保险人向投保人提供的相关保险的标准保险条款中，除外责任已有明确规定，并有保险人对该条款的内容已经提示或明确说明的记载，投保人在投保时已经注意到但仍然接受该标准条款的。（2）凡当事人双方在没有标准保险条款的情况下，经协商达成保险协议，且该协议中有除外责任内容的。（3）当事人所订立的保险合同中虽然无明确的除外责任条款，但依我国有关法律的规定可免除一方相应责任的。以上三种情况，都可以认为保险人在订立保险合同时就除外责任向投保人作了明确说明。

在实践中，保险人的说明义务常常是当事人双方发生纠纷的事由之一。根据《最高人民法院关于适用〈中华人民共和国保险法〉若干问题的解释（二）》的规定，我们认为，保险人是否正确履行了说明义务，可以从以下几个方面去把握：

其一，保险人将法律、行政法规中的禁止性规定情形作为保险合同免责条款的免责事由，保险人对该条款作出提示后，投保人、被保险人或受益人以保险人未履行明确说明义务为由主张该条款不生效的，法院或仲裁机关应不予支持。

其二，保险合同订立时，保险人在投保单或者保险单等其他保险凭证上，对保险合同中免除保险人责任的条款，以足以引起投保人注意的文字、字体、符号或者其他明显标志作出提示的，法院或仲裁机关应当认定其履行了《保险法》第17条第2款规定的提示义务。

其三，保险人对保险合同中有关免除保险人责任条款的概念、内容及其法律后果以书面或口头形式向投保人作出常人能够理解的解释说明的，法院或仲裁机关应当认定保险人履行了《保险法》第17条第2款规定的明确说明义务。

其四，通过网络、电话等方式订立的保险合同，保险人以网页音频、视频等形式对免除保险人责任条款予以提示和说明的，法院或仲裁机关可以认定其履行了提示和明确说明义务。

当然，保险人对其履行了提示和明确说明义务的负有举证责任。

第三节　财产保险合同的索赔与理赔

一、索赔及理赔的含义

索赔与理赔是一个问题的两个方面，它们体现了财产保险合同当事人的具体权利和义务，体现了财产保险合同履行的具体过程。所谓索赔，是指被保险人在保险标的遭受损失后，根据保险合同的约定，向保险人要求履行赔偿的行为。而理赔，则指保险人在承保的保险标的发生保险事故，被保险人提出索赔后，根据合同的约定对保险事故造成的损失所进行的一系列调查并予以赔偿的行为。简而言之，索赔是财产保险的被保险人主张其权利的行为，而理赔则是保险人履行其义务的全过程。

索赔是法律赋予投保人（被保险人）的一项权利，但它是有时效限制的。根据我国《保险法》第26条第1款的规定，人寿保险以外的其他保险的被保险人或者受益人，对保险人请求赔偿或者给付保险金的权利，自其知道保险事故发生之日起2年不行使而消灭。依照此条规定，在我国，财产保险合同的被保险人自知道保险事故发生之日起经过2年不提出索赔申请的，即丧失了权利。

二、索赔与理赔的原则

财产保险的最终目的是使被保险人受损时得到补偿，这种补偿，应坚持以下原则：

（一）保险利益的原则

有无保险利益，不仅关系到哪些人能成为投保人的问题，而且直接关系到哪些人享有请求赔偿权的问题。我国《保险法》第12条第2款规定："财产保险的被保险人在保险事故发生时，对保险标的应当具有保险利益。"换言之，对保险标的已无保险利益的人，是不能获得保险人的赔偿的；虽然有保险利益，但所能获得赔偿的数额，亦以投保人（被保险人）的保险利益为限度。

至于对某项财产有直接利害关系的人，如保管人、承运人和承租人等，虽然他们可以分别据其保管、承运和承租的财产进行投保，即虽然他们对所投保的财产具有保险利益，但在发生保险事故时，无权将赔偿金据为己有。而必须分别转给存货人、托运人或出租人等，因为就领受赔偿款而言，前者仅相当于后者的代理人而已。

（二）实际现金价值的原则

关于保险赔偿额，各国一般的做法是保险人的赔偿责任，仅以保险标的损失时的实际现金的价值为限。

前已述及，保险的实际现金价值，不是指保险标的在投保时本身所具有的价值，而是指重置成本减掉折旧之后的余额，即损失时的市价。在这里，关键是重置成本和折旧如何计算。

保险标的的重置成本的计算，应视情况的不同而不同。例如，某厂在火灾中损失了一批已投保的原料，其重置成本应为该原料损失时的市场价格加上运到工厂的各种费用。受损若系成品，受损阶段不同，其重置成本计算又不同：在厂内受损，其重置成本应为损失时的制造成本；在批发商手中损失，其重置成本应为批发商在损失时的进货价格加上进货费用。两者均不应包括销售利润在内。有些财物是不能再生产的，同时也无客观的市场价值，这类财产保险时，一般都采用定值保单。否则，受损后其重置成本只有根据被保险人的原始购进价格，再视损失的情况加以适当的调整。

至于折旧，通常的做法是，规定有折旧率的，按照折旧率计算；无折旧率的，应根据保险标的物在使用过程中由于过时、退化而造成的实际贬值进行计算。

（三）"主动、迅速、准确、合理"的原则

如前所述，保险，尤其是财产保险，其最终目的是使受损者得到补偿。这种补偿，对于投保人来说，是救灾钱、救命钱。因此，保险理赔应该坚持"主动、迅速、准确、合理"的原则。其中，主动是指保险人应主动深入现场开展理赔工作；迅速是指保险人应按法律规定的时间，及时给予赔付，不拖不赖；准确是指计算赔偿金额应力求准确，该赔多少就赔多少，不惜赔，也不滥赔；合理是指赔付要合情合理，一切从实际出发，具体情况具体分析，要做到既符合保险条款的规定，又符合实际情况。

保险理赔坚持"主动、迅速、准确、合理"原则是有法律依据的，这一依据就是《保险法》第23条的规定。该条文规定："保险人收到被保险人或者受益人的赔偿或者保险金的请求后，应当及时作出核定；情况复杂的，应当在30日之内作出核定，但合同另有约定的除外。保险人应当将核定结果通知被保险人或者受益人；对属于保险责任的，在与被保险人或受益人达成赔偿或者给付保险金的协议后10日内，履行赔偿或者给付保险金义务。"根据以上的规定，其一，保险人在收到保险索赔请求之后，应及时作出核定，再复杂的赔偿案，也必须在30日之内作出核定；其二，对属于保险责任的索赔案，保险人在双方达成赔偿协议后10日之内必须履行赔付义务。否则，就是违约并承担相应的损失。

三、索赔与理赔的程序

索赔与理赔，必须依一定程序进行。除前已述及的出险通知程序外，一般说来，保险索赔与理赔，还必须经过以下程序：

（一）立案检验

立案检验，这一程序实际上包括两个方面的内容，即立案和检验。

1. 立案

保险公司在收到出险通知后，无论应否赔付，都应编号立案。立案时，应将被保险人名称、保单号码、出险日期、出险原因、出险地点、损失约数等详细记录下来，并请被保险人填报出险通知书（一式两份）。根据被保险人报送的出险通知书，抄录有关保险单副本和批单一份，以便查勘前能先了解承保财产情况，做到心中有数。

2. 检验

检验主要是出险后保险人对保险单证核查和现场查勘。对出险案件，首先应查明的是，索赔人是否有保单；如未保险或保单已期满失效，就不必查勘。其次是核查其他单证，如损失证明、所有权证明、账册、商业单据、运输单证等，从而了解：A. 发生的保险事故，是否在承保范围内？B. 保险事故发生的地点，是否在保单规定的地点？C. 要求

赔偿的人，是否有权提出此项要求？经查，如果发现发生的保险事故不在承保范围之内，或出险地点并非保单规定的地点，或发现要求赔偿者根本无权提出此项要求时，保险人就应中止其理赔工作。

在审核各种单证的基础上，保险人应进行现场查勘。现场查勘的主要内容一般包括：查勘出险的地点；查勘出险的时间；查勘出险的原因，从中了解出险地点受损财产是否保险财产，出险的时间是否在保险有效期间以内，损失原因是否在原保险责任范围之内，从而作出是否进行责任审核程序的决定。

（二）责任审核

所谓责任审核，是指根据现场查勘的各项记录及理赔单证，审核保险责任和赔偿范围。这是处理理赔案的一项非常重要的工作。要认真思考、全面分析，避免片面性。

要确定是否保险人承保的责任，关键是要弄清楚造成损失的原因。造成财产损失的危险事故即原因，往往不止一个。如果原则上确定在多个原因中只要有一个原因是保险人承保的范围，保险人就应赔偿，这样分析致损原因就比较简单了，然而按这一原则办理，保险人承担的责任过大。在这个问题上，国外保险法多采取"近因"原则。在我国，没有采用"近因"这一概念，而以"导致损失的重要原因"作为判断责任的依据。就是说，在多因一果的情况下，保险人是否承担赔偿责任，要看造成保险财产损失的原因，是否属于保险人承保的保险事故，即损失与所承保的危险是否有因果关系。如有因果关系，保险人就负有赔偿的义务，否则，不能要求其承担赔偿责任。

赔偿范围也是责任审核的重要内容之一。赔偿范围的审核，有些问题应予以注意：（1）要注意受损财产按什么价格报损，是否合理。（2）要注意赔付的范围是否符合条款的规定。凡不属赔付范围的，都予以剔除。（3）要注意施救整理费用包括什么项目，是否合理，是否必要。

对于不属于保险责任范围的拒赔案件，一定要慎重研究，要有充分的依据。

四、代位与委付

代位与委付，是财产保险合同履行的特殊情况。两者既有联系，又有区别，从本质上说，它们都是财产保险合同履行过程中的一种权利转移制度。

（一）代位

代位是各国保险立法所共同承认的债权转移制度，代位求偿制度，仅适用于财产保险。

1. 代位的概念及种类

代位求偿，又称"权益转让"，一般简称"代位"。在财产保险中，由于第三者的过错致使保险标的发生保险责任范围内的损失的，保险人按照保险合同给付了保险金后，有权把自己置于被保险人的地位，获得被保险人有关该项损失的一切权利和补偿。保险人可以用被保险人的名义向第三者直接索赔或提出索赔诉讼，保险人的这种行为，就称为代位求偿；其所享有的权利，称为代位求偿权。

应该说，以上释义仅指代位的狭义而言。保险人所享有的代位权，从广义上说，应包括物上代位和权利代位两种。所谓物上代位，是指保险财产发生损失时，保险人依约赔款后，即可取得该保险财产的所有权。当然，保险财产发生的损失，如果是完全灭失，如保险房屋被洪水冲走，不留痕迹，没有残余利益，也就无所谓物上代位。但是保险财产发生全损的情况是不多的，大量的是部分损失。部分损失就有一个损后残值的问题。保险人在按全损赔付后，理应取得此项残余财物的权利。实践中，保险人对损后残值的折抵（即以残值折抵一部分赔款）、变卖以及海上保险所实行的委付，都是物上保险代位的具体表现。

然而，各国往往只重视狭义代位，即权利代位。因此，一般所言保险代位，仅指权利代位而言。我国《保险法》第 60 条第 1 款规定："因第三者对保险标的的损害而造成保险事故的，保险人自向被保险人赔偿保险金之日起，在赔偿金额范围内代位行使被保险人对第三者请求赔偿的权利。"这就是我国对代位求偿的法律规定。从其内容上看，这里所说的代位求偿，显然仅指狭义代位即权利代位而言。

2. 代位求偿制度的逻辑依据

财产保险的最终目的是使被保险人受损时能获得补偿。因此，补偿原则是财产保险合同最为明显的一项原则。但是，由于补偿原则的限制，被保险人所得赔偿不得超过其保险利益，不能因保险关系而取得额外的利益。实践中，被保险人因他人的过错而遭致损失并获得保险公司的赔偿后，如果还允许其向导致损失的第三者索赔，那么，其所获得的赔偿必然超过保险利益。这就违反了保险的补偿原则。但是，被保险人在获得保险公司的赔偿后，如果让有过错的第三者逃避其在法律上应负的赔偿责任，这又违反了社会公平的原则。

再者，保险财产灾后往往留有残值，当保险人依约支付了全部赔偿金后，应取得该残值的所有权，否则，被保险人将获得这部分物资的双重权益。

正是基于以上考虑，各国法律才对代位求偿作了规定。

3. 代位求偿权的成立要件

代位求偿权的成立要件，亦即保险人行使代位求偿权所应具备的基本条件。一般认为，代位求偿权的成立要件有两项：（1）保险事故的发生与第三人的过错行为须有因果关系。具体来说，第一，发生的事故必须是保险合同所规定的责任事故，如果发生的事故并非保险事故，与保险人无关，不存在保险人代位行使权利的问题。第二，发生的保险事故，必须是第三人的过错所造成，如果损失并非因第三人的过错行为所致，同样不存在保险人代位行使权利的问题。（2）代位权的产生须在保险人给付保险金额之后。这是因为，代位求偿权，实质上是一种转移了的债权；而债又是特定当事人之间的一种民事法律关系，在保险公司未给付赔款即保险金额之前，它与造成保险事故的第三者是没有任何债务关系的。只有在保险公司履行了其赔偿义务之后，被保险人对致害的第三者所享有的赔偿请求权才发生，即保险人因履行赔偿义务而成了新债权人，可以代位行使被保险人原有的权利。

总之，保险人的代位权，犹如保证人的追偿权一样，须在履行一定义务之后方能产生。只要保险人履行了赔付义务，其代位求偿权就自动产生，无须再履行其他手续。

4. 代位求偿权的行使

代位求偿权的行使涉及两个问题，即如何行使，以什么人的名义行使。凡涉及代位求偿的保险赔偿案，一般应当先由被保险人向负有责任的第三者要求赔偿。被保险人依法从第三者处取得赔偿后，即免去了保险人的赔偿义务。然而，在实际生活中，被保险人往往为节约时间和精力，一般都径直向保险人提出赔偿要求。在这种情况下，保险人应依约先给予赔偿，然后依法行使代位求偿权。被保险人依法从第三者处获得赔偿后，保险人由于不知情又付赔偿金的，有权向被保险人要求返还。

至于在行使代位求偿权时用保险人的名义还是被保险人的名义，各国的做法不一。我国习惯上是用被保险人的名义行使追偿权。

保险人的代位权是一项法定权利，因此，第一，"保险人向第三者行使代位请求赔偿的权利时，被保险人应当向保险人提供必要的文件和所知道的有关情况"（《保险法》第63条）。若"被保险人故意或者因重大过失致使保险人不能行使代位请求赔偿的权利的，保险人可以扣减或者要求返还相应的保险金"（《保险法》第61条第3款）；第二，"保险事故发生后，保险人未赔偿之前，被保险人放弃对第三者请求赔偿的权利的，保险人不承担赔偿保险金的责任"（《保险法》第61条第1款）；第三，"保险人向被保险人赔偿保险金后，被保险人未经保险人同意放弃对第三者请求赔偿的权利的，该行为无效"（《保险法》第61条第2款）。

保险人所享有的代位权虽然是一项法定权利，但它的行使是受到一定的限制的。我国《保险法》第62条规定："除被保险人的家庭成员或者其组成人员故意造成本法第60条第1款规定的保险事故外，保险人不得对被保险人的家庭成员或者其组成人员行使代位请求赔偿的权利。"例如，夫妻俩各驾一辆小车，在路上夫不慎将妻驾的车辆撞坏，保险公司对被撞坏的车辆进行赔偿后，不能对妻子的丈夫行使代位权；又如某高校A、B两公车在校内行驶时，B车司机因过失而将A车撞坏，保险公司在向某高校赔偿后又向其行使代位请求赔偿的权利，这是不允许的。

但是，投保人和被保险人不是同一人，因投保人对保险标的的损害而造成保险事故，保险人依据《保险法》第60条对投保人行使保险代位求偿权的，应予支持，但法律另有规定或者合同另有约定的除外（《保险法解释(二)》）。

（二）委付

所谓委付，是指投保人（被保险人）以保险标的物的一切权利移转于保险人，从而得以请求支付全部保险金额的权利。

委付制度，是海上保险的特殊规定之一。在海上保险中，委付常常作为处理保险标的损失的一种手段。按照委付制度，当保险标的虽然未达到全部损失，但有全部损失的可能；或其修复费用将超过保险财产本身价值时，被保险人可以将其残余利益，或标的上的一切权利表示移转给保险人，从而要求推定全损给予赔偿。

依照国际惯例，实施委付时，应注意以下几个问题：

（1）委付须经保险人同意。这就是说，保险人对被保险人提出的委付请求，可以接受，也可以拒绝。保险人接受委付请求，可先取得标的物的物权，然后赔付全部保险金额。如果保险人拒绝委付不影响被保险人的索赔权利。委付一经被接受，就不能中途撤回。

（2）委付，应就保险标的物的全部提出请求，而不能仅就一部分标的物请求委付，另一部分标的物不请求委付。因为委付是以推定全损为前提的，因此，委付不能附加条件。

（3）委付时，被保险人必须向保险人提出书面请求，如经保险人接受并同意给付赔偿时，尚须从被保险人方面取得授权书，保险人据以取得对该项标的的代位求偿权，即行完成委付手续。委付成立后，可委付的标的物的权利自委付的原因出现之日起开始转移，保险人对保险标的物的所有权、利益和义务必须同时接受。由于标的物的所有权已转移，保险人在处理标的物时如果得到的利益超过所赔偿的保险金额，应当归保险人所有。同时，如对第三人有损害赔偿请求权，其索赔金额超过其给付金额的，也同样归保险人所有，在这一点上，与前述的代位求偿有所不同。

第四节　企业财产保险合同与机动车第三者责任保险合同

一、企业财产保险合同

（一）企业财产保险合同的概念及范围

企业财产保险合同是保险人与企业单位（包括事业、机关等单位）签订并为其提供经营、管理保障的一种财产保险合同，也是我国最为主要的一种保险合同。企业财产保险合同属短期保险合同，其保险期限一般为 1 年，保险期满后，可以再续保，但续保须另办手续。

企业可以就哪些财产向保险人投保？从财产的归属或占有上说，凡投保人所有或有权经营管理，或替他人保管，或与他人共有而由其负责管理的财产以及具有其他法律上承认的与投保人有经济利害关系的财产，都属企业财产保险的范畴。从财产的具体种类来说，除了土地、矿藏、森林、水资源及未经收割和收割后尚未入库的农产品，以及货币、票证、有价证券、文件、账单、图表、技术资料、无法鉴定价值的财产、在运输过程中的货物、违章建筑外，都属企业财产保险的范围。

（二）保险金额及保险责任

1. 企业财产保险合同的保险金额

企业财产保险的保险金额，是投保人对保险标的实际投保金额，也是保险人计算保险费的依据和承担赔偿责任的最高限额。不同的保险标的，其保险金额的确定方法是不同的。

（1）固定资产保险金额的确定。将固定资产投保时，其保险金额确定方法有三种：①可以按照账面原值投保，即可以将账面原值作为保险金额；②由投保人与保险人协商按账面原值加成数作为保险金额；③按重置价作为保险金额。此三种确定方法中，后两种所确定的保险金额更接近保险标的的实际价值。

（2）流动资产保险金额的确定。流动资产投保时，可以最近 12 个月的平均账面金额为保险金额，也可以最近账面金额为保险金额。

（3）已经推销或未列入账面的财产保险金额的确定。这些财产投保时，一般以投保人与保险人商定的投保财产的实际价值作为保险金额。

2. 企业财产保险合同的保险责任

在企业财产保险合同中，保险人应承担的保险责任包括三个方面：（1）不可预料和不可抗力事故所致损失。这里所说的不可预料和不可抗力事故是指火灾、爆炸；雷电、暴风、龙卷风、暴雨、洪水、海啸、地震、地陷、崖崩、冰雹、泥石流；空中运行物体的坠落。（2）停电、停水、停气（以下简称"三停"）所致损失。被保险人因上述灾害事故即不可预料和不可抗力事故引起停电、停水和停气，以致造成被保险人的机器设备、产品和贮藏物品的损坏或报废的，保险人负有赔偿责任。"三停"必须同时具备以下三个条件，才属保险责任：一是遭受损坏的必须是被保险人自己的供电、供水和供气设备（以下简称"三供设备"），这里所说的"自己"，包括本厂自有专用或与其他单位共用的设备；而"设备"，则包括变压器、配电间、水塔、线路、管道等供应设备。非被保险人自己而属供电、供水、供气部门的设备引起的"三停"，无论造成多大的损失，都不属企业财产保险的保险责任。二是被保险人自己的"三供设备"的损坏必须是上述灾害事故所造成。如果非因上述灾害事故，而是其他事由引起的"三停"所造成的损失，不属保险责任。三是就范围而言，只限于对被保险人机器设备、产品和贮藏物品的损坏或报废负责。例如，药厂的供电设备因上述灾害事故的破坏而停电，使其机器设备受损，冷藏库内的药品变质，则保险人仅对此负责。（3）为施救保险财产而发生的必要的、合理的费用。

企业财产保险合同由于以下原因造成的损失，保险人不负赔偿责任：（1）战争、军事行动或暴力行为；（2）核子辐射的污染；（3）被保险人的故意行为；（4）保险单内列明的其他除外责任。

（三）企业财产保险合同的赔偿处理

1. 赔偿处理的程序

企业财产保险的赔偿处理，应依一定的程序进行。就被保险人而言，应做到：（1）按照保险公司规定的要求，提出保险财产的损失清单和各项施救、保护、整理费用清单。（2）为了核实损失和赔偿金额，根据需要，应向保险公司提供有关财务账册、单证。例如，总账分类账、明细账或车间台账，出入库单据、临时登记、记录本等。（3）提供公安消防或其他有关部门出险原因的证明，必要时还应提供损失的技术鉴定报告。当然，在某些特殊情况下，例如，火灾损失较小，不够公安部门立案标准，或由于某种原因未及时报案时，事后确又无法取得上述出险证明，经保险公司调查属实，可以由被保险人书面申请，并提供其上级主管部门的证明，也可以接受处理。

就保险人而言，则应做到：接到被保险人赔偿申请及报来的各项材料后，应立即进行认真审核，确定赔偿责任，计算应赔金额。一经审核无误，属于承办公司核赔权限内的案件，一般应在 10 天内赔付；需报请上级核准的案件，应在核准后即予以赔付。

2. 企业财产保险赔偿计算方法

企业财产保险赔偿计算，因投保财产性质不同、投保方式不同、受损程度不同而有所不同。

（1）固定资产赔偿计算方法。固定资产投保，出险后是全部损失还是部分损失，其赔偿计算方式有较大的差别。如果是全部损失，那么，不管投保人是以何种方式投保，即不管是按账面原值投保，或按账面原值加成数投保，还是按重建重置价值投保，保险公司一般都按保险金额赔偿。如果是部分损失，其赔偿计算方式有两种：①按账面原值投保的财产，出险时如果受损失财产的保险金额低于重建重置价值（此时的保险实已变为不足保），应按比例赔偿，即根据保险金额按财产损失或修复费用与重建重置价值的比例计算赔偿金额。如果受损财产的保险金额相当于或高于重建重置价值，则按实际损失计算赔偿金额。②按账面原值加成数或按重建重置价值投保的财产，出险时发生部分损失的，均按实际损失计算赔偿金额。

上述情况无论是否全部损失，其赔偿额都应根据明细账、卡分项计算。其中每项固定资产的最高赔偿金分别不得超过其投保时确定的保险金额。

（2）流动资产赔偿计算方法。流动资产投保后，凡发生保险责任范围内的损失，按以下方式计算赔偿金额：以最近 12 个月账面平均余额投保的，当财产发生全部损失时，按出险当时的账面余额计算赔偿金额；若发生部分损失，则按实际损失计算赔偿金额，即损失多少赔多少。但是，无论是全损还是部分损失，以上流动资产选择部分科目投保的，其最高赔偿金额分别不得超过出险当时该项科目的账面余额。

（3）以最近账面余额投保的，当发生全部损失，且损失金额高于或相当于保险金额时，按保险金额赔偿。但如果受损财产的实际损失低于保险金额时，则以不超过实际损失为限。流动资产按账面余额投保仅发生部分损失的，损失额在保险金额以内者，按实际损失计算赔偿金额。如果受损财产的保险金额低于出险当时的账面余额，则应当按比例计算赔偿金额。

以上流动资产选择部分科目投保的，其最高赔偿金额不得超过其投保时约定的该项科目的保险金额。

（4）已经推销或不列入账面财产投保的赔偿计算方法。这类保险财产发生保险责任范围内的损失时，如属全部损失，按保险金额赔偿。但若受损财产的保险金额高于实际损失的，赔偿金额以不超过实际损失金额为限。这类保险财产如果发生部分损失，按实际损失计算赔偿金额，但不以超过保险金额为限。

此外，被保险人在发生保险事故因施救而支出合理费用时，保险公司按以下方式计算赔偿金额；凡固定资产按账面值加成数或按重建重置价值投保的、凡流动资产按最近 12 年月账面平均余额投保的、凡已经推销或不列入账面的财产经被保险人与保险公司协商按实际价值投保的，均根据被保险人实际支出的费用计算赔偿金额。

二、机动车辆第三者责任保险合同

我国现行的机动车辆第三者责任险，实际上包括一般的机动车辆第三者责任险和机动车交通事故责任强制险（以下简称"交强险"），前者为自愿保险，后者系法定保险。

（一）一般机动车第三者责任保险合同

1. 机动车辆保险合同的概念及险别

机动车辆保险合同是投保人与保险人之间所订立的，以机动车辆（包括汽车、摩托车、拖拉机和工程车等机动车辆）作为保险标的的保险协议。按此协议，保险人对于保险事故造成的保险车辆损失或致第三人的人身伤亡或财产损失，承担保险赔偿责任。机动车辆保险合同的投保人范围极为广泛，凡是机动车辆的所有人或与机动车辆有利害关系的社会成员（如经营管理人、承租人、承包人等）都可以成为机动车辆保险的投保人。

我国目前开办的机动车辆保险业务，主要包括车辆损失险（又称车身险）和第三者责任保险。此外，还可以特约投保汽车司机人身意外伤害险、乘客意外伤害责任保险等附加险。

2. 机动车辆保险的保险金额

在机动车辆保险合同中，车辆损失险和第三者责任险确定保险金额的方法是不一样的。车辆性质不同，保险金额确定方法也不同。

公有车辆的保险金额，既可以按照重置价值来确定，也可以由被保险人和保险人协商确定。而私有车辆的保险金额，则要按其投保时的实际价值来确定，至于涉外车辆投保汽车车身险时，新车通常按重置价值或比照市场贸易价值来确定保险金额。进口车辆的保险金额则按完税价格确定。旧车的保险金额的确定，则以折旧价或重置价为根据。

第三者责任险的保险金额，按国际保险市场的惯例，一般是不确定的。不过，有些国家的保险立法对于每一受害人及每一保险事故规定了赔偿限额。而我国的现行机动车辆第三者责任保险合同原则上不确定保险金额，保险人承担的赔偿责任没有限额，均以有关部门的裁决为准，当然，在保险实践中，国内机动车辆第三者责任保险存在着限额赔偿和无限额赔偿两种情况。

3. 保险责任与除外责任

其一，车辆损失责任与除外责任。车辆损失险是指保险人对于保险车辆在行驶或停放中因保险事故造成的损失予以赔偿的保险。其保险责任包括碰撞责任、非碰撞责任和施救、保护费用等三类。

（1）碰撞责任。即保险人对于保险车辆与其他物体碰撞及发生倾覆造成的损失承担赔偿责任。

（2）非碰撞责任。即保险人对于保险车辆因承保的自然灾害或意外事故造成的损失予以赔偿。其中，承保的自然灾害包括雷击、暴风、龙卷风、洪水、地震、海啸、地陷、崖崩、沙暴、冰雹、泥石流等。而承保的意外事故则包括火灾、爆炸、隧道坍塌、空中运行物体的坠落、全车失窃（3个月以上）、载运保险车辆过河的渡船发生自然灾害或意外事故（只限有驾驶人员随车照料者）等。

（3）施救、保护费用。即被保险人在保险车辆遭受保险事故时，为减少损失而采用施救、保护措施所支出的合理费用，对此，保险人负责赔偿，但支出数额以保险金额为限。

车辆损失险的除外责任包括不保危险和不保损失。不保危险有：战争、军事冲突或暴乱；酒后开车、无有效驾驶证驾驶；受本车所载货物撞击；两轮及轻便摩托车失窃或停放期间翻倒；被保险人或其驾驶人员的故意行为。不保损失有：自然磨损、轮胎自身爆裂或车辆自身的故障；保险车辆遭受保险责任范围内的损失后，未经必要修理，致使损失扩大部分；保险车辆因遭受灾害或事故致使被保险人停业、停驶的损失以及各种间接损失；其他不属于保险责任范围内的损失的费用。

其二，第三者责任险的保险责任与除外责任。第三者责任险的保险责任是指被保险人或其允许的驾驶人员在使用车辆过程中发生意外事故，致使第三者遭受人身伤亡或财产的直接损毁，依法应由被保险人支付的赔偿金额，由保险人负责赔付。

在此保险责任中，应当注意"第三者"的适用范围。保险人和被保险人不属于第三者自不待言，但在我国《保险法》修订之前，法人为被保险人的，该法人单位的驾驶人员、工作人员均不为第三者。自然人为被保险人的，其家庭成员并不视为第三者。但修订后的《保险法》第62条规定，除被保险人的家庭成员或者其组成人员故意造成本法第60条第1款规定的保险事故（即"因第三者对保险标的的损害而造成的保险事故"）外，保险人不得对被保险人的家庭成员或者其组成人员行使代位请求赔偿的权利。也就是说，此种情况下被保险人的家庭成员或者组成人员，其行为除非是出于故意，否则不能视为"第三者"。被保险人受托管理的财产也不视为第三者的财产。国际保险市场上的汽车第三者责任保险所讲的第三者包括保险车辆上的一切人员（驾驶员除外）和随车财产。但在我国，国内机动车辆第三者责任险的第三者不包括保险车辆上的一切人员和财产，而涉外汽车保险则无此限定。

4. 车辆保险的索赔与理赔

（1）索赔。保险车辆在保险期限内发生保险事故的，被保险人应当采取合理的施救、保护措施，并立即向交通管理部门报案。同时，迅速地用口头、电话或电报方式向保险人发出通知。此后，被保险人应当填写"机动车辆保险出险通知书"和"损失清单"作为正式申请赔偿的书面文件。其中，应当说明被保险人的名称或姓名、保险单号码、车辆牌照号码、出险的日期、地点、原因，人员伤亡和估计的损失金额等情况。

被保险人在向保险人索赔时，应当向保险人提供保险单、事故证明、事故调解结案书、有关的费用单据。上述文件必须真实可靠。被保险人涂改、仿造单证或制造假案的，保险人有权拒绝赔偿或追回已付保险赔款。

（2）理赔。保险人在立案后，应当及时查勘现场，审定责任，确定赔付数额。具体的赔付因情况不同而有区别。

①车辆损失险的赔付。保险车辆全部损失的，按保险金额赔偿，但是，以不超过该车出险时的重置价值为限。

保险车辆部分损失的，按照该车的实际修理费用进行赔偿，但是，以不超过保险金额为限，如果保险金额低于出险时的重置价值的，则按保险金额与重置价值的比例予以赔偿。

保险车辆在保险期限内发生的各次保险责任范围内的损失和费用，每次赔付都以保险金额为限。但是，若一次赔款等于保险金额时，车辆损失险的保险责任即行终止。

②第三者责任险的赔付。我国现行的机动车辆第三者责任险的赔付金额，主要根据保险条款和有关交通事故处理的法律规定来确定。被保险人自行向第三者承诺或交付的赔偿数额，保险人有权重新审核。

保险人赔付结案后，对受害的第三人的任何病变或赔偿费用的增加不再负责。

保险人赔付后，第三者责任险继续有效，直至保险期限届满。

（二）"交强险"合同

1. "交强险"的概念及其法律属性

机动车第三者责任强制保险，在我国被简称为"交强险"。这一制度是由2004年5

月1日生效的《中华人民共和国道路交通安全法》(以下简称《道路交通安全法》) 所确立并为2006年7月1日生效的《机动车交通事故责任强制保险条例》(以下简称《交强险条例》) 具体规定的。所谓"交强险"，它是指机动车所有者、管理者依法必须向保险公司投保后，当发生保险事故（即发生交通事故）时，由保险公司对被保险机动车于事故中造成本车人员、被保险人以外的受害人的人身伤亡、财产损失，在责任限额内予以赔偿的强制责任保险。就其属性而言，我们应从以下三个方面予以把握：

第一，"交强险"仍然是第三者责任险之一种。前已述及，责任保险是以被保险人依法必须对第三人承担的损害赔偿责任为标的而成立的保险，被保险人负有法律意义上的责任是保险人给付保险金的前提条件。其保险标的是法定的民事责任，而且只能是侵权的损害赔偿责任而非违约责任，受害人只能是合同的第三人而非合同当事人。保险合同设立的目的在于及时赔偿无辜受害者的损失，而不是填补因保险事故给被保险人所造成的直接损失。简而言之，在合同当事人、保险的标的以及合同设立的目的等问题上，"交强险"与一般的责任保险并无多大的区别。

第二，"交强险"是一种强制性的责任保险。责任保险可以分为任意责任保险和强制责任保险。前者投保或承保与否，依赖当事人的意愿。一般的机动车责任保险就属于这一种。后者则不然。在是否投保和承保与否这个问题上，并不取决于当事人的意愿。我国《道路交通安全法》第17条规定："国家实行机动车第三者责任强制保险制度。"根据这一规定，在我国，凡机动车所有人、管理人都必须向保险公司投机动车第三者责任险，不存在当事人是否愿意的问题。保险公司也不存在是否愿意承保的问题，它无权拒绝承保。有关机动车第三者责任强制保险制度，《道路交通安全法》除了在第17条作出一般的规定外，在其他的条款中还有相应的补充规定。如该法第98条规定，机动车所有人、管理人未按照国家规定投保第三者强制保险的，由公安机关交管部门扣留车辆至依照规定投保后，并处依照规定投保最低责任限额应缴纳的保险费的2倍罚款，罚款全部纳入道路交通事故社会救助基金。这些规定表明，我国交强险制度，已经不是原来的机动车第三者责任险，而是一种法定的保险、强制性的保险。

第三，"交强险"仍然是一种商业保险。机动车第三者责任强制保险，很容易给人造成一种误解，即这种强制保险其性质好像与社会保险没有多大的区别。诚然，"交强险"虽然与社会保险中的养老保险、医疗保险、工伤保险及失业保险等有其相似之处，即两者都是法定保险，是强制推行的，在是否投保和承保与否问题上，不存在当事人自愿与否的问题。但是，就其性质而言，两者是不同的。"交强险"只是一种被强制推行的商业保险，而社会保险并非商业保险。两者保险基金的构成也是不同的。作为被强制推行的商业保险——"交强险"，其保险基金的构成即保险费的支付，是由投保人负担的，即谁是投保人（被保险人）就由谁支付保险费。这种保险的保费承担者是单一的。简而言之，"交强险"的保险基金就是由投保者所交付的保险费构成的。社会保险同样存在保险费的交付问题，但其保险费却不是单一的，而是由政府、雇主及劳动者三方负担。

2. "交强险"合同的履行

"交强险"合同的履行当然包括投保人义务的履行和保险人的义务履行两个方面，但由于这一险种是强制险，投保人的投保和保险费的支付实际上都是一种被强制的行为，因而相对简单一些。需要详述的是保险人义务的履行。

那么，"交强险"的保险人在什么情况下负有支付保险赔偿金的义务呢？我国《交强险条例》规定：被保险机动车发生道路交通事故造成本车人员、被保险人以外的受害人的人身伤亡、财产损失，由保险公司依法在机动车交通事故责任强制保险责任限额内予以赔偿。道路交通事故的损失是由受害人故意造成的，保险公司不予赔偿。这就是说，投保人（即被保险人）将其持有的车辆投保后，被保险车辆发生道路交通事故造成受害人人身伤亡及财产损失的，无论受害人是否有过失，保险公司都应在合同约定的责任限额（比如说 12 万元）内予以赔偿。但也有例外，第一，凡道路交通事故的损失是由受害人故意造成的，这种损失由受害人自己承担，保险公司不予赔偿。第二，"受害人"是有特定含义的，它并不包括发生事故时本车上的人员和被保险人，这些因被保险车辆在交通事故中造成伤亡或财产损失的，保险公司亦不予赔偿。

此外，根据《交强险条例》第 22 条的规定，凡驾驶人未取得驾驶资格或醉酒行车的、被保险机动车被盗抢期间肇事的或被保险人故意制造道路交通事故的，保险公司在机动车交通事责任强制保险责任限额范围内垫付抢救费用，并有权向致害人追偿。也就是说，上述三种情况的车祸，保险人并负有赔偿责任，但可以在责任限额内对抢救所需费用予以垫付。既然属于垫付性质，之后当然有权向致害人追偿。

【难点追问】

关于财产保险合同中保险利益问题，新旧《保险法》的规定有很大的不同，新法为何有这样的规定？

2009 年修订前的《保险法》第 12 条规定，投保人对保险标的应具有保险利益，否则保险合同无效。按照这一规定，保险利益原则仅仅约束投保人，也与国际惯例不符。针对这些不足，2009 年《保险法》对此作了修订。其修订的理由是，保险合同是为被保险人的利益而存在的，而被保险人享有保险合同的利益，又是以其对保险标的具有保险利益为基础的。在发生保险事故时，如果被保险人对保险标的不具有保险利益，则其并无损失可言，根据损失补偿原则，自然无权请求保险人赔偿保险金，而保险人也不应对未受损失的被保险人进行赔偿。因此，修订后的《保险法》第 48 条规定："保险事故发生时，被保险人对保险标的不具有保险利益的，不得向保险人请求赔偿保险金。"这样规定，也符合国际惯例。

【思考题】

1. 何谓财产保险合同？其种类有哪些？
2. 我国《保险法》关于财产保险合同的标的转让有何规定？
3. 在财产保险合同中，哪些险种在保险责任开始后当事人不得解除合同？
4. 财产保险合同当事人的主要义务是什么？

第二十三章 人身保险合同

【学习目的与要求】

通过本章的学习，要求对人身保险合同的种类、特征、受益人、人寿保险合同的常见条款等有较好的了解。本章的重点与难点是人寿保险合同的种类及其常见条款。

【知识结构简图】

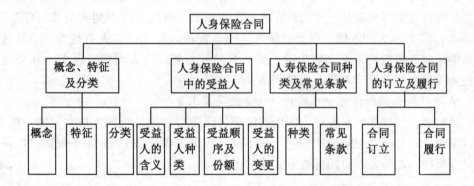

第一节 人身保险合同的概念及分类

一、人身保险合同的概念及特征

人身保险合同是保险合同的一种，它是以人的寿命和身体为保险标的的保险合同。以人的"寿命"和"身体"作为保险标的，这是人身保险合同与财产保险合同的最大区别。按照这一定义，被保险人只能是具有生命、独立存在的自然人。法人、尚未出生的胎儿以及已经丧失生命的死尸，都不能作为人身保险合同的被保险人。这种合同以被保险人的生、死、残疾为保险标的，当被保险人因意外事故、意外灾害，或者疾病、衰老等原因导致死亡、残疾或丧失劳动能力，或保险期限届满仍然生存，或年老退休时，保险人按照约定，向被保险人或受益人给付保险金或年金。

人身保险合同具有以下特征：

1. 人身保险合同客体的复合性

人身保险合同的主体即投保人、被保险人和受益人，既可以是一个人，也可以是不同的人。其中的被保险人，不但必须是自然人，而且也是合同的保险标的；受益人可以是被保险人本人，也可以是由被保险人指定的其他人。当合同规定的保险事故发生，因此导致被保险人死亡时，保险金请求权由受益人（指定了受益人）或者被保险人的合法继承人（没有指定受益人）行使。人身保险合同的另一主体即保险人，依照法律规定，它们只能是经营人寿保险业务的保险公司，并且不可兼营财产保险业务。

2. 人身保险合同是定额保险合同

一般地说，财产保险合同是补偿合同。这是因为，各种财产都有客观价值，因此必须按照财产的实际价值来确定保险金额。人的生命不同于财产。人的生命的价值不能用金钱来衡量。因此，人身保险合同一般都是定额保险合同，根据双方当事人的协商确定保险金额。当保险事故发生（或合同届满）时，保险人根据约定给付保险金额的全部或部分。保险金给付多少，是事先约定的。

3. 投保人与被保险人必须具有特殊身份关系

《保险法》要求投保人对保险标的具有保险利益，而人身保险合同的保险标的又是被保险人的"寿命和身体"。因此，《保险法》强调人身保险合同的投保人对保险人具有保险利益。根据我国《保险法》第31条第1款的规定，投保人对下列人员具有保险利益：（1）本人；（2）本人的配偶、子女、父母；（3）前项以外与投保人有抚养、赡养或者扶养关系的家庭其他成员、近亲属。除上面所列之外，被保险人同意投保人为其订立合同的，视为投保人对被保险人具有保险利益。

4. 人身保险合同的保险费不能用诉讼方式来请求支付

人身保险合同成立后，投保人应依约定交付保险费，这是投保人最主要的一项义务。但人身保险合同与财产保险合同毕竟有所不同，我国《保险法》第38条规定，投保人拒不交付保险费，保险人不得用诉讼方式请求支付。

二、人身保险合同的分类

人身保险合同可以依据不同的标准，从不同的角度进行分类。按保险范围划分，可以分为人寿保险合同、人身意外伤害保险合同和健康保险合同；按投保方式划分，人身保险合同可以分为团体人身保险合同和个人人身保险合同；按合同实施方式划分，可以分为自愿保险合同和强制保险合同等。

我国《保险法》第95条第1款规定："人身保险业务，包括人寿保险、健康保险、意外伤害保险等保险业务。"可见，这种划分，是根据保障范围不同而划分的。所谓人寿保险合同，是指投保人与保险公司订立的以被保险人在保险期限内死亡、残废或者在保险期限届满仍然生存作为给付保险金条件的一种合同，它又可细分为生存保险合同及死亡保险合同等几种。而意外伤害保险合同，则指投保人与保险人订立的、保险人对被保险人遭受的意外伤害或者因意外伤害致残、死亡承担给付保险责任的一种合同。它又具体分为一般意外伤害保险合同、旅客意外伤害保险合同和职业伤害保险合同等三类。意外伤害保险合同既可以作为财产险中的附加险，也有短期险的特征，是所谓"第三领域"的保险，允许经营财产保险的公司开展这方面的业务。

至于健康保险，是指保险公司对被保险人在保险期限内发生疾病、分娩或由此引发的残废、死亡承担给付保险金责任的一种保险，它又称为疾病保险。健康保险合同实际上是一种综合性的保险合同，保险人不仅承保被保险人的疾病和因疾病致残的风险，而且承保被保险人因病死亡风险，此外，它还有短期性的特征，也允许经营财产保险业务的保险人与投保人订立这类合同。

第二节　人身保险合同中的受益人

一、受益人的含义

受益人是指人身保险合同中由被保险人或者投保人指定的享有保险金请求权的人。受益人是在保险事故发生时，被指定享有保险金额领取资格的人，因此又称为保险金领取人。对于保险金领取人的法定资格没有限制，既可以是自然人，也可以是法人；既可以是被保险人自己，也可以是其他人；既可以是有行为能力人，也可以是无行为能力人。根据《继承法》保护胎儿利益的规定，胎儿也可以成为受益人，但以出生时非死体为条件。先于或同于被保险人死亡之人，不得再为受益人。在人身保险合同中，如果被保险人以他人为受益人，则受益人的姓名应在合同中列明，以便保险人能及时给付保险金。

受益人的权利就是受益权，即有权根据保险合同领取保险金。受益人权利的取得是原始取得，因而受益人领取的保险金不得作为被保险人的遗产，从而也就不在被保险人的债权人的执行范围内。

在人身保险合同中，投保人、被保险人和受益人常有不同的组合，形成不同的关系：

（1）投保人和受益人可以为同一人，被保险人为另一人。例如，某债权人为债务人投保，以投保人自己为受益人。

（2）被保险人和受益人可以为同一人，投保人为另一人。例如，父母为子女投保并指定子女为受益人。

（3）投保人与被保险人为同一人，受益人为另一人。例如，某人为自己投保并指定子女为受益人。

（4）投保人、被保险人、受益人还可以同为一人。例如，某人为自己投保，自己作为受益人，生存保险、养老金保险即是如此。

二、受益人的产生及种类

受益人的产生方式可以分为两种类型，即指定受益人和法定受益人。

（一）指定受益人

受益人的产生，一般是由被保险人或者投保人指定的。受益人即享有保险金请求权的人，但受益人的赔付请求权是从投保人或者被保险人手中受让而来的。投保人为保险合同交费义务人，固然享受保险合同所带来的权益；被保险人是遭受保险事故所致损害之人，当然也享有保险的索赔权。投保人或被保险人若为自己利益投保，当然可以自行享有保险金索赔权，指定自己为受益人。但由于种种原因，投保人或者被保险人自己不能行使保险金请求权，而通过指定方式，将保险金请求权转让给受益人，这属于权利主体对自己权利的一种处分。

受益人的指定人，既可以是被保险人，也可以是投保人，还可以由保险人和投保人两人共同指定。当投保人即为被保险人时，不发生由谁指定的问题；但当投保人以他人为被保险人时，不论是指定自己为受益人或指定第三人为受益人，都必须得到被保险人的同意。因此，我国《保险法》第39条第2款规定，投保人指定受益人须经被保险人同意。

法律作此规定，是为了保护被保险人的利益。因为人身保险以被保险人发生保险事故为受益人取得保险金额的前提，被保险人为保护自身利益，必然对受益人的道德品质进行考察，对可能发生道德危险的，不会将其指定为受益人。因此，投保人指定受益人时，须经被保险人同意，被保险人作出同意的意思表示可以是明示或默示，抑或被保险人事后追认的，投保人的指定有效。如果被保险人是无民事行为能力人或限制民事行为能力时，可以由其监护人指定受益人。监护人指定受益人时，应从被监护人（被保险人）的利益出发进行指定。

（二）法定受益人

人身保险合同中的受益人通常是由被保险人指定的；投保人虽然也可以指定，但需要经被保险人的同意。因此，在被保险人生存的情况下，受益人的产生是不存在问题的。但在被保险人死亡之后，出现下列情形之一时受益人的产生就存在问题：

（1）没有指定受益人，即被保险人或者投保人都没有按《保险法》的规定指定受益人。

（2）受益人先于被保险人死亡，没有其他受益人。受益人先于被保险人死亡时，他不可能领取保险金；这时若无其他受益人，即没有后序受益人时，保险金只能归于被保险人自身。倘若此时被保险人死亡，保险金就成为遗产，受益人的产生就存在问题。

（3）受益人依法丧失受益权或者放弃受益权，没有其他受益人的。根据《保险法》第43条第2款的规定，受益人故意造成被保险人死亡、伤残的，或者故意危害被保险人未遂的，丧失受益权。在受益人丧失或者放弃受益权又没有其他受益人时，保险金亦归于被保险人自身，被保险人死亡之后便成为遗产。

上述三种情形，具备其中之一的，保险金在被保险人死亡之后作为被保险人的遗产，由保险人向被保险人的继承人履行给付义务，由法定受益人取得保险金。

一般而言，法定受益人是被保险人的法定继承人，他以继承遗产的方式接受保险人给付的保险金。因此，法定受益人必须拥有继承权，亦即他没有放弃继承权或者丧失继承权。

三、受益顺序和受益份额

被保险人或投保人可以指定一人或者数人为受益人。当受益人为一人时，就不存在受益顺序和受益份额问题。但当受益人为多数时，就产生顺序和受益份额问题。

受益顺序即各受益人在保险事故发生后获得保险金给付的先后顺序。受益顺序一般为：（1）原始受益人，即最初指定的受益人。（2）后继受益人，即保险单上注明的原始受益人死亡后由其受益的人。例如，保险单上被保险人指定其配偶为原始受益人，同时又指定其子女为后继受益人。在这种情况下，原始受益人先于被保险人死亡时，后继受益人才取得受益权。（3）法定受益人。未指定受益人或指定的受益人先于被保险人死亡，或者放弃、丧失受益权的，被保险人的法定继承人为受益人。总之，在种种受益人中，原始受益人优于后继受益人，后继受益人优于法定受益人。

问题比较复杂的是受益人为多数人。最高人民法院《保险法解释（三）》第12条规定："投保人或者被保险人指定数人为受益人，部分受益人在保险事故发生前死亡、放弃受益权或者依法丧失受益权的，该受益人应得的受益份额按照保险合同的约定处理；保险合同没有约定或者约定不明的，该受益人应得的受益份额按照以下情形分别处理：（一）未约定受益顺序和受益份额的，由其他受益人平均享有；（二）未约定受益顺序但约定受益份额的，由其他受益人按照相应比例享有；（三）约定受益顺序但未约定受益份额的，由同顺序的其他受益人平均享有；同一顺序没有其他受益人的，由后一顺序的受益人平均享有；（四）约定受益顺序和受益份额的，由同顺序的其他受益人按照相应比例享有；同一顺序没有其他受益人的，由后一顺序的受益人按照相应比例享有。"

四、受益人的变更

受益人经指定后，指定人仍可以某种方式加以变更，这是各国保险法的通例。这种变更权的行使，各国保险法所持原则大体有两项：

（一）保留主义

保留主义即指定者指定第三人为受益人的同时，又表示保留其变更指定的权利。其后，如果指定者未变更其指定而死亡的，受益人的权利即因指定而确定。

（二）直接主义

直接主义即指定者指定受益人后，仍有以合同或遗嘱处分其保险利益之权，无须另行表示可否对其他指定加以变更。其中以合同处分其保险利益，是指指定者指定受益人后，如果与其受益人订有合同关系并为其债务人时，得以保险金额偿还债务。而以遗嘱处分其保险金，是指指定者指定受益人后，仍然可以遗嘱的方式将保险金变更由其继承人分配。

根据我国《保险法》第41条的规定，投保人变更受益人时应当经过被保险人的同意，被保险人不同意的，其变更无效；而被保险人有权独立变更受益人，无须征得投保人同意。被保险人或者投保人变更受益人时，应当以书面方式通知保险人，未通知保险人的，保险人享有抗辩权（《保险法解释（二）》）第10条；保险人在收到受益人通知后，应当在保险单上加批注，主要是注明变更后的受益人。受益人的变更应当在保险事故发生之前，为此，《保险法解释（三）》第11条规定："投保人或者被保险人在保险事故发生后变更受益人，变更后的受益人请求保险人给付保险金的，人民法院不予支持。"在保险实务中，受益人的纠纷时有发生。对此，最高人民法院《保险法解释（三）》第9条规定："当事人对保险合同约定的受益人存在争议，除投保人、被保险人在保险合同之外另有约定外，按照以下情形分别处理：（一）受益人约定为'法定'或者'法定继承人'的，以继承法规定的法定继承人为受益人；（二）受益人仅约定为身份关系，投保人与被保险人为同一主体的，根据保险事故发生时与被保险人的身份关系确定受益人；投保人与被保险人为不同主体的，根据保险合同成立时与被保险人的身份关系确定受益人；（三）受益人的约定包括姓名和身份关系，保险事故发生时身份关系发生变化的，认定为未指定受益人。"这样规定，其目的显然是为了保护家庭各方利益，维护家庭的稳定。

第三节　人寿保险合同的种类及其常见条款

一、人寿保险合同种类

人寿保险合同是人身保险合同中最为重要的一种合同。人寿保险合同根据不同的标准，又可以划分为若干种类。

（一）以保险事故为标准划分，有死亡保险合同、生存保险合同和生死两全保险合同

（1）死亡保险合同是以被保险人的死亡为保险事故，当保险事故发生以后，由保险人按约定支付保险金的保险合同。死亡保险合同又分为终身死亡保险合同和定期死亡保险合同。

终身死亡保险合同就是合同不定期限，从合同生效之日起，被保险人不论何时死亡，保险人均有给付保险金的义务。

定期死亡保险合同，是以一定期间为保险期的保险合同。被保险人在这一期限内死亡，保险人便要承担给付保险金的责任。如果被保险人在约定的期限仍然生存，保险合同效力终止，保险人不承担给付保险金的责任，也不退还保险费。

（2）生存保险合同是以被保险人在一定期限内或达到一定年龄时仍生存为保险标的，被保险人在约定的时间届满时仍然生存，由保险人给付保险金的合同。根据保险费的交付和保险金给付的方式，生存保险合同也可以分为两种：

①一次性给付保险金额的保险合同。这种合同，要求投保人在投保时，一次性交付保险费，当保险期限届满时，保险人一次给付保险金。如果被保险人在保险期满前死亡，保险人返还投保人交纳的保险费。

②分期给付保险金额的保险合同。这种合同，或一次交足保险费，或分次连续交付保险费期满后，从一定期日起，由保险人按年、按季或按月给付一定保险金额，一直到一定期日或到被保险人死亡为止。

（3）生死两全保险合同是以被保险人的死亡或期限届满后仍生存为保险事故的一种人寿保险合同。由于被保险人的生存和死亡都属保险事故发生，因此，生死两全保险合同的特点是必然会有保险事故发生。这种保险，以死亡为保险事故，旨在保障受益人的生活；以生存为保险事故，旨在储蓄，以供被保险人晚年生活所需。

（二）依保险金给付方法划分，有资金人寿保险合同和年金人寿保险合同

资金人寿保险合同是指保险事故发生时，由保险人按全部保险金一次给付的保险合同。

年金人寿保险合同以被保险人的生存为条件，在被保险人终身或一定年限中，每年给付一定数额的保险金。终其身每年都给付的，称为终身年金保险合同。在一定期限内每年给付的，称为定期年金保险合同。此外，还有即期年金和延期年金。前者，是指合同成立后，保险人立即按照合同约定，按期给付保险金的保险合同。后者指保险合同成立后，约定期日开始给付年金的保险合同。

（三）以保险合同承保的技术和范围的标准划分，有普通的人寿保险合同和简易人寿保险合同

普通人寿保险合同是以通常的技术方式经营的保险合同。这种保险由一般的经营人寿保险业务的保险公司经营。经营范围包括死亡、生存以及生死两全保险合同。

简易人寿保险合同。这是指保险金额小、保费低、交费期短、无体检的人寿保险合同。通常为限期交费的终身保险合同或 20 年期的生死两全保险合同。简易人寿保险合同订立时虽然被保险人的身体可以免检，但通常都在不可争条款中附带规定：保险合同订立前两年中，被保险人因重病接受医疗或外科手术而未告诉保险人的，保险人有权在抗辩期内解除保险合同。

（四）以被保险人的人数为标准划分，有单独人寿保险合同、联合人寿保险合同和团体人寿保险合同

单独人寿保险合同是指只有一个被保险人的人寿保险合同。

联合人寿保险合同是把有一定利害关系的两人或两人以上，视为一个整体，以被保险人之一的死亡或达到约定年龄仍然生存为保险事故的人寿保险合同。夫妻、父母、兄弟、姐妹等，都可以作为联合被保险人。

团体人寿保险合同是以一定社会团体为投保人，以团体全部成员为被保险人，以被保险人指定的人为受益人的人寿保险合同。

二、人寿保险合同的常见条款

保险业具有国际性。无论是哪个国家，其人身保险合同都有大体相同的特殊常见条款。这些条款如下：

（一）2 年后不可否定条款

这一条款又称不可抗辩，或不可争条款。一般人寿保险合同和健康保险合同都列有这种条款。

人身保险合同是一种最大诚信合同。在合同订立的时候，投保人对被保险人的年龄和健康等身体状况，要如实告知保险人，不得有任何欺骗隐瞒。因为被保险人的这些情况，是影响保险人决定是否承保和保险费的收取的重要因素。如果投保人告知不实，势必损害保险人的利益。因此，法律赋予保险人有解除告知不实的保险合同的权利。很显然，这一规定是为保障保险人的正当权利而设。保险人也不得滥用这种权利，对其必须有所限制，否则就会使被保险人或受益人的利益遭受损害。更何况，人身保险合同一般都是长期性合同，时间过久，很难核实投保当时告知是否属实。再者，如果被保险人死亡，受益人也不一定能够了解当时投保的告知是否属实。因此，为了保护投保方的正当权益，法律规定，保险合同订立后，对被保险人的年龄及健康方面的情况，允许保险人对投保人是否履行如实告知义务提出异议并解除合同。与此同时，又对保险人的这一权利行使从时间上作了限制。保险人只能在合同生效 2 年时间内，以告知不实主张合同失效，并在扣除手续费后，向投保人退还保险费。2 年以后，保险人就失去了这种权利。

我国《保险法》第 32 条第 1 款以及第 16 条第 3 款是这一条款的具体规定。

（二）迟缴宽限条例

迟缴宽限条款，又称宽限期限条款。这是指交纳保险费的宽限时间，也称为优惠期间。各国有关寿险条款都有这种规定，只是时间长短不一而已。人身保险合同中的很大一部分，保险期限都比较长。投保人必须长年累月按照约定期限交纳保险费。在这么长的时间里，投保方的疏忽、经济变化、临时性的资金周转不灵，或其他客观方面的原因，都可能影响投保人的按时交费。如果保险人因此而解除合同，势必损害被保险人或受益人的权益。因此，人身保险合同一般都规定，对合同到期续交保险费给予 30～60 日的宽限期。在超过约定交费时间的宽限期间内，投保人即使没有按时交付保险费，合同仍然有效。在这个期限内发生保险事故，保险人仍应履行给付义务。但是，投保人如果在宽限期到期后，仍然不履行交付保险费的义务，那么，保险人就有中止合同或减少保险金额的权利。

我国《保险法》确定的宽限期是 60 日。该法第 36 条规定，合同约定分期支付保险费，投保人支付首期保险费后，除合同另有约定外，投保人超过规定的期限 60 日未支付当期保险费的，合同效力中止，或者由保险人按照合同约定的条件减少保险金额。

（三）中止、复效条款

中止、复效条款，又称 2 年内复效条款。中止即在宽限期到期后，投保人仍然不能交纳保险费，人身保险合同的效力中止。复效条款是使被保险人、受益人恢复保险保障的一种补救措施。详言之，在合同效力中止后 2 年内，投保人如果重新具备交纳保险费的能力，并希望合同复效，经保险人同意，合同的效力可以恢复。合同的复效，必须具备以下条件：投保人有申请复效的意思表示；补交合同中止的期间的保险费（包括利息）。具备原保险合同订立的投保条件；申请必须在复效期间内提出；保险人同意。复效申请有效期为合同中止之日起 2 年内。在这 2 年时间内，投保人与保险人仍未达成复效协议的，保险人有权解除合同。解除合同时，投保人如果已经交足 2 年以上的保险费，则退还保险单的现金价值；没有交足 2 年以上保险费的，保险人在扣除手续费后，退还其保险费。

我国《保险法》第 37 条第 1 款，对中止、复效作了明文规定："合同效力依照本法第 36 条规定中止的，经保险人与投保人协商并达成协议，在投保人补交保险费后，合同效力恢复。但是，自合同效力中止之日起满 2 年双方未达成协议的，保险人有权解除合同。"

（四）不丧失价值条款

人身保险中的终身保险，以及生死两全保险，都带有储蓄性质，投保人交纳保险费一定年限以后，保险单便有相当的现金价值。这一现金价值虽然由保险人保管运用，但是所有权却属于投保人。因此，如果投保人不愿意继续投保而要求退保时，保险单所具有的现金价值并不因此而丧失。人身保险合同的保单所具有的这一价值，称为不丧失价值。不丧失价值条款也称不注销现金价值条款。投保人要求退保，保险人应当退还现金价值。

我国《保险法》第 37 条第 2 款对此作了明文规定："保险人依照前款规定解除合同的，应当按照合同约定退还保险单的现金价值。"此处所说的"前款"就是前述的《保险法》第 37 条第 1 款。

（五）误告年龄条款

人身保险合同中，被保险人的年龄是一个重要的因素，关系到保险费的数额。各国保险法一般都有年龄误报的规定，都要按真实年龄更正。按照我国《保险法》第 32 条的规定，如果在被保险人死亡时，或者合同约定的期限到期时，发现投保人申报的被保险人的年龄不真实，保险人对保险金额有权按照真实年龄给予调整。如果投保人支付的保险费少于应交付的保险费，保险人有权要求投保人补交保险费；或者在给付保险金时按照实交保险费与应交保险费的比例支付。如果投保人实际交付的保险费多于应交保险费的，保险人应当将多收的保险费退还投保人。

（六）自杀条款

为了避免蓄意自杀通过保险方式谋取保险金，防止道德危险的发生，人身保险合同一般都把自杀作为除外责任条款。从理论上说，法律意义上的自杀，是当事人有自杀意图的自杀，并不包括因意外事件的打击或心理失常而作出结束自己生命行为的自杀。但是，实践中这两种自杀很难区分。而且自杀毕竟是死亡的一种。因此，为了保障投保方和保险方的权益，人身保险合同一般都将自杀列入保险条款。但是，规定在一个较长的期限后，通常是 1 年，该条款才能生效，以此避免道德危险，约束被保险人为图谋保险给付而自杀。因为，一般情况下，一个人不太可能在一两年前就开始制订自杀计划以图谋保险金。一个人的自杀意图也不可能持续 2 年以上。所以，我国《保险法》第 44 条规定，以死亡为给付保险金条件的合同，被保险人在合同成立之日起 2 年内自杀，保险人不承担给付保险金的责任，只退还保险金的现金价值；但被保险人自杀时为无民事行为能力人的，保险人应该按照合同给付保险金。

第四节　人身保险合同的订立和履行

一、人身保险金额的确定

人身保险合同的订立，是当事人之间就人身保险事项进行协商并意思表示一致的结果。但人身保险与财产保险在合同订立上却有所不同。在一般情况下，财产保险合同的投保人亦是被保险人，绝大多数的投保人是为自己的利益投保的。人身保险合同却不尽然。在人身保险合同中，有投保人、被保险人同为一人的，也有两者并非同一人的情形。对于后者尤其是以死亡作为给付保险金的人身保险合同，必须经被保险人同意，否则，保险合同无效。应该注意的是，所谓以死亡作为给付保险金的人身保险合同，并非专指单纯的死亡保险即仅以死亡为保险事故的人寿保险；人身保险合同中，只要该保险合同中含有以死亡为给付保险金条件的条款，投保人与被保险人不是同一人的，就必须取得被保险人的同意并认可保险金额。

人身保险合同订立时，保险金额的确定是其重要事项之一。

人身保险的保险金额的确定方法比财产保险要繁杂和特殊。

就财产保险而言，保险标的在投保时的实际价值是确定保险金额的客观依据，保险人和被保险人在保险标的的实际价值限度以内，按照被保险人对该保险标的的保险利益程度来确定保险金额，作为保险人赔偿责任的最高限额；投保人在保险价值的限度以内，可以足额投保，也可以不足额投保，但不可超额投保。因此，在理论上，财产保险金额的确定具有客观依据。人身保险则不同。人身保险的保险标的是人的生命和身体，而人的生命和身体不是商品，不能用货物来衡量其实际价值的大小，因而不能作为人身保险的保险金额的确定标准。人身保险的保险金额是按"需要与可能"原则来作为确定标准的，即人身保险的保险金额是从两个方面来综合考察并确定的：（1）投保人对人身保险金额的主观需要程度。（2）投保人交纳保险费的实际客观能力。通常，投保人根据需要自报（填）保险金额人根据投保人的经济情况、职业状况、收入来源、生活水平和负担状况等考察投保人的交费能力进而判断其报保险金额的合理性和可能性，然后由保险当事人双方通过协商，决定一个数额，作为保险金额并记载于保险合同。

"当事人订立以死亡为给付保险金条件的合同，根据保险法第 34 条的规定，'被保险人同意并认可保险金额'可以采取书面形式、口头形式或者其他形式；可以在合同订立时作出，也可以在合同订立后追认。"（《保险法解释（三）》第 1 条）

二、人身保险合同的履行

订立合同是确定当事人之间的权利义务，履行合同是当事人之间权利义务的实现。由于人身保险合同是双务合同，双方当事人之间权利义务对等，所以一方当事人履行义务，就是另一方当事人权利的实现。人身保险合同的履行，一般包括以下几个环节：

（一）投保人如实告知义务的履行

我国《保险法》第 16 条规定，订立保险合同，保险人可以对被保险人的有关情况提出询问，投保人应当如实告知。在人身保险合同中，保险标的是被保险人的生命或身体，保险责任为被保险人的生、老、病、死、伤、残等。投保人在订立合同时，必须对被保险人的健康和年龄等作如实告知，因为被保险人的健康状况和年龄因素是影响人身保险事故发生的重要原因，从而是保险人据以估测风险、决定是否承保以及如何收取保险费的依据。最高人民法院《保险法解释（二）》第 6 条规定："投保人的告知义务限于保险人询问的范围和内容。当事人对询问范围及内容有争议的，保险人负举证责任。"

（二）保险费的支付

在人身保险合同中，保险费大多都以分期支付的方式支付，投保人的首期保险费应当于合同成立时支付，以后各期的续期保费应当按合同约定的时间及时交纳。在人身保险合同中，支付保险费的义务以投保人自愿履行为原则，保险人不能以订有人身保险合同为依据，以诉讼手段强制投保人支付保险费。我国《保险法》第 38 条规定："保险人对人寿保险的保险费，不得用诉讼方式要求投保人支付。"但是，投保人不按规定支付保险费，保险人可以不承担保险责任，或减少保险责任，从而实现权利与义务对等。

（三）索赔

索赔，是指保险事故发生后被保险人或其受益人向保险人请求给付保险金。由于索赔是索赔人行使权利，所以应由索赔人承担举证责任，证明保险事故已经发生，保险人应当给付保险金。在索赔时，除应当提交保险单证、支付保险费的凭证等以证明人身保险合同关系的存在之外，还应提交以下证明和资料：

（1）请求给付死亡保险金的，应提交户籍管理机关或医疗机关出具的被保险人的死亡证明。

（2）请求给付残废保险金的，应提交医疗机构出具的被保险人残废程度的证明。

（3）请求给付医疗保险金的，应提交医疗机构的诊断书和医疗费支出的原始凭证。

（4）如果被保险人的死亡、伤残及医疗费支出是由遭受意外伤害引起的，还应提交意外事故的证明，如公安机关的交通事故证明，企业的工伤事故证明，等等。

（5）请求给付满期生存保险金或年金，应提交证明被保险人生存的被保险人身份证或户籍证明。

（6）团体投保的人身保险合同，索赔时应提交投保单位出具的证明。

（7）索赔人的身份证明，以证明索赔人有权领取保险金。

人寿保险的被保险人或受益人享有的保险金请求权自其知道保险事故发生之日起 5 年不行使即消灭；健康保险、意外保险的被保险人或受益人的保险金请求权自其知道保险事故发生之日起 2 年不行使而消灭。

（四）给付

给付是指保险人收到索赔请求之后，对索赔人提交的单证进行审核，履行给付保险金的义务。

保险人收到索赔请求后，应首先审核索赔人提交的单证是否齐全；其次应审核单证的真实性，然后再根据保险合同作出应否给付保险金的决定。属于保险责任的，保险人应及时通知索赔人领取保险金。不属于保险责任的，保险人应及时把拒绝给付的决定及其理由通知索赔人。

【难点追问】

《保险法》第二章第二节是关于人身保险合同的规定，但其内容主要涉及人寿保险合同，应该如何理解人身保险与人寿保险？

应该说，人身保险与人寿保险并非同一概念。人身保险是以人的寿命和身体为保险标的的保险，它包括人身意外险、团体人身险以及人寿保险等。而人寿保险则是人身保险的核心部分。在保险合同中，有属于定额保险的，也有属于非定额保险的，人寿保险就属于定额保险，人寿保险之外的其他人身保险一般属于非定额保险。

【思考题】

1. 何谓受益人？受益人如何确定？
2. 在我国，投保人对哪些人具有保险利益？
3. 保险金在什么情况下才可以作为被保险人的遗产？
4. 何谓 2 年后不可否定条款？

第二十四章　保险监管法

【学习目的与要求】

为了维护被保险人的合法权益、防范和化解保险经营风险和促进保险业健康、稳健的发展，现在各国保险法无不明确规定保险监管，并有逐渐加强的趋势。通过本章的学习，要求把握对保险公司的监管、保险经营规则以及对保险中介经营的监管，重点掌握对保险公司偿付能力的监管规则。

【知识结构简图】

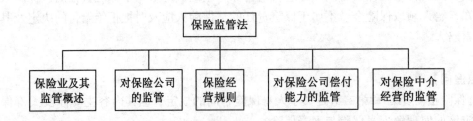

第一节　保险业及其监管概述

一、保险业概述

（一）概念

保险业有广义和狭义之分。广义的保险业就是一切与保险有关的行业，包括保险监管行业：中国保险业监督管理委员会，保险行业协会；学界组织：中国保险学会；保险业务组织：社会保险公司（社保）、政策性保险公司（中国出口信用保险公司）、再保险公司；商业保险公司：财产保险公司、寿险公司；保险中介机构：保险代理公司、保险经纪公司、保险公估公司。狭义的保险业就是指商业保险公司和保险中介机构。本书采用狭义概念。

人类社会从一开始就面临着自然灾害和意外事故的侵扰，在与大自然抗争的过程中，古代人们就萌生了对付灾害事故的保险思想和原始形态的保险方法。而现代保险业则是商品生产社会化发展到一定历史阶段的产物。海上保险起源于 14 世纪。一些国家成立实力较为雄厚的保险机构，例如经英国皇家特许批准专营海运保险的英国皇家交易保险公司

（The Royal Exchange Assurance Corporation）和伦敦保险公司（London Assurance Corporation）先后成立。1688年2月8日，劳合社创建。1871年议院通过了《劳合社法》。劳合社的成立迄今已有300余年历史，成为国际保险业历史最悠久和最有影响的保险组织。

（二）特征

保险业是经营保险商品的特殊行业，与国民经济其他行业相比，保险业具有以下特征：

1. 经营的负债性

保险基金来源于投保人所缴纳的保险费，而其中的大部分属于保险责任准备金，当发生约定的保险事故时，保险公司即以保险金的形式返还给被保险人或者受益人。因此，保险业的经营为负债经营。

2. 经营的专业性

保险业的经营是以大数法则和概率论为基础的，因此，如何科学地设计保险险种和确定保险费率就是具有专业技术性的一项工作。

3. 经营的风险性

保险业是针对保险事故发生时造成的损失提供保障的特殊行业，其在经营过程中可能面临诸多风险。保险经营与风险密不可分，保险事故的随机性、损失程度的不可知性、理赔的差异性使得保险经营本身存在着不确定性，加上激烈的同业竞争和保险道德风险及欺诈的存在，使得保险成了高风险行业。

因此，必须通过保险业的监管，维护正常的保险经营秩序，防止或者降低保险经营风险，维护被保险人的合法权益。

二、保险业监管概述

（一）概念及特征

保险业监管有广义和狭义之分，广义上的保险业监管可以分为国家对保险业的管理和保险业的自我管理。在现实生活中，国家对保险业的管理构成了保险监管的基础，保险业的自我管理构成保险监管的补充。本书采狭义说，即保险业监管是指国家保险监管管理机构根据相关法律法规，对保险人、保险市场进行监督管理的法律行为。

保险业是经营风险的特殊行业，是社会经济补偿制度的一个重要组成部分，对社会经济的稳定和人民生活的安定负有很大的责任。保险公司经营亏损或倒闭不仅会直接损害公司自身的存在和利益，还会严重损害广大被保险人的利益，危害相关产业的发展，从而影响社会经济的稳定和人民生活的安定。所以，保险业具有极强的公众性和社会性。国家对保险业进行严格的监管，是有效地保护与保险活动相关的行业和公众利益的需要。

（二）保险监管机构

1998年11月18日，为了适应保险业发展的需要以及金融业分业经营的客观需要，中华人民共和国保险监督管理委员会（简称保监会）成立，标志着中国金融分业监管体制的形成。自此，中国人民银行、中国证监会、中国保监会三大机构共同实施金融监管。保监会是国务院直属正部级事业单位，根据国务院授权履行行政管理职能，依照法律、法规统一监督管理全国保险市场，维护保险业的合法、稳健运行。

金融是现代经济的核心，必须高度重视防控金融风险、保障国家金融安全。为深化金融监管体制改革，解决现行体制存在的监管职责不清晰、交叉监管和监管空白等问题，强化综合监管，优化监管资源配置，更好统筹系统重要性金融机构监管，逐步建立符合现代金融特点、统筹协调监管、有力有效的现代金融监管框架，守住不发生系统性金融风险的底线，① 2018 年 3 月 17 日，十三届全国人大一次会议表决通过了关于国务院机构改革方案的决定，其中，中国银行业监督管理委员会和中国保险监督管理委员会的职责整合，组建中国银行保险监督管理委员会，作为国务院直属事业单位。银监会、保监会拟定银行业、保险业重要法律法规草案和审慎监管基本制度的职责，划入央行，不再保留中国银监会、中国保监会。2018 年 4 月 8 日，中国银行保险监督管理委员会在北京揭牌，标志着新组建的中国银行保险监督管理委员会正式挂牌运行。

（三）保险监管措施

保险监督管理机构有权要求保险公司股东、实际控制人在指定的期限内提供有关信息和资料。保险监督管理机构根据履行监督管理职责的需要，可以与保险公司董事、监事和高级管理人员进行监督管理谈话，要求其就公司的业务活动和风险管理的重大事项作出说明。

保险公司的股东利用关联交易严重损害公司利益，危及公司偿付能力的，由国务院保险监督管理机构责令改正。在按照要求改正前，国务院保险监督管理机构可以限制其股东权利；拒不改正的，可以责令其转让所持的保险公司股权。

保险公司在整顿、接管、撤销清算期间，或者出现重大风险时，国务院保险监督管理机构可以对该公司直接负责的董事、监事、高级管理人员和其他直接责任人员采取措施，包括通知出境管理机关依法阻止其出境；申请司法机关禁止其转移、转让或者以其他方式处分财产，或者在财产上设定其他权利。

保险监督管理机构依法履行职责，可以采取下列措施：（1）对保险公司、保险代理人、保险经纪人、保险资产管理公司、外国保险机构的代表机构进行现场检查；（2）进入涉嫌违法行为发生场所调查取证；（3）询问当事人及与被调查事件有关的单位和个人，要求其对与被调查事件有关的事项作出说明；（4）查阅、复制与被调查事件有关的财产权登记等资料；（5）查阅、复制保险公司、保险代理人、保险经纪人、保险资产管理公司、外国保险机构的代表机构以及与被调查事件有关的单位和个人的财务会计资料及其他相关文件和资料；对可能被转移、隐匿或者毁损的文件和资料予以封存；（6）查询涉嫌违法经营的保险公司、保险代理人、保险经纪人、保险资产管理公司、外国保险机构的代表机构以及与涉嫌违法事项有关的单位和个人的银行账户；（7）对有证据证明已经或者可能转移、隐匿违法资金等涉案财产或者隐匿、伪造、毁损重要证据的，经保险监督管理机构主要负责人批准，申请人民法院予以冻结或者查封。

保险监督管理机构采取前款第（1）项、第（2）项、第（5）项措施的，应当经保

---

① 参见 2018 年 3 月 13 日国务委员王勇向十三届全国人大一次会议作关于国务院机构改革方案的说明［R/OL］. 中央政府网站，http://www.gov.cn/guowuyuan/2018-03/13/content_5273653.htm.

险监督管理机构负责人批准；采取第（6）项措施的，应当经国务院保险监督管理机构负责人批准。

保险监督管理机构依法进行监督检查或者调查，其监督检查、调查的人员不得少于二人，并应当出示合法证件和监督检查、调查通知书；监督检查、调查的人员少于二人或者未出示合法证件和监督检查、调查通知书的，被检查、调查的单位和个人有权拒绝。

保险监督管理机构依法履行职责，被检查、调查的单位和个人应当配合。国务院保险监督管理机构应当与中国人民银行、国务院其他金融监督管理机构建立监督管理信息共享机制。保险监督管理机构依法履行职责，进行监督检查、调查时，有关部门应当予以配合。

根据我国《保险法》第154条的规定，保险监督管理机构依法履行职责，可以采取下列措施：

（1）对保险公司、保险代理人、保险经纪人、保险资产管理公司、外国保险机构的代表机构进行现场检查；

（2）进入涉嫌违法行为发生场所调查取证；

（3）询问当事人及与被调查事件有关的单位和个人，要求其对与被调查事件有关的事项作出说明；

（4）查阅、复制与被调查事件有关的财产权登记等资料；

（5）查阅、复制保险公司、保险代理人、保险经纪人、保险资产管理公司、外国保险机构的代表机构以及与被调查事件有关的单位和个人的财务会计资料及其他相关文件和资料；对可能被转移、隐匿或者毁损的文件和资料予以封存；

（6）查询涉嫌违法经营的保险公司、保险代理人、保险经纪人、保险资产管理公司、外国保险机构的代表机构以及与涉嫌违法事项有关的单位和个人的银行账户；

（7）对有证据证明已经或者可能转移、隐匿违法资金等涉案财产或者隐匿、伪造、毁损重要证据的，经保险监督管理机构主要负责人批准，申请人民法院予以冻结或者查封。

保险监督管理机构采取前款第1项、第2项、第5项措施的，应当经保险监督管理机构负责人批准；采取第6项措施的，应当经国务院保险监督管理机构负责人批准。

保险监督管理机构依法进行监督检查或者调查，其监督检查、调查的人员不得少于二人，并应当出示合法证件和监督检查、调查通知书；监督检查、调查的人员少于二人或者未出示合法证件和监督检查、调查通知书的，被检查、调查的单位和个人有权拒绝。

第二节 对保险公司的监管

一、保险公司的组织形式

保险公司是公司的一种，它是指以营利为目的，依照法律规定设立的，专门经营商业保险业务的公司法人。它通过收取保险费、建立保险基金，向社会提供经济保障。

我国《保险法》第6条规定："保险业务由依照本法设立的保险公司以及法律、行政法规规定的其他保险组织经营，其他单位和个人不得经营保险业务。"因此，我国保险经营机构的形式除了保险公司外，还可以有其他保险组织类型。

二、对保险公司的入市监管

（一）保险公司的设立条件

设立保险公司应当经国务院保险监督管理机构批准。国务院保险监督管理机构审查保险公司的设立申请时，应当考虑保险业的发展和公平竞争的需要。依照我国《保险法》第 68 条的规定，设立保险公司应当具备下列条件：

（1）主要股东具有持续盈利能力，信誉良好，最近 3 年内无重大违法违规记录，净资产不低于人民币 2 亿元。

（2）有符合《保险法》和《公司法》规定的章程。

（3）有符合本法规定的注册资本。《保险法》规定，设立保险公司，其注册资本最低限额为人民币 2 亿元。保险公司注册资本最低限额必须为实缴货币资本。保险监督管理机构根据保险公司的业务范围、经营规模，可以调整其注册资本的最低限额，但不得低于 2 亿元。《保险公司管理规定》进一步规定，在全国范围内经营保险业务的保险公司，实收货币资本金不低于人民币 5 亿元；在特定的区域内经营保险业务的保险公司，实收货币资本金不低于人民币 2 亿元。

（4）有具备任职专业知识和业务工作经验的董事、监事和高级管理人员。保险公司的工作均具有很强的技术性，要求保险公司的管理人员尤其是高级管理人员有很丰富的专业知识和业务工作经验。

（5）有健全的组织机构和管理制度。保险公司的内部组织机构应由股东会、董事会、监事会三个机构组成，其职权范围和运作方式遵从我国《公司法》的规定。

（6）有符合要求的营业场所和与经营业务有关的其他设施。

（7）法律、行政法规和国务院保险监督管理机构规定的其他条件。

（二）保险公司的设立程序

1. 筹建

申请人应当向国务院保险监督管理机构提出设立保险公司的书面申请，国务院保险监督管理机构应当对设立保险公司的申请进行审查，自受理之日起 6 个月内作出批准或者不批准筹建的决定，并书面通知申请人。决定不批准的，应当书面说明理由。申请人应当自收到批准筹建通知之日起 1 年内完成筹建工作；筹建期间不得从事保险经营活动。

2. 审批

筹建工作完成后，申请人具备保险公司的设立条件的，可以向保监会提出开业申请。保监会自受理开业申请之日起 60 日内，作出批准或者不批准开业的决定。决定批准的，颁发经营保险业务许可证；决定不批准的，应当书面通知申请人并说明理由。

3. 注册登记

经批准设立的保险公司及其分支机构，凭经营保险业务许可证向工商行政管理机关办理登记，领取营业执照。保险公司及其分支机构自取得经营保险业务许可证之日起 6 个月内，无正当理由未向工商行政管理机关办理登记的，其经营保险业务许可证失效。

（三）保险公司分支机构的设立

保险公司分支机构不具有法人资格，其民事责任由保险公司承担。保险公司在中华人民共和国境内设立分支机构，应当经保险监督管理机构批准，提出书面申请并提交相关材料，包括设立申请书；拟设机构三年业务发展规划和市场分析材料；拟任高级管理人员的简历及相关证明材料；以及国务院保险监督管理机构规定的其他材料。

保险公司申请设立分支机构，应当向保险监督管理机构提出书面申请。保险监督管理机构应当对保险公司设立分支机构的申请进行审查，自受理之日起 60 日内作出批准或者不批准的决定。决定批准的，颁发分支机构经营保险业务许可证；决定不批准的，应当书面通知申请人并说明理由。

经批准设立的保险公司及其分支机构，凭经营保险业务许可证向工商行政管理机关办理登记，领取营业执照。保险公司及其分支机构自取得经营保险业务许可证之日起 6 个月内，无正当理由未向工商行政管理机关办理登记的，其经营保险业务许可证失效。

保险公司在中华人民共和国境外设立子公司、分支机构、代表机构，应当经国务院保险监督管理机构批准。

（四）保险公司的变更

保险公司的变更，是指保险公司在组织上的变更以及在活动宗旨、业务范围上的变化。根据《保险法》第 84 条的规定，保险公司有下列情形之一的，应当经保险监督管理机构批准：

（1）变更名称；

（2）变更注册资本；

（3）变更公司或者分支机构的营业场所；

（4）撤销分支机构；

（5）公司分立或者合并；

（6）修改公司章程；

（7）变更出资额占有限责任公司资本总额 5% 以上的股东，或者变更持有股份有限公司股份 5% 以上的股东；

（8）国务院保险监督管理机构规定的其他情形。

三、对保险公司的退市监管

保险公司退出市场的主要原因是解散、被撤销和破产。由于保险业往往涉及众多民众的利益，影响整个国民经济，因此，保险公司推出市场必须经国务院保险监督管理机构的批准。保险公司依法终止其业务活动，应当注销其经营保险业务许可证。

（一）解散

保险公司因分立、合并需要解散，或者股东会、股东大会决议解散，或者公司章程规定的解散事由出现，经国务院保险监督管理机构批准后解散。保险公司解散，应当依法成立清算组进行清算。但是，经营有人寿保险业务的保险公司，除因分立、合并或者被依法撤销外，不得解散。

（二）被撤销

保险公司违反法律、行政法规，被保险监督管理机构吊销经营保险业务许可证的，依法撤销。由保险监督管理机构依法及时组织清算组，进行清算。

（三）破产

保险公司不能支付到期债务，经国务院保险监督管理机构同意，保险公司或者其债权人可以依法向人民法院申请重整、和解或者破产清算；国务院保险监督管理机构也可以依法向人民法院申请对该保险公司进行重整或者破产清算。

破产财产在优先清偿破产费用和共益债务后，按照下列顺序清偿：

（1）所欠职工工资和医疗、伤残补助、抚恤费用，所欠应当划入职工个人账户的基本养老保险、基本医疗保险费用，以及法律、行政法规规定应当支付给职工的补偿金；

（2）赔偿或者给付保险金；

（3）保险公司欠缴的除第 1 项规定以外的社会保险费用和所欠税款；

（4）普通破产债权。

破产财产不足以清偿同一顺序的清偿要求的，按照比例分配。

破产保险公司的董事、监事和高级管理人员的工资，按照该公司职工的平均工资计算。

我国《保险法》第 92 条规定："经营有人寿保险业务的保险公司被依法撤销或者被依法宣告破产的，其持有的人寿保险合同及责任准备金，必须转让给其他经营有人寿保险业务的保险公司；不能同其他保险公司达成转让协议的，由国务院保险监督管理机构指定经营有人寿保险业务的保险公司接受转让。转让或者由国务院保险监督管理机构指定接受转让前款规定的人寿保险合同及责任准备金的，应当维护被保险人、受益人的合法权益。"

四、对保险公司的整顿和接管

（一）对保险公司的整顿

保险公司的整顿是指在保险公司有违反法律规定的情形时，并且在保险监督管理机构规定的期限未改正的情况下，保险监督管理机构采取必要的措施对该保险公司进行整治、监督，介入其日常经营管理的行为。保险公司未依照本法规定提取或者结转各项责任准备金，或者未依照本法规定办理再保险，或者严重违反本法关于资金运用的规定的，由保险监督管理机构责令限期改正，并可以责令调整负责人及有关管理人员。但是保险公司逾期未改正的，国务院保险监督管理机构可以决定选派保险专业人员和指定该保险公司的有关人员组成整顿组，对公司进行整顿。整顿决定应当载明被整顿公司的名称、整顿理由、整顿组成员和整顿期限，并予以公告。

整顿组有权监督被整顿保险公司的日常业务。被整顿公司的负责人及有关管理人员应当在整顿组的监督下行使职权。整顿过程中，被整顿保险公司的原有业务继续进行。但是，国务院保险监督管理机构可以责令被整顿公司停止部分原有业务、停止接受新业务，调整资金运用。

被整顿保险公司经整顿已纠正其违反本法规定的行为，恢复正常经营状况的，由整顿组提出报告，经国务院保险监督管理机构批准，结束整顿，并由国务院保险监督管理机构予以公告。

保险公司因违法经营被依法吊销经营保险业务许可证的，或者偿付能力低于国务院保险监督管理机构规定标准，不予撤销将严重危害保险市场秩序、损害公共利益的，由国务院保险监督管理机构予以撤销并公告，依法及时组织清算组进行清算。

【案例 24-1】

安邦保险被接管

根据安邦集团官网介绍，安邦保险是中国保险行业综合性集团公司之一，总资产约为19710 亿元人民币，在全球聘用了 3 万多名员工，拥有超过 3500 万客户和遍布全球的服务网络。业务领域涵盖寿险、财产险和意外险、健康险、养老险、银行和资产管理等，目前拥有安邦财产保险股份有限公司、安邦人寿保险股份有限公司、和谐健康保险股份有限公司及安邦资产管理有限责任公司等多家子公司。

2018 年 2 月 23 日，保监会发布公告，安邦集团原董事长、总经理吴小晖因涉嫌经济犯罪，被依法提起公诉。鉴于安邦集团存在违反保险法规定的经营行为，可能严重危及公司偿付能力，为保持安邦集团照常经营，保护保险消费者合法权益，依照《中华人民共和国保险法》第 144 条的规定，保监会决定对安邦集团实施接管，接管期限暂定 1 年。根据《安邦保险集团股份有限公司接管实施办法》，保监会会同人民银行、银监会、证监会、外汇局等有关部门成立接管工作组，全面接管安邦集团经营管理，全权行使安邦集团三会一层职责。被接管后，安邦集团继续照常经营，公司债权债务关系不因接管而变化。接管工作组将依法履职，保持安邦集团稳定经营，依法保障保险消费者及各利益相关方合法权益。接管过程中，接管工作组将积极引入优质社会资本，完成股权重整，保持安邦集团民营性质不变。

接管工作组自接管之日起，将履行以下主要职责：（1）接管财产、信息系统、印章和账簿、文书等资料。（2）聘请专业管理团队履行管理职责，并负责制定考核激励评价制度。（3）决定安邦集团的经营管理，保证安邦集团业务正常运行，完善内控制度。（4）清查安邦集团资产和负债，依法保全、追收、管理和处分资产。以安邦集团名义处理对外事务以及参加诉讼、仲裁或其他法律程序。（5）控制安邦集团风险，提出风险化解方案。（6）协助有关部门对有关违法违规行为进行调查。（7）保监会要求履行的其他职责。

接管期满，如果安邦集团经营基本稳定、相关资产处置基本完成、主要战略股东完成注资，接管工作组向保监会报送评估报告，经批准后可以结束接管。如接管工作未达预期效果，安邦集团没有完成股权重组，尚未恢复正常经营，报保监会批准后，酌情延长一年，但整体接管期限最长为两年。两年期满如经营仍未改善，或者有事实可以认定无法达成接管目的，经接管工作组评估并提交报告，报保监会批准后可结束接管，依法采取其他监管措施。

（二）对保险公司的接管

保险公司的接管是指在保险公司违反了法律规定，并且造成了比较严重后果的情形时，保险监督管理机构采取必要的措施，代为行使该保险公司的经营管理权力，以保护被保险人的利益，恢复保险公司正常经营的行为。接管是比整顿更为严厉的一种保险监管方式。整顿只是对被整顿对象的一种监督，整顿组织并不直接介入保险公司的日常业务；而接管组织则可以直接介入保险公司的日常经营负责其全部经营活动的开展。同时，接管也不是兼并，被接管的保险公司的债权债务关系不因接管而变化。

根据我国《保险法》规定，保险公司有下列情形之一的，国务院保险监督管理机构可以对其实行接管：（1）公司的偿付能力严重不足的；（2）违反本法规定，损害社会公共利益，可能严重危及或者已经严重危及公司的偿付能力的。被接管的保险公司的债权债务关系不因接管而变化。

接管组的组成和接管的实施办法，由国务院保险监督管理机构决定，并予以公告。接管期限届满，国务院保险监督管理机构可以决定延长接管期限，但接管期限最长不得超过2年。接管期限届满，被接管的保险公司已恢复正常经营能力的，由国务院保险监督管理机构决定终止接管，并予以公告。

被整顿、被接管的保险公司有《中华人民共和国企业破产法》第2条规定情形的，国务院保险监督管理机构可以依法向人民法院申请对该保险公司进行重整或者破产清算。

第三节　保险经营规则

保险经营规则是保险公司从事保险活动时必须遵守的法定行为规则。保险公司经营规则既是保监会对保险企业经营活动进行监督管理的重要法律依据，又是保险企业依法进行自我规范的基本准则。保险经营具有特殊性，对保险市场的稳定及广大被保险人的利益影响很大，不同于一般的市场经营。确立保险经营规则，有利于降低保险经营的风险，维护正常的保险市场秩序，保障广大被保险人的合法权益。

一、保险公司的业务范围

保险公司的业务范围，是指保险公司根据法律和公司章程的规定并由中国保监会核定的业务经营活动领域。

（一）分业经营

分业经营是指同一保险人不得同时兼营财产保险业务和人身保险业务，世界各国保险业法对保险组织的业务范围都设有限制性规定，原因是财产保险的保险标的与人身保险的保险标的的区别。在标的上，财产保险的标的是物，人身保险的标的是人；在期限上，财产保险比人身保险的期限要短；在风险上，财产的风险相对较大。因此，二者在承保的手续、保险费的计算基础，以及保险金的赔付办法等方面截然不同。如果允许同一保险人兼营，则其业务过分庞杂，而人身保险具有储蓄性质。因此，可能出现财产保险挪用人身保险的保险资金，势必影响保险业经营的稳健性。因此，我国《保险法》第95条第1款规定，保险公司的业务范围为：（1）人身保险业务，包括人寿保险、健康保险、意外伤害保险等保险业务；（2）财产保险业务，包括财产损失保险、责任保险、信用保险、保证保险等保险业务；（3）国务院保险监督管理机构批准的与保险有关的其他业务。

（二）禁止兼业

为了切实维护广大被保险人利益，各国对保险兼业问题作出了限制性或禁止性规定。保险公司应当在国务院保险监督管理机构依法批准的业务范围内从事保险经营活动。保险人不得兼营人身保险业务和财产保险业务。但是，经营财产保险业务的保险公司经国务院保险监督管理机构批准，可以经营短期健康保险业务和意外伤害保险业务。

二、保险条款和保险费率

保险合同是保险经营机构从事保险经营活动的基本手段，为保险业的迅速发展，保险合同的条款逐渐技术化、标准化，成为典型的格式条款，为了防止保险经营机构利用自己的优势地位去侵害消费者的合法权益，有必要对保险条款进行必要的规制，以达到公平合理的目的。同时，保险费率是确定保险商品交换价格的基本依据，合理的保险费率有利于保险商品交换关系建立在公平的基础上，促进保险市场健康有序的发展。因此，保险公司应当按照国务院保险监督管理机构的规定，公平、合理地拟订保险条款和保险费率，不得损害投保人、被保险人和受益人的合法权益。

为了体现对社会公共利益的保护，我国《保险法》第135条规定："关系社会公众利益的保险险种、依法实行强制保险的险种和新开发的人寿保险险种等的保险条款和保险费率，应当报国务院保险监督管理机构批准。国务院保险监督管理机构审批时，应当遵循保护社会公众利益和防止不正当竞争的原则。其他保险险种的保险条款和保险费率，应当报保险监督管理机构备案。"

《保险法》第136条规定："保险公司使用的保险条款和保险费率违反法律、行政法规或者国务院保险监督管理机构的有关规定的，由保险监督管理机构责令停止使用，限期修改；情节严重的，可以在一定期限内禁止申报新的保险条款和保险费率。"

三、保险资金的合理运用

保险资金的运用，是指保险公司将自有资金和保险准备金，通过法律允许的各种渠道进行投资或用来获取投资收益的经营活动。保险资金的运用直接关系到保险公司的偿付能力，以保证安全性为首要原则。因此，我国《保险法》第106条第1款规定："保险公司的资金运用必须稳健，遵循安全性原则。"

由于保险资金的使用具有间歇性和不确定性，总会有一部分保险资金处于闲置状态，拓宽保险公司的投资渠道，可以使保险资金保值增值，从而增强保险公司的偿付能力和竞争力。我国《保险法》第106条第2款规定："保险公司的资金运用限于下列形式：（一）银行存款；（二）买卖债券、股票、证券投资基金份额等有价证券；（三）投资不动产；（四）国务院规定的其他资金运用形式。"

此外，经国务院保险监督管理机构会同国务院证券监督管理机构批准，保险公司可以设立保险资产管理公司。保险资产管理公司从事证券投资活动，应当遵守《中华人民共和国证券法》等法律、行政法规的规定。保险资产管理公司的管理办法，由国务院保险监督管理机构会同国务院有关部门制定。

四、保险公司的风险控制规则

风险控制是指对保险公司通过法定的方式控制其承担过大的风险。保险业是经营风险的特殊行业，风险的不确定性决定了保险公司经营的风险性。加强对保险公司的经营风险防范和控制，是实现保险公司稳健经营，保护被保险人利益的有效途径。风险控制规则的表现如下：

（一）控制自留保险费的数额

保险费并非保险公司的资本，而是保险公司的负债，自留保险费越高，表明保险公司的负债就越高，其承担的风险也就越大。但是，人身保险的保险事故发生概率较为规律，因而对保险准备金要求相对较少，而财产保险的保险事故发生极不规律，缺乏稳定性，因此，我国《保险法》第102条规定："经营财产保险业务的保险公司当年自留保险费，不得超过其实有资本金加公积金总和的四倍。"

（二）限制承保责任

为了防止保险公司过分追求利润，超出其实际承保能力，维护被保险人的利益，现代各国保险法通常会规定保险公司对每一危险单位承保责任的限制。我国《保险法》第103条规定："保险公司对每一危险单位，即对一次保险事故可能造成的最大损失范围所承担的责任，不得超过其实有资本金加公积金总和的10%；超过的部分应当办理再保险。"

保险公司对危险单位的划分应当符合国务院保险监督管理机构的规定。保险公司对危险单位的划分方法和巨灾风险安排方案，应当报国务院保险监督管理机构备案。

（三）再保险的强制

再保险是指保险公司将其承担的保险业务，部分转移给其他保险公司的经营行为。为适应 WTO 规则，培育公平的保险业竞争环境，我国删去了原来再保险分出业务境内优先规则，而在《保险法》第105条中规定："保险公司应当按照国务院保险监督管理机构的规定办理再保险，并审慎选择再保险接受人。"

第四节　对保险公司偿付能力的监管

偿付能力是保险公司进行赔偿或者给付保险金的能力。偿付能力是国家对保险公司监督管理的核心内容。保险公司应当具有与其业务规模相适应的最低偿付能力，这不仅是保护被保险人利益的需要，也是保险组织自身稳定经营的需要。保险事故发生后，保险公司能否完全履行保险合同规定的赔偿或者给付保险金的义务，取决于它是否有足够承担赔偿或者给付责任的经济实力。一旦发生保险事故后，保险人无力支付赔款，就会严重损害被保险人的利益，甚至造成社会的不安定。因此，为保证保险公司经营的持续健康发展，维护被保险人的利益，各国保险法无不对保险公司的偿付能力作出强制性规定。保持适当的资本是保险公司偿付能力监管的核心之一，保险公司需要保持一定量的资本金和盈余以持续地从事保险业务。根据《保险法》的规定，保险公司应当按规定提取保证金、保险公司公积金、保险准备金、保险保障基金等。

一、最低偿付能力的维持

保险公司获得市场准入的资格条件时，必须符合法律法规规定的最低注册资本限额。它是保险公司获取偿付能力的初始前提。我国《保险法》第69条规定，设立保险公司，其注册资本的最低限额为人民币2亿元。国务院保险监督管理机构根据保险公司的业务范围、经营规模，可以调整其注册资本的最低限额，但不得低于本条第1款规定的限额。《保险公司管理规定》第14条进一步明确规定，保险公司符合规定的最低资本金额设立的，在其住所地以外的每一省、自治区、直辖市首次申请设立分公司，应当增加不少于人民币2000万元的注册资本。申请设立分公司时，保险公司注册资本已达到前款规定的增资后额度的，可以不再增加相应的注册资本。保险公司注册资本达到人民币5亿元，在偿付能力充足的情况下，设立分公司不需要增加注册资本。

保险公司的注册资本必须为实缴货币资本。公司资本有授权资本制与实缴资本制的区分，我国《保险法》采取的是实缴资本制，即保险公司成立时实际收到的股东的出资总额，它是指保险公司现实拥有的资本。考虑保险公司系经营风险而且负债经营的金融企业，对注册资本金的要求较高，所以《保险法》对保险公司注册资本交纳方式作了特殊的规定。此外，《公司法》规定的出资形式有货币、实物、知识产权、土地使用权等可以用货币估价并可以依法转让的非货币财产作价出资，但是保险公司是经营危险的服务行业，保险责任的承担以货币给付为主要形式，因此，保险公司股东的出资应当是货币资本。

保险公司应当具有与其业务规模相适应的最低偿付能力。保险公司的实际资产减去实际负债的差额不得低于保险监督管理机构规定的数额；低于规定数额的，应当增加资本金，补足差额。根据《保险法》的规定，保险监督管理机构应当建立健全保险公司偿付能力监管指标体系，对保险公司的最低偿付能力实施监控。

《保险公司管理规定》第87条规定，保险公司偿付能力充足率等于实际偿付能力额度除以最低偿付能力额度。对偿付能力充足率小于100%的保险公司，中国保监会可以将该公司列为重点监管对象，根据具体情况采取下列监管措施：

（1）对偿付能力充足率在70%以上的公司，中国保监会可以要求公司提出整改方案并限期达到最低偿付能力额度要求；逾期仍未达到要求的，可以采取要求公司增加资本、责令办理再保险、限制业务范围、限制向股东分红、限制固定资产购置、限制经营费用、限制增设分支机构等监管措施，直至其达到最低偿付能力额度要求。

（2）对偿付能力充足率在30%~70%的公司，中国保监会除采取前项措施外，还可以责令其拍卖不良资产、转让保险业务、限制高级管理人员薪酬水平和在职消费水平、限制公司商业性广告、调整资金运用、停止开展新业务等监管措施。

（3）对偿付能力充足率在30%以下的公司，中国保监会除采取前项措施外，可以对该保险公司依法实行接管。

二、保险保证金

保险保证金是法律规定由保险公司成立时向国家交纳的保证金额。缴存保险保证金是国家控制保险企业偿付能力的有效办法，世界上大多数国家和地区的保险法均有缴存保证金的规定。国家可以通过保险公司缴存保证金制度，掌握保险公司的部分实有资金，用以保证保险企业的变现资金数额。我国《保险法》第 97 条规定："保险公司应当按照其注册资本总额的 20% 提取保证金，存入国务院保险监督管理机构指定的银行，除公司清算时用于清偿债务外，不得动用。"

三、保险责任准备金

保险责任准备金是保险公司为了承担未到期责任或者未决赔款而从保险费收入中提取的准备基金，包括未到期责任准备金和未决赔款准备金。未到期责任准备金是指保险公司为了承担未了结的预期保险责任而依据法律规定从保险费中提取的责任准备基金。未决赔款准备金是指保险公司应当按照已经提出的保险赔偿或者给付金额，以及已经发生保险事故但尚未提出的保险赔偿或者给付金额中提取的未决赔款准备金。我国《保险法》第 98 条规定："保险公司应当根据保障被保险人利益、保证偿付能力的原则，提取各项责任准备金。保险公司提取和结转责任准备金的具体办法，由国务院保险监督管理机构制定。"

四、保险公积金

保险公积金是保险公司的储备基金，是保险公司基于增强自身财产能力，为扩大经营范围以及预防意外亏损，按照法律和公司章程的规定，从公司税后利润中提取的部分资金积累。我国《保险法》第 99 条规定："保险公司应当依法提取公积金。"

五、保险保障基金

保险公司应当按照保险监督管理机构的规定提存保险保障基金。保险保障基金是保险公司的总准备金或者自由准备金，是指保险公司为发生周期较长、后果难以预料的巨大灾难或巨大危险而提存的资金，属于后备资金。其目的是为了保障被保险人的利益，支持保险公司的稳健经营。

根据《保险法》的规定，保险公司应当缴纳保险保障基金。保险保障基金应当集中管理，并在下列情形下统筹使用：（1）在保险公司被撤销或者被宣告破产时，向投保人、被保险人或者受益人提供救济；（2）在保险公司被撤销或者被宣告破产时，向依法接受其人寿保险合同的保险公司提供救济；（3）国务院规定的其他情形。

保险保障基金筹集、管理和使用的具体办法，由国务院制定。

六、对偿付能力不足的保险公司的监管措施

保险监督管理机构应当通过对保险公司偿付能力的监管，了解保险公司的财务状况，及时提醒偿付能力不足的保险公司采取积极有效的措施恢复偿付能力，以切实保障被保险人的利益。因此，《保险法》规定，国务院保险监督管理机构应当建立健全保险公司偿付能力监管体系，对保险公司的偿付能力实施监控。

对偿付能力不足的保险公司，国务院保险监督管理机构应当将其列为重点监管对象，并可以根据具体情况采取下列措施：（1）责令增加资本金、办理再保险；（2）限制业务

范围；（3）限制向股东分红；（4）限制固定资产购置或者经营费用规模；（5）限制资金运用的形式、比例；（6）限制增设分支机构；（7）责令拍卖不良资产、转让保险业务；（8）限制董事、监事、高级管理人员的薪酬水平；（9）限制商业性广告；（10）责令停止接受新业务。

【案例 24-2】

2018 年 6 月 28 日，银保监会网站公布了 6 道监管函，紫金财产保险股份有限公司（下称紫金财险）、安诚财产保险股份有限公司（下称安诚财险）、民生通惠资产管理有限公司（下称民生通惠）、众安在线财产保险股份有限公司（下称众安在线）、幸福人寿保险股份有限公司（下称幸福人寿）、中华联合财产保险股份有限公司（下称中华保险）被责令整改。这批监管函的背景源于原保监会 2017 年 10 月一系列的现场检查。2017 年 10 月，原保监会派出检查组对上述 5 家保险公司的保险资金运用情况以及民生通惠的保险资产管理业务进行了专项检查，后发现了不少违规问题。

总的来看，上述保险机构多的违规情况多集中于内部管理、制度机制、超限额投资等方面。

保险机构名称	违规问题	监管要求
紫金财险	集合资金信托计划投资管理不规范、股票投资执行控制不严格、未按规定开展保险资金运用内部审计、投资决策机制不完善	整改，监管函下发之日起 3 个月，整改期间不得新增集合资金信托计划投资和股票投资
安诚财险	委托投资不规范、未按规定开展保险资金运用内部审计、内部管理工作不规范	整改，监管函下发之日起 6 个月，整改期间不得新增集合资金信托计划、专项资产管理计划等金融产品的委托投资业务
众安在线	超限额投资关联方发行的金融产品、超限额投资单一资产、未按规定进行监管报告和对外信息披露以及其他违规问题	制定切实可行的整改方案，并采取有效措施对有关问题进行整改，确保符合监管规定
幸福人寿	资金运用制度不健全、投资团队人员不足、未按规定开展投后管理及其他违规问题	整改，整改期限为监管函下发之日起 6 个月，整改期间不得新增股权和集合资金信托计划投资
中华保险	资金运用制度不健全、投资管理部门未保持独立、股权投资运作不规范	整改，期限为监管函下发之日起 6 个月，整改期间不得新增股权投资业务
民生通惠	违规开展通道类业务、让渡组合类保险资产管理产品的管理人职责、未有效履行受托管理人职责以及其他违规问题	整改，自监管函下发之日起 3 个月内不得新发行组合类保险资产管理产品；自监管函下发之日起 6 个月内不得新增受托管理第三方保险资金

第五节　对保险中介经营的监管

保险中介是指介于保险经营机构与投保人之间，为保险合同的订立、履行提供专业服务的中介制度。保险中介是现代保险业不断发展的产物，是保险市场日益精细分工的结果。在保险市场发达的国家，保险中介制度是不可缺少的重要组成部分。保险中介的出现，有利于解决保险经营机构与投保人之间的信息不对称问题，从而使保险经营机构保障保险服务质量、降低保险经营成本，促进保险市场的规范化经营和健康发展。

一、对保险代理人的监管

（一）保险代理人的概念

保险代理人是根据保险人的委托，向保险人收取佣金，并在保险人授权的范围内代为办理保险业务的机构或者个人。保险代理制度是民事代理制度在保险法上的发展，即保险代理人在保险人授权范围内，代表保险人招揽、承接保险业务，代为签发保险单，由此产生的法律后果由保险人承担。

（二）保险代理人的类型

根据保险代理人的组织形式，可以把保险代理人区分为保险代理机构和保险个人代理人。

1. 保险代理机构

保险代理机构包括专门从事保险代理业务的保险专业代理机构和兼营保险代理业务的保险兼业代理机构。

（1）保险专业代理机构。专业保险代理机构是指符合中国保监会规定的资格条件，经中国保监会批准取得经营保险代理业务许可证，根据保险公司的委托，向保险公司收取保险代理手续费，在保险公司授权的范围内专门代为办理保险业务的单位。在中华人民共和国境内设立保险代理机构及其分支机构，应当经中国保监会批准。

保险代理机构可以采取合伙企业、有限责任公司和股份有限公司等形式设立。保险代理机构以合伙企业或者有限责任公司形式设立的，其注册资本或者出资不得少于人民币50万元；以股份有限公司形式设立的，其注册资本不得少于人民币1000万元。保险专业代理机构的注册资本或者出资额必须为实缴货币资本。

保险专业代理机构及其分支机构可以经营下列保险代理业务：①代理销售保险产品；②代理收取保险费；③代理相关保险业务的损失勘查和理赔；④中国保监会批准的其他业务。

（2）保险兼业代理机构。保险兼业代理机构是指符合中国保监会规定的资格条件，并经中国保监会批准取得保险兼业代理许可证，从事保险兼业代理活动的各类机构。国家机关、政党机构和社会团体不得从事保险兼业代理活动。属于法律、法规禁止从事营利性活动的事业单位或其他社会组织，不得从事保险兼业代理活动。

保险兼业代理机构只能代理与本行业密切相关的保险业务，因此，保险兼业代理机构应当是特定行业的单位，如运输、铁路、银行等。保险兼业代理机构可以从事下列保险代理业务活动：①代理销售保险产品；②代理收取保险费；③代理相关保险业务的损失勘查和理赔手续；④中国保监会规定的其他业务。

2. 保险个人代理人

保险个人代理人是指根据保险人的委托，向保险人收取代理手续费，并在保险人授权范围内以保险人的名义代为办理保险业务的自然人。个人保险代理人、保险代理机构的代理从业人员、保险经纪人的经纪从业人员，应当品行良好，具有从事保险代理业务或者保险经纪业务所需的专业能力。目前来看，保险代理人是我国保险经营机构招揽和经营保险业务的重要途径，对我国保险业的发展起着举足轻重的作用。

（三）对保险代理人的监管规则

根据我国《保险法》和《保险代理机构管理规定》的规定，保险代理人的执业规则主要有以下几个方面：

1. 执业规则

（1）保险代理分支机构的业务范围、经营区域不得超出其所属保险代理机构的业务范围、经营区域。保险代理机构及其分支机构从事保险代理业务不得超出被代理保险公司的业务范围和经营区域。

（2）保险代理机构应当按照国务院保险监督管理机构的规定缴存保证金或者投保职业责任保险。未经保险监督管理机构批准，保险代理机构不得动用保证金。

（3）保险代理机构及其分支机构应当开设独立的代收保险费账户，不得挪用代收保险费账户的资金或者坐扣保险代理手续费。

（4）保险代理机构及其分支机构应当建立专门账簿，记载保险代理业务收支情况。保险代理机构及其分支机构应当建立完整规范的业务档案，保险代理机构及其分支机构应当妥善保管业务档案、有关业务经营活动的原始凭证及有关资料，保管期限自保险代理关系终止之日起计算，不得少于10年。

2. 禁止行为

（1）个人保险代理人在代为办理人寿保险业务时，不得同时接受两个以上保险人的委托。

（2）保险代理机构及其分支机构对在经营过程中知悉的被代理保险公司、投保人、被保险人或者受益人的业务和财产情况及个人隐私，负有保密义务，不得泄露。

（3）保险代理机构及其分支机构不得与非法从事保险业务或者保险中介业务的机构或者个人发生保险代理业务往来，不得违反法律和行政法规的规定；不得挪用保险费、保险金和保险赔款进行投资。

（4）保险代理机构及其分支机构不得代替投保人签订保险合同，不得接受投保人、被保险人或者受益人的委托代领保险金或者保险赔款。

（5）保险代理人在办理保险业务活动中不得有下列行为：①欺骗保险人、投保人、被保险人或者受益人；②隐瞒与保险合同有关的重要情况；③阻碍投保人履行本法规定的如实告知义务，或者诱导其不履行本法规定的如实告知义务；④给予或者承诺给予投保人、被保险人或者受益人保险合同约定以外的利益；⑤利用行政权力、职务或者职业便利以及其他不正当手段强迫、引诱或者限制投保人订立保险合同；⑥伪造、擅自变更保险合同，或者为保险合同当事人提供虚假证明材料；⑦挪用、截留、侵占保险费或者保险金；⑧利用业务便利为其他机构或者个人牟取不正当利益；⑨串通投保人、被保险人或者受益人，骗取保险金；⑩泄露在业务活动中知悉的保险人、投保人、被保险人的商业秘密。

二、对保险经纪人的监管

（一）保险经纪人的概念、特征

保险经纪人是基于投保人的利益，为投保人与保险人订立保险合同提供中介服务，并依法收取佣金的单位。保险经纪人应当具备国务院保险监督管理机构规定的条件，取得保险监督管理机构颁发的经营保险经纪业务许可证。保险经纪人的经纪从业人员，应当具备国务院保险监督管理机构规定的资格条件，取得保险监督管理机构颁发的资格证书。保险经纪人具有如下特征：

（1）保险经纪人不是保险合同的当事人。而仅是居间服务，为投保人与保险人订立保险合同提供中介服务。

（2）保险经纪人保险是依法成立的单位，个人不能成为保险经纪人。保险经纪公司可以合伙企业、有限责任公司或股份有限公司形式设立。保险经纪机构以合伙企业或者有限责任公司形式设立的，其注册资本或者出资不得少于人民币500万元；以股份有限公司形式设立的，其注册资本不得少于人民币1000万元。开展互联网保险业务的保险经纪公司，注册资本不低于人民币1000万元，且经营区域不限于注册地所在省、自治区、直辖市。

（3）保险经纪人以自己的名义从事中介服务活动，承担由此产生的法律后果。保险经纪人因过错给投保人、被保险人造成损失的，依法承担赔偿责任。

（4）保险经纪行为是营利性行为，保险经纪人有权收取佣金。

（二）保险经纪人的类型

直接保险经纪，是指保险经纪机构与投保人签订委托合同，基于投保人或者被保险人的利益，为投保人与保险公司订立保险合同提供中介服务，并按约定收取佣金的行为。

再保险经纪，是指保险经纪机构与原保险公司签订委托合同，基于原保险公司的利益，为原保险公司与再保险公司安排再保业务提供中介服务，并按约定收取佣金的行为。

（三）对保险经纪人的监管规则

1. 执业规则

（1）保险经纪机构可以在中华人民共和国境内从事保险经纪活动。保险经纪分支机构的业务范围和经营区域应当由所属保险经纪机构授权。保险经纪机构及其分支机构从事经纪业务不得超出承保公司的业务范围和经营区域。

（2）保险经纪人应当按照国务院保险监督管理机构的规定缴存保证金或者投保职业责任保险。未经保险监督管理机构批准，保险经纪人不得动用保证金。

（3）保险经纪机构及其分支机应当开设独立的客户资金专用账户。保险经纪机构及其分支机构应当建立专门账簿，记载保险经纪业务收支情况。保险经纪机构及其分支机构应当建立完整规范的业务档案，保险经纪机构及其分支机构应当妥善保管业务档案、有关业务经营活动的原始凭证及有关资料，保管期限自保险合同终止之日起计算，不得少于10年。

2. 禁止的行为

（1）保险经纪机构及其分支机构为投保人办理保险业务，不得接受客户的全权委托。

（2）保险经纪机构对外投资、对外担保，不得违反法律和行政法规的规定；不得挪用保险费、保险金和保险赔款进行投资。

（3）保险经纪机构、保险经纪分支机构及其业务人员在开展经纪业务过程中，不得有下列欺骗保险公司、投保人、被保险人或者受益人的行为：①隐瞒与保险合同有关的重要情况；②以本机构名义销售保险产品或者进行保险产品宣传；③阻碍投保人履行如实告知义务或者诱导其不履行如实告知义务；④泄露在经营过程中知悉的保险公司、投保人、被保险人或者受益人的业务和财产情况及个人隐私；⑤挪用、截留保险费、保险金或者保险赔款；⑥串通投保人、被保险人或者受益人骗取保险金。

（4）保险经纪机构、保险经纪分支机构及其业务人员在开展经纪业务过程中，不得有下列不正当竞争行为：①虚假广告、虚假宣传；②捏造、散布虚假事实，损害其他保险中介机构的商业信誉；③利用行政权力、行业优势地位或者职业便利以及其他不正当手段强迫、引诱或者限制投保人订立保险合同或者限制其他保险中介机构正当的经营活动；④给予或者承诺给予投保人、被保险人或者受益人保险合同规定以外的其他利益；⑤超出许可证载明的业务范围从事保险经纪业务；⑥向保险公司及其工作人员支付回扣或者其他非法利益；⑦其他不正当竞争行为。

（5）保险经纪机构及其分支机构不得与非法从事保险业务或者保险中介业务的机构或者个人发生保险经纪业务往来。

三、对保险公估人的监管

（一）保险公估人的概念、特征

保险公估机构是指依照保险法等有关法律、法规，经中国保险监督管理委员会批准设立的，接受保险当事人委托，专门从事保险标的的评估、勘验、鉴定、估损、理算等业务的单位。保险公估制度有利于使保险赔付趋于公平、合理，也有利于减少和消除保险当事人之间关于保险理赔方面的矛盾。保险公估人有以下特征：

（1）保险公估人的独立性和公正性。保险人公估人既不是保险合同的当事人，也不代表任何一方的利益，因此保险公估人及其业务活动应独立于任何保险当事人。公估机构应具有高度的公信力。

（2）保险公估人的专业性。保险公估人应当具有先进的评估鉴定技术手段和专业的从业人员，才能对保险标的进行评估、勘验、鉴定、估损、理算，作出专业的、科学的使人信服的保险公估报告。

（二）保险公估人的设立

保险公估机构可以合伙企业、有限责任公司或股份有限公司形式设立。

（1）合伙企业形式的保险公估机构，应同时具备下列条件：①有两个以上的合伙人，并且具有相应民事行为能力；②有符合法律规定的合伙协议；③出资不得低于人民币50万元的实收货币；④有符合法律规定的合伙企业名称和住所；⑤具有符合中国保监会任职资格管理规定的高级管理人员；⑥持有《保险公估从业人员资格证书》的保险公估从业人员不得低于员工人数的2/3；⑦法律、行政法规要求具备的其他条件。

（2）有限责任公司形式的保险公估机构，应同时具备下列条件：①有2个以上至50个以下的股东；②有符合法律规定的公司章程；③注册资本不得低于人民币50万元的实收货币；④有符合法律规定的公司名称、组织机构和住所；⑤持有《保险公估从业人员资格证书》的保险公估从业人员不得低于员工人数的2/3；⑥具有符合中国保监会任职资格管理规定的高级管理人员；⑦法律、行政法规要求具备的其他条件。

（3）股份有限公司形式的保险公估机构，应同时具备下列条件：①有5个以上符合法律规定的发起人；②有符合法律规定的公司章程；③注册资本不得少于人民币1000万元的实收货币；④有符合法律规定的公司名称、组织机构和住所；⑤持有《保险公估从业人员资格证书》的保险公估从业人员不得低于员工人数的2/3；⑥具有符合中国保监会任职资格管理规定的高级管理人员；⑦法律、行政法规要求具备的其他条件。

保险公估机构的法定名称中应当包含"保险公估"字样。

（三）对保险公估人的监管

1. 执业规则

（1）经中国保监会批准，保险公估机构可以经营：保险标的承保前的检验、估价及风险评估；对保险标的的出险后的查勘、检验、估损及理算以及经中国保监会批准的其他业务。保险公估机构的经营区域由中国保监会核定。保险公估机构应在核定的经营区域内开展保险公估业务。

（2）保险公估机构应按其注册资本或出资额的5%缴存营业保证金，或按中国保监会的规定购买职业责任保险。

（3）保险公估机构应当建立公估业务的详细记录。保险公估机构各类业务资料的保管期限，自保险合同终止之日起计算，不得少于10年。

（4）保险公估报告必须由保险公估机构总经理、副总经理或合伙企业主要负责人签署方能生效。

2. 禁止行为

（1）保险公估机构不得泄露在经营过程中知悉的当事人的商业秘密。

（2）未经中国保监会批准，保险公估机构不得动用其缴存的营业保证金。

（3）保险公估机构在执业过程中不得有下列行为：①与非法从事保险业务或保险中介业务的机构或个人发生保险公估业务往来；②超出中国保监会核定的业务范围和经营区域；③超越授权范围，损害委托人的合法权益；④向保险合同当事人出具虚假的公估报告；⑤伪造、散布虚假信息，或利用其他手段损害同业的信誉；⑥利用行政权力、职务或职业便利以及其他不正当手段强迫、引诱或限制他人订立保险公估合同；⑦串通投保人、被保险人或受益人恶意欺诈保险公司；⑧法律、行政法规认定的其他损害投保人、被保险人或保险公司利益的行为。

【难点追问】

1. 接管与整顿的区别。

接管是比整顿更为严厉的一种保险监管方式。整顿只是对被整顿对象的一种监督，整顿组织并不直接介入保险公司的日常业务；而接管组织则可以直接介入保险公司的日常经营，负责其全部经营活动的开展。

2. 财产保险业务与人身保险业务为什么要分开经营？

原因是财产保险的保险标的与人身保险的保险标的的区别。在标的上，财产保险的标的是物，人身保险的标的是人；在期限上，财产保险比人身保险的期限要短；在风险上，财产的风险相对较大。因此，两者在承保的手续、保险费的计算基础，以及保险金的赔付办法等方面截然不同。如果允许同一保险人兼营，则其业务过分庞杂，而人身保险具有储蓄因素，可能出现财产保险挪用人身保险的保险资金，势必影响保险业经营的稳健性。

3. 保险代理人与保险经纪人的区别。

保险经纪人和保险代理人虽然都是保险中介人，但两者之间有着根本的区别：

（1）代表的利益不同。保险经纪人接受客户委托，代表的是客户的利益；而保险代理人为保险公司代理业务，代表的是保险公司的利益。

（2）提供的服务不同。保险经纪人为客户提供风险管理、保险安排、协助索赔与追偿等全过程服务；而保险代理人一般只代理保险公司销售保险产品、代为收取保险费。

（3）服务的对象不同。保险经纪人的客户主要是收入相对稳定的中高端消费人群及大中型企业和项目，保险代理人的客户主要是个人。

（4）法律上承担的责任不同。客户与保险经纪人是委托与受托关系，如果因为保险经纪人的过错造成客户的损失，保险经纪人对客户承担相应的经济赔偿责任。而保险代理人与保险公司是代理被代理关系，被代理保险公司仅对保险代理人在授权范围内的行为后果负责。

【思考题】

1. 保险业监管的主体及其监管的内容是什么？
2. 如何对保险公司进行监管？
3. 保险公司的经营规则有哪些？
4. 如何保证保险公司的偿付能力？
5. 如何对保险中介经营进行监管？